# प्रमुख समाजशास्त्रीय विचारक
## (Major Sociological Thinkers)

# प्रमुख समाजशास्त्रीय विचारक
## (Major Sociological Thinkers)

*लेखक*

**डॉ० रामनाथ शर्मा**, *एम० फिल०, डी० लिट०*

**डॉ० राजेन्द्र कुमार शर्मा**, *एम० फिल०, पी० एच० डी०*

**एटलांटिक पब्लिशर्स एण्ड डिस्ट्रीब्यूटर्स**

*प्रकाशक*

**एटलांटिक पब्लिशर्स एण्ड डिस्ट्रीब्यूटर्स**

बी-2, विशाल एन्क्लेव, नई दिल्ली - 110027

दूरभाष : 5413460, 5429987

*विक्रय केन्द्र*

**एटलांटिक पब्लिशर्स एण्ड डिस्ट्रीब्यूटर्स**

4215/1, अन्सारी रोड, दरियागंज नई दिल्ली-110002

दूरभाष : 3273880, 3285873, 3280451

फैक्स : 91-11-3285873

e-mail : info@atlanticbooks.com

web: www.atlanticbooks.com



*लेजर टाईपसेटिंग* : ए॰पी॰डी॰ कम्प्यूटर ग्राफिक्स, दिल्ली

*मुद्रक* : नाईस प्रिंटिंग प्रेस, दिल्ली

# भूमिका

प्रमुख समाजशास्त्रीय विचारकों पर यह पुस्तक मध्य प्रदेश के समस्त विश्वविद्यालयों में बी॰ ए॰ समाजशास्त्र, तृतीय वर्ष एवं अन्य विश्वविद्यालयों की बी॰ ए॰ एवं एम॰ ए॰ कक्षाओं में सामाजिक चिन्तन तथा सामाजिक विचारक प्रश्न पत्रों के पाठ्यक्रम का विवेचन किया गया है।

विषय के विवेचन की सामग्री प्रामाणिक लेखकों के ग्रन्थों से एकत्रित की गई है। अध्यायों के अन्त में अभ्यास के लिये प्रश्न शीर्षक में विभिन्न विश्वविद्यालयों की परीक्षाओं में यथार्थ पूछे गये प्रश्न दिये गए हैं ताकि पाठक परीक्षाओं की तैयारी कर सकें। विवेचन की भाषा सरल है एवं सब कहीं भारतीय परिप्रेक्ष्य से उदाहरण दिये गये हैं।

समाजशास्त्र विषय में लेखन एवं अध्यापन के लम्बे अनुभव के आधार पर इस पुस्तक को सर्वांग पाठ्य पुस्तक के रूप में प्रस्तुत किया गया है। पाठकों से सुझाव मिलने पर उन्हें आगामी संस्करण में सम्मिलित किया जायेगा।

**अर्चना**
238-सिविल लाइन्स
मेरठ (उ0 प्र0)

**डॉ॰ रामनाथ शर्मा**
**डॉ॰ राजेन्द्र कुमार शर्मा**

# विषय-सूची

# 1

# उन्नीसवीं शताब्दी में पश्चिमी यूरोप
# (WESTERN EUROPE IN 19th CENTURY)

## पुनर्जागरण
### (RENAISSANCE)

पुनर्जागरण से तात्पर्य मध्य काल की समाप्ति और आधुनिक काल के प्रारम्भ के मध्य का बौद्धिक परिवर्तन है। शाब्दिक रूप से पुनर्जागरण का अर्थ फिर से जागना अथवा नया जन्म है। किन्तु इसे शाब्दिक अर्थों में लेना उचित नहीं होगा। इस युग में नये-नये भौगोलिक अनुसंधान हुए, धर्म सुधार आन्दोलनों का विकास हुआ तथा औद्योगिक क्रान्ति हुई। पुनर्जागरण का अर्थ वे मनोवृत्तियां हैं जो मध्य युग और आधुनिक युग में समन्वय उत्पन्न करती हैं। यूरोप में पुनर्जागरण मध्य युग में चर्च और राज्य के सर्वाधिकार के विरुद्ध विद्रोह था। इसमें सामान्य जनता में सामन्तों और राजाओं तथा पूँजीपतियों और पुजारियों के द्वारा शोषण के विरुद्ध विद्रोह उत्पन्न हुआ।

### पुनर्जागरण के कारण

पुनर्जागरण के विभिन्न पहलुओं का अध्ययन करने से पहले उसके सामान्य कारणों का अध्ययन उपयुक्त होगा। ये सामान्य कारण निम्नलिखित थे-

1. **प्राचीन साहित्य का अध्ययन** - तेरहवीं शताब्दी से ही यूरोप में यूनान और रोम के प्राचीन साहित्य में रुचि उत्पन्न हो गयी थी जिससे चर्च और राज्य की आलोचना बढ़ी और स्वतन्त्र चिन्तन उत्पन्न हुआ।

2. **व्यापारिक यात्रायें और विदेशों से सम्पर्क** - ईसाइयों का मुसलमानों से धर्म युद्ध होने से इस्लामी देशों से व्यापार बन्द होने लगा। अस्तु, यूरोपवासियों ने अन्य क्षेत्रों की तलाश आरम्भ की। उन्होंने दूर-दूर जाकर नये-नये देशों का पता लगाया, अफ्रीका और एशिया में यूरोप के इंग्लैंड, फ्रांस, स्पेन आदि देशों के व्यापारियों ने उपनिवेशों की स्थापना की तथा अमेरिका का पता लगाया गया। इन सब नये देशों की खोजों को व्यापारियों और राजाओं की सहायता प्राप्त थी।

3. **धर्म युद्ध** -धर्म-युद्धों के फलस्वरूप बहुत से लोग विदेशों और उनकी

सभ्यता के सम्पर्क में आये। ये अपने देश में नये विचार और नई सभ्यता लेकर लौटे जिससे नवीन प्रवृत्तियाँ उत्पन्न हुईं।

**4. सामन्तों और चर्च में सहयोग** – व्यापारियों का प्रभाव बढ़ने से सामन्तों ने उनको चुनौती दी। चर्च ने सामन्तों का साथ दिया। अस्तु, व्यापारियों ने चर्च की आलोचना आरम्भ की। इस आलोचना से स्वतन्त्र विचार उत्पन्न हुए जिनसे ज्ञान के प्रत्येक क्षेत्र में स्वतन्त्र चिन्तन का विकास हुआ।

**5. साहित्यकारों और विद्वानों का योगदान** – तेरहवीं शताब्दी में इंग्लैंड के बेकन ने तर्क पर बल दिया और विज्ञान की उन्नति को सबसे अधिक महत्वपूर्ण बतलाया। शीघ्र ही ये विचार सब कहीं फैलने लगे। अनेक यूनानी विचारकों ने पश्चिमी यूरोप में प्राचीन यूनान की सभ्यता का प्रचार किया। इससे भी नवजागरण उत्पन्न हुआ।

**6. छापेखानों का आविष्कार** – पुनर्जागरण के विकास में छापेखाने के आविष्कार से महत्वपूर्ण योगदान मिला। भारी संख्या में पुस्तकें छपने लगीं और सबको उपलब्ध होने लगीं। इससे जनसाधारण में शिक्षा का प्रसार हुआ। सब कहीं स्थानीय भाषाओं में पुस्तकें उपलब्ध होने से ज्ञान का प्रकाश फैलने लगा जिससे पुनर्जागरण को जनता का समर्थन प्राप्त हुआ।

**7. वैज्ञानिक आविष्कार** – यूरोप में मंगोलों के द्वारा कागज और छापाखाना, कुतुबनुमा और बारूद पहुंचे। कागज और छापेखाने से ज्ञान का प्रकाश फैला। कुतुबनुमा की सहायता से नये-नये सामुद्रिक मार्गों और अज्ञात देशों की खोज हुई। बारूद से सामन्त प्रभा ध्वस्त हुई और राष्ट्रीय राज्यों की स्थापना हुई।

उपरोक्त कारणों के अतिरिक्त मानववाद के प्रचार से संकीर्ण धार्मिक प्रवृत्तियों की आलोचना हुई और उदारता बढ़ी। क्रमशः यूरोप में साहसिक नाविकों, साहित्यकारों और कलाकारों को राजाओं और धनी व्यक्तियों का समर्थन प्राप्त हुआ और समस्त महाद्वीप में पुनर्जागरण की लहर दौड़ गई।

## नए-नए देशों की खोज

जैसा कि पीछे बतलाया जा चुका है, पुनर्जागरण युग का महत्वपूर्ण योगदान नये-नये देशों की खोज है। ऐसे मार्ग ढूंढ निकाले गये जो पहले कभी पता नहीं थे। इससे अनेक ऐसे भूखण्डों का पता लगा जो यूरोपवासियों के लिये नई दुनिया थे। सन् 1492 में कोलम्बस ने अमरीका का पता लगाया। सन् 1497 में वेनिस का नाविक कैबट पहली बार अमरीका के मुख्य महाद्वीप में पहुंचा। सन् 1498 में पुर्तगाल को वास्कोडिगामा ने भारत की सामुद्रिक यात्रा की। पुर्तगाली नाविक मैगलन ने पहली बार समुद्र मार्ग से विश्व का चक्कर लगाया। इटली का मल्लाह अमेरिगो रेस्पूची, अटलांटिक महासागर पार करके अमेरिका पहुंचा। इस देश का कोलम्बस और कैबट ने पहले पता लगाया था, किन्तु वे इसे भारत समझ रहे थे। अमेरिगो ने पहली बार

यह पता लगाया कि यह भूखण्ड भारत नहीं बल्कि दूसरा महाद्वीप है। अस्तु, यह भूखण्ड अमेरिगो के नाम पर अमेरिका कहलाया।

## व्यापार का विस्तार

यूरोप के निवासियों द्वारा नये-नये प्रदेशों की खोज का लक्ष्य वहाँ उपनिवेश स्थापित करना नहीं था बल्कि व्यापार का विस्तार था। व्यापार के विस्तार के लिये ही सबसे पहले स्पेन निवासी अमेरिका पहुंचे। किन्तु शीघ्र ही उनके इस अभियान में पुर्तगाल निवासियों ने अपना हिस्सा बँटाया। ये लोग दक्षिणी अमेरिका में ब्राजील में व्यापार करने लगे। दक्षिणी अमेरिका का अन्य भाग स्पेन को व्यापार के लिये मिला। पोर्चुगीज लोग अमेरिका के अतिरिक्त दक्षिण और पूर्व में भी सामुद्रिक अभियान कर रहे थे। सन् 1497 में लिस्बन से चलकर वास्कोडिगामा जंजीबार अन्तरीप और फिर भारत में कालीकट पहुँचा। सन् 1515 में पोर्चुगीज जहाज जावा और मलक्का में व्यापार के लिये पहुंचे और वहाँ पर व्यापारिक संस्थान स्थापित किये। क्रमशः मोजाम्बिक और भारत में गोवा में, तथा चीन में मकाओ में पोर्चुगीज व्यापार के अड्डे बन गये। पोर्चुगीज और स्पेनियार्डो के अतिरिक्त यूरोप के अन्य लोग अंग्रेज, डेन, स्वेड और डच भी उत्तरी अमेरिका तथा पश्चिमी द्वीप समूह में व्यापार बढ़ाने लगे। शीघ्र ही फ्रेंच भी इस दौड़ में शामिल हो गये। विदेश व्यापार की इस दौड़ में इंगलैंड सबसे आगे था। डच लोगों ने भी अमेरिका में व्यापार को आगे बढ़ाया। सुदूर पूर्व में व्यापार करने वालों में अंग्रेज, डच और फ्रांसीसी प्रमुख थे। अमेरिका में व्यापार के विस्तार में ब्रिटिश, फ्रेंच और स्पेनियार्ड प्रमुख थे। अमेरिका के उत्तरी क्षेत्र में फ्रांस के व्यापारी बसने लगे थे। भारतवर्ष में व्यापार के इरादे से अंग्रेज के अलावा फ्राँसीसी, पोर्चुगीज और डच व्यापारी पहुंचे। दूर-दूर देशों से व्यापार करने से यूरोप के निवासी नयी-नयी सभ्यताओं के सम्पर्क में आये। इससे स्वभावतया उदारता बढ़ी और नया चिन्तन आरम्भ हुआ।

## उपनिवेशों की स्थापना

इस प्रकार पुनर्जागरण काल में विभिन्न यूरोपीय राष्ट्र पहले व्यापार के प्रयोजन से विश्व में दूर-दूर पहुंचे और फिर वहाँ पर उपनिवेशों की स्थापना की। ये उपनिवेश अमरीका, अफ्रीका और एशिया में स्थापित हुए। अमरीका महाद्वीप में पश्चिमी यूरोप के लगभग सभी देशों के लोग आकर बसे। दक्षिणी अफ्रीका में यूरोपीय लोगों ने बस्तियाँ बसाईं। एशिया में ये लोग विशेषतया भारत, दक्षिणी पूर्वी एशिया और चीन तथा जापान तक पहुंचे।

जैसा कि पीछे बतलाया जा चुका है, कोलम्बस ने अमरीका की यात्रा और वास्कोडिगामा ने भारत की यात्रा सबसे पहले व्यापार के उद्‌देश्य से की थी। व्यापार के उद्देश्य से ही पश्चिमी यूरोप के बहुत से लोग दूर-दूर देशों में जाकर बसे। ये लोग वहाँ से धन कमाकर घर लौटने की आशा रखते थे। किन्तु क्रमशः इन्होंने वहाँ पर धनार्जन के व्यापक अवसर देखे। स्पेनिश अमेरिका में चाँदी की खानें मिलीं।

अस्तु, खानें खोदी जाने लगीं। उत्तरी अमेरिका में जंगली जानवरों से फर और खालें तथा अनेक खनिज पदार्थ प्राप्त हुए। अस्तु, यूरोपीय लोग वहाँ बसने को मजबूर हो गये। सत्रहवीं शताब्दी में बहुत से लोग धार्मिक उत्पीड़न से बचने के लिये अमेरिका में जार्जिया क्षेत्र में जा बसे। हालैंड से बहुत से लोग दक्षिणी अमेरिका में केप आफ होप में बस गये। उन्नीसवीं शताब्दी में बहुत बड़ी संख्या में यूरोपीय लोग अमेरिका और आस्ट्रेलिया में जाकर बसे। 18वीं शताब्दी के अन्त में उत्तरी अमेरिका के दो तिहाई क्षेत्र पर अंग्रेजों का अधिकार था। फ्रांसीसी अमेरिका छोड़ चुके थे। ब्राजील में पोर्चुगीज उपनिवेश था। दक्षिणी अमेरिका में कुछ थोड़ा सा क्षेत्र फ्रैंच, ब्रिटिश, डेनिश और डच लोगों के हाथों में छोड़कर सभी क्षेत्रों पर स्पेन के लोगों का अधिकार था। वर्जिनिया में ब्रिटिश उपनिवेश था। इस प्रकार उत्तरी और दक्षिणी अमेरिका में यूरोपीय उपनिवेश छाये हुए थे।

पन्द्रहवीं शताब्दी में पश्चिम एशिया और दक्षिण पूर्व यूरोप में तुर्क राज्य की स्थापना हुई। इन्होंने व्यापारिक मार्गों पर नियन्त्रण किया। अस्तु, पश्चिमी यूरोप के बहुत से नाविक पूर्व के अनेक देशों में पहुंचे। भारत में सबसे पहले पुर्तगाल ने कोचीन, गोवा, दीव और दमन में व्यापारिक बस्तियों की स्थापना की। ये अरब सागर में बेखटके व्यापार करने लगे। जब सन् 1498 में वास्कोडिगामा भारत पहुंचा तो कालीकट के नरेश जेमोरिन ने उसका स्वागत किया। पुर्तगालियों ने ही सबसे पहले यूरोप की जातियों के लिये पूर्व में उपनिवेश के मार्ग खोले। सन् 1602 में डच ईस्ट इण्डिया कम्पनी ने भारत के पश्चिम में सूरत, भड़ौच, अहमदाबाद और कोचीन में व्यापारिक केन्द्र स्थापित किये। इनके व्यापारिक केन्द्र नागापट्टम, मछलीपट्टम, बंगाल में चिनसुरा और बिहार में पटना में भी थे। सन् 1658 में इन्होंने श्री लंका पर अधिकार कर लिया। डच लोग इण्डोनेशिया में जावा, सुमात्रा और बोर्नियो से भी व्यापार करते थे।

सन् 1616 में डेनमार्क वालों ने भारत में डेनिश ईस्ट इण्डिया कम्पनी की स्थापना की। उन्होंने ट्रावनकोर और कलकत्ते के पास सिरामपुर में कारखाने खोले। किन्तु शीघ्र ही इन्होंने ये कारखाने अंग्रेजों को बेच दिये। सन् 1579 में प्रसिद्ध अंग्रेज नाविक फ्रांसिस ड्रेक ने संसार का चक्कर लगाया। सन् 1600 में एशिया में भारत और पूर्वी देशों से व्यापार करने के लिये इंगलिश ईस्ट इण्डिया कम्पनी स्थापित हुई। इसमें लन्दन के कुछ व्यापारियों ने इगलैंड की महारानी एलिजाबेथ प्रथम से पूर्व में व्यापार करने का आज्ञापत्र प्राप्त किया। भारत में अंग्रजों ने सबसे पहला व्यापारिक केन्द्र सूरत में खोला। सूरत के बाद इन्होंने भड़ौच, अहमदाबाद और आगरा में व्यापारिक केन्द्र स्थापित किये। सन् 1611 में इन्होंने मछलीपट्टम में व्यापारिक केन्द्र बनाया। सन् 1639 में इन्होंने मद्रास में पहला किला फोर्ट सेंट जार्ज बनाया। सन् 1698 में इन्होंने पुर्तगालियों से बम्बई लेकर वहाँ की किलाबन्दी की। बंगाल में ईस्ट इण्डिया कम्पनी ने सन् 1698 में तीन गाँवों की जमींदारी प्राप्त की और वर्तमान कलकत्ता के स्थान पर फोर्ट विलियम का निर्माण कराया। शीघ्र ही मद्रास, बम्बई और कलकत्ता

अंग्रेजों के व्यापारिक केन्द्र बन गये। ये तीनों ही नगर समुद्र पर होने के कारण अंग्रेजों के जहाजी बेड़े की शक्ति बढ़ने लगी और शीघ्र ही उन्होंने यूरोप से आने वाले अन्य लोगों को परास्त करके भारत में अधिकार बढ़ाना आरम्भ किया।

सन् 1664 में फ्रैंच ईस्ट इण्डिया कम्पनी की स्थापना हुई और इन्होंने कलकत्ता के निकट चन्दरनगर और पूर्वी मद्रास में पांडिचेरी में केन्द्र बनाये। किन्तु अंग्रेज हर प्रकार से फ्रांसीसियों से अधिक बलवान थे। अंग्रेजों और फ्रांसीसियों में अनेक युद्ध हुए और अन्त में अंग्रेजों का प्रभाव बड़ा। अट्ठारहवीं शताब्दी में ये बंगाल के स्वामी बन बैठे और क्रमशः इनका अधिकार क्षेत्र बढ़ता गया। सन् 1757 में प्लासी की लड़ाई से भारत में अंग्रेजी राज्य की स्थापना हुई जो कि सन् 1856 तक पूरी तरह स्थापित हो गया। इसीलिये सन् 1857 में भारतवासियों ने अंग्रेजों को देश से निकाल देने के लिये अखिल भारतीय स्तर पर पहला संघर्ष किया।

## पुरानी सभ्यताओं से सम्मिलन

पुनर्जागरण युग में धर्म युद्धों, व्यापारिक यात्राओं तथा विदेशों में यूरोपीय उपनिवेशों की स्थापना से यूरोप की सभ्यता का पुरानी सभ्यताओं, विशेषतया भारत और चीन की सभ्यता से सम्मिलन हुआ। इससे यूरोप की सभ्यता ने प्राचीन सभ्यताओं से अनेक नये तत्व ग्रहण किये। ज्ञान और विज्ञान के क्षेत्र में इस सम्मिलन का महत्वपूर्ण लाभ हुआ। अरब के यात्रियों के विवरणों से यूरोप के निवासियों में भूगोल का ज्ञान बढ़ा। मार्को पोलो के विवरण से उन्हें चीन की सभ्यता का पता चला। इस काल के साहित्यकारों और वैज्ञानिकों ने अपने ग्रन्थों में अरबी, भारतीय और चीनी वैज्ञानिकों और साहित्यकारों के बहुत से विचार दिये हैं। विज्ञान के क्षेत्र में यूरोप को अरबों के माध्यम से जो वस्तुयें मिलीं वे अरबों को चीन से प्राप्त हुई थीं। इनका जिक्र पीछे किया जा चुका है। दार्शनिक विचार-धाराओं में अनेक पर पूर्वी दर्शनों का प्रभाव दिखलाई पड़ता है। यही बात ज्ञान के अन्य क्षेत्रों के बारे में कही जा सकती है।

यूरोप में पुनर्जागरण का काल मध्यकालीन संसार और आधुनिक जगत के मध्य की कड़ी थी। सभ्यता का वर्तमान युग पश्चिम में औद्योगिक क्रान्ति से आरम्भ हुआ। पुनर्जागरण का प्रभाव केवल यूरोप में हुआ हो ऐसा नहीं है। यूरोप के निवासी जहाँ भी गये वहाँ के लोगों ने भी उनकी सभ्यता से बहुत सी बातें ग्रहण कीं। इसका एक उदाहरण भारत में अंग्रेजों के सब कहीं प्रभाव में देखा जा सकता है। चीन ही एक ऐसा देश है जिसने अपनी पुरानी सभ्यता को बहुत कुछ ज्यों का त्यों कायम रखा है अन्यथा पूर्व के अनेक देशों का आज पूरी तरह पश्चिमीकरण हो चुका है। भारत में नव जागरण भारतीय और पश्चिमी सभ्यताओं के सम्मिलन का परिणाम था। वास्तव में पुनर्जागरण युग की सबसे बड़ी विशेषता नये-नये देशों की खोज, व्यापार का विस्तार और उपनिवेशों की स्थापना थी। इससे दुनिया का नक्शा ही बदल गया और सब कहीं प्रबुद्ध लोगों के दृष्टिकोण व्यापक हुये।

विभिन्न धर्मानुयायियों के परस्पर सम्पर्क से धर्मान्धता दूर हुई और मानववाद को प्रोत्साहन मिला। विभिन्न सभ्यताओं के सम्मिलन से संसार के सभी देशों में मिली-जुली सभ्यता का निर्माण हुआ। अस्तु, पुनर्जागरण को आधुनिक विश्व में मानव एकता की स्थापना की पृष्ठभूमि कहा जा सकता है।

# फ्रांसीसी राज्यक्रांति
# (FRENCH REVOLUTION)

## राजनैतिक क्रान्ति का अर्थ

क्रान्ति से तात्पर्य आमूल चूल परिवर्तन है। उससे पूरी व्यवस्था उलट-पलट जाती है। अस्तु, राजनैतिक क्रान्ति से तात्पर्य केवल पुरानी सरकार को उलटना मात्र नहीं है बल्कि उससे देश की सम्पूर्ण राजनैतिक व्यवस्था में, न केवल राजनैतिक नेताओं में बल्कि सरकार के स्वरूप में और यहाँ तक कि सत्ता रखने वाले वर्ग की प्रकृति तक में अन्तर होता है। उदाहरण के लिये विश्व के अधिकतर देशों में पहले राजतन्त्र थे, तब राजनैतिक क्रान्तियाँ हुई और फिर जनतन्त्र बने।

## राजनैतिक क्रान्ति का महत्व

इस प्रकार राजनैतिक क्रान्तियाँ राजनीति के हर पहलू को प्रभावित करती हैं, किन्तु इनका प्रभाव केवल राजनीति तक सीमित नहीं होता। ये जीवन के हर पहलू को छूती हैं क्योंकि क्रान्ति होती ही तब है जबकि जन जीवन सामान्य रहना असम्भव हो जाता है। जब वर्तमान व्यवस्था में सांस लेना असम्भव होता है तो क्रान्ति की परिस्थितियाँ उत्पन्न होती हैं। फिर क्रान्ति छूत की बीमारी की तरह फैलती है यहाँ तक कि एक देश में क्रान्ति होने से क्रान्तिकारी विचार दूसरे देशों में भी फैलते हैं क्रान्ति का महत्व नई व्यवस्थाओं की स्थापना करने में है। यदि देश के नेता स्वयं परिवर्तन लाते रहें तो क्रान्ति शान्तिपूर्वक हो जाती है। किन्तु यदि ऐसा न हो सके तो फिर हिंसा, कष्ट और मृत्यु के रूप में क्रान्ति का मूल्य चुकाना ही पड़ता है।

## संसार की महत्वपूर्ण राजनैतिक क्रान्तियाँ

यूरोप में पुनर्जागरण से विभिन्न सभ्यताओं को आपस में मिलने का अवसर आया। औद्योगिक क्रान्ति के फलस्वरूप आर्थिक शक्ति जमींदारों और सामन्तों के हाथों से निकलकर पूँजीपतियों के हाथों में आने लगी। समाज की संरचना में मध्यम वर्ग और श्रमिक वर्ग का प्रभाव बढ़ने लगा। इन वर्गों ने ही संसार की महत्वपूर्ण क्रान्तियों को जन्म दिया। रूस की क्रान्ति में श्रमिक वर्ग का हाथ था। इंग्लैंड, अमरीका और फ्रांस की क्रान्ति में मध्यम वर्ग का विशेष हाथ था। इन क्रान्तियों के मूल में स्वतन्त्रता, समानता और भ्रातृत्व की भावनायें थीं। इन क्रान्तियों के पीछे जनतन्त्रीय

व्यवस्था को लाने का आग्रह था। इन क्रान्तियों के समर्थक राजाओं और सामन्तों के अत्याचारों से ऊब चुके थे। इन राजनैतिक क्रान्तियों ने ही वर्तमान संसार में जनतन्त्र और मानववाद की स्थापना की है।

# फ्रांस की राजनैतिक क्रान्ति

## समाज के तीन वर्गों में संघर्ष

जिस समय अमरीका में राजनैतिक क्रान्ति हो रही थी उसी समय फ्रांस में भी क्रान्ति की आग सुलग रही थी। किन्तु जब यह आग पूरी तरह भड़की तो राजनैतिक विश्व में एक ऐसा धमाका हुआ जो अभूतपूर्व था। फ्रांस में स्थिति यूरोप के अन्य भागों से बहुत बदतर थी। सामन्तों और शासकों की निरंकुशता इतनी बढ़ चुकी थी कि सामान्य जन जीवन असहनीय हो गया था। अठारहवीं शताब्दी में फ्रांस एक शक्तिशाली राष्ट्र था। इसमें दो वर्ग थे-सामन्त वर्ग और पादरी वर्ग। शीघ्र ही इन दोनों वर्गों में संघर्ष होने लगा। सामान्त वर्ग अत्यधिक विलासी और फिजूलखर्च था। दूसरी ओर पुजारी वर्ग को व्यापक अधिकार मिले हुये थे। 95% जनसंख्या इन दोनों वर्गों से अलग तृतीय वर्ग बनाती थी। इनमें 80 प्रतिशत किसान थे जो शोषण के बोझ से दबे जा रहे थे। इनमें कस्बों और नगरों में रहने वाले कारीगर, श्रमिक, निर्धन लोग और मध्यवर्गीय लेखक, डाक्टर, न्यायाधीश, वकील और अध्यापक भी थे। आर्थिक दृष्टि से यह मध्यम वर्ग अत्यन्त महत्वपूर्ण था। व्यवसायी लोग धनिक और शक्तिशाली थे। किन्तु इस मध्यम वर्ग को कोई राजनैतिक अधिकार नहीं मिले हुए थे, उसकी कोई सामाजिक स्थिति नहीं थी। दूसरी ओर सामन्तों के अधिकार व्यापक थे। इससे मध्यम वर्ग में असन्तोष की आग सुलग रही थी। नगरों के श्रमिक और कारीगर अमानवीय दशा में रहने को बाध्य थे। अकेले पेरिस नगर में ही इनकी संख्या पाँच लाख से अधिक थी। यह विशाल जनसमूह क्रान्ति के लिये कुछ भी कर डालने को तैयार था।

## बुद्धिजीवियों में असन्तोष

फ्रांस का प्रशासक सोलहवाँ लुई निरंकुश शासक था। उसके व्यवहार से बुद्धिजीवियों में भारी असन्तोष था। इन बुद्धिजीवियों ने विवेक के युग को जन्म दिया। उन्होंने इस तथ्य पर जोर दिया कि मनुष्य को आनन्द पाने का अधिकार है। उन्होंने ईश्वर के स्थान पर प्रकृति की स्थापना की और बुद्धि के द्वारा उसके नियमों का पता लगाने की सलाह दी। इनका कहना था कि केवल विवेक के आधार पर ही एक पूर्ण समाज की रचना की जा सकती है। वाल्टेयर ने सभी धर्मों को अन्धविश्वासपूर्ण और बुद्धिविरोधी बतलाया। अर्थशास्त्रियों ने यद्भाव्यम् नीति का समर्थन किया और उच्च वर्ग के विशेषाधिकारों का विरोध किया। मान्टेस्क ने जनतन्त्रीय राज्य की रूपरेखा उपस्थित की। जीन जैकस रूसो ने सम्पूर्ण सत्ता जनता में मानने का सिद्धान्त उपस्थित किया। उसने मानव की स्वतन्त्रता को सर्वोच्च

महत्व दिया।

## राजा और क्रान्तिकारियों में संघर्ष

सन् 1789 में सोलहवें लुई ने पुरानी सामन्तवादी परिषद की बैठक बुलवाई। सन् 1614 के बाद यह पहली बैठक थी। 17 जून सन् 1789 को जनता के चुने हुये प्रतिनिधियों ने राष्ट्रीय परिषद के रूप में अपना संगठन किया। 20 जून को उन्होंने संविधान की रचना की। लुई ने नेताओं को गिरफ्तार कर लिया। इससे हिंसापूर्ण विद्रोह हुआ। 14 जुलाई सन् 1789 को राज्य की प्रमुख जेल को तोड़कर क्रान्तिकारियों ने सब बन्दियों को रिहा कर दिया। यह घटना निरंकुश राजतन्त्र की मृत्यु की घोषणा सिद्ध हुई। 14 जुलाई के पश्चात लुई केवल नाम मात्र का राजा था। शीघ्र ही उसके विरुद्ध विद्रोह देश के सभी क्षेत्रों में फैल गया। राष्ट्रीय परिषद ने मनुष्यों और नागरिकों के अधिकारों का घोषणापत्र अंगीकार किया। इसमें सब नागरिकों को सब प्रकार की समानता और स्वतन्त्रता दी गई। अब क्रान्तिकारियों और राजा के समर्थकों में खुलकर संघर्ष हुआ। राजा और रानी को बन्दी बना लिया गया। पुरानी राष्ट्रीय परिषद के स्थान पर नई व्यवस्थापिका परिषद की स्थापना की गई । इस परिषद ने युद्ध की घोषणा की और राजा के समर्थक आस्ट्रिया, प्रशिया और इटली से युद्ध छेड़ दिया। सामन्तवाद को समाप्त करके समानता और स्वतन्त्रता पर आधारित नई संस्थायें स्थापित की गईं। इन्होंने विश्व में सब कहीं जनता को परस्पर सहायता और भ्रातृत्व के लिये आमन्त्रित किया ताकि सब कहीं पुरानी व्यवस्था को तोड़कर नई व्यवस्था की स्थापना की जा सके। सन् 1792 में राजा और रानी पर मुकदमे चलाये गये और उन्हें प्राण दण्ड दिया गया। अब ब्रिटेन, हालैण्ड, स्पेन और हंगरी के विरुद्ध युद्ध की घोषणा कर दी गई। जनतन्त्र को बचाने के लिये जेकोबिन नाम के एक समूह ने कठोर शासन अपनाया तथा विरोध करने वालों को प्राणदण्ड दिया। 14 महीनों में लगभग 17,000 नर-नारियों पर मुकदमे चलाये गये और उन्हे प्राणदण्ड दिये गये। इससे सेना की शक्ति बढ़ती गई। सन् 1772 से 1815 तक फ्रांस तथा अन्य देशों के बीच लगातार युद्ध चलता रहा। सन् 1793 और 1796 की अवधि में फ्राँसीसी सेनाओं ने समस्त पश्चिमी यूरोप पर अधिकार कर लिया। अब इन सेनाओं का नेता नेपोलियन था। नेपोलियन ने अनेक देशों की सेनाओं को हराया, अपने को सम्राट घोषित किया और प्रशासन में अपने कानून चलाये। सन् 1815 में वाटरलू के युद्ध में नेपोलियन की हार हुई। नेपोलियन का शासन फ्रांस के बढ़ते हुए जनतन्त्र में पीछे की ओर एक कदम था। किन्तु 15 वर्ष बाद सन् 1830 में फिर से राजनैतिक क्रान्ति हुई। सन् 1848 में राजतन्त्र को फिर से उखाड़ फेंका गया किन्तु संघर्ष चलता ही रहा और अन्त में सन् 1871 में सामान्य जनता, निर्धनों और किसानों के सहयोग से और खून बहाने से फ्रांस में जनतन्त्र की स्थापना हुई। सन् 1872 में किसानों, श्रमिकों

और सामान्य जनों को समान आर्थिक अधिकार दिये गये। किसानों को उनकी भूमि वापिस मिली। शीघ्र ही फ्रांस की गणना उन थोड़े से देशों में की जाने लगी जहाँ पर राजनैतिक व्यवस्था समाजवाद के समानता के सिद्धान्त पर आधारित थी।

### फ्रांस की राजनैतिक क्रान्ति का महत्व

फ्रांस की राज्य क्रान्ति ने विश्व को सब कहीं प्रभावित किया। यूरोप और दक्षिणी तथा मध्य अमेरिका के देशों में फ्रांस के क्रान्तिकारी विचार फैल गये। फ्रांसीसी क्रांति जन क्रान्ति का आदर्श बन गई। उन्नीसवीं शताब्दी के आरम्भ में सब कहीं जनतन्त्रात्मक आन्दोलन चले और फ्रांसीसी राज्य क्रान्ति ने उनका आदर्श उपस्थित किया। अमेरिकी राज्य क्रान्ति के नेताओं ने भी अनेक बातों में फ्रांस का अनुकरण किया।

## औद्योगिक क्रान्ति
## (INDUSTRIAL REVOLUTION)

### औद्योगिक क्रान्ति का अर्थ

अठारहवीं और उन्नीसवीं शताब्दियों में उद्योग के क्षेत्र में क्रान्तिकारी परिवर्तनों को औद्योगिक क्रान्ति कहा जा सकता है। क्रान्ति से तात्पर्य शीघ्र और आमूलचूल परिवर्तन है। औद्यागिक क्रान्ति में हुए परिवर्तन इतने अधिक अपनी गति के कारण नहीं जितने कि व्यापकता के कारण महत्वपूर्ण हैं। इनसे उत्पादन विधियाँ आमूलचूल बदल गयीं। इनसे व्यापार का स्वरूप परिवर्तित हुआ और नई व्यापारिक संस्थाओं का उदय हुआ। इसे क्रांति इसलिये नहीं कहा जाता क्योंकि परिवर्तन शीघ्रता से हुए बल्कि इसलिये कहा जाता है क्योंकि जो परिवर्तन हुए वे क्रांतिकारी थे। औद्योगिक क्रांति की परिभाषा करते हुए डेविस ने लिखा है, "औद्योगिक क्रांति का अभिप्राय उन परिवर्तनों से है जिन्होंने यह सम्भव कर दिया है कि मनुष्य उत्पादन के प्राचीन उपायों को त्यागकर बड़े पैमाने पर विशाल कारखानों में वस्तुओं का उत्पादन कर सके।" इस प्रकार औद्योगिक क्रांति से आर्थिक, व्यापारिक और कृषि सम्बन्धी क्रांति का भी घनिष्ठ सम्बन्ध है। इस प्रक्रिया मे विभिन्न प्रकार के खनिज पदार्थों, विशेषतया कोयला और लोहा, तथा शक्ति के विभिन्न साधनों जैसे भाप और जल तथा बिजली के अतिरिक्त बड़े पैमाने पर श्रमिकों की उपलब्धि, विशालकाय यन्त्रों का निर्माण, वैज्ञानिक पुस्तकों की उपलब्धि इत्यादि अनेक तत्वों का महत्व है। सीमित अर्थों में औद्योंगिक क्रांन्ति यान्त्रिक क्रान्ति है। नये-नये यन्त्रों के निर्माण से आवागमन और सन्देशवहन के क्षेत्र में अभूतपूर्व विकास हुआ। उत्पादन के क्षेत्र में बड़े पैमाने पर उत्पादन सम्भव हो सका। संक्षेप में औद्योगिक क्रांति के दो प्रमुख पहलू हैं-एक तो उत्पादन की नवीन

प्रणालियाँ और दूसरे बड़े पैमाने पर उत्पादन।

## औद्योगिक क्रांति का इतिहास

यह औद्योगिक क्रांति सबसे पहले यूरोप में ब्रिटेन में हुई और वहाँ से यूरोप के अन्य देशों और तब संसार के अन्य महाद्वीपों में फैली। इसकी अवधि सन् 1760 से लेकर 1914 तक मानी जाती है। इस अवधि में न केवल इंग्लैण्ड ने बल्कि समस्त विश्व ने आर्थिक क्रांति के नए युग में प्रवेश किया। भारतवर्ष में औद्योगिक क्रांति अंग्रेजी शासन काल में प्रारम्भ हुई।

## नए वैज्ञानिक आविष्कार

जैसा कि पीछे बतलाया जा चुका है, औद्योगिक क्रांति में मनुष्य उत्पादन के नये उपाय अपनाते हैं। यह विज्ञान और तकनीक के विकास के कारण होता है। इंग्लैण्ड में सबसे पहले कपड़ा उद्योग के क्षेत्र में औद्योगिक क्रांति हुई। इसका मूल कारण वैज्ञानिक आविष्कार थे। जब कपड़े की मांग पूर्ति से अधिक हो गई तो इंग्लैण्ड में यह आवश्यक हो गया कि उत्पादन के साधनों को किसी न किसी तरह से बढ़ाया जाये। इससे कपड़ा उद्योग में नयी-नयी मशीनों का आविष्कार किया गया। सन् 1733 में जॉन के नामक जुलाहे ने फ्लाइंग शटल यन्त्र का आविष्कार किया जिससे बुनकरों की क्षमता बढ़ी। वस्त्र उद्योग में इंग्लैण्ड में हुए विभिन्न वैज्ञानिक आविष्कारों में प्रमुख निम्नलिखित हैं-

1. **फ्लाइंग शटल**- इसकी चर्चा पीछे की जा चुकी है।

2. **रोलर स्पिनिंग मशीन**- इसका आविष्कार सन् 1748 में पाल और व्हाइट ने किया। इससे सूत के गुण में सुधार हुआ।

3. **स्पिनिंग जेनी**- इसका आविष्कार सन् 1767 मे जेम्स हारग्रीब्ज ने किया। इस मशीन में एक साथ ग्यारह चरखें घुमाये जा सकते थे। इससे एक ही समय में ग्यारह चरखों पर सूत कातना सम्भव हो गया।

4. **स्पिनिंग वाटर फ्रेम**- सन् 1769 में रिचार्ड आर्कराइट ने इस यन्त्र का निर्माण किया जो पानी की शक्ति से चलता था। इससे यान्त्रिक शक्ति के द्वारा चलने वाले बेलनों से सूत काता जाता था।

5. **क्रौम्पटन म्यूल**- इसका आविष्कार सन् 1779 में क्रौम्पटन ने किया। इस यन्त्र के द्वारा इतने अच्छे सूत काते जाने लगे जैसे कि पहले कभी नहीं काते गये थे।

6. **पावर लूम**- कपड़ा उद्योग में सबसे बड़ी क्रांति सन् 1785 में एडमंड कार्टराइट के द्वारा पावरलूम के आविष्कार से हुई। इस मशीन के द्वारा ताना-बाना अपने आप बुना जाता था और एक बालक भी दस कारीगरों के बराबर उत्पादन

कर सकता था।

मशीनों के आविष्कार के अतिरिक्त औद्योगिक क्रांति में महत्वपूर्ण कारक शक्ति के नये स्त्रोतों का आविष्कार था। इससे बड़े पैमाने पर कारखाने बनाये जा सकते थे। 18वीं शताब्दी के पहले मशीनों को घोड़ों या बैलों के द्वारा चलाया जाता था। सन् 1769 में जेम्स वाट ने भाप की शक्ति से चलने वाला इंजन बनाया। इसकी सहायता से विशालकाय मशीनें चलाना सम्भव हुआ और तकनीक में अभूतपूर्व विकास हुआ। लोहे की खानों, कपड़ा उद्योग तथा अन्य उद्योगों में विकास की गति बहुत तीव्र हो गई।

औद्योगिक क्रांति सबसे पहले यूरोप में इंग्लैण्ड में हुई। इसका प्रमुख कारण यह था कि अन्य देशों की तुलना में इग्लैण्ड में अधिक औद्योगिक विकास हो चुका था। वहाँ के सूती और ऊनी वस्त्र उद्योग काफी विकसित थे। उन्हें बड़े पैमाने पर उत्पादन और विदेश व्यापार का अच्छा अनुभव था। ब्रिटिश पूंजीपतियों ने विदेश व्यापार से काफी धन कमाया था। देश में संयुक्त पूंजी कम्पनियाँ और बैंक व्यवस्था उपलब्ध थी। राजनैतिक और वित्त दोनों की दृष्टि से स्थायित्व था। बाहरी आक्रमण से सुरक्षा थी। आर्थिक क्षेत्र में पूरी तरह व्यक्तिगत स्वतन्त्रता थी। बड़ी मात्रा में कोयले और लोहे के भण्डार थे। अस्तु, ब्रिटिश पूंजीपतियों ने बड़े पैमाने पर उद्योगों का संगठन किया।

## मशीन युग का आरम्भ

औद्योगिक क्रांति के परिणामस्वरूप मशीन युग का आरम्भ हुआ। इंग्लैण्ड में मांग की तुलना में श्रमिकों की पूर्ति कम थी। अस्तु, नये-नये यन्त्रों के आविष्कार की आवश्यकता थी ताकि कम श्रमिकों से अधिक उत्पादन लिया जा सके। अस्तु, ब्रिटिश पूंजीपतियों ने आविष्कारकों को प्रोत्साहन दिया और साझीदार तक बनाया। इससे इंग्लैण्ड में मशीनों के क्षेत्र में क्रांतिकारी आविष्कार हुए। मशीनों के निर्माण के लिये कोयले और लोहे की आवश्यकता होती है। इंग्लैण्ड में पत्थर का कोयला पर्याप्त मात्रा में उपलब्ध होने से बड़ी-बड़ी मशीनों का निर्माण सम्भव हुआ। कपड़ा उद्योग में नई मशीनों का परिचय पीछे दिया जा चुका है। किन्तु उत्पादन के साथ-साथ मशीनों का आविष्कार यातायात के क्षेत्र में भी महत्वपूर्ण सिद्ध हुआ। सन् 1814 में इंग्लैण्ड के जार्ज स्टीवेंसन ने स्वचालित इंजन का आविष्कार किया जो लोहे की पटरी पर चलता था। कुछ वर्षों बाद पहली रेलवे लाइन बनी और उस पर रेल चलने लगी। शीघ्र ही स्टीम इजनों का प्रयोग नौकाओं और समुद्री जहाजों में भी होने लगा। अस्तु, देश के अन्तर्गत और दूर-दूर देशों से तीव्र गति से यातायात सम्भव हुआ। इससे व्यापार के क्षेत्र में क्रांति हुई। कृषि के क्षेत्र में नई-नई मशीनों के आविष्कार से उत्पादन बढ़ने लगा। शीघ्र ही जमीन को जोतने और अनाज तथा भूसे को अलग करने के लिए मशीनों का प्रयोग हुआ। खानों में भी सुरक्षा और उत्पादन बढ़ाने के लिए महत्वपूर्ण आविष्कार हुए। सन् 1815 में इंग्लैण्ड में हम्फ्रे डेवी ने सेफ्टी

लैम्प निकाला जिससे खानों में काम करने वाले मजदूरों की सुरक्षा बढ़ी।

मशीनों के उपलब्ध होने से बड़े पैमाने पर कारखाने बनाये गये। यही मशीन युग कहलाता है। दूसरे शब्दों में, मशीन युग गृह प्रणाली के स्थान पर कारखाना प्रणाली की स्थापना से आरम्भ हुआ। एक-एक कारखाने में हजारों मजदूर काम करने लगे। मशीनों से बनी चीजें सस्ती पड़ती थीं। अस्तु, जनता में उनकी मांग बढ़ती गई। इस प्रकार औद्योगिक क्रान्ति से उस मशीन युग का आरम्भ हुआ जो कि वर्तमान काल में सब कहीं दिखलाई पड़ता है।

## औद्योगिक क्रांति का सामाजिक जीवन पर प्रभाव

सामाजिक जीवन पर औद्योगिक क्रांति का प्रभाव निम्नलिखित क्षेत्रों में देखा जा सकता है-

(1) **पूंजीवाद का प्रारम्भ**- औद्योगिक क्रांति के कारण बड़े-बड़े कारखानों में बड़े पैमाने पर उत्पादन होने से पूंजीपति के हाथ में अतुल सम्पत्ति का एकीकरण सम्भव हो सका। इससे उद्योगपतियों का सामाजिक प्रभाव बढ़ने लगा। शीघ्र ही उन्होंने राजनैतिक क्षेत्रों को प्रभावित करना आरम्भ किया।

(2) **साम्राज्यवाद और उपनिवेशवाद**- इंग्लैण्ड में औद्योगिक क्रांति से हुए बड़े पैमाने पर उत्पादन के माल की खपत करने के लिये नये-नये बाजारों की आवश्यकता हुई अस्तु, अंग्रेजों ने नये-नये देशों में उपनिवेश बनाये और धीरे-धीरे अंग्रेजी साम्राज्य पश्चिम से पूर्व तक इतने लम्बे चौड़े क्षेत्र में फैल गया कि कहा जाता था कि अंग्रेजी राज्य में सूर्य कभी अस्त नहीं होता। उपनिवेशवाद और साम्राज्यवाद की इस दौड़ में शीघ्र ही यूरोप के अन्य देश फ्रांस, हालैण्ड, पुर्तगाल, स्पेन, इटली और जर्मनी भी शामिल हो गये। अनेक देशों के निवासियों ने एशिया और अफ्रीका तथा अमेरिका में उपनिवेशों की स्थापना की। इन उपनिवेशों से कच्चा माल यूरोप के देशों में पहुंचता था और वहां से पक्का माल बनाकर इन्हीं देशों के बाजारों में बेचा जाता था। इस प्रकार उपनिवेशों का धन यूरोप के देशों में जाने लगा और शीघ्र ही यूरोप के पूंजीपति सारे संसार पर छा गये।

(3) **श्रमिक संगठन**- मशीनों के आविष्कार से पूंजीपति कम श्रमिकों से अधिक उत्पादन कर सकते थे। एक-एक मशीन बहुत से आदमियों को बेकार कर देती थी। उद्योगपति की मजदूरों पर निर्भरता कम होने लगी थी। अस्तु, सौदेबाजी में उसकी स्थिति बेहतर हुई। श्रमिकों को रोजगार के अधिक अवसर प्राप्त हुए तथा वस्तुयें सस्ती होने से उनका रहन-सहन भी ऊंचा उठा किन्तु वे पूंजीपतियों पर पूर्णतया निर्भर हो गये। क्रमशः कारखानों के कृत्रिम वातावरण में उनका स्वास्थ्य गिरने लगा और उनका शोषण बढ़ने लगा। नये-नये यन्त्रों के प्रयोग से औद्योगिक दुर्घटनायें बढ़ी। इन सब कारणों से श्रमिकों को अपनी दयनीय दशा के बारे में सोचना पड़ा। क्रमशः भिन्न-भिन्न कारखानों में श्रमिकों के हितों की रक्षा करने के लिए

श्रम संगठन बनने लगे। इस प्रकार श्रमिकों का बड़े पैमाने पर संगठन हुआ। बाद में कार्ल मार्क्स ने विश्व के श्रमिकों को संगठित होने का आवाहन दिया जिससे अन्तर्राष्ट्रीय स्तर पर श्रम संगठन सम्भव हुआ।

(4) **नागरीकरण**- औद्योगिक क्रांति से बड़े-बड़े कारखाने बनने सम्भव हुए जिनमें हजारों मजदूर काम करते थे। इनके रहने के लिए आवास, बच्चों के लिए विद्यालय, मनोरंजन के लिए सिनेमा घर और आवश्यकता की वस्तुएं जुटाने के लिए दुकानों और बाजारों का विकास हुआ। अस्तु, बड़े-बड़े उद्योगों के कारण बड़े-बड़े नगरों का विकास हुआ। नागरीकरण से प्रत्येक समाज में नगरीय समाज का प्रतिशत बढ़ने लगा। इससे नगरीय समाज की विशेषतायें जैसे वैयक्तिकता, बुद्धिवाद, द्वैतीयक सामाजिक संस्थाओं का विकास, अत्यधिक भीड़-भाड़ और गन्दी बस्तियाँ, अत्यधिक आर्थिक विषमता, बिगड़े वर्गों जैसे भिखारी, शराबी और अपराधी इत्यादि में वृद्धि हुई। नागरीकरण से राजनैतिक व्यवस्था में महत्वपूर्ण परिवर्तन हुआ।

(5) **जीवन स्तर में सुधार**-औद्योगिक क्रांति से जीवन स्तर ऊंचा उठा क्योंकि बड़े पैमाने पर बनी सस्ती वस्तुएं अधिक लोगों को उपलब्ध होने लगीं।

(6) **मध्यम वर्ग का उदय**- औद्योगिक क्रांति का महत्वपूर्ण सामाजिक परिणाम मध्यम वर्ग का उदय है। उद्योगों में दलाल और ठेकेदार श्रमिकों और पूंजीपतियों में मध्यस्थता करते थे। नगरों में दफ्तरों, विद्यालयों और दुकानों पर काम करने वाले लोगों का मध्यम वर्ग तेजी से बढ़ा। मध्यम वर्ग के लोग अधिक पढ़े लिखे होते हैं। उनकी संख्या बढ़ने से जनतन्त्र के लिए अधिक ठोस आधार बनता है। यद्यपि राजनैतिक क्रांति में श्रमिकों का अधिक महत्वूपर्ण योगदान होता है किन्तु अधिकतर नेता मध्यम वर्ग से आते हैं। वास्तव में यह मध्यम वर्ग का विकास ही सामाजिक विकास का आधार है।

(7) **सामाजिक विघटन**-औद्योगिक क्रांति के परिणामस्वरूप बढ़े औद्योगीकरण और नागरीकरण से सामाजिक विघटन बढ़ा। नगरों में गावों की तुलना में पारिवारिक और वैवाहिक विघटन अधिक मात्रा में देखा जा सकता है। नगरों में वेश्याएं तथा अपराधी और सफेद पोश जालसाज तरह-तरह के भ्रष्टाचार फैलाते हैं। अनेक प्रकार के अवैध व्यवसाय बढ़ते हैं। कालाधन और काले धन्धे सामाजिक विघटन बढ़ाते हैं। इस प्रकार समाज के प्रत्येक क्षेत्र में भ्रष्टाचार बढ़ने से व्यक्तिक विघटन बढ़ता है जो कि औद्योगिक समाजों में मानसिक रोगियों की अधिक संख्या में देखा जा सकता है।

(8) **सामाजिक प्रगति**-उपरोक्त विवेचन से ऐसा प्रतीत होता है मानो कि औद्योगिक क्रांति के सामाजिक जीवन पर बुरे ही प्रभाव पड़े किन्तु वस्तु स्थिति ऐसी नहीं है। आधुनिक नगर सामाजिक प्रगति के आधार हैं। आधुनिक उद्योग ही

राष्ट्र को प्रगति की ओर ले जाते हैं। वैज्ञानिक आविष्कारों से सामाजिक प्रगति बढ़ती है। औद्योगिक क्रांति से ही समाज के भिन्न-भिन्न क्षेत्रों में परस्पर सहयोग तथा निर्भरता और श्रम विभाजन बढ़ते हैं। अस्तु, जिन देशों में औद्योगिक क्रान्ति का अधिक प्रभाव पड़ा है उनकी गिनती विकसित देशों में की जाती है। दूसरी ओर जिन देशों में औद्योगिक क्रान्ति बहुत बाद में आई वे विकासमान देशों में गिने जाते हैं। भारत औद्योगीकरण और नागरीकरण में पश्चिम के देशों से बहुत पीछे है। इसीलिए सामाजिक दृष्टि से भी उसकी गिनती विकसित नहीं बल्कि विकासमान देशों में होती है।

**(9) शिक्षा का प्रसार-** औद्योगिक क्रांति का एक महत्वूपर्ण परिणाम शिक्षा के व्यापक प्रसार के रूप में देखा जा सकता है। औद्योगिक नगरों में बड़े-बड़े विद्यालय स्थापित हुए। पूंजीपतियों के सहयोग से विश्वविद्यालयों और अनुसंधान शालाओं की स्थापना हुई । बड़े पैमाने पर पुस्तकों तथा शिक्षा से सम्बन्धित अन्य सामग्री का उत्पादन सम्भव होने के कारण शिक्षा के प्रत्येक स्तर पर अभूतपूर्व विकास हुआ। तकनीकी और वैज्ञानिक शिक्षा तो औद्योगिक क्रांति की ही देन है।

**(10) स्त्रियों की दशा में सुधार-**औद्योगिक क्रांति से मशीनों के द्वारा स्त्रियाँ भी पुरुषों जितना उत्पादन कर सकती थीं क्योंकि मशीनों पर शारीरिक शक्ति की उतनी अधिक आवश्यकता नहीं होती। इससे स्त्रियों को कारखानों और कार्यालयों में काम मिलने लगा। उनकी उत्पादन शक्ति बढ़ने से क्रमशः उनका वेतन भी बढ़ा। घर से बाहर निकलने का अवसर मिलने से उनमें जागृति उत्पन्न हुई। शिक्षा का प्रसार होने से उन्होंने पुरुषों के समान अधिकारों की माँग की। अस्तु, औद्योगिक क्रांति ने निश्चय ही स्त्रियों की स्थिति को ऊंचा उठाया है।

**(11) सामाजिक वर्गों में परिवर्तन-**किसी न किसी प्रकार का स्तरीकरण सभी समाजों में पाया जाता है। उदाहरण के लिये भारत में जाति स्तरीकरण का आधार है। पाश्चात्य समाजों में आर्थिक वर्ग स्तरीकरण का आधार है। औद्योगिक क्रान्ति से संसार में जब कहीं आर्थिक वर्ग व्यवस्था की स्थापना हुई। सामाजिक स्थिति जन्म अथवा शिक्षा से नहीं बल्कि आय और व्यवसाय से निश्चित होने लगी। जाति व्यवस्था का विघटन हुआ। छुआछूत के बन्धन टूटने लगे। नगरों में जनसमाज का निर्माण हुआ जिसका राजनीति में महत्वपूर्ण योगदान रहता है।

**(12) धार्मिक और नैतिक प्रभाव-**औद्योगिक क्रांति ने रूढ़िवाद और अन्धविश्वास को आघात पहुंचाया। उद्योगों में विभिन्न धर्मानुयायियों के परस्पर मेलजोल से धार्मिक सहिष्णुता बढ़ी। औद्योगीकरण और नागरीकरण से लौकिकवादी दृष्टिकोण का विस्तार हुआ और धार्मिकता कम होने लगी। अधिकतर आधुनिक राज्य धार्मिक नहीं बल्कि लौकिक हैं। समाज में धर्म का महत्व घटने लगा। दूसरी ओर धार्मिक साहित्य अधिक मात्रा में और सस्ता उपलब्ध होने से सुदूर देशों में आदिम लोगों में धार्मिक विचार अधिक तेजी से फैलने लगे। नैतिकता के क्षेत्र में औद्योगिक क्रांति

के परिणाम बुद्धिवाद, भौतिकवाद, व्यक्तिवाद, यौन स्वेच्छाचार, अपराधों में वृद्धि तथा सामाजिक नियन्त्रण में कमी में देखे जा सकते हैं। कृत्रिम, निम्न और व्यावसायिक मनोरंजन बढ़ते जा रहे हैं जिनका बहुधा नैतिकता पर अच्छा प्रभाव नहीं पड़ता।

## औद्योगिक क्रांति का आर्थिक जीवन पर प्रभाव

आर्थिक जीवन के क्षेत्र में औद्योगिक क्रांति की प्रमुख देन प्रौद्योगिकी है। प्रौद्योगिकी यन्त्र अथवा उपकरण को नहीं कहते बल्कि उसके इस्तेमाल की प्रणाली को कहते हैं। औद्योगिक क्रांति से उद्योगों, सन्देशवहन और कृषि के क्षेत्र में नवीन प्रौद्योगिकी का विकास हुआ। इस विकास के आर्थिक जीवन पर व्यापक प्रभाव पड़े। औद्योगीकरण और नागरीकरण के आर्थिक प्रभाव भी वास्तव में औद्योगिक क्रांति के आर्थिक प्रभाव माने जाने चाहिएं। संक्षेप में, औद्योगिक क्रांति के आर्थिक प्रभावों में मुख्य निम्नलिखित हैं-

1. **उद्योगों में मशीनों का प्रयोग**- उद्योगों में मशीनों के प्रयोग से कारखाना पद्धति का उदय हुआ। इससे औद्योगीकरण बढ़ा। औद्योगीकरण ने नागरीकरण को प्रोत्साहन दिया। कारखानें में बड़े पैमाने पर उत्पादन सम्भव होने से पूंजीपतियों का धन बढ़ने लगा। इससे पूंजीवाद का जन्म हुआ।

2. **सन्देशवहन के साधनों का विकास**- औद्योगिक क्रांति से डाक, तार, टेलीफोन तथा सन्देशवहन के अन्य साधनों का अभूतपूर्व विकास हुआ। व्यापार और उद्योग सार्वदेशिक और अन्तर्राष्ट्रीय स्तर पर किये जाने लगे। अस्तु, व्यक्तिगत और राष्ट्रीय आय में अभूतपूर्व प्रगति हुई है।

3. **आवागमन के साधनों का विकास**-औद्योगिक क्रांति से सड़कों और रेलों के अभूतपूर्व विकास के साथ-साथ इन पर चलने वाले वाहनों की संख्या और किस्म में भी अभूतपूर्व विकास हुआ। अस्तु, सड़क मार्ग, रेलमार्ग, वायु मार्ग और जल मार्ग से आवागमन के साधन अधिक लोगों को उपलब्ध होने लगे। इससे उद्योग और व्यापार में अभूतपूर्व उन्नति हुई और आर्थिक समृद्धि बढ़ी।

4. **कृषि सम्बन्धी विकास**-कृषि प्रधान देशों में औद्योगिक क्रांति का सबसे बड़ा आर्थिक प्रभाव कृषि सम्बन्धी विकास में देखा जा सकता है। ट्रैक्टरों के उपलब्ध होने से मीलों लम्बे फार्मों में खेती सम्भव हुई। इससे बड़े पैमाने पर खेती की जाने लगी। रासायनिक खादों से उपज बढ़ी। उत्तम बीजों से उपज की किस्म में सुधार हुआ। जमीन जोतने बोने और फसल काटने तथा अनाज को भूसे से अलग करने इत्यादि की नई मशीनों और नई-नई प्रविधियों के आविष्कार से किसानों की काया ही पलट गई। औद्योगिक क्रांति के द्वारा कृषि क्रांति हुई जिसका उदाहरण कृषि प्रधान देशों में देखा जा सकता है।

5. **राष्ट्रीय आय में वृद्धि**- उपरोक्त सभी कारणों से उद्योग और व्यापार

में अभूतपूर्व प्रगति होने से राष्ट्रीय आय दूनी और चौगुनी बढ़ी। यूरोप के देशों की राष्ट्रीय आयों में आश्चर्यजनक प्रगति हुई है। अफ्रीका और एशिया के जिन देशों में औद्योगिक क्रांति का जितना ही अधिक प्रभाव हुआ है वहाँ भी राष्ट्रीय आय में इतनी ही प्रगति देखी जा सकती है। भारतवर्ष में औद्योगिक क्रांति के प्रवेश के बाद से राष्ट्रीय आय निरन्तर बढ़ती गई है।

**6. व्यक्तिगत आय में उन्नति**-एक मजदूर की मजदूरी इस बात से तय होती है कि वह कितनी कीमत का उत्पादन करता है। पहले जब मशीनें नहीं थीं तब श्रमिक का उत्पादन बहुत कम था और इसलिये उसे मजदूरी भी बहुत कम मिलती थी। यही बात किसान के बारे में भी देखी जाती थी। कारीगरों और दुकानदारों की स्थिति भी अधिक अच्छी नहीं थी। औद्योगिक क्रांति के परिणामस्वरूप न केवल श्रमिकों बल्कि किसानों और कारीगरों तथा दुकानदारों और व्यापारियों की कार्यकुशलता और उत्पादन क्षमता में आश्चर्यजनक विकास हुआ है। अस्तु, व्यक्तिगत आय आश्चर्यजनक रूप से बढ़ी है। आज विश्व में ऐसे उदाहरण देखे जा सकते हैं जिन में व्यक्तियों ने कुछ हजार रुपये की पूंजी से काम शुरु किये और आज उनकी वार्षिक आय करोड़ों रुपयों में दिखलाई पड़ती है। यह सब औद्योगिक क्रांति की ही देन है।

**7. उत्पादन में वृद्धि**- औद्योगिक क्रांति का सबसे अधिक प्रत्यक्ष परिणाम कृषि और उद्योग के क्षेत्र में बढ़ता हुआ उत्पादन है। कहीं-कहीं तो उत्पादन इतना अधिक बढ़ा है कि पूर्ति के मांग से अधिक हो जाने के कारण तेजी से गिरती हुई कीमतों को रोकने के लिये अनाज और वस्तुयें नष्ट करनी पड़ी हैं।

**8. उपभोग में वृद्धि**- उत्पादन की मात्रा और किस्म बढ़ने से उपभोग की मात्रा और किस्म बढ़ती है। आधुनिक नगरों में उपभोग की वस्तुयें इतनी अधिक मात्रा और किस्मों में दिखलाई पड़ती हैं कि आधुनिक नर-नारी उपभोग की दौड़ में लगे रहते हैं। इसका एक उदाहरण फैशन के तेजी से बदलते हुए रूप और फैशनेबिल बने रहने की दौड़ में देखा जा सकता है।

**9. जीवन स्तर की उन्नति**-उत्पादन और उपभोग की मात्रा और किस्म बढ़ने से जीवन स्तर ऊँचा उठा है। अनेक वस्तुयें, जिनकी गिनती पहले विलासिता की सामग्रियों में की जाती थी आज नगरवासियों की आवश्यकतायें बन गई हैं। आराम की अधिक से अधिक सामग्री और साधन सस्ते और आसानी से उपलब्ध होने के कारण उनके उपभोग का क्षेत्र बढ़ता जाता है। पहले जो जीवन स्तर केवल उच्च वर्ग के लोगों मे दिखलाई पड़ता था आज वह मध्यम ही नहीं बल्कि कही-कहीं निम्न वर्ग में भी देखा जा सकता है। निम्न वर्ग सब कहीं ऊँचे वर्गों अनुकरण में उन जैसी किन्तु सस्ती चीजों का इस्तेमाल करता देखा जा सकता है। बिजली की शक्ति के उपलब्ध होने से ही जीवन स्तर में अभूतपूर्व उन्नति हुई है।

संक्षेप में, औद्योगिक क्रांति के आर्थिक प्रभाव व्यक्ति और समाज के आर्थिक पहलू में प्रत्येक क्षेत्र में देखे जा सकते हैं। वर्तमान आर्थिक समृद्धि औद्योगिक क्रांति की ही देन है। दूसरी ओर आर्थिक विषमता भी औद्योगिक क्रांति का ही परिणाम है। अस्तु, यह नहीं समझना चाहिये कि औद्योगिक क्रांति के आर्थिक दृष्टि से बुरे प्रभाव नहीं पड़े हैं। आधुनिक नगरों की बढ़ती हुई गन्दी बस्तियाँ, विभिन्न वर्गों के जीवन स्तर में जमीन आसमान का अन्तर, विभिन्न वर्गों के बढ़ते हुए संघर्ष, पूंजीपतियों के द्वारा अनाजों और चीजों की पूर्ति कम करने के लिये उनकी बर्बादी, कारखानों के विषाक्त वातावरण और अन्तर्राष्ट्रीय क्षेत्र में तथा राष्ट्रीय और व्यक्तिगत क्षेत्र में निर्धनों के और भी अधिक निर्धन तथा धनिकों के और भी अधिक धनी होने की प्रवृत्ति तथा पूँजीपतियों के बढ़ने हुए शिकंजे भी औद्योगिक क्रांति की ही देन हैं। किन्तु इन बुरे प्रभावों की तुलना में पीछे बतलाये गये अच्छे प्रभाव निश्चय ही अधिक महत्वपूर्ण हैं। इन बुरे प्रभावों को रोकने के लिये आधुनिक प्रगतिशील देशों में नये कानून बनाये जा रहे हैं। अस्तु, यह कहना गलत नहीं होगा कि औद्योगिक क्रांति से अर्थव्यवस्था पर और आर्थिक जीवन पर वैसा ही अनुकूल प्रभाव पड़ा है जैसा कि सामाजिक-जीवन पर देखा जा सकता है।

## अभ्यास के लिये प्रश्न

1. यूरोप में पुनर्जागरण काल में उपनिवेशों की स्थापना का वर्णन कीजिए।
2. पुरानी सभ्यताओं से सम्मिलन का यूरोप में पुनर्जागरण पर क्या प्रभाव पड़ा?
3. यूरोप में पुनर्जागरण के कारण बतलाओ।
4. फ्रांसीसी राज्य क्रान्ति के कारण और परिणाम बतलाओ।
5. औद्योगिक क्रांति के अर्थ और लक्षण बतलाओ।
6. औद्योगिक क्रांति के सामाजिक प्रभावों का वर्णन करो।

# 2

# आगस्त काम्टे
# (AUGUSTE COMTE)

आधुनिक युग के सामाजिक विचारकों में आगस्त काम्टे का नाम सर्वप्रथम है। आगस्त काम्टे फ्रांस का निवासी था। उसका जन्म सन् 1798 ई. में मौंटपेलिंगर में हुआ था। वह एक साधारण परिवार का सदस्य था। उसके माता-पिता कैथोलिक धर्म के अनुयायी थे। इसीलिए प्रारम्भ में काम्टे भी कैथोलिक धर्म को ही मानता था। काम्टे का स्वास्थ्य अच्छा नहीं था अत: वह किसी संस्था में नियमित रूप से शिक्षा नहीं ले पाया था। बचपन में कुछ शिक्षकों द्वारा घर पर रह कर ही उसने विभिन्न विषयों का ज्ञान प्राप्त किया था। शारीरिक स्वास्थ्य कमजोर होने पर भी काम्टे की मानसिक क्षमता एवं बौद्धिक प्रतिभा अद्वितीय थी। बचपन में ही उसकी बौद्धिक प्रतिभा स्पष्ट नजर आती थी। काम्टे प्रारम्भ से ही स्वतन्त्र विचारों वाला था। वह दूसरों के अनुचित अथवा अप्रिय विचारों को किसी भी स्थिति में स्वीकार नहीं कर सकता था। इसी प्रवृत्ति के फलस्वरूप उसने शीघ्र ही अपने माता-पिता के विचारों की अवहेलना भी प्रारम्भ कर दी। वह अपने माता-पिता के राजनीतिक विचारों से भी सहमत न था। वह स्वयं रिपब्लिकन विचारों का हिमायती था। उसने शीघ्र ही अपने माता-पिता के धर्म अर्थात् कैथोलिक धर्म को भी छोड़ दिया।

अपनी युवा अवस्था में काम्टे की भेंट तत्कालीन समाजवादी विचारक सेंट साइमन से हुयी। काम्टे ने साइमन को अपना गुरु स्वीकार किया। लगभग छ: वर्ष तक ये दोनों मिलकर कार्य करते रहे परन्तु बाद में इनमें आपसी मतभेद हो गया। वैसे इसमें कोई सन्देह नहीं कि काम्टे के विचारों पर सेंट साइमन का पर्याप्त प्रभाव पड़ा था। कहा जाता है कि काम्टे द्वारा 'समाजशास्त्र' की कल्पना भी साइमन के विचारों के प्रभाव का परिणाम थी। सेंट साइमन मुख्य रूप से समाजवादी विचारक था। वह प्राय: कहा करता था कि समाज के विभिन्न पहलुओं का एक साथ अध्ययन होना चाहिए तथा ऐसा विज्ञान होना चाहिए जो समाज के विभिन्न पहलुओं का अध्ययन कर सके। साइमन के इसी विचार के आधार पर काम्टे ने 'समाजशास्त्र' की एक सामाजिक विज्ञान के रूप में स्थापना की थी। जहाँ एक ओर साइमन तथा काम्टे

के विचारों में कुछ साम्यता थी वहीं दूसरी ओर कुछ अन्तर भी था। साइमन मुख्य रूप से क्रांतिवादी था, वह सामाजिक व्यवस्था में आमूलचूल परिवर्तन चाहता था। इससे भिन्न काम्टे इतना तीव्र परिवर्तनवादी नहीं था।

काम्टे का निजी जीवन बहुत अधिक सफल जीवन नहीं कहा जा सकता। उसने कैरोलाइन मैंसी नामक युवती से विवाह किया था। परन्तु उसका वैवाहिक जीवन सफल नहीं रहा। काम्टे की आर्थिक स्थिति अच्छी नहीं थी। उसका स्वास्थ्य भी अच्छा न था। इन सब परेशानियों के कारण सन् 1822 ई. में काम्टे अपना मानसिक सन्तुलन खो बैठा। इस अवस्था में उसने आत्महत्या करने का प्रयास किया। परन्तु पत्नी द्वारा अत्यधिक सेवा के बाद वह पुनः स्वस्थ हो गया। वह स्वस्थ तो हो गया परन्तु फिर भी उसकी अपनी पत्नी से निभ नहीं पायी और अन्त में उन्होंने विवाह-विच्छेद कर लिया। विवाह-विच्छेद की इस घटना के बाद काम्टे कुछ उदासीन रहने लगा। इसके बाद वह गम्भीर चिन्तन-मनन में लीन रहने लगा। उसके विचारों में पर्याप्त परिवर्तन हुआ। अब वह मानवतावादी विचारों का प्रतिपादन करने लगा। वह स्वार्थवादी विचारों का विरोधी बन गया। उसने एक नवीन धर्म की स्थापना करनी चाही जिसे उसने 'मानव धर्म' का नाम दिया। वह पूरे समाज का पुनर्निर्माण करना चाहता था। इस उद्देश्य के लिए उसने एक योजना भी प्रस्तुत की थी।

काम्टे ने अपने विचार दो ग्रन्थों के द्वारा प्रस्तुत किये थे। उसका प्रथम ग्रन्थ "पौजिटिव फिलौसफी" है। इस ग्रन्थ के छः भाग हैं। काम्टे का दूसरा ग्रन्थ चार भागों में विभक्त है उसका नाम "पौजिटिव पौलिटी" है। काम्टे ने अपने इन ग्रन्थों का प्रकाशन बहुत मुश्किल से करवाया था। वह अपनी पुस्तकों को किसी भी प्रकार की आमदनी का साधन बनाना नहीं चाहता था, इसीलिए वह अपनी पुस्तकों की रायल्टी भी नहीं लेता था।

उपरोक्त वर्णित ग्रन्थों में काम्टे ने जिन सिद्धान्तों एवं विचारों का प्रतिपादन किया है उनमें से मुख्य विचारों एवं सिद्धान्तों का संक्षिप्त विवरण निम्नलिखित है।

## सामाजिक चिन्तन की तीन अवस्थाएँ

**आगस्त काम्टे** (Auguste Comte) आधुनिक समाजशास्त्र के जन्मदाता कहलाते हैं। आपने पूर्व प्रचलित सामाजिक ज्ञान को व्यवस्थित किया तथा उसे वर्गीकृत किया। काम्टे ने जहाँ एक ओर ज्ञान के अध्ययन के लिये विशिष्ट पद्धति का प्रतिपादन किया वहाँ दूसरी ओर मानवीय चिन्तन के विकासक्रम एवं विभिन्न स्थितियों का विवेचन किया। चिन्तन के इस विकासक्रम को काम्टे ने एक व्यवस्थित सिद्धान्त के रूप में प्रस्तुत किया है। इस सिद्धान्त को 'चिन्तन की तीन अवस्थाओं का सिद्धान्त' (Law of three Stages of thinking) का नाम दिया गया है। इस सिद्धान्त को यह नाम देने का मुख्य कारण यह है कि इस सिद्धान्त के अन्तर्गत चिन्तन के विकास की तीन विभिन्न अवस्थाओं का विवेचन किया गया है। इस सिद्धान्त

को प्रस्तुत करने का मुख्य उद्देश्य सामाजिक विज्ञानों के अध्ययन के लिये आवश्यक आधार उपलब्ध कराना था।

काम्टे के अनुसार मानवीय चिन्तन की प्रक्रिया अथवा विचारधाराओं का विकास निम्नलिखित तीन अवस्थाओं में से होकर गुजरता है-

**(अ) धर्मशास्त्रीय अथवा काल्पनिक अवस्था** (Theological or Fictitious Stage)

**(ब) तत्वदार्शनिक अथवा अमूर्त अवस्था** (Metaphysical or Abstract Stage)

**(स) वैज्ञानिक अथवा सकारवादी** (Scientific or Positive Stage)

काम्टे ने अपने इस वर्गीकरण को इन शब्दों में प्रस्तुत किया है, "हमारी प्रत्येक प्रमुख विचारधारा हमारे ज्ञान की प्रत्येक शाखा-एक के बाद एक तीन विभिन्न सैद्धान्तिक अवस्थाओं से होकर गुजरती है : धर्म शास्त्र या काल्पनिक, तत्वदार्शनिक अथवा अमूर्त तथा वैज्ञानिक अथवा सकारात्मक"[1] काम्टे द्वारा प्रस्तुत चिन्तन की इन विभिन्न अवस्थाओं का संक्षिप्त विवरण निम्नलिखित है-

**(1) धर्मशास्त्रीय या काल्पनिक अवस्था** (Theological or Fictitious Stage)-चिन्तन के विकासक्रम के अन्तर्गत प्रथम अवस्था धर्मशास्त्रीय या काल्पनिक अवस्था होती है। चिन्तन की इस अवस्था का सम्बन्ध मुख्य रूप से आदिमवासियों से होता है। कभी-कभी बच्चों का चिन्तन-स्तर भी इसी अवस्था में होता है। चिन्तन की इस अवस्था में पर्याप्त विकसित एवं सुनिश्चित तर्क का अभाव होता है। इस अवस्था में व्यक्ति का चिन्तन के प्रति वैज्ञानिक दृष्टिकोण नहीं होता। उसका दृष्टिकोण काल्पनिक होता है। धर्मशास्त्रीय चिन्तन अवस्था में चिन्तन के मुख्य विषय प्रकृति की घटनाओं से सम्बन्धित होते हैं। प्रकृति की आश्चर्य-उत्पादक घटनाएँ मनुष्य के धर्मशास्त्रीय चिन्तन को उत्प्रेरित करती हैं। चिन्तन के इस विकास स्तर पर मानव प्राकृतिक घटनाओं के पारलौकिक अथवा काल्पनिक कारण निश्चित कर लेता है। इसी पारलौकिक अथवा काल्पनिक कार्य-कारणवाद को हम धर्मशास्त्रीय अथवा काल्पनिक चिन्तन का नाम दे सकते हैं। उदाहरण के लिए प्राकृतिक घटनाओं जैसे अतिवृष्टि अथवा अनावृष्टि को किसी पारलौकिक शक्ति का प्रकोप मान लेना काल्पनिक चिन्तन कहा जा सकता है। इस चिन्तन के अन्तर्गत मुख्य रूप से यह स्वीकार किया जाता है कि हमारे इस प्रत्यक्ष संसार के अतिरिक्त कोई अन्य दैनिक क्षेत्र भी हैं जहाँ की शक्तियाँ हमारे विश्व की घटनाओं को नियमित तथा निर्देशित करती हैं। इस प्रकार स्पष्ट है कि धर्मशास्त्रीय चिन्तन अवस्था का

1. "..........that each of our leading conceptions—each branch of our knowledge-passes successively through three different theoretical conditions: the theological or fictitious, the metaphysical or abstract, and the scientific or positive....."

-Auguste Comte.

सीधा सम्बन्ध पारलौकिक शक्तियों और उनके परिचालन से हैं। काम्टे ने धर्मशास्त्रीय चिन्तन अवस्था को पुन: तीन उपअवस्थाओं में विभाजित किया है। ये उप-अवस्थाएँ क्रमश: प्रेतवाद (Fetishism), बहुदेववाद (Polytheism) तथा एकेश्वरवाद (Monotheism) है। इन अवस्थाओं का संक्षिप्त विवरण निम्नलिखित है:-

**(अ) प्रेतवाद** (Fetishism)- धर्मशास्त्रीय चिन्तनक्रम के अन्तर्गत सबसे प्रारम्भिक अवस्था को प्रेतवाद कहा जाता है। प्रेतवाद की अवस्था में ऐसा स्वीकार किया जाता है कि प्रत्येक जड़ एंव चेतन वस्तु में एक जीव होता है। जड़ एवं भौतिक वस्तुओं में भी एक विशिष्ट चेतना होती है। प्रत्यक्ष रूप से निर्जीव दिखाई देने वाली वस्तुओं में भी अलौकिक शक्ति मानी जाती है। इस आधार पर यह स्वीकार किया जाता है कि ये सब अलौकिक शक्तियाँ सभी घटनाओं को परिचालित करती हैं।

**(ब) बहुदेववाद** (Polytheism)- मानव के बौद्धिक विकास के फलस्वरूप चिन्तन के रूप में भी परिवर्तन हुआ। प्रेतवाद के बाद की अवस्था बहुदेववाद कहलाती है। इस अवस्था में आदिम मानव ने शक्तियों को वर्गीकृत कर लिया और विभिन्न देवताओं की स्थापना भी कर ली थी। इन देवताओं के अपने-अपने विभाग थे। सभी देवताओं के अपने-अपने कार्य भी निश्चित थे। कहने का आशय यह है कि इस अवस्था में स्थिति पहले से कुछ अधिक व्यवस्थित एवं सुनिश्चित थी।

**(स) एकेश्वरवाद** (Monotheism)- धर्मशास्त्रीय चिन्तन अवस्था का अन्तिम चरण एकेश्वरवाद है। जैसा कि इसके नाम से ही स्पष्ट है, इस अवस्था में केवल एक ईश्वर की चरम सत्ता में विश्वास रखा जाता था। एकेश्वरवाद मानव के बौद्धिक विकास का परिणाम है। एकेश्वरवाद का आविष्कार पूर्व की अव्यवस्थित एवं अबौद्धिक धारणाओं को समाप्त करने के लिए हुआ था। इस अवस्था में यह माना जाता था कि पूरे विश्व का परिचालन केवल एक ही ईश्वर करता है और उस ईश्वर की चरम सत्ता एवं परम शक्ति है।

**(2) तत्वदार्शनिक या अमूर्त अवस्था** (Metaphysical or Abstract Stage)- चिन्तन के विकास क्रम के अन्तर्गत काम्टे के अनुसार दूसरी अवस्था तत्वदार्शनिक या अमूर्त अवस्था है। चिन्तन एवं बौद्धिकता के विकास के फलस्वरूप मानव की समस्याएँ बढ़ गईं। धर्मशास्त्रीय चिन्तन उन समस्याओं के समाधान के लिए पर्याप्त नहीं था। संसार में विरोधी प्रवृत्तियों के एक साथ दर्शन होने की अवस्था में एकेश्वरवाद मानव को सन्तुष्ट नहीं कर सकता था। एक ही ईश्वर को संहार और निर्माण का आदि कारण मानना सम्भव नहीं था। इस स्थिति में किसी एक वैयक्तिक एवं मूर्त ईश्वर की अवधारणा मानव चिन्तन को सन्तुष्ट नहीं कर पाती। इस बौद्धिक सन्तुष्टि के लिए मनुष्य ने तत्वदार्शनिक चिन्तन को अपनाया। तत्वदार्शनिक चिन्तन के अन्तर्गत एक अमूर्त अलौकिक सत्ता को स्वीकार किया जाता है। इसके अन्तर्गत यह माना जाता है कि संसार की सभी घटनाएँ अमूर्त

एवं अवैयक्तिक सत्ता द्वारा परिचालित होती है। चिन्तन की इस अवस्था में यह नहीं माना जाता कि प्रत्येक जीव एवं वस्तु के पीछे एक मूर्त ईश्वर है।

**(3) वैज्ञानिक या सकारवादी अवस्था** (Scientific or Positive Stage)- धर्मशास्त्रीय तथा तत्वदार्शनिक चिन्तन अवस्थाओं के बाद वैज्ञानिक अथवा सकारवादी अवस्था आती है। धर्मशास्त्रीय तथा तत्वदार्शनिक चिन्तन के अन्तर्गत जो भी ज्ञान प्राप्त किया जाता है वह अनुमान तथा कल्पना पर ही आधारित होता है। इस निश्चितता के अभाव को समाप्त करने के लिए वैज्ञानिक चिन्तन अपनाया जाता है।

वैज्ञानिक या सकारवादी चिन्तन तथ्यों एवं प्रमाणों पर आधारित होता है। इसमें कल्पना को महत्व नहीं दिया जाता। वैज्ञानिक चिन्तन तथ्यों के अवलोकन द्वारा आरम्भ होता है। तथ्यों के अवलोकन के बाद उनका वर्गीकरण तथा सामान्यीकरण किया जाता है। प्राप्त परिणामों का तरह-तरह से परीक्षण किया जाता है। पर्याप्त परीक्षणों के बाद नियम बनाये जाते हैं। ये नियम वैज्ञानिक नियम कहलाते हैं। वैज्ञानिक चिन्तन के अन्तर्गत किसी प्रकार के विश्वास अथवा अलौकिक सत्ता के प्रति आस्था को महत्व नहीं दिया जाता।

काम्टे का मत है कि मानव चिन्तन की प्रत्येक शाखा को वैज्ञानिक अवस्था तक प्रहुंचने के लिए पूर्व की दोनों अवस्थाओं में से होकर गुजरना पड़ता है। यही नहीं प्राय: यह भी देखा जाता है कि वैज्ञानिक अवस्था के चिन्तन में भी पूर्व की अवस्थाओं के कुछ न कुछ स्पष्ट अथवा अस्पष्ट लक्षण अवश्य विद्यमान रहा करते हैं।

## चिन्तन की अवस्थाओं का सामाजिक संगठन से सम्बन्ध

जहाँ एक ओर काम्टे ने यह स्पष्ट किया है कि मानव के चिन्तन की विभिन्न अवस्थाएँ हैं वहीं काम्टे ने चिन्तन की प्रत्येक अवस्था से सम्बन्धित समाज के संगठन का भी विवरण प्रस्तुत किया है। काम्टे का विचार है कि कोई समाज चिन्तन की जिस अवस्था में से गुजरता है उसका सामाजिक संगठन भी उसी के अनुरूप होता है। चिन्तन की प्रक्रिया में विकास एवं परिवर्तन होने पर सम्बन्धित सामाजिक संगठन भी परिवर्तित होता है। चिन्तन की तीनों अवस्थाओं से सम्बन्धित सामाजिक संगठन का संक्षिप्त विवरण निम्नलिखित है :-

**(1) धर्मशास्त्रीय अवस्था का सामाजिक संगठन**-चिन्तन की धर्म शास्त्रीय अवस्था में सामाजिक संगठन एक विशिष्ट प्रकार का था। इस अवस्था के सामाजिक संगठन की प्रमुख विशेषता यह थी कि प्रत्येक सामाजिक नियम एवं राजनीतिक कानून तथा सिद्धान्तों की वैधता को पूर्णरूप से स्वीकार किया जाता था। इनके प्रति शंका अथवा आपत्ति का प्रश्न नहीं उठता था। राजा तथा राजनीतिक सत्ता को दैवी सत्ता का प्रतिनिधि समझा जाता था। इसी कारण अधिकांश

शासन-प्रणालियाँ एकतन्त्रवादी ही हुआ करती थीं। कहीं-कहीं एकतन्त्र शासन के अध्यक्ष अर्थात् राजा को पृथ्वी का ईश्वर माना जाता था। इस काल में अनुशासन कठोर था। इसका मुख्य कारण यह था कि उस अवस्था में सामाजिक तथा राजनीतिक नियमों के उल्लंघन को दैवी नियमों का उल्लंघन माना जाता था। इस उल्लंघन के लिए कठोर दण्ड एवं दैवी भय हुआ करता था। दैवी शक्तियों से प्रभावित होने के कारण इस अवस्था में सामान्यतया अन्धविश्वासों का अधिक बोलबाला होता था।

**(2) तत्वदार्शनिक अवस्था का सामाजिक संगठन**-तत्वदार्शनिक चिन्तन अवस्था में सामाजिक संगठन भिन्न प्रकार का होता है। इस अवस्था में सामाजिक संगठन को कुछ अमूर्त सिद्धान्त निर्देशित करते हैं। इस अवस्था में शासन-प्रणाली भी परिवर्तित हो जाती है और राजा अथवा अध्यक्ष की सत्ता क्रमशः कम हो जाती है। इस अवस्था में समाज को संगठित करने के लिए वैधानिक विकास पर बल दिया जाता है। यह वैधानिक विकास प्रायः औपचारिक रूप से होता है। इस अवस्था में समाज में पुरोहितवाद का भी बोलबाला हो जाता है। प्रायः सामान्य जनता को भी कुछ अधिकार एवं सत्ता प्राप्त हो जाते हैं।

**(3) वैज्ञानिक अवस्था का सामाजिक संगठन**- इस अवस्था में स्पष्ट एवं सुनिश्चित सामाजिक नियम एवं राजनीतिक सिद्धान्त निर्धारित होते हैं। इस अवस्था का सामाजिक संगठन उद्योग एवं तकनीकी प्रधान होता है। प्राकृतिक शक्तियों को सामाजिक सुविधा के लिए साधन बनाया जाता है। अन्य विश्वासों के प्रति कोई आस्था नहीं रह जाती। प्रत्येक विषय में प्रमाणों की अपेक्षा की जाती है। दैवी भय प्रायः समाप्त हो जाते हैं।

## विज्ञानों का वर्गीकरण

अति प्राचीन काल से ही अनेक विचारक ज्ञान का वर्गीकरण करते आये हैं। प्रारम्भिक ग्रीक विचारकों ने सम्पूर्ण ज्ञान को तीन वर्गों में बाँटा है अर्थात् भौतिकी (Physics), नीतिशास्त्र (Ethics) तथा राजनीति शास्त्र (Politics)। बाद में बेकन ने मन के विभिन्न विभागों के आधार पर ज्ञान को तीन वर्गों में विभाजित किया था-स्मृति, कल्पना और तर्क। स्मृति पर आधारित ज्ञान इतिहास है, कल्पना से सम्बन्धित ज्ञात कविता हैं। तर्क पर आधारित ज्ञान को विज्ञान (Science) कहा गया। काम्टे ज्ञान के इस प्रकार के वर्गीकरणों से सन्तुष्ट नहीं था। उसने सम्पूर्ण ज्ञान को एक नये ढंग से वर्गीकृत किया। काम्टे ने ज्ञान का वर्गीकरण चिन्तन की वैज्ञानिक अथवा सकारवादी अवस्था का अवलोकन करके किया था। काम्टे द्वारा किये गये इस वर्गीकरण का मुख्य उद्देश्य एक ऐसा आधार तैयार करना था जिसके ऊपर निर्भर रहकर उसके द्वारा विकसित किये गये विज्ञान अर्थात् समाजशास्त्र का अध्ययन किया जा सके। इसी वर्गीकरण के माध्यम से उसने समाजशास्त्र के अध्ययन की पद्धति भी निश्चित की थी। इसके अतिक्ति महत्त्वपूर्ण विज्ञान समाजशास्त्र का अन्य विज्ञानों के साथ सम्बन्ध स्थापित करने लिए भी यह वर्गीकरण सहायक सिद्ध

हुआ। वास्तव में कोई सामान्य आधार होने पर ही विभिन्न विज्ञानों का पारस्परिक सम्बन्ध स्थापित किया जा सकता है।

## वर्गीकरण के सिद्धान्त का आधार

प्रत्येक विज्ञान का सम्बन्ध किसी निश्चित घटना अथवा विषय से होता है, जिसका अध्ययन उस विज्ञान के अन्तर्गत किया जाता है। सम्बन्धित विज्ञान की प्रकृति एवं वर्ग इसी घटना अथवा विषय द्वारा निर्धारित होते हैं। काम्टे ने भी अपने ज्ञान के वर्गीकरण को इसी तथ्य पर आधारित किया है। उन्होंने अपने इस सिद्धान्त को वृद्धिमान आश्रितता (Increasing Dependency) का नाम दिया है। इस सिद्धान्त का विशेष विवेचन यह है कि वास्तव में भिन्न-भिन्न विज्ञानों की सम्बन्धित घटना की जटिलता का अंश भिन्न भिन्न होता है। कुछ घटनाएँ सरल होती हैं तथा कुछ जटिल घटनाएँ सरल घटनाओं पर आश्रित होती हैं। सरल घटनाएं सामान्य होती हैं और वे सब कहीं विद्यमान होती हैं। इसी आधार पर काम्टे ने ज्ञान की शाखाओं को वर्गीकृत किया था। जटिल घटना से सम्बन्धित विज्ञान जटिल माना गया था। जटिल विज्ञान सरल विज्ञान पर आधारित होता है। जटिल विज्ञान के अध्ययन के लिए उससे सरल विज्ञान का ज्ञान प्राप्त करना आवश्यक हो जाता है। इस प्रकार प्रत्येक विज्ञान किसी अन्य विज्ञान पर आश्रित होता है और स्वयं किसी अन्य विज्ञान के लिए आधार प्रस्तुत करता है अर्थात् अन्य विज्ञान उस पर आश्रित रहते हैं। कहने का आशय यह है कि जटिल विज्ञान सरल विज्ञान पर आश्रित रहते हैं तथा जटिलतर विज्ञान जटिल विज्ञान पर आश्रित रहते हैं। इसी आधार पर काम्टे ने ज्ञान का एक क्रमिक वर्गीकरण प्रस्तुत किया था। इस वर्गीकरण के अन्तर्गत सबसे सरल विज्ञान सबसे नीचे या पहले आता है और जटिलतम विज्ञान सबसे ऊपर या सबसे बाद में आता है। इस प्रकार स्पष्ट है कि वृद्धिमान आश्रितता के सिद्धान्त के अन्तर्गत जटिलतम विज्ञान सबसे अधिक आश्रित होगा तथा सरलतम विज्ञान की आश्रितता बिल्कुल नहीं होगी।

## विज्ञानों के वर्गीकरण का क्रम

वृद्धिमान आश्रितता के सिद्धान्त को आधार बनाकर किये गये ज्ञान के वर्गीकरण के अन्तर्गत प्रथम स्थान गणित को दिया गया है तथा सबसे बाद में समाजशास्त्र को रखा गया है। इस वर्गीकरण में स्तरण क्रम (Hierarchy) इस प्रकार है- (1) गणित शास्त्र (Mathematics), (2) खगोलशास्त्र (Astronomy) भौतिक शास्त्र (Physics), (3) रसायन शास्त्र (Chemistry) (4) प्राणीशास्त्र (Biology), तथा (5) समाजशास्त्र या सामाजिक भौतिकी (Sociology or Social Physics)। इस वर्गीकरण-क्रम द्वारा यह स्पष्ट होता है कि गणित सबसे सरल विज्ञान है और समाजशास्त्र सबसे जटिल विज्ञान है। समाजशास्त्र की आश्रितता सबसे अधिक है और गणित की आश्रितता सबसे कम है। यह भी कहा जा सकता है कि गणित की आश्रितता है ही नहीं।

## मुख्य विज्ञानों का संक्षिप्त विवरण

(1) **गणित** (Mathematics)- काम्टे ने गणित को आधारभूत एवं सरलतम विज्ञान माना है। गणित के भी कुछ उप-विज्ञान या विभाग हैं। मुख्य विभाग हैं- अंकगणित, बीजगणित, ज्यामिति तथा यांत्रिकी। गणित के ये सभी विभाग सरल विज्ञान हैं। ये किसी अन्य विभाग पर आधारित नहीं है। ये सब अंकों से सम्बन्धित हैं। गणित के इन विभागों में भी अंकगणित को प्राथमिकता दी जाती है। अंकगणित सरलतम विज्ञान है क्योंकि इसका कार्य सरल एवं सामान्य घटनाओं और वस्तुओं का लेखा-जोखा प्रस्तुत करना होता है। बीजगणित का सम्बन्ध भी अंकों से ही है। अंकगणित एवं बीजगणित को अपने परिणामों की सत्यता को सिद्ध करने के लिए किसी अन्य विज्ञान या ज्ञान की शाखा की सहायता नहीं लेनी पड़ती है। इनके तथ्य अपने-आप में ही सत्यापित होते हैं। यहाँ यह स्पष्ट कर देना आवश्यक है कि अन्य विज्ञानों के अध्ययन एवं विकास के लिए गणित की सहायता की आवश्यकता पड़ती है। गणित के ज्ञान एवं अध्ययन के बिना किसी विज्ञान को समझना सम्भव नहीं है। गणित का तीसरा विभाग ज्यामिति है। ज्यामिति भी अंकों द्वारा प्रस्तुत होती है। यह भी स्वतन्त्र है। ज्यामिति के अतिरिक्त यान्त्रिकी (Mechanics) का महत्व है। यान्त्रिकी भी केवल अंकगणित तथा ज्यामिति पर ही आधारित हैं। कहने का आशय यह है कि यान्त्रिकी गणित के अतिरिक्त किसी अन्य विज्ञान पर आश्रित नहीं है, यहाँ यह स्पष्ट कर देना भी आवश्यक है कि गणित वैज्ञानिक अथवा सकारवादी चिन्तन की अवस्था पर आधारित है। इसका धर्म-शास्त्रीय अथवा तत्वदार्शनिक चिन्तन की अवस्थाओं से कोई सम्बन्ध नहीं है।

(2) **खगोल शास्त्र** (Astronomy)-गणित को सर्व-सामान्य विज्ञान निश्चित करने के बाद काम्टे ने सूझ-बूझ एवं नियमों के अनुसार अन्य विज्ञानों का भी वर्गीकरण किया। सर्वप्रथम काम्टे सभी विज्ञानों को दो मुख्य विभागों में विभाजित कर लेता है, ये विभाग हैं- अनैन्द्रियक अथवा अकार्बनिक (Inorganic) तथा ऐन्द्रियक अथवा कार्बनिक (Organic)। इसके बाद अनैन्द्रियक को पुनः दो भागों में विभाजित किया गया हैं। ये विभाग हैं- अन्तरिक्षस्थ (Astronomical) तथा भूमिस्थ (Terrestrial)। काम्टे का विचार है कि ऐन्द्रियक विज्ञानों की अपेक्षा अनैन्द्रियक विज्ञान अधिक निश्चित एवं-यथार्थ हैं। इसी आधार पर उसने गणित के बाद अनैन्द्रियक विज्ञानों को स्थान दिया। अनैन्द्रियक विज्ञानों में सबसे अधिक निश्चित एवं यथार्थ खगोल शास्त्र (Astronomy) है। यह एक साधारण अनुभव की बात है कि अन्य वस्तुओं एवं तथ्यों की अपेक्षा नक्षत्रों एवं सौर मण्डल अर्थात् जिनका सम्बन्ध ज्योतिष से है इनमें कम परिवर्तन हुआ करता है। ये आकाशीय तथ्य भूमिस्थ तथ्यों से अधिक स्थायी हैं। इसी कारण गणित के बाद खगोल शास्त्र को स्थान दिया गया है। खगोल शास्त्र गणित अर्थात् अंकगणित, बीजगणित और ज्यामिति पर आधारित है। गणित के तथ्यों में गुरुत्वाकर्षण के नियमों का समावेश एवं प्रयोग करने

से खगोल शास्त्र एवं नक्षत्र विद्या के नियम बन जाते हैं। अन्य विज्ञान खगोल शास्त्र से जटिल हैं। वे इस पर आधारित हैं।

(3) **भौतिक शास्त्र** (Physics)- अन्तरिक्षस्थ विज्ञानों के अतिरिक्त दूसरा अनैन्द्रियक विज्ञान भूमिस्थ विज्ञान है। भूमिस्थ (Terrestrial) विज्ञान भी मुख्य रूप से दो हैं। ये हैं- भौतिक शास्त्र (Physics) तथा रसायन शास्त्र (Chemistry)। ये विज्ञान पूर्व के विज्ञानों पर आधारित हैं। अब यह निश्चित करना है कि इन दोनों में से कौन सा विज्ञान वर्गीकरण क्रम में प्रथम हो। वास्तव में इस निर्णय के लिए विज्ञानों की निश्चितता एवं क्रमिक जटिलता को कसौटी माना जाता है। इस कसौटी के आधार पर भौतिक शास्त्र प्रथम निर्धारित होता है। भौतिक शास्त्र रसायन शास्त्र से अधिक निश्चित है। भौतिक शास्त्र गणित एवं खगोल शास्त्र के सिद्धान्तों पर आधारित है। सौर मण्डल के नियम एवं प्रभाव भौतिक शास्त्र के अध्ययन के लिए आधार प्रस्तुत करते हैं। इस प्रकार स्पष्ट है कि ये भौतिक शास्त्र एवं गणित पर आधारित हैं।

(4) **रसायन शास्त्र** (Chemistry)- अनैन्द्रियक भूमिस्थ विज्ञानों में दूसरा नम्बर रसायन शास्त्र का है। रसायन शास्त्र का अध्ययन कुछ क्षेत्रों में गणित तथा भौतिकशास्त्र पर आधारित है। रसायन के अध्ययन में गणित के नियमों तथा भौतिकी के सिद्धान्तों से सहायता प्राप्त होती है। इसी तथ्य के कारण काम्टे ने विज्ञानों के सोपान क्रम में रसायन को भौतिकी के बाद स्थान दिया जाता है। यहाँ यह भी स्पष्ट है कि जहाँ रसायन, गणित एवं भौतिकी पर आधारित है वहाँ इसका विपरीत सत्य नहीं है अर्थात् भौतिक एवं गणित रसायन शास्त्र से मुक्त हैं।

(5) **जीव विज्ञान** (Biology)- पहले ही स्पष्ट किया जा चुका है कि अनैन्द्रियक विज्ञानों के बाद ऐन्द्रियक विज्ञान आते हैं। काम्टे ने ऐन्द्रियक विज्ञानों का पुन: दो विभागों में विभाजन किया है। ये विभाग अथवा वर्ग हैं- वैयक्तिक विज्ञान (Individual Sciences) तथा सामाजिक विज्ञान (Social Sciences) वैयक्तिक ऐन्द्रियक विज्ञान जीव विज्ञान है। जीव विज्ञान के अन्तर्गत वनस्पति तथा चेतन प्राणियों की शारीरिक रचनाओं का अध्ययन किया जाता है। यह विज्ञान इनकी शारीरिक क्रियाओं का भी अध्ययन करता है। जीव विज्ञान जहाँ एक ओर प्राणियों और वनस्पतियों के शरीरों की रचना, कार्य और अंगों की बनावट का अध्ययन करता है वहाँ दूसरी ओर यह वनस्पति और प्राणियों का तुलनात्मक अध्ययन भी करता है। काम्टे ने जीव विज्ञान को रसायनशास्त्र के बाद स्थान दिया है। इसका कारण यह है कि जीव विज्ञान का अध्ययन रसायनशास्त्र के सिद्धान्तों एवं नियमों पर आधारित है। शरीर के अन्दर होने वाले रासायनिक परिवर्तन शरीर की रचना एवं क्रियाओं को प्रभावित करते हैं। यहाँ यह भी स्पष्ट करना आवश्यक है कि जीव विज्ञान रसायन शास्त्र के अतिरिक्त भौतिक शास्त्र तथा खगोल शास्त्र पर भी आधारित है।

**(6) समाजशास्त्र** (Sociology)- काम्टे के अनुसार सामाजिक ऐन्द्रियक विज्ञान समाजशास्त्र हैं। समाजशास्त्र एक नया विज्ञान है। यह विज्ञान अन्य पूर्व वर्णित विज्ञानों पर आधारित है। नव-विकसित होने के कारण विज्ञान अभी पूर्णरूप से निश्चित विज्ञान की अवस्था में नही पहुँचा है। यह विज्ञान अभी विकसित हो रहा है। परन्तु यह स्पष्ट है कि इसके विकास की दिशा निश्चितता की ओर ही है।

## काम्टे की अनुसार "समाजशास्त्र"

आधुनिक समाजशास्त्र के जन्मदाता काम्टे ही माने जाते हैं। ज्ञान की इस विशेष शाखा को यह नाम प्रदान करने का श्रेय भी आगस्त काम्टे को ही है। काम्टे ने सर्व-प्रथम इस शास्त्र को "सामाजिक भौतिकी" (Social Physics) का नाम दिया था। यह नाम प्रदान करने का कारण यह था कि काम्टे के अनुसार समाज शास्त्र अर्थात् इस नव-विकसित शास्त्र के अध्ययन के नियम एवं प्रणालियाँ उतनी ही निश्चित एवं विश्वसनीय होंगे जितने कि भौतिकी आदि शुद्ध विज्ञानों के नियम। बाद में काम्टे ने ज्ञान की इस शाखा को सोशियोलोजी (Sociology) नाम दिया। विज्ञानों के वर्गीकरण में काम्टे ने समाजशास्त्र को अन्तिम स्थान दिया। उनके अनुसार समाजशास्त्र के सफल अध्ययन के लिए इससे पूर्व के अन्य पाँचों मुख्य विज्ञानों का पूर्ण अध्ययन आवश्यक है। समाजशास्त्र अभी नव-विकसित विज्ञान है। अत: अभी यह पूर्णरूप से चिन्तन की आधिभौतिक (Metaphysical) अथवा वैज्ञानिक अवस्था में नहीं आया परन्तु इसके विकास की दिशा इसी ओर है।

काम्टे ने 'समाजशास्त्र' को एक व्यापक शास्त्र स्वीकार किया है। उसके अनुसार वास्तव में सभी सामाजिक विज्ञान इसी समाजशास्त्र के अन्तर्गत आ जाते हैं। उसने सभी सामाजिक विज्ञानों को मिलाकर एक 'एकात्मक सामाजिक विज्ञान' स्वीकार किया है।

काम्टे ने अनुसार समाजशास्त्र के अध्ययन का सम्बन्ध समाज से है। समाजशास्त्र समाज में काम करने वाले नियमों एवं सामाजिक व्यवस्था का अध्ययन करता है। समाजशास्त्र उन सामाजिक नियमों को ज्ञात करता है जिनके द्वारा समाज को संगठित एवं व्यवस्थित रखने में सहायता मिलती है। समाजशास्त्र केवल सामाजिक नियमों का ही अध्ययन नहीं करता बल्कि वह उन नियमों को ज्ञात करता है तथा ढूंढता है जो समाज की गति-विधियों को सुचारू रख सकते हैं। यह आवश्यक है कि समाजशास्त्र के नियम वैज्ञानिक हों। इन नियमों को पालन करने के लिए भी वैज्ञानिक पद्धति को प्रयोग में लाया जाता है। सभी सामाजिक नियम सामाजिक घटनाओं एवं सामाजिक चक्र से पूर्ण निरीक्षण, परीक्षण, तुलना एवं वर्गीकरण आदि के माध्यम से ही निर्धारित किये जाते हैं। कहने का आशय यह है कि समाजशास्त्र के अध्ययन एवं नियमों को अधिक से अधिक वैज्ञानिक बनाना आवश्यक है।

## समाजशास्त्र के दो विभाग

कान्टे ने समाजशास्त्र को एक व्यापक शास्त्र स्वीकार किया है। अध्ययन को व्यवस्थित रखने के लिए काम्टे ने व्यापक समाजशास्त्र को दो उप-विभागों में विभाजित कर दिया है। ये विभाग हैं- "सामाजिक स्थितिशास्त्र" (Social Statics) तथा "सामाजिक गतिशास्त्र" (Social Dynamics)। सामाजिक स्थितिशास्त्र का सम्बन्ध समाज की वर्तमान अवस्था एवं व्यवस्था से है। समाजशास्त्र के इस विभाग के अन्तर्गत समाज के वर्तमान नियमों का अध्ययन किया जाता है। यह देखा जाता है कि वर्तमान सामाजिक नियम कैसा प्रभाव डाल रहे हैं। वर्तमान सामाजिक संगठन का अध्ययन एवं मूल्यांकन भी सामाजिक स्थितिशास्त्र द्वारा ही होता है। सामाजिक स्थितिशास्त्र वर्तमान समाज में व्याप्त सामाजिक घटनाओं के सह-अस्तित्व सम्बन्धी रूप का अध्ययन करता है। समाजशास्त्र के दूसरे विभाग सामाजिक गतिशास्त्र का सम्बन्ध समाज के गत्यात्मक पहलू से है। इस विभाग के अन्तर्गत मुख्य रूप से यह अध्ययन किया जाता है कि सामाजिक घटनाओं एवं संगठन में गति अथवा परिवर्तन किस प्रकार से होता है। सामाजिक परिवर्तन का क्रम किस प्रकार से होता है। यह विभाग मुख्य रूप से सामाजिक अध्ययन करता है।

समाजशास्त्र के इन दोनों विभागों के विषय क्षेत्र अलग-अलग हैं। सामाजिक स्थितिशास्त्र समाज की रचना का अध्ययन करता है। सामाजिक गतिशास्त्र सामाजिक प्रगति का अध्ययन करता है। अब समाजशास्त्र के अर्थ को तथा अध्ययन के क्षेत्र को पूर्णरूप से समझने के लिए इन दोनों विभागों के विषय क्षेत्र का अलग-अलग विवेचन करना आवश्यक है।

### सामाजिक स्थितिशास्त्र तथा सामाजिक रचना
### (Social Statics or Social Structure)

'समाजशास्त्र' के प्रति काम्टे के विचार जानने के लिए यह आवश्यक है कि उसके सामाजिक रचना से सम्बन्धित विचारों को जाना जाये। सामाजिक रचना को जानने के लिए आवश्यक हैं कि हम जान लें कि समाज में व्यक्ति, परिवार, राज्य और धर्म तथा नैतिकता का क्या स्थान है? इस विषय में काम्टे के विचार निम्नलिखित हैं-

(1) **सामाजिक रचना में व्यक्ति**-सामाजिक दृष्टि से व्यक्ति के विषय में काम्टे के विशिष्ट प्रकार के विचार हैं। वह समाज में व्यक्ति को केवल एक अमूर्त भावात्मक सत्ता स्वीकार करता है। सामाजिक निर्माण में काम्टे व्यक्ति को कोई स्थान नहीं देता। उसके अनुसार वास्तव में व्यक्ति समाज की इकाई नहीं है। वह परिवार को समाज की इकाई स्वीकार करता है। समाजशास्त्र के अध्ययन एवं विवचेन के लिए काम्टे परिवार को प्रारम्भ बिन्दु मानता है।

**(2) सामाजिक रचना में परिवार**-काम्टे के अनुसार समाज में तथा समाजशास्त्र में परिवार का विशेष स्थान है। परिवार को सामज की इकाई स्वीकार किया गया है तथा इसी से समाजशास्त्र का अध्ययन प्रारम्भ होता है। सामाजिक विकास के क्रम में परिवार प्रारम्भ बिन्दु है। परिवार के विकास से ही क्रमश: शहर और राज्य आदि का विकास होता है। काम्टे के अनुसार परिवार मुख्य रूप से दो तत्वों पर आधारित है। ये तत्व हैं :- प्रेम (Affection) तथा सहानुभूति (Sympathy)।

**(3) सामाजिक रचना में राज्य तथा समाज**-सामाजिक विकास क्रम में परिवार के बाद समाज एवं राज्य का स्थान आता है। अनेक परिवारों के एक साथ सामूहिक निवास के फलस्वरूप समाज का गठन होता है। एक स्थान पर अनेक परिवारों के निवास तथा एक समान भाषा के प्रयोग के फलस्वरूप एक समाज का निर्माण होता है। भाषा के अतिरिक्त एक समान भूमि भी आवश्यक है। समाज एवं राज्य में विकास एवं संगठन के लिए 'सहयोग' (Co-operation) की विशेष आवश्यकता होती है। समाज एवं राज्य के स्तर पर 'सहयोग' का एक विशिष्ट रूप होता है। यह सहयोग 'श्रम-विभाजन' (Division of Labour) तथा 'श्रम-समन्वय' (Co-ordination of Efforts) के रूप में प्रस्तुत होता है। इस प्रकार के सहयोग को प्राप्त करने के लिए पूरे सामाजिक कार्य को बाँट दिया जाता है, परन्तु इस विभाजन के साथ ही साथ यह भी ध्यान रखा जाता है कि श्रम-सगन्वय भी बना रहे। काम्टे की 'सहयोग' की अवधारणा भी प्रेम एवं सहानुभूति का एक विशेष स्तर तक विकसित रूप है। सहयोग की भावना क्रमश: विकसित होने पर सहयोग करने वाले तथा सहयोग करवाने वाले वर्ग उत्पन्न हो जाते हैं। इस वर्ग परम्परा के अन्तर्गत एक ऐसी सत्ता उत्पन्न हो जाती है जिसका कार्य सामाजिक नियन्त्रण करना होता है। यह नियन्त्रणकारी सत्ता क्रमश: विकसित एवं शक्तिशाली होकर राज्य का रूप धारण कर लेती है। यह राज्य या राजनैतिक सत्ता भी इन्हीं आधारों पर ही समाज का मियन्त्रण करती है। काम्टे के अनुसार राजनीतिक सत्ता का आधार धार्मिक और नैतिक भावना है। यहाँ यह स्पष्ट कर देना आवश्यक है कि काम्टे की नीति एवं धार्मिक भावना का प्रत्यय अन्य पारस्परिक प्रत्ययों से भिन्न है। इसका विवेचन आगे किया जायेगा।

**(4) सामाजिक रचना में धर्म एवं नैतिकता**-काम्टे के अनुसार सामाजिक स्थितिशास्त्र के अन्तर्गत धर्म एवं नैतिकता का भी विशेष स्थान है। सामाजिक नियन्त्रण के लिए ये दोनों साधन विशेष महत्वपूर्ण एवं उपयोगी हैं। काम्टे का विचार है कि राज्य एवं कानून द्वारा स्थापित किया गया सामाजिक नियन्त्रण औपचारिक एवं कृत्रिम होता है। वह केवल बाहरी भय पर आधारित होता है। इससे भिन्न धर्म एवं नैतिकता का भय आन्तरिक एवं अन्तरात्मा का भय होता है। यह भी सत्य है कि प्राचीन काल में राज्य

एवं कानून की व्यवस्था के अभाव में सामाजिक नियन्त्रण का कार्य धर्म एवं नैतिकता के माध्यम द्वारा ही होता था, परन्तु काम्टे धर्म की पारम्परिक अवधारणा का पक्षपाती नहीं है। वह धर्म के अन्धविश्वासों पर आधारित रूप का हिमायती नहीं है। काम्टे के अनुसार वर्तमान युग में एक विशिष्ट प्रकार के धर्म की आवश्यकता है। इस धर्म को उसने 'मानवता का धर्म' (Religion of Humanity) कहा है।

## सामाजिक गतिशास्त्र अथवा सामाजिक प्रगति (Social Dynamics or Social Progress)

काम्टे ने समाजशास्त्र के दो विभाग स्वीकार किये हैं। प्रथम विभाग अर्थात् सामाजिक स्थितिशास्त्र का संक्षिप्त विवेचन हम कर चुके हैं। दूसरा विभाग सामाजिक गतिशास्त्र (Social Dynamics) है। समाजशास्त्र के इस विभाग को काम्टे अधिक महत्वपूर्ण मानता है। इस महत्व का मुख्य कारण यह है कि सामाजिक स्थिरता से सामाजिक प्रगति या गति का अधिक महत्व है। समाज के विकास के लिए गति आवश्यक है, स्थिरता नहीं। काम्टे प्रगति को समाज का एक अनिवार्य तत्व मानता है। सामाजिक प्रगति कोई अस्पष्ट या अनिर्देशित गति नहीं है। काम्टे के अनुसार सामाजिक गति की एक निश्चित दिशा है, एक निश्चित लक्ष्य है। समाज की पूर्ण प्रगति अथवा गति का लक्ष्य चिन्तन को सकारवादी या वैज्ञानिक अवस्था प्राप्त कराना है और इस गति की दिशा इसी ओर है।

यह स्पष्ट है कि समाज में गति एवं प्रगति होती है और उसकी एक दिशा एवं लक्ष्य भी होता है। अब प्रश्न उठता है कि सामाजिक गतिशास्त्र का क्या अर्थ है और उसके द्वारा क्या अध्ययन किया जाता है? सामाजिक गतिशास्त्र विज्ञान है जो यह अध्ययन करता है कि समाज की गति या प्रवाह के पीछे कौन-कौन से नियम एवं शक्तियाँ काम कर रहे हैं? समाज की प्रगति की निरन्तरता को बनाये रखने के लिए क्या क्या आवश्यक है? सामाजिक गतिशास्त्र के अन्तर्गत आवश्यक नियमों को ज्ञात करने के लिए इतिहास पर भी दृष्टिपात करना पड़ता है। इतिहास हमें बतलाता है कि किस-किस प्रकार के सामाजिक परिवर्तन हुये। वास्तव में सामाजिक परिवर्तन ही सामाजिक प्रगति के रूप में प्रस्तुत होता है। इस प्रकार सामाजिक परिवर्तन के कारणों एवं रूपों को जानने के बाद कुछ सामान्य नियम भी ज्ञात किये जा सकते हैं। तथा उन नियमों के आधार पर भविष्यवाणी करने में समाज की प्रगति की दिशा एवं लक्ष्य का निर्धारित होना सहायक होता है।

काम्टे सामाजिक प्रगति के तीन प्रकार स्वीकार करता है। ये प्रकार है-भौतिक उन्नति (Physical Progress), बौद्धिक उन्नति (Intellectual Progress), तथा नैतिक उन्नति (Moral Progress)। इन तीनों प्रकार की प्रगतियों का संक्षिप्त विवेचन अग्रलिखित है-

(1) **भौतिक उन्नति**-मानव समाज की आधारभूत उन्नति भौतिक उन्नति है। इस उन्नति के बिना अन्य किसी प्रकार की प्रगति सम्भव ही नहीं होती। भौतिक उन्नति का अर्थ मनुष्य के बाहरी रहन-सहन एवं खान-पान की उन्नति है, परन्तु पूर्ण सामाजिक प्रगति के लिए इस भौतिक उन्नति का विशेष महत्व नहीं है। सामाजिक प्रगति के विकास-क्रम में इसका पहला परन्तु निचला एवं कम महत्वपूर्ण स्थान है। भौतिक उन्नति सामाजिक प्रगति की पहली सीढ़ी है, परन्तु इस पर रुकना नहीं है। इससे आगे बढ़ना है।

(2) **बौद्धिक उन्नति**-सामाजिक प्रगति के अन्तर्गत बौद्धिक उन्नति का विशेष महत्व है। बौद्धिक विकास एवं प्रगति के द्वारा ही हम समाज के संगठन एवं विघटन अथवा अव्यवस्था के कारणों को ज्ञात कर पाते हैं। सामाजिक जीवन में सामंजस्य लाने के लिए भी बौद्धिक उन्नति आवश्यक है। काम्टे का विचार था कि यदि हमारी बुद्धि सामाजिक सामंजस्य के महत्व को स्वीकार कर ले तो समाज में व्याप्त 'स्वार्थ' की भावना 'परार्थ' की भावना में परिवर्तित होनी सम्भव है। इससे सामाजिक विकास एवं प्रगति होती हैं परन्तु यह सब कुछ बौद्धिक उन्नति के द्वारा ही सम्भव है।

(3) **नैतिक उन्नति**-सामान्य रूप से बौद्धिकता को सर्वाधिक महत्व देने वाले काम्टे भी एक समय में नैतिकता की ओर झुक गये थे। अपने ग्रंथ 'पौजिटिव पौलिटी' (Positive Polity) में काम्टे ने नैतिकता को अधिक महत्व दिया है। इस विचार परिवर्तन का एक विशिष्ट एवं निजी कारण बतलाया जाता है। काम्टे का परिचय एवं घनिष्ठ प्रेम क्लोथिल्ड डी बॉक्स नामक स्त्री से हो गया था। इस परिचय के प्रभाव स्वरूप काम्टे की विचारधारा परिवर्तित हो गई। क्लोथिल्ड की मृत्यु के बाद काम्टे बुद्धि एवं बौद्धिकता के महत्व से मुँह फेर कर प्रेम एवं भावना की ओर अग्रसर हुआ। उसने भावना को बुद्धि से ऊंचा स्थान दिया। भावना को महत्वपूर्ण स्थान देने के फलस्वरूप काम्टे ने नैतिकता को भी प्रधानता दी। अपने मौलिक आदर्शों से भिन्न यहाँ काम्टे ने नैतिकता को मनुष्य की प्रगति एवं विकास का चरम लक्ष्य स्वीकार किया। नैतिकता को महत्व देने के साथ ही साथ काम्टे ने एक विशिष्ट धर्म का भी प्रतिपादन किया जिसे उसने मानव प्रेम-धर्म (Religion of Love of Humanity) का नाम दिया।

## काम्टे का "मानव धर्म"

प्रारम्भ में काम्टे बौद्धिकता तथा विज्ञानवाद को अत्यधिक महत्व देता था। परन्तु बाद में काम्टे की विचार-धारा में परिवर्तन आ गया था। अपने बाद के ग्रंथ पॉजिटिव पोलिटी (Positive Polity) में काम्टे ने भावना, नैतिकता तथा धर्म को महत्व दिया। उसकी विचारधारा में यह परिवर्तन उसके जीवन में मैडम क्लोथिल्ड के प्रवेश के कारण हुआ। परिस्थितियों के परिणामस्वरूप काम्टे का स्त्री के प्रति होने वाला प्रेम क्रमशः मानवता के प्रति प्रेम के रूप में परिवर्तित हो गया। इसी मानवता

के प्रेम से प्रेरित होकर काम्टे ने एक धर्म को प्रतिपादित किया जिसे 'मानव धर्म' (Religion of Humanity) का नाम दिया गया।

काम्टे का मानव धर्म नैतिकता प्रधान था। वह अलौकिक एवं अपार्थिव सत्ता पर आधारित नहीं था। इस धर्म का उद्देश्य मानवता को स्थापित करना था। वह मानवता की पूजा या उपासना का प्रतिपादन करता था। इस धर्म के अन्तर्गत काम्टे विभिन्न प्रचलित धर्मों के तर्क-सम्मत विश्वासों को तथा विधि-विधानों को समन्वित करना चाहता था। इसी उद्देश्य के लिए उसने एक पॉजिटिव सोसायटी भी स्थापित की थी। इस सोसायटी या समाज के माध्यम से काम्टे व्यक्ति एवं समाज का भौतिक, बौद्धिक एवं नैतिक स्तर उठाना चाहता था। उसका विचार था कि मानव स्वार्थ से परार्थ की ओर अग्रसर हो। अपने हित एवं कल्याण के स्थान पर वह परहित एवं पर-कल्याण का भी ध्यान रखे। काम्टे का यह मानव-धर्म 'सामाजिक उपयोगिता' के लिए महत्वपूर्ण था।

काम्टे पारम्परिक रूप से प्रचलित ईसाई धर्म के पक्ष में नहीं था। उसका विचार था कि इस धर्म के अन्तर्गत राजनीतिक दबाव एवं भय द्वारा काम लिया जाता है तथा सामान्य जनता को नियमों को मानने के लिए बाध्य किया जाता है। उसके अनुसार ईसाई धर्म अर्थात् रोमन कैथोलिक धर्म केवल कुछ विधि-विधानों का संग्रह मात्र ही था। वैसे काम्टे ने अपने मानव धर्म को भी ईसाई धर्म के कुछ मुख्य आधारों पर ही आधारित किया था। उसने अपने धर्म में पुरोहितों को भी स्थान दिया था। परन्तु अन्तर यह था कि मानव-धर्म के पुरोहित दबाव अथवा भय के माध्यम से नहीं, वरन् समझा-बुझाकर धर्म के नियमों को स्वीकार करने के लिए प्रेरित करते थे। मानव-धर्म में धर्म के अनुयायियों की इच्छा, शक्ति एवं स्वतन्त्रता को महत्व दिया गया था।

काम्टे के मानव धर्म की भिन्न-भिन्न वर्ग के विद्वानों ने भिन्न-भिन्न प्रकार से आलोचना की है। ईसाई धर्म के विद्वान् उसके मानव-धर्म के विषय में कहा करते थे कि यह धर्म और कुछ नहीं केवल कैथोलिक धर्म में विज्ञान का समावेश है। इससे भिन्न कुछ वैज्ञानिकों का कहना था कि मानव धर्म अन्य कुछ नहीं केवल कैथोलिक धर्म में से ईसाईयत को निकाल दिया गया है। वास्तव में काम्टे का धर्म नैतिकता से अत्यधिक प्रभावित था।

## सामाजिक पुनर्निर्माण की योजना

सामाजिक व्यवस्था एवं संगठन की दृष्टि से काम्टे का काल उत्तम नहीं था। उस काल में सामाजिक स्थिति ढुल-मुल थी। सामाजिक नियम एवं मूल्य फीके पड़ गये थे। सामन्तवादी व्यवस्था कमजोर पड़ गयी थी। उसका स्थान पूँजीवादी व्यवस्था ग्रहण कर रही थी। मौलिक रूप से काम्टे पूँजीवाद के विरुद्ध नहीं था परन्तु उस युग में जिस रूप से पूँजीवाद पनप रहा था वह काम्टे को पसन्द नहीं था। जिस

रूप मे पूँजीवाद सामने आ रहा था वह काम्टे के अनुसार समाज के लिए हितकर नहीं था। उस युग की आर्थिक व्यवस्था ने समाज को मुख्य रूप से तीन वर्गों में विभाजित कर दिया था। ये वर्ग थे सामन्तवादी वर्ग, मध्यम वर्ग तथा श्रमिकों का वर्ग जिस सर्वहारा वर्ग कहा जा सकता था। सामन्तवादी वर्ग की तो कोई बात नहीं, परन्तु मध्यम वर्ग के व्यक्ति क्रमशः व्यापार एवं उद्योगों के माध्यम से धन कमा कर पूँजीपति बनते जा रहे थे। उनका उद्देश्य केवल धन कमाना ही था। मध्यम वर्ग के पूँजीपति लोगों की एकांगी नीतियों के कारण श्रमिकों का शोषण हो रहा था। पूँजीवादी मशीन का उपयोग अपने हित को प्राप्त करने के लिए कर रहे थे। मशीन एवं तकनीकी का उपयोग श्रमिकों के हित में अथवा उनकी दशा सुधारने के लिए नहीं हो रहा था। समाज के इस रवैये से काम्टे को चिन्ता थी। पूँजीपतियों और श्रमिकों में दूरी बढ़ रही थी। वे एक दूसरे के विरोधी बनते जा रहे थे। काम्टे इस सम्पूर्ण सामाजिक व्यवस्था में परिवर्तन चाहता था। वह समाज का पुनर्निर्माण चाहता था। इस उद्देश्य के लिए उसने योजना बनाई थी। सामाजिक पुनर्निर्माण की काम्टे की इस योजना के कुछ मुख्य तथ्य निम्नलिखित हैं।

## सामाजिक पुनर्निर्माण की योजना का मनोवैज्ञानिक आधार

समाज को पुनर्गठित करने के लिए काम्टे ने मनोविज्ञान का भी सहारा लिया। उसने बतलाया कि मन की तीन अवस्थायें होती हैं- इच्छा, ज्ञान और कर्म। मन की गति-विधियाँ इन्हीं तीन अवस्थाओं के माध्यम से होती हैं। अपने सामाजिक पुनर्निर्माण के सिद्धान्त को भी काम्टे ने इसी तथ्य से सम्बन्धित किया। उसने समाज में इन तीनों के प्रतिनिधि निर्धारित किये। उसके अनुसार स्त्री 'इच्छा' की प्रतिनिधि है, पुरोहित ज्ञान का तथा समाज का नेता कर्म का प्रतिनिधित्व करता है। काम्टे का विचार था कि समाज का पुनर्निर्माण इन्हीं तीनों वर्गो द्वारा ही हो सकता है। उसके अनुसार, "छोटे से छोटे नगरों में, जहाँ पृथक् अस्तित्व सम्भव है, हम इन वर्गों का दर्शन कर सकते हैं। वहाँ पुरोहित मिलेंगे जो हमारे अनुमानों को निर्देशित करते हैं, वहाँ स्त्रियाँ हैं जो हमारे उच्चतम स्नेह को प्रेरणा प्रदान करती हैं, वहाँ व्यावहारिक नेता हैं जो हमारे कार्यों को निर्देशित करते हैं।"[1]

## सामाजिक पुनर्निर्माण में नैतिकता का महत्व

काम्टे के काल में सब ओर समाजवाद की चर्चा हो रही थी। भिन्न-भिन्न प्रकार के सुझाव उपस्थित किये जा रहे थे। कुछ लोगों का विचार था कि सम्पूर्ण आर्थिक व्यवस्था पर राज्य का अधिकार होना चाहिये तथा पूँजीपतियों का महत्व कम होना चाहिये। इससे भिन्न कुछ विचारक श्रमिकों की दशा के सुधार के पक्षपाती

1. "In the smallest cities capable of separate existence, we find these classes; the priests who guide our speculation, the women who inspire our highest affections and the practical leaders who direct our activity."

—Auguste Comte.

थे, परन्तु काम्टे किसी भी सुझाव से सहमत नहीं था। उसका विचार था कि पूँजीपतियों और श्रमिकों का समझौता होना सम्भव नहीं है। राजनीतिक उपायों से अर्थात् शक्ति द्वारा पूँजीपतियों की शक्ति को छीन कर श्रमिकों को दिया जाये तो कोई समाधान नहीं होगा क्योंकि कुछ काल बाद श्रमिक वर्ग के लोग पूँजीपति की गति-विधियों को अपना लेंगे और व्यवस्था पुनः भंग हो जायेगी। इस प्रकार कोई अन्तिम समाधान प्राप्त नहीं होगा। इसके अतिरिक्त आर्थिक उपाय भी उपयोगी नहीं होंगे। आर्थिक उपायों के अन्तर्गत सम्भव है कि पूँजीपतियों की आय में श्रमिकों को भागीदार बनाया जाय अथवा उन पर अतिरिक्त कर लगाये जायें। काम्टे के अनुसार इस स्थिति में भी कोई समाधान प्राप्त नहीं हो सकता। इस स्थिति में पूँजीपति लोग अपनी आय को छिपायेंगे तथा धोखाधड़ी करेंगे। इस समस्या को स्थायी रूप से समाप्त करने के लिए काम्टे नैतिक समाधान प्रस्तुत करता है। काम्टे का विचार था कि सामाजिक व्यवस्था बनाने के लिए एक विशेष प्रकार की 'औद्योगिक नैतिकता' (Industrial Ethics) होनी आवश्यक है। औद्योगिक नैतिकता के लिये सामान्य सामाजिक नैतिकता को भी सबल बनाना आवश्यक है। उद्योगपतियों में नैतिकता की भावना जागृत होने पर वे धन को धरोहर मानेंगे। इस दशा में धन का अपव्यय नहीं होगा तथा उसका उपयोग सम्पूर्ण समाज के हित में होगा। इस दशा में पूँजीपतियों द्वारा समाज कल्याण के लिए किया गया व्यय खलेगा नहीं। वे अपने आपको सार्वजनिक सम्पत्ति का रक्षक समझेंगे। इस प्रकार काम्टे का मत है कि पूँजीवाद को समाप्त करना आवश्यक नहीं है, केवल पूँजीपतियों की नैतिकता के प्रति सचेत करना आवश्यक है।

## सामाजिक पुनर्निर्माण में पुरोहितों का स्थान

काम्टे का विचार था कि सामाजिक पुनर्निर्माण की योजना में पुरोहितों का विशेष महत्वपूर्ण स्थान है। उसके अनुसार समाज के संगठन के लिए सामान्य नैतिकता को स्थापित करना परम आवश्यक है। नैतिकता प्राप्त करने के लिए समाज में पुरोहितों का होना आवश्यक है। काम्टे ने पुरोहितों के विषय में एक विस्तृत योजना प्रस्तुत की थी। उसके अनुसार दस हजार परिवारों के एक समूह के लिये एक पुरोहित पर्याप्त है। विभिन्न पुरोहितों के ऊपर एक मुख्य पुरोहित का भी पद होना आवश्यक है। इस मुख्य पुरोहित की सहायता के लिए 7 मुख्य अधिकारी होने चाहिएँ। सब पुरोहितों का कार्य मानव धर्म का प्रसार एवं प्रचार करना ही था। यहाँ यह स्पष्ट कर देना आवश्यक है कि काम्टे का यह पुरोहितवाद अन्य धर्मों के पुरोहितवाद से भिन्न था। काम्टे के मानव-धर्म के पुरोहित सामान्य धर्मशास्त्री अथवा धर्म के पुजारी नहीं थे।इन पुरोहितों अथवा समाजशास्त्रियों का कार्य संसार के बच्चों को नैतिकता एवं मानव धर्म की शिक्षा देना था। ये पुरोहित बच्चों को समाज में उचित स्थान प्राप्त करने के लिए परामर्श भी देते थे। कहने का आशय यह है कि काम्टे के पुरोहित नैतिक एवं सामाजिक नेता थे। उनकी शक्ति धार्मिक एवं नैतिक थी। वे सांसारिक,

भौतिक एवं राजनीतिक शक्ति से वंचित रहते थे। इन पुरोहितों को समाज में सम्मान की दृष्टि से उच्च स्थान देने की व्यवस्था थी, परन्तु इनका वेतन निम्न ही था।

## सामाजिक पुनर्निर्माण में उद्योगपतियों का स्थान

काम्टे ने समाज के पुनर्निर्माण की योजना के अन्तर्गत शक्ति का बँटवारा कर दिया था। उसके अनुसार नैतिक एवं धार्मिक शक्ति पुरोहितों के हाथ में थी तथा भौतिक शक्ति, औद्योगिक शक्ति तथा राजनीतिक शक्ति उसने उद्योगपतियों को सौंपनी चाही थी। उद्योगपतियों का भी वर्गीकरण किया गया था। इस वर्गीकरण के अन्तर्गत उसने बैंकर्स को सर्वोच्च स्थान दिया। राजनीतिक सत्ता उद्योगपतियों के हाथ में थी परन्तु पुरोहितों की सत्ता इनसे ऊपर थी। उद्योगपतियों को अपने कर्त्तव्य के प्रति सचेत रखने तथा सत्ता के उचित उपयोग के लिए भी पुरोहितों के परामर्श महत्व रखते थे।

## अभ्यास के लिये प्रश्न

1. आगस्त काम्टे के अनुसार सामाजिक चिन्तन की तीन विचारधारायें कौन सी हैं? इनका सामाजिक संगठन से क्या सम्बन्ध है?
2. आगस्त काम्टे ने विज्ञानों का वर्गीकरण किस प्रकार किया? उन्हें समाजशास्त्र का पिता क्यों कहा जाता है?
3. आगस्त काम्टे के अनुसार समाजशास्त्र का स्वरूप बताइये।
4. आगस्त काम्टे का मानव धर्म क्या था? उनकी सामाजिक पुनर्निर्माण की योजना संक्षेप में बतलाइये।

# 3

# कार्ल मार्क्स
# (KARL MARX)

बीसवीं शताब्दी में मार्क्सवादी विचारधारा ने मानव चिन्तन को न केवल एक नया मोड़ दिया अपितु इसका प्रभाव इतना व्यापक था कि संसार का तिहाई भाग तो आज अपने को पूर्णतः मार्क्सवादी कहता है। उनका राजनीतिक तथा सामाजिक दर्शन सीधा मार्क्सवाद से ही उद्‌भूत तथा मार्क्सवाद का व्यावहारिक रूप है। दूसरा तिहाई भू-भाग मार्क्सवादी समाज व्यवस्था से प्रेरणा लेकर अपने सामाजिक जीवन को उसके अनुसार ढालने के लिए प्रयत्नशील दिखाई देता है। इसको सामान्य रूप से 'तीसरी दुनिया' कहा जाता है और शेष एक-तिहाई भाग ऐसा है जो सारा बुद्धिबल मार्क्सवाद का प्रतिरोध करने में लगा रहा है। इस प्रकार परोक्ष तथा अपरोक्ष रूप से मार्क्सवाद ने इस शताब्दी के चिन्तन प्रवाह को प्रभावित किया है। यह मार्क्सवादी चिन्तन क्या है? सामान्यतः मार्क्सवाद को अर्थशास्त्र के किसी सैद्धान्तिक पक्ष या राजनीतिक दर्शन के रूप में प्रस्तुत किया जाता है। परन्तु वास्तविकता यह है कि एक विशेष प्रकार की अर्थव्यवस्था या राजनीतिक शासन व्यवस्था तो मार्क्स ने एक साधन के रूप में सुझाई है जिसके द्वारा वह उस महान आदर्श को प्राप्त करना चाहते थे जिसका उन्होंने अपने चिन्तन में प्रतिपादन किया है। इसलिए मार्क्सवाद के दार्शनिक पक्ष को समझना उनकी अर्थव्यवस्था आदि को समझने का बौद्धिक आधार है।

## कार्ल मार्क्स का जीवन परिचय

कार्लमार्क्स का जन्म पश्चिमी जर्मनी के एक यहूदी परिवार में 5 मई 1818 को हुआ था। उनके पिता साधारण आय वाले मध्यवर्गीय वकील थे। वह एक देशभक्त जर्मन थे। उनकी माता हॉलैंड की एक यहूदी महिला थी। छः वर्ष तक मार्क्स का पालन-पोषण यहूदी संस्कारों में हुआ। 1824 में इस सारे परिवार ने यहूदी धर्म त्यागकर ईसाई धर्म ग्रहण कर लिया था। यहूदी धर्म के प्रति मार्क्स की आजीवन यही वृत्ति बनी रही कि यह तिलांजलि देने योग्य कोई हीन धर्म है। 1835 में मार्क्स को बॉन विश्वविद्यालय में उच्च शिक्षा के लिए भेजा गया। माता-पिता की इच्छा थी कि

पुत्र को भी एक अच्छा वकील बनायें। इसलिए विधिशास्त्र की पढ़ाई से उन्होंने अपनी उच्च शिक्षा आरम्भ की । परन्तु इसी बीच में उनकी प्रेमचर्या जेनी वोन वैस्टफालेन के साथ आरम्भ हो गई जिसके साथ बाद में वह प्रणय सूत्र में बंध गए। अगले ही वर्ष उन्होंने बर्लिन विश्वविद्यालय में शिक्षा आरम्भ की। यहाँ आने से पूर्व मार्क्स का ध्यान वकालत की अपेक्षा दर्शन में अधिक था परन्तु यहाँ आकर उनकी रुचि दर्शन तथा इतिहास की ओर अधिक आकर्षित हो गई। धीरे-धीरे विधि शास्त्र से ध्यान हटाकर उन्होंने दार्शनिक समस्याओं का गहरा अध्ययन किया और सन् 1838 में अपने पिता के देहान्त के पश्चात तो उन्होंने अपनी सारी प्रतिभा को पूर्णरूपेण दर्शन तथा इतिहास की ओर ही लगा दिया। जिस समय मार्क्स बर्लिन विश्वविद्यालय में प्रविष्ट किया, वहाँ पर हेगेल का दर्शन विशिष्ट रूप से छाया हुआ था। हेगेल की मृत्यु पाँच वर्ष पहले हो चुकी थी परन्तु उनका दर्शन बुद्धिजीवी तथा प्रतिभाशाली वर्ग के लिये आकर्षण का विषय था। विश्वविद्यालय में जो युवा हेगेलवादियों का समुदाय था, मार्क्स उसके एक प्रमुख सदस्य बन गये। सन् 1841 में मार्क्स ने जेना विश्वविद्यालय से अपनी डाक्ट्रेट की उपाधि प्राप्त की। उनका शोध विषय था ऐपीक्यूरस तथा डैमोक्राईटस के भौतिकवाद का आलोचनात्मक विवेचन। इस शोध प्रबन्ध ने मार्क्स को भौतिक दर्शन के गुण, दोष विवेचन से पूरी प्रकार से अवगत करा दिया था। पीएच. डी. की उपाधि प्राप्त करके उन्होंने अध्यापक के रूप में पद प्राप्त करने का प्रयास किया किन्तु बर्लिन में कुछ क्रान्तिकारियों के साथ सम्पर्क आ जाने के कारण से इनकी विचारधारा को शिक्षा अधिकारियों ने पसन्द नहीं किया। अतः इनको प्राध्यापन का कार्य नहीं मिल सका। यह तो निश्चित है कि यदि मार्क्स को विश्वविद्यालय में कोई सम्मानित पद मिल गया होता तो वह अपनी प्रतिभा का सारा प्रयोग दर्शन की कुछ श्रेष्ठतम कृतियों के लिखने में करते परन्तु उस अवस्था में संसार को सर्वहारा समाजवाद का वह व्यावहारिक पक्ष न मिल पाता जो कि उनकी लोकप्रिय रचनाओं कम्युनिस्ट मैनीफैस्टो, तथा 'द कैपिटल' में मिलता है। विश्वविद्यालय के द्वार बन्द हो जाने पर मार्क्स ने अपनी प्रतिभा का प्रयोग एक पत्रिका निकालने में किया जिसका नाम साईतुंग Rheinische Zeintemg (राईनलैण्ड गजट) था। इसका प्रथम संस्करण सन् 1842 में प्रकाशित हुआ। इसी पत्रिका के माध्यम से मार्क्स ने दार्शनिक आलोचना के सिद्धान्तों को जीवन के व्यावहारिक पक्षों अर्थात राजनीति और अर्थव्यवस्था पर लागू किया। पत्रिका के पहले लेख में हेगेलवादी प्रभाव स्पष्ट झलकता था। इस लेख में उन्होंने राईन परिषद् की प्रेस स्वतन्त्रता सम्बन्धी कार्यवाही की आलोचना की थी। इससे लगता था कि वे प्रेस की स्वतन्त्रता के कट्टर समर्थक थे। अपने पक्ष के समर्थन में उन्होंने राज्य की हेगेलवादी अवधारणा का सहारा लिया जिसके अनुसार "आज का दर्शन राज्य को एक विशाल शरीर के समान मानता है जो वैधिक, नैतिक तथा राजनीतिक स्वातन्त्रय की उपलब्धि के लिए विनियुक्त है जिसके अन्तर्गत कोई भी व्यक्तिगत

नागरिक जब वह राज्य के कानून का पालन कर रहा है तो वास्तव में स्वयं अपने ही स्वाभाविक नियमों का अर्थात् मानव बुद्धि का पालन कर रहा होता है।"

मार्क्स का विचार था कि राज्य की ऐसी अवधारणा के लिये प्रेस की स्वतन्त्रता आवश्यक है। मार्क्स ने यह तर्क प्रस्तुत किया था कि प्रेस तो जनता की आत्मा की आँख है। यह ऐसा बौद्धिक दर्पण है जिसमें जनता स्वयं अपना अवलोकन करती है। बाद में मार्क्स का यही दृष्टिकोण और भी दृढ़ होता गया। उन्होंने आर्थिक तथा सामाजिक समस्याओं पर विचार—विमर्श करना तथा उन्हीं पर लिखना आरम्भ किया। सामाजिक संस्थाओं, परम्पराओं तथा रीति-रिवाजों पर लिखते समय यह तो अनिवार्य ही था कि वहाँ के प्रचलित धर्म के अर्थात् ईसाईयत के तथा ईसाई राज्य के विरोध में भी कुछ लिखा जाए। परन्तु धर्म की आलोचना में लिखते ही उन्होंने अपने आप को संकट में फंसा लिया। राज्य की ओर से साम्यवादी विचारों पर नियन्त्रण लगा दिया गया और मार्च 1843 में सरकार ने इस पत्र के प्रकाशन पर प्रतिबन्ध लगा दिया।

यद्यपि यह पत्रिका अधिक दिनों तक नहीं चल पाई परन्तु फिर भी इस छोटी सी अवधि में ही मार्क्स के विचारों में आमूल तथा निर्णयकारी परिवर्तन आ गया। उनको प्रतीत होने लगा था कि आर्थिक तथा सामाजिक समस्याओं का समाधान हेगेलवादी प्रकृति के दृष्टिकोण द्वारा सम्भव नहीं है। मानवीय इतिहास के क्रमिक विकास को हेगेल आत्मा के विकास द्वारा समझना चाहते थे परन्तु व्यावहारिक जीवन से प्राप्त तथ्यों ने मार्क्स को यह सोचने पर मजबूर कर दिया कि भौतिक तत्व इतिहास की घटनाओं को मोड़ देने में अधिक महत्वपूर्ण कार्य करते हैं। इस परिवर्तन में फ्यूरबाख की पुस्तक एसेंस आफ क्रिश्चियनिटी (Essence of Christianity) का प्रभाव अत्यधिक महत्व रखता है। राईन परिषद् की कार्यवाही की आलोचना करने के फलस्वरूप मार्क्स के मत में हेगेलवादी राज्य की जो अवधारणा थी उसका भी खण्डन हो गया। मार्क्स को लगा कि राज्य समाज की एक महत्वपूर्ण तथा न्यायानुरूप व्यवस्था को स्थापित करने का साधन नहीं है, अपितु सरकारी सत्ता तो कुछ निजी स्वार्थ सिद्धि करने वालों के हाथ का खिलौना है। इसी दृष्टिकोण से मार्क्स ने हेगेल के राज्य सम्बन्धी सिद्धान्त का पुनः अवलोकन किया। इनकी निजी सम्पत्ति, राज्य तथा धर्म की आलेचना में इतनी उग्रता दिखाई देती थी कि शासन इसको सहन नहीं कर सका और सरकार ने इनको जर्मनी से निष्कासित कर दिया। इस समय तक फ्यूरबाख के प्रभाव में हेगेल के दर्शन की आलोचनात्मक समीक्षा द्वारा मार्क्स के दार्शनिक विचार पूरी तरह बन चुके थे। जर्मनी त्यागने के बाद जब 1843 में वह फ्रांस पहुँचे तो वहाँ उन्होंने समाजवाद के एक महान समर्थक प्रूधों की सहायता से समकालीन फ्रांसीसी समाजवाद का गहन अध्ययन किया। फ्रांस की इस यात्रा में सितम्बर 1844 में मार्क्स की भेंट फ्रेंडरिक एन्जिल्स से हुई जो मार्क्स के जीवन की एक अत्यन्त महत्वपूर्ण घटना है। लगभग सभी सैद्धान्तिक बातों पर इन दोनों

में पूरी सहमति थी। इस भेंट के पश्चात् जो कुछ भी इन्होंने लिखा, एक दूसरे के सहयोग में संयुक्त रूप से लिखा। मार्क्स के दर्शन को समझने के लिए एन्जिल्स को समझना भी आवश्यक हो जाता है। दोनों साझे रूप से कम्यूनिस्ट सिद्धान्त के प्रतिपादक कहे जा सकते हैं।

सन् 1845 के आरम्भ में ही जर्मन सरकार के आग्रह पर मार्क्स को फ्रांस भी छोड़ना पड़ा और वह इंग्लैंड चले गये। वहीं उन्होंने अपना अधिकतर जीवन काल बिताया। कुछ तो अपने उग्र विचारों के कारण तथा कुछ अपठन योग्य हस्तलिपि के कारण मार्क्स को कभी कोई अच्छा व्यवसाय नहीं मिल सका। उनका सारा जीवन निर्धनता और अभाव में बीता। यदि उनकी धर्म पत्नी को अपने मायके की ओर से आर्थिक सहायता न मिली होती और एंजिल्स जीवन भर उनकी सहायता न करता रहता, तो शायद मार्क्स को अपना जीवन निर्वाह असम्भव हो जाता। 1883 में लन्दन में उन्होंने अपने जीवन यात्रा समाप्त की। अपनी इन विपरीत परिस्थितियों के बावजूद भी मार्क्स ने ऐसी दार्शनिक खोजें प्रस्तुत कीं कि आज उनका नाम संसार के उच्चतम विचारकों में लिया जाता है।

## कार्ल मार्क्स की कृतियाँ

मार्क्स ने अपने जीवन में बहुत से ग्रन्थों की रचना की है। उनमें से जो प्रमुख रचनायें हैं उनकी सूची इस प्रकार हैं:- (1) क्रिटीसिज्म ऑफ हेगेलियन फिलासफी ऑफ राइट (Criticism of Hegelian Philosophy of Right), (2) ऑन द ज्यूइश क्वेश्चन (On the Jewish Question) (3) इकॉनोमिक एण्ड फिलासाफिकल मैनूस्क्रिप्ट (Economic and Philosophical Manuscript of 1844), (4) द होली फैमिली (The Holly Family), (5) द पावर्टी ऑफ फिलासफी (The Poverty of Philosophy), (6) मेनीफेस्टो ऑफ द कम्यूनिस्ट पार्टी (Manifesto of the Communist Party), (7) ए कन्ट्रीब्यूशन टू द क्रिटिक ऑफ पौलिटिकल इकॅनोमी (A Contribution to the Critique of Political Economy), (8) द जर्मन आईडियोलोजी (The German Ideology), (9) द गोया प्रोग्राम, (10) सिविल वार इन फ्रांस (Civil War in France), (12) क्लास स्ट्रगल इन फ्रांस (Class Struggle in France), (12) रिवाल्यूशन एण्ड काउण्टर रिवाल्यूशन (Revolution and Counter Revolution), (13) दास कैपिटल (Dass Kapital) आदि।

## मार्क्स के दर्शन पर अन्य विद्वानों का प्रभाव

मार्क्स के समाज दर्शन में उनके पूंजीवाद के विरुद्ध कठोर दृष्टिकोण तथा उनके राजनीतिक विचारों में बहुत सी समकालीन विचारधाराओं का ऐसा सम्मिश्रण सा दिखाई पड़ता है कि सोरोकिन जैसे विद्वान को यह कहना पड़ा कि मार्क्सवाद तो अनेकानेक प्रचलित विचारधाराओं का ढेर है।[1] परन्तु मार्क्स पर जिन प्रभावों को

1. Sorokin, P.A., *Modern Historical and Social Philosophies*, p. 148.

अति स्पष्ट रूप से देखा जा सके, उनमें हेगेल, फ्यूरबाख, रिकार्डों तथा एडमस्मिथ के नाम विशिष्ट रूप से उल्लेखनीय हैं। स्थूल रूप से इन प्रभाव सूत्रों को हम तीन भागों में विभक्त कर सकते हैं- (i) हेगेल का दर्शन तथा जर्मन दार्शनिक परम्परायें (ii) फ्रांस का भौतिकवाद, तथा वहाँ के क्रांतिकारी समाज के विचार, (iii) इंगलिश अर्थशास्त्र, विशेषत: एडमस्मिथ तथा रिकाडों द्वारा प्रतिपादित आर्थिक नीति और अतिरिक्त मूल्य (Surplus Value) का सिद्धान्त। लेनिन ने भी मार्क्सवाद के यही प्रमुख प्रभावसूत्र स्वीकार किए हैं।[1] इन सभी प्रभाव सूत्रों में जिनका मार्क्सवाद का आधारभूत ढाँचा खड़ा करने वाला माना जा सकता है मुख्य हेगेल की फिनोमिनोलाजी आफ माउन्ड (Phenomenology of Mind), उनकी फिलासफी आफ राइट (Philosophy of Right) और फ्यूरबाख की एसेंस ऑफ क्रिश्चियनिटी (Essence of Christianity) है। मार्क्स के दर्शन में इन दोनों विचारकों के मूलभूत सिद्धान्तों का समन्वय दिखाई पड़ता है। एक ओर तो हेगेल का निरपेक्ष प्रत्ययवाद सारे संसार को केवल प्रत्ययों की लीलामात्र मानता है। सृष्टि के विकास तथा परिवर्तन में प्रत्ययों का एक दूसरे में से क्रमिक विकास इस प्रकार चलता है कि मानव की आकांक्षाओं तथा उसके प्रयासों का कोई महत्व नहीं रहता। सत्, असत् और सम्भूति के इस खेल में मानव एक परछाँई या एक कठपुतली मात्र बनकर रह जाता है। इसके बिल्कुल विपरीत फ्यूरबाख का भौतिकवाद है जिसमें पुद्गल का अन्धा खेल ही जगत की प्रक्रिया का परम कारण हैं। ऐसे उग्र भौतिकवाद में भी मानव का महत्व एक बड़े यन्त्र के पुर्जे से अधिक नहीं रह जाता। मार्क्स ने अपने दार्शनिक प्रतिपादन में इन दोनों चरम अवस्थाओं पर प्रतिरोध लगा दिया है। ये दोनों छोर वाद तथा प्रतिवाद के रूप में एक दूसरे के व्याघाती सिद्धान्त हैं और मार्क्स का दर्शन इन दोनों का संवादी रूप है। इसलिए मार्क्स के दर्शन को समझने के लिए इन दोंनों दार्शनिकों के विचारों को भली-भांति समझना आवश्यक है।

## हेगेल तथा मार्क्स

मार्क्स के दर्शन का आधार हेगेल तथा अन्य जर्मन दार्शिनिकों की परम्परा है। इस बात को एंजिल्स ने बड़े गर्व के साथ स्वीकार किया है। वह कहते थे कि हम जर्मन समाजवादियों को इस बात का गर्व है कि हमारा सिद्धान्त सन्त साईमन, फौरियर तथा ओवन से ही नहीं अपितु कान्ट, फिख्टे तथा हेगेल से भी व्युत्पादित है।[2] मार्क्सवाद जर्मन परम्पराओं का उत्तराधिकारी है। इसका तात्पर्य यह है कि जो जर्मन दर्शन हेगेल पर आकर अपनी पराकाष्ठा पर पहुंचा था उसी का सातत्य मार्क्सवाद में दिखाई पड़ता है। हेगेल के दर्शन को हम जीवन तथा संस्कृति के सभी विभागों के एक योजनाबद्ध क्रम में समाविष्ट कर देने की स्वप्नदर्शी इच्छा का वास्तविकीकरण कह सकते हैं। एतद्नुसार हेगेल ने परम तत्व की कल्पना इस प्रकार

1. Marx, Eagles, Lenin. On His Dialecti Materialism, p. 454.
2. Marx and Engels; Selected Works, Vol. I. p. 137.

की है कि बाहुल्य का आधार इसी में अन्तर्विष्ट होना चाहिए। इससे परम तत्व के अपने ही स्वभाव में ऐसा प्रतिमान प्रकट होगा जो कि प्रकृति तथा इतिहास में दिखाई देने वाले बाहुल्य को बुद्धिगम्य बना देगा। यह इस बात को दिखाने में समर्थ हो सकेगा कि सारा बाहुल्य उसी प्रतिमान की अभिव्यक्ति तथा विकास मात्र है। इसी कारण हेगेल ने परम तत्व का चिन्तन मूर्त विज्ञान के रुप में किया था। उनके मतानुसार सारी मूर्त नियतियाँ उसी परम तत्व के अपने ही आत्म विकास में व्यक्त की गई शंकाएं मात्र हैं।

प्रश्न यह उठता है कि वह परम तत्व अपनी अभिव्यक्ति तथा आत्म सिद्धि किस प्रकार करता है। हेगेल के अनुसार जिस विधि से यह परम तत्व अपने आप में व्यावर्तन लाता है तथा भेदान्वित हो जाता है उसको द्वन्द्वात्मकता कह सकते हैं। हेगेल ने द्वन्द्वात्मक पद का प्रयोग जिन अर्थों में किया है उनके अनुसार यह ऐसी प्रक्रिया है जिसमें आरम्भिक पक्ष का निषेध करके एक प्रतिपक्ष की स्थापना की जाती है जो उसका विरोधी होता है। फिर इस प्रतिपक्ष का भी निषेध कर दिया जाता है। यह क्रम निषेध का निषेध कहलाता है जिसके द्वारा हम पूर्ववर्ती दोनों पक्षों का एक संवाद प्रस्तुत करते हैं। इस संवाद में दोनों का अतिक्रमण हो जाता है अर्थात् दोनों का निवारण भी हो जाता है और साथ ही साथ सत्ता के एक उच्च स्तर पर उनका परीक्षण भी हो जाता है। अतिक्रमण (Transcendence) की अवधारणा को हेगेलवादी तथा उन्ही के प्रभाव में मार्क्स भी इसी अर्थ में प्रयोग करते हैं अर्थात् निम्न स्तर पर घात प्रतिघात का निवारण और साथ ही साथ सत्ता के उच्च स्तर पर उन्हीं का परीक्षण। इसी क्रम से यह तीसरा नया पक्ष अगले द्वन्द्वात्मक चरण के लिए पहला जैसा वाद-पक्ष बन जाता है और फिर प्रतिवाद से टकराने पर नए संवाद को विकसित करता है। इस द्वन्द्वात्मक क्रम को हेगेल हमारी चिन्तन प्रणाली नहीं मानते अर्थात् यह कोई ऐसी विधि मात्र नहीं है जिसके अनुसार हम सत्ता के विषय में चिन्तन करते हैं अपितु यह तो परम तत्व का अपना द्वन्द्वात्मक प्रतिरूप है। हेगेल के दर्शन का यह ऐसा केन्द्रीय सिद्धान्त है जिसने मार्क्सवाद के विकास पर बड़ा सशक्त प्रभाव डाला है और मार्क्स के सारे दर्शन में इस हेगेलवादी अवधारणा का बड़ा महत्व है। क्रांतिकारी द्वन्द्वात्मक विधि जो मात्र निषेध से निषेध तक जाती है यही तो सारे हेगेलवादी तन्त्र की आन्तरिक शक्ति है जिसके कारण से प्रत्येक वस्तु सतत् गतिमान अर्थात् संभूति के ऐसे क्रम में लीन दिखलाई देती है जो कहीं भी अन्त होता दिखाई नहीं देता परन्तु इससे अधिक जिस बात ने मार्क्सवाद को प्रभावित किया वह हेगलवाद की वह संश्लेषणकारी अपरिमित क्षमता थी जिसके द्वारा मानव-ज्ञान को एक सजीव एकता के रूप में देखा जा सकता था। हाँ, हेगेल के दर्शन की जिस बात को मार्क्स सहन नहीं कर सके वह उसका प्रत्ययवाद था। इस प्रत्ययवाद को छोड़कर शेष हेगेलवाद में मूल्यवान थी द्वन्द्वात्मक प्रणाली, उसको मार्क्सवाद से परीक्षित करने के लिए पूरा विधान तथा व्यवस्था मौजूद है जबकि उसके प्रत्ययवाद को भौतिकवाद में परिवर्तित कर दिया गया है। इस प्रकार

प्रत्ययवाद द्वन्द्वात्मकता को परिमार्जन करके भौतिकवादी बना दिया गया है। हेगल को इस प्रकार ऊपर से नीचे पलट कर भी मार्क्सवाद ने अपना सीधा नाता हेगेलवाद से जोड़े रखा है। परन्तु वामंपथी हेगेलवाद तथा फ्यूरबाख के द्वारा मार्क्स का हेगेलवाद के साथ जो परोक्ष सम्बन्ध जुड़ा हुआ है वह और भी महत्वपूर्ण है।

## फ्यूरबाख का प्रभाव

हेगेलवाद का अधोमुखी परिवर्तन करने में फ्यूरबाख का विशेष योगदान है। फ्यूरबाख वामपंथी मण्डल के अग्रगण्य सदस्यों में से थे। इन वामपंथियों ने हेगेल की क्रान्तिकारी प्रणाली तथा उनके तन्त्र के पुरातनवाद के बीच जो परस्पर व्याघात आ जाता था उसको विरोपित कर दिया। यह व्याघात इस बात के कारण आ जाता था कि द्वन्द्वात्मक विधि तो निरन्तर प्रगति तथा अविरत विकास का संकेत करती है जबकि उनका परम तत्ववादी सिद्धान्त रूढ़िवाद का प्रतीक है। द्वन्द्वात्मक प्रगति का नियम इस बात को घोषित करता है कि प्रत्येक वास्तविकता अपनी उस तार्किक अनिवार्यता के लक्षण को खोती चली जाती है जो उस क्षण के लिए उसका विशिष्ट लक्षण होता है। बाद में यह न्यायसंगत नहीं रहती और ऐसा लगता है कि यह नई वास्तविकता को अपना स्थान दे देने के लिए पूर्वनिर्दिष्ट है। यह निरन्तर प्रगति तथा सतत् प्रक्रिया का सिद्धान्त उसके तंन्त्र की उस रूढ़िवादिता से कैसे मेल खा सकता है जिसके अनुसार वह जर्मन राज्य को विकास की चरमावस्था मान लेते हैं जहाँ प्रगति अवरुद्ध हो जाती है। इसलिए वामपंथियों ने क्रान्तिकारी प्रणाली को हेगेलवाद का सार कहकर अपना लिया और उसके आधार पर कर्म-योगी दर्शन का एक ढाँचा खड़ा कर दिया। इसको आधार बनाकर इन्होंने निरपेक्षवाद तथा परमवाद पर करारी चोटें आरम्भ कीं। फ्यूरबाख के मतानुसार हेगेल के तन्त्र की सबसे बड़ी दुर्बलता उनका प्रकृति-दर्शन है। इनका यह कहना था कि हेगेलवाद यह कहकर कि प्रकृति प्रत्यय की साकार बाहरी अभिव्यक्ति है, प्रकृति का सामान्य विवरण देने में तो सफल हो जाता है परन्तु प्रागानुभव रूप से अनन्त बाहुल्य तथा व्यक्तिगत मूर्त अवस्थाओं की विविधता को निर्गमित करके दिखानें में यह सर्वथा असफल रहा है। हेगेल के द्वन्द्वात्मक सिद्धान्त में उन्हें एक और कमी यह दिखाई दी कि इसमें पौर्वापर्य के लिए तो स्थान है परन्तु समन्वय के लिए नहीं। अस्तु, हेगेलवाद अपनी इतिहास-मूलक प्रस्तावना के कारण प्रकृति की उचित व्याख्या करने मे असमर्थ हैं। वह प्रकृति को समझ नहीं पाता, इस कारण इसको आपातिक (Contingent) समझता हैं। परन्तु वास्तव में यही आपात तो सच्ची वास्तविकता है क्योंकि वे सारे प्राकृतिक नियम जिनको हेगेल प्रागानुभव रूप से निगमित करता है तभी सार्थक हो सकते हैं यदि उनको मूर्त दृष्टांतों पर लागू करके देखा जाए जबकि हेगेल के सिद्धान्त में व्यष्टि को कभी भी निर्गमित नहीं किया जा सकता। वस्तुतः देखा जाय तो प्रकृति का सार तो इन्हीं व्यष्टियों में निहित है जिनका विवेचन करने में हेगेल का सिद्धान्त असमर्थ है। सच्ची वास्तविकता तो व्यष्टि ही है। इस प्रकार फ्यूरबाख हेगेल को उलट देता है। व्यष्टिगत, एकवर्ती प्रकृति सत्य है और आत्मा तथा प्रत्यय उसकी

प्रतिलिपि मात्र है। इस प्रकार हेगेल का प्रत्ययवाद फ्यूरबाख के हाथों अपरिमार्जित भौतिकवाद में बदल दिया गया। जर्मन प्रत्ययवाद की, जो हेगेल के दर्शन में अपनी पराकाष्ठा को पहुंच गया था। मूलभूत कमजोरी यह थी कि यह सामान्य में से तथा प्रत्यय में से प्रकृति तथा व्यष्टि को व्युत्पन्न करने में असमर्थ था। इस प्रकार यह स्वयं अपनी सृजनात्मकता का निराकरण कर रहा था। यह अपना सृष्टिघात कर लेता है, परन्तु फिर भी द्वन्द्वात्मकता की छाप इस पर भी दिखाई देती है और ऐसा प्रतीत होता है कि यह भौतिकवाद जिसमें द्वन्द्वात्मक विधि के अनुसार आत्मा पुद्गल का निषेध मानी जाती है द्वन्द्वात्मक प्रत्ययवाद का छोटा भाई है, वास्तव मे तो फ्यूरबाख का सारा दर्शन हेगेलवाद का प्रत्यावर्ती रूप ही दिखाई पड़ता है।

एक बार प्रत्ययों को मूल प्रकृति में दिखा देने के पश्चात फ्यूरबाख के लिए यह बड़ा सुगम हो गया है कि ईश्वर की अवधारणा का भी खण्डन कर सके। इसी दृष्टिकोण से उसकी पुस्तक एसेंस ऑफ क्रिश्चियनिटी (Essence of Christianity) लिखी गई थी जिसने मार्क्स के विचारों पर निर्णयकारी प्रभाव डाला। ध्यानपूर्वक देखा जाए तो यह पुस्तक ईसाईयत का सार होने के बजाय हेगेलवाद का सार अधिक दिखाई पड़ती है। इस पर थोड़ा-सा विस्तार में विचार करना आवश्यक है क्योंकि इसमें प्रतिपादित मन्तव्यों ने मार्क्स पर अमिट छाप छोड़ी। फ्यूरबाख ने मार्क्स को मानववाद की स्पष्ट कल्पना दी और यही मानववाद जो उत्पीड़न से मानवता को मुक्त कराने का संघर्ष था, बाद में मार्क्स का समाजवाद बन गया। मानवत्वारोप (Anthropomorphism) की अवधारणा का स्त्रोत भी फ्यूरबाख का यह ग्रन्थ ही था। इसी अवधारणा का प्रयोग मार्क्स ने दर्शन, धर्मशास्त्र की आलोचना तथा सामाजिक मीमाँसा में किया। यह कहना अतिशयोक्ति नहीं है कि मार्क्स की अर्थाश्रित इतिहास विवेचना तथा सारा ऐतिहासिक भौतिकवाद मार्क्स द्वारा फ्यूरबाख के चश्में से पढ़ा गया हेगेलवाद ही है। इसी कारण फ्यूरबाख के इस ग्रन्थ पर थोड़ा विस्तार से प्रकाश डालना मार्क्सवाद को समझने के लिए आवश्यक-सा हो जाता है।

यह तो हम सभी जानते हैं कि हेगेल ने अपने दर्शन में मनुष्य को इस प्रकार प्रस्तुत किया है कि वह आत्म-परकीकरण (Self-alienation) की अवस्था में ईश्वर है जो अपनी आत्मोपलब्धि के लिए प्रयत्नशील है। परन्तु फ्यूरबाख इस वाक्य को पलट कर इस प्रकार कर देते हैं कि ईश्वर अपनी परकीकरण की अवस्था में मनुष्य हैं। इस सत्य पर पहुंचने के लिए कुछ प्रयोगात्मक सहारे की आवश्यकता नहीं हैं कि मनुष्य आत्म-परकीकरण की अवस्था में ईश्वर नहीं अपितु ईश्वर परकीकरण की अवस्था में मनुष्य है। अपितु इसका रहस्योद्घाटन करते हुए फ्यूरबाख बताते हैं कि इस निष्कर्ष पर पहुंचने के लिए हेगेलवाद की प्रतिज्ञप्तियों को उलटा करके पढ़ना पर्याप्त है। प्रत्यावर्तन की इस विधि को फ्यूरबाख ने रूपान्तरणकारी आलोचना की विधि (Method of Transformational Criticism) कहा। इस विधि के अनुसार हेगेलवाद का गोपनीय रहस्य समझने के लिए प्रत्येक प्रमुख प्रतिज्ञप्ति

में उद्देश्य को विधेय और विधेय के स्थान पर उद्देश्य रखते चले जायें तो हेगेल के परिकल्पनात्मक दर्शन को उलटे से सीधा कर सकते हैं और इस प्रकार परमतत्व शुद्ध, असंगुप्त तथा व्यक्त रूप में सत्य प्रकट हो जाएगा जिसको हेगेल ने दृढ़ रहस्य के पर्दे में छिपा रखा था। इस विधि के अनुसार हेगेलवादी प्रतिज्ञप्ति कि मनुष्य ईश्वर का व्यक्त रूप है फ्यूरबाख की प्रतिज्ञप्ति बन जाती है[1] कि ईश्वर मनुष्य का व्यक्त रूप है। इसी प्रकार अन्य प्रतिज्ञप्तियों का भी रूपान्तरण करके हेगेलवाद को रहस्यवादी तत्वज्ञान से विमुक्त किया जा सकता है और उसका सार सुरक्षित रखा जा सकता है। इसी युक्ति का सामान्यीकृत रूप फ्यूरबाख ने इस रूप में प्रस्तुत किया कि विचार का सत्ता के साथ यह सम्बन्ध है कि सत्ता उद्देश्य है, विचार विधेय है अर्थात् विचार सत्ता से उद्भूत होता है न कि सत्ता विचार से। मार्क्स ने इस सामान्यीकृत प्रतिज्ञप्ति को ज्यों का त्यों अपना लिया और इसको मार्क्सवाद का आधारभूत सिद्धान्त बना लिया। मार्क्स ने अपने दार्शनिक निष्कर्षों पर पहुचने में न तो प्रागानुभव विधि का सहारा लिया है जिसमें कुछ स्वयंसिद्धियों तथा अभ्युपगमों से वैध तर्कांकारों द्वारा कुछ प्रमेय निगमित किए जाते हैं और न उन्होंने अनुभवजन्य तथ्य से आगमन विधि द्वारा सामान्य प्रतिज्ञप्तियों की स्थापना की है अपितु उन्होंने हेगेल के दर्शन पर फ्यूरबाख की रूपान्तरणकारी आलोचना की विधि लागू करके अपना द्वन्द्वात्मक भौतिकवाद प्रतिपादित किया है। फ्यूरबाख की इतनी गहरी छाप होते हुए भी मार्क्स ने अपने आप को फ्यूरबाख पंथ का अनुगामी नहीं बताया। वह सदा जर्मन बौद्धिक परम्पराओं के प्रति निष्ठावान रहे। हेगेल और फ्यूरबाख की परस्पर तुलना करते हुए मार्क्स ने बड़े स्पष्ट रूप में स्वीकार किया है कि हेगेल की तुलना में फ्यूरबाख बहुत तुच्छ है, फिर भी हेगेल के पश्चात वह एक युग प्रवर्तक का स्थान रखता है।[2] कहने का तात्पर्य यह है कि मार्क्स के दृष्टि में हेगेल तो एक असाधारण प्रतिभा स्तम्भ था और फ्यूरबाख केवल उसके रहस्य को समझने में एक साधन का स्थान रखता है। अतः मार्क्सवाद की जड़ें हेगेलवाद में जाकर मिल जाती हैं।

## द्वन्द्वात्मक भौतिकवाद (Dialectical Materialism)

जैसा कि हम देख चुके हैं, मार्क्स ने अपने भौतिकवाद की स्थापना हेगेल का प्रत्यावर्तन करके की है। इस कारण उनका सिद्धान्त यन्त्रवादी भौतिकवाद के सभी रूपों से भिन्न है। मार्क्स का झुकाव फ्युरबाख की ओर होते हुए भी वह उनके अपरिष्कृत जड़वाद से सहमत नहीं थे। मार्क्स ने प्राचीन तथा यांत्रिक भौतिकवाद की कटु आलोचना की है। सबसे बड़ा भेद तो यह है कि मार्क्स जर्मन द्वन्द्वात्मक विधि को त्यागने के लिए तैयार नहीं थे जबकि क्लासिकल भौतिकवादी अणुओं

---

1. Man is reverted God-(Hegelian prop.) and God is reverted man (Feuerbachian prop.).
2. Marx and Engles, *Selected Correspondence*, p. 169.

को परम सत तथा न्यूटन के गति के नियमों को ही जगत की व्याख्याकारी विधि मानते थे। प्राचीन भौतिकवादियों के अनुसार ये नियम एक विशाल यन्त्र की भाँति सारे विश्व को निरुद्देश्य चला रहे हैं परन्तु मार्क्स ने पिछले सभी भौतिकवादी सिद्धान्तों की इस आधार पर कटु आलोचना की है कि वे बाह्य भौतिक विषयों को मानव की क्रियाशीलता का भौतिकीकरण (Materialization) मानकर नहीं चलते। अपने पहले ही शोध प्रबन्ध में मार्क्स लिखते हैं कि अब तक के भौतिकवादी सिद्धान्तों का सबसे बड़ा दोष यह है कि विषय वास्तविकता, अर्थात् जिस वस्तु का बोध हमें इन्द्रियों द्वारा होता है उसको वे केवल विषय के या इन्द्रिय पक्ष के रूप में ही समझ पाते हैं। वे मानव की ऐन्द्रिय क्रिया को उसके यथार्थ व्यवहार अर्थात् उसकी आत्मनिष्ठा के रूप में समझने का प्रयास नहीं करते। यही कारण है कि उन्होंने क्रियाशील पक्ष को अपकर्षी रूप से उन प्रत्ययवादियों से विकसित किया था जो यथार्थ ऐन्द्रिय क्रिया को बिलकुल महत्व नहीं देते।[1] मार्क्स यह कहना चाहते थे कि प्राचीन भौतिकवाद उस चेतन क्रिया को बिल्कुल उपेक्षित कर देता है जो मनुष्य को यन्त्र की भाँति व्यवहार नहीं करने देती अपितु मनुष्य में सृजन का भाव पैदा कर देती है। मार्क्स के अनुसार मनुष्य की व्यावहारिक क्रिया ही यथार्थ भौतिक सत् है जो कि उसकी ज्ञानात्मक क्रिया से भिन्न है। अतः भौतिकवादियों को चाहिए कि वे इसी को सत् स्वीकार करें। यह तो स्पष्ट है कि इस व्यावहारिक क्रिया में मनुष्य की आत्मनिष्ठता सम्मिलित है। मार्क्स का मतभेद इन प्राचीन भौतिकवादी तथा जड़वादी दार्शनिकों से और भी बढ़ जाता है जब वह इस बात पर आग्रह करते हैं कि यह भौतिक जगत मानवीय क्रिया शक्ति का भौतिकीकरण अथवा मानवता का बाह्यीकरण है। इससे यह स्पष्ट हो जाता है कि भौतिकवाद का कोई भौतिक, यांत्रिक अथवा शारीरिक सिद्धान्त मार्क्स ने प्रस्तुत नहीं किया। इसमें न तो कोई प्रकृति सम्बन्धी सिद्धान्त है, न ही कहीं इस बात का कोई तार्किक विवेचन है कि विश्व किस सामग्री से बना हुआ है। हाँ, यह बात अवश्य है कि मार्क्स इस बात को मानकर चले हैं कि जगत रचना की सामग्री भौतिक है और पुद्गल तार्किक दृष्टि से तथा ऐतिहासिक दृष्टि से भी चिन्तन से पूर्ववर्ती है। मार्क्स के नवीन भौतिकवाद का प्राचीन भौतिकवाद से भेद बताते हुए लेनिन महोदय ने कहा है कि मार्क्स यह कहना चाहते थे कि जिस प्रकार मानव ज्ञान उस प्रकृति का ही प्रतिबिम्ब होता है जो अनाश्रित अस्तित्ववान है, उसी प्रकार मनुष्य का सामाजिक ज्ञान भी अर्थव्यवस्था का प्रतिरूपण ही है। अस्तु, उन्होंने प्रकृति के संज्ञान (Cognition) में मानव समाज का संज्ञान भी सम्मिलित कर दिया। यह एक बहुत ही महत्वपूर्ण योगदान है। इससे क्लासिकल भौतिकवाद का यह दोष दूर हो जाता है जिसके कारण उसको एक अमानवीय, नैतिकता शून्य धारा प्रवाह माना जाता था। पुराने भौतिकवाद में मार्क्स के मतानुसार, सबसे बड़ा दोष ही यह था कि उसमें प्रकृति मनुष्य को निगल जाती है। इसका अनिवार्य परिणाम यह है कि इन लोगों के लिए प्रकृति ही सब

---

1. Marx and Engles, *German Ideology*, p. 197.

कुछ है मनुष्य कुछ नहीं। हाँ, कोई अतिप्राकृत शक्ति उसके प्रभाव से बची हुई हो सकती है। अपने ग्यारहवें शोध प्रबन्ध में मार्क्स इस प्रकार की मान्यता का निहितार्थ बताते हुए लिखते हैं कि प्राचीन भौतिकवादियों के अनुसार यदि मानव प्रकृति पर विजय प्राप्त करना चाहता है या प्रकृति की उच्छृँखलता पर प्रतिरोध लगाकर उसको अपने नियंत्रण में करना चाहता है तो उसे किसी ऐसी अतिप्राकृत शक्ति का सहारा लेना पड़ेगा जो प्रकृति की स्वामी है। अस्तु, प्राचीन भौतिकवाद अन्ततोगत्वा इस बात की ओर ले जाता है कि एक सर्वशक्तिमान ईश्वर को विश्व के ऊपर आसीन किया जाये। मार्क्स की यह आलोचना न्यूटन की भौतिकी की ओर संकेत करती दिखाई देती है जिसमें विश्व के अन्दर आदिगति प्रविष्ट करने के लिये अर्थात् निष्क्रिय और निष्चेष्ट परमाणुओं में सबसे पहले परमाणु को गतिशील बनाने के लिए उसके भौतिक दर्शन को ईश्वर की आवश्यकता मूलोद्गम के रूप में पड़ी थी। मार्क्स प्रकृति की ऐसी अवधारणा पर अवरोध लगाना चाहते थे जो मानव को एक यन्त्र का पुर्जा बनाकर उसकी सृजनकारी शक्ति को छीन लेती है। अत: प्राचीन भौतिकवाद के विपरीत, मार्क्सवाद की विशेषता यह है कि मनुष्य अपने सतत् और जागरूक प्रयत्नों द्वारा प्रकृति के सारे रहस्यों का उद्घाटन करने की क्षमता रखता है और अपनी सामाजिक रचना के सहारे प्रकृति पर विजय प्राप्त कर सकता है। व्यष्टि भले ही प्रकृति का दास हो परन्तु समष्टि रूप में मानव प्रकृति का स्वामी बन सकता है। इसलिए मार्क्स भौतिकवाद के सामाजिक पक्ष को ही वास्तविक भौतिकवादी दृष्टिकोण समझते हैं। मार्क्स प्रकृति की मौलिक प्रधानता को तो मानते हैं परन्तु वह इसके विकास को केवल परिमाणात्मक (Quantitative) नहीं मानते। यन्त्रवादी जड़वाद से भिन्न मार्क्स का मत यह है कि प्रकृति में हर वस्तु द्वन्दरत रहती हैं। इस द्वन्दात्मक गति के कारण ही प्रकृति में बराबर परिवर्तन होते रहते हैं जो मात्र परिमाणात्मक न होकर गुणात्मक (Quanlitative) भी होते हैं इस परिवर्तन में विषयों का उद्भव उसी समानुपात में होता है जिसमें कि विषयी का भेदन प्रकृति के अन्दर बढ़ता जाता है।[1] इस प्रकार यह विषयों का जगत मनुष्य को उस भाँति नहीं निगल पाता जैसाकि प्राचीन जड़वाद में प्रकृति मनुष्य को निगल जाती थी। उस सिद्धान्त में मानव का सारा जगत, उसकी अपनी प्रात्यक्षिक शक्ति, यहाँ तक कि उसका अपना अस्तित्व भी खोया हुआ था। मार्क्स ने इसको पुन: स्थापित कर दिया। प्रकृति में मानव की कर्मण्यता जितना भेदन करती जाती है उसी के अनुरूप द्वन्द्वात्मक प्रगति होती है। यह उग्र जड़वाद के ऊपर मानवत्वारोपण है।

मार्क्स का मत यह था कि यह इन्द्रियगत बाह्य जगत मानव की सारी पिछली उत्पादनशील क्रिया का भौतिकीकरण है।[2] मनुष्य के चारों ओर इन्द्रिय गोचर जगत इतिहास द्वारा उत्पन्न की हुई प्रकृति है। इसका अर्थ यह हुआ

1. Ibid, p. 36.
2. Karl Marx, *Critique of Political Economy*, p. 13.

कि बाह्य जगत न तो तरंगों और परमाणुओं का अन्धाधुन्ध खेल है और न यह ऐन्द्रिय संवेदनाओं (Sense Data) उसे बना हुआ तार्किक निर्मितियों (Logical Constructs) का समूह है। यह जगत तो ऐतिहासिक उत्पाद है जो कि अनुक्रमणशील पीढ़ियों दर पीढ़ियों की सारी क्रियाशीलता का परिणाम है। बाह्य विषय मानव की सारभूत प्रकृति की पुष्टि करते हैं। जब मनुष्य पूर्णरूप से सामाजिक अर्थात् समष्टि-मानव बन जाता है तो उसके लिए सारे ही विषय उसका अपना ही विषयकरण (Objectification) बन जाते हैं अर्थात् वे ऐसे विषय बन जाते हैं जो उसकी व्यष्टिता की पुष्टि तथा संसिद्धि कराते हैं अर्थात् मानवता स्वयं ही विषय बन जाती हैं। इन सबसे यह निष्कर्ष निकलता है कि मानवत्वारोपी प्रकृति मानव उपजाति की विषयनिष्ठ आत्मा है। यह अवधारणा कि मानवत्वारोपी प्रकृति मानव का अपना ही बाह्यकरण (Self-externalization) है मार्क्सवादी चिन्तन की केन्द्रीय अवधारणा है। इसके अनुसार (i) यह जगत समष्टि मानव (Generic Man) की उत्पादनकारी शक्तियों का विषयीकरण है। (ii) प्रकृति बाहरी भौतिक रूप से मानव प्रकृति ही है, तथा (iii) जगत को उत्पन्न करने में यह मानव अपना ही वास्तविकीकरण करता है। इतिहास के समूचे प्रवाह में प्रकृति का उत्पादन करके ही मनुष्य अपने आपको पूर्ण मानव बनाता है। मार्क्स के अपने कथनानुसार विषयनिष्ठ (Objective) जगत का उत्पादन करना, अर्थात निर्जीव प्रकृति का नियोजन करना मनुष्य की चेतन समष्टि सत्ता की अभिव्यक्ति माना है। इसका अर्थ यह हुआ कि यह सब उत्पादन सभी मानव का व्यावहारिक समष्टि जीवन है। उत्पादनशीलता के कारण ही यह प्रकृति मानवता की अपनी कृति तथा उसकी अपनी यथार्थता दिखाई पड़ती है। भौतिकवाद के विषय में मार्क्स की ऐसी अवधारणा उसके सिद्धान्त को सारे ही पूर्ववर्ती जड़ प्रकृतिवाद तथा भौतिकवाद के मतों से बिल्कुल भिन्न बना देती हैं। मार्क्स ने मानव की श्रेष्ठता को प्रकृति की प्रधानता पर पुनः आरोपित करके आत्यन्तिक जड़वाद पर प्रतिरोध लगा दिया है। मार्क्स ने इसको नूतन भौतिकवाद कहा। बाद में मार्क्स ने इसको ऐतिहासिक भौतिकवाद कहा तथा एंजिल्स ने द्वन्द्वात्मक भौतिकवाद का नाम दिया। अपने इस सिद्धान्त में मार्क्स ने इस बात की पुष्टि की है कि समष्टि मानव (Man), बाह्यजगत का सृष्टा है। मानव-तत्व पर इतना अधिक आग्रह करने के कारण यदि हम चाहें तो उनके सिद्धान्त को मानवीयकृत भौतिकवाद भी कह सकते हैं।

समीक्षात्मक दृष्टि से यदि हम इस सिद्धान्त का गुण-दोष विवेचन करें तो यह स्पष्ट दिखाई देगा कि जिस चेतन तत्व को प्राचीन भौतिकवादियों ने बिल्कुल गौण-सा स्थान दिया था और जगत की वैज्ञानिक और यन्त्रवत व्याख्या में से जिसे बिल्कुल अलग निकाल दिया था वह मानव की चेतन उत्पादन क्रिया का रूप धारण करके फिर से जड़वाद पर आरूढ़ हो गया। हेगेल के प्रत्ययवाद पर मार्क्स को यही आपत्ति थी कि वह हर जगह प्रत्यय को उद्देश्य समझते थे और जो वास्तव में सद्-उद्देश्य अर्थात् विषयी है उसको विधेय में बदल देते थे। इस दोष को तो मार्क्स

तले मुन्डी ऊपर पैर कहते थे और इसी का निवारण करने के लिए उन्होंने रूपान्तरणकरी आलोचना की विधि अपनाई थी परन्तु प्रत्ययवाद के इस दोष का निराकरण करने के साथ-साथ उन्होंने उस उग्र तथा अपरिष्कृत भौतिकवाद का भी परिसीमन कर दिया जो मानव की महानता में तथा उसकी आत्मनिष्ठता की परिधि में घुसने की अनाधिकार चेष्टा करना चाहता था और मानव को एक मशीन बनाकर रख देना चाहता था। मार्क्स के भौतिकवादी सिद्धान्त के अनुसार इतिहास न तो परम—तत्व की अनुक्रमिक अभिव्यक्ति या उसकी आत्म-सिद्धि है (Self realization) हैं और न ही यह प्रकृति की कुछ अन्धी शक्तियों का निरुद्देश्य खेल है। यह तो दोनों आत्यन्तिक सिद्धान्तों अर्थात् प्रत्ययवाद तथा भौतिकवाद का समन्वय है। मार्क्स ने स्वयं इस बात को स्वीकार किया है। वह कहते हैं, "मेरा सिद्धान्त प्रत्ययवाद तथा भौतिकवाद दोनों से भिन्न है परन्तु इन दोनों के एकीभूत कराने वाले सत्य को अपने अन्दर समाविष्ट किए हुए है।"[1]

## मार्क्सवादी सिद्धान्त का विवेचन

एक ओर तो हेगेल को उल्टे से सीधा करके तथा दूसरी ओर अठारहवीं शताब्दी के अपरिमार्जित भौतिकवाद का खण्डन करके मार्क्स अपने भौतिकवादी सिद्धान्त पर पहुंचे हैं। अपने सिद्धान्त में उन्होंने दो बातों की पुष्टि की है- (i) जगत का प्रधान तत्व पुद्गल है; तथा (ii) जगत की प्रक्रिया द्वन्द्वात्मक है।

## पुद्गल प्राधान्य

हेगेल ने हमारे सामने परम-तत्व के आत्मविकास का सिद्धान्त रखा था। वह परम-तत्व विधियों या वर्गों (Categories) द्वारा आत्मनिर्धारण करता रहता है। सर्वप्रथम तो सबसे सामान्य परन्तु सर्वातिरिक्त वर्ग सता (Being) से आरम्भ करते हैं। इस प्राथमिक वर्ग से आरम्भ करके परम तत्व पहले वर्ग का निषेध दूसरे वर्ग असत् (Non-Being) द्वारा करके अपना आत्मनिर्धारण करता हुआ आगे बढ़ता है और सबसे पहले समन्वय संभूति (Becoming) के रूप में प्राप्त होता है। यह संभूति वर्ग दोनों पूर्ववर्ती वर्गों के तादात्मय को प्रदर्शित करता है। यह परम-तत्व का ऐसा क्रमिक निर्धारण है जो कि आगे द्वन्द्वात्मक प्रगति के लिए आरम्भिक सोपान बन जाता है। इस प्रकार यथाक्रम रूप से परम—तत्व उत्तरोत्तर प्रकार के निर्धारणों द्वारा अपनी अभिवृद्धि करता हुआ प्रगतिशील रहता है जब तक कि यह अन्त में द्वन्द्वात्मक विकास की परम अवस्था को प्राप्त नहीं कर लेता। वहां जाकर यह पूर्णता को प्राप्त कर लेता है और निरपेक्ष (Absolute) प्रत्यय बन जाता है। इस द्वन्द्वात्मक प्रक्रिया में हेगेल ने तीन खण्ड दिखाए हैं- (i) तर्कशास्त्र (Logic), (ii) प्रकृति (Nature), तथा (iii) आत्मा (Spirit), इनमें से प्रथम खण्ड अर्थात् तर्कशास्त्र तो हमें यह बतलाता

1. Karl Marx, *Economic and Philosophical Manuscript*, 1844, p. 151.

है। जगत की प्रगति की ससीम आत्मा की सृष्टि से पहले तथा इन सबसे अनाश्रित परम-तत्व अपने आप में क्या है? दूसरे खण्ड अर्थात् प्रकृति दर्शन में जाकर हमें पता लगता है कि प्रत्यय अपने आत्मा-बाह्याकार (Self-external) रूप में द्वैतभाव (Otherness) बन जाता है। परन्तु यह प्रत्यय जो प्रकृति के रूप में अपने को साकार किये हुए दिखाई पड़ता है अपने अन्दर यह अभ्यर्थना लिए रहता है कि लौटकर अपनी मूल एकता में चला जाऊं। इसी कारण प्रकृति के अन्दर एक उच्चतर एकता, अन्योन्य सम्बन्धता तथा समरूपता की प्रवृत्ति दिखाई पड़ती है। प्रकृति के अन्तर्गत यांत्रिकी, भौतिकी तथा जैविकी ये तीन अवस्थाएँ हैं जो कि इस बात की द्योतक हैं कि प्रकृति निहित प्रत्यय अपनी मौलिक एकता को प्राप्त करने के लिये प्रयत्नशील हैं। अन्ततोगत्वा प्रत्यय इस गन्तव्य को प्राप्त कर लेता है। अपनी बाहरी साकार अवस्था से लौटकर यह अपने आपको तथा अपने वास्तविक स्वरूप को प्राप्त कर लेता है। इसको आत्मतत्व (Spirit) कहते हैं।

मार्क्स इस सिद्धान्त की कटु आलोचना करते हैं। वे कहते हैं कि हेगेल के इस सिद्धान्त में विचार या प्रत्यय यथार्थ जगत का कर्त्ता दिखाई पड़ता है और जो वास्तविक जगत है वह प्रत्यय का बाहरी प्रपंच रूप बन जाता है। मार्क्स कहते हैं कि "हेगेल की गलती यह थी कि उन्होंने प्रत्यय को वास्तविक सत् के रूप में प्रस्तुत किया। इससे ऐसा लगता है कि जो चेष्टायें हेगेल को ज्ञात थीं वे केवल आत्मा (Spirit) की चेष्टाएँ थीं तो मनुष्य की वास्तविक मूर्तक्रिया का, जो कि इन्द्रियों द्वारा देखी जा सकती है, उनको बिल्कुल ज्ञान नहीं था। हेगेल के तीन खण्डों में से जो सर्वप्रथम तर्कशास्त्र का खण्ड है उसे ऐसे ही उड़ाया जा सकता है क्योंकि वह तो परछाइयों का खण्ड है। ऐसे प्रत्यय जो किसी मन के प्रत्यय नहीं है वे कोरी कपोल कल्पना मात्र हैं और जो प्रत्यय किसी मन में होते हैं वह तो सदा ही भौतिक जगत में होने वाले परिवर्तनों तथा गतियों के प्रतिबिम्ब होते हैं। मेरे मतानुसार तो प्रत्यय जड़ जगत का मानव मन में प्रतिबिम्ब और रूपान्तर है अन्य कुछ नहीं।" इस प्रकार मार्क्स प्रत्यय को प्राथमिक नहीं मानते। यह तो जड़ जगत के मूर्त विषयों पर आधारित अमूर्त सामान्यताएँ हैं जिनका जगत की मूर्त वस्तुओं से स्वतन्त्र अस्तित्व हो ही नहीं सकता। प्रथम खण्ड पर इस प्रकार आघात किया जाता है तो शेष जो रह जाता है वह प्रकृति खण्ड है। मार्क्स इसी को प्रधान मानते हैं। मनुष्य प्रकृति के दामन से बन्धा हुआ। इसी का एक अंश है। उसकी प्राथमिक क्रिया आध्यात्मिक या ज्ञानात्मक नहीं है अपितु यथार्थ भौतिक क्रिया है जिसके द्वारा वह वास्तविक वस्तुओं का उत्पादन करता है और अपनी शक्तियाँ या यूं कहो कि यथार्थतः अपने आप को ही उनमें रख देता है। मनुष्य और प्रकृति में विषयी तथा विषय में कोई विरोध नहीं है अपितु उनमें तो परस्पर सहग्रंथन और आश्रितता है। मानव प्रकृति का उत्पादन बन जाता है और प्रकृति मानव की उत्पाद है। जब दो खण्ड रह गए तो हेगेल ने भी स्वीकार किया था कि वाद, प्रतिवाद तथा संवाद के क्रमानुसार जड़ प्रकृति के अन्दर से मानस तत्व का विकास हुआ। फिर प्रकृति के श्रेष्ठतम उत्पाद

कला, धर्म तथा दर्शन आदि का विकास हुआ। वास्तव में देखा जाए तो हेगेल का प्रत्ययवाद भी तो इस बात को मानता है कि सारे अध्यात्मिक अनुशासन प्रकृति से ही व्युत्पन्न हैं। अतः प्रकृति आधार है। इस प्रकार बड़ी सुगमता से मार्क्स हेगेल के प्रत्ययवाद का रूपान्तरण करके उसी में से अपना भौतिकवाद निकाल लेते हैं और फिर जैसे हेगेल ने किया है वैसे ही यह भी सारे आन्तरिक तथा बाह्य, व्यष्टिगत तथा सामाजिक और राजनीतिक तथा धार्मिक सारे प्रपंच की व्याख्या भौतिक तथा प्राकृतिक तत्वों के आधार पर कर देते हैं।

## आलोचनात्मक समीक्षा

मार्क्स तथा उनके साथी एंजिल्स पुद्गल को जगत का आधार मानते हैं। उनके लिए पुद्गल का स्वरूप बड़ी महत्व की वस्तु होना चाहिये। जिस पुद्गल का प्राधान्य है क्या वह कांट की वस्तु-स्वयं की भाँति चिन्तन के परे कोई परमार्थ तत्व है या उसको जाना जा सकता है? वैसे तो मार्क्स का यह मत था कि संसार का कोई ऐसा रहस्य नहीं जिसको समझने का उचित प्रयत्न करने के बाद व्यक्ति उसे समझ न सके। मार्क्सवादियों को कांट का यह कथन बड़ा हास्यास्पद लगता है कि प्रकृति मनुष्य के लिये रहस्यमयी है और उसके कुछ ऐसे तथ्य हैं जिनको मनुष्य नहीं समझ सकता। इतना होने पर भी वे स्वयं यह नहीं बतला सके कि पुद्गल से उनका तात्पर्य क्या है। इसकी परिभाषा देने का कष्ट मार्क्स तथा एंजिल्स ने कहीं पर नहीं किया। इस सैद्धान्तिक कठिनाई को समझते हुए लेनिन ने पुद्गल का स्वरूप समझाने का प्रयास किया कि वह द्वन्द्वात्मक भौतिकवाद भूत द्रव्य को किस रूप में देखता हैं परन्तु परिभाषा देते समय उन्होंने तीन प्रकार से पुद्गल की व्याख्या की है।

(1) पुद्गल वह विषयनिष्ठ सत् है जो संवेदना में हमें प्राप्त होता है (Matter is the objective reality given to us in sensation)।[1]

(2) पुद्गल एक दार्शनिक वर्ग है जो उस विषयनिष्ठ सत् का अभिधान करता है जो मनुष्य को उसकी संवेदनाओं द्वारा प्राप्त होता है और जो हमारी संवेदनाओं पर अनाश्रित रहते हुए अस्तित्ववान है परन्तु उनके द्वारा उसका प्रतिरूपण तथा विमर्शन किया जाता है। (Matter is a philosophical category designating the objective reality which is given to man by his sensations and which is copied, photographed and reflected by our sensations while existing independently of them)।2

(3) पुद्गल वह है जो हमारी इन्द्रियों पर अपनी क्रिया करके संवेदनाएँ उत्पन्न करता है (Matter is that which acting on our sense organs produces

1. Lenin, V. I., *Materalism and Imperio-criticism*, p. 96.
2. Ibid, p. 84

sensations)।1

इस तीनों परिभाषाओं ने पुद्गल की धारणा को बिल्कुल सम्भ्रमित कर दिया है क्योंकि इन तीनों मे बड़ी असंगति है और यदि यह स्वतो व्याघाती नहीं है तो कम से कम परस्पर अनानुरूप अवश्य है। पहली परिभाषा में यह कहा गया है कि संवेदना में मन को भौतिक पदार्थों का सीधा बोध प्राप्त होता है, बीच में कोई अवधारणा या प्रत्यय नहीं आती। हमें अपनी संवेदनाओं के आधार पर यह अनुमान नहीं लगाना पड़ता है कि उनके पीछे कोई भूत पदार्थ है अपितु जो कुछ भी संवेदनाओं से प्राप्त होता है वही पुद्गल है। पुद्गल प्रात्यक्षिक सत् है अनुमेय नहीं। यह परिभाषा इस ओर संकेत करती है कि ऐन्द्रिय संवेदन (Sense Data) को शायद यह पुद्गल कहते हों क्योंकि जो कुछ संवेदनाओं में प्रदत्त है वह तो ऐन्द्रिय संवेदन ही हैं या फिर वह सहज यथार्थवाद (Naive Realism) की भाँति पुरोधानवादी सिद्धान्त को अपना रहे मालूम होते हैं अर्थात् जो कुछ भी हमें इन्द्रियों द्वारा दिखाई पड़ता है वहीं पुद्गल है। यह बड़ी अस्पष्ट अवधारणा है जिसका उनकी दूसरी परिभाषा से तालमेल नहीं बैठता। दूसरी परिभाषा में वह यह कहना चाहते हैं कि पुद्गल संवेदना में प्रदत्त नहीं होता। संवेदनाएँ उसका प्रतिरूप हैं और अपनी संवेदनाओं के आधार पर हम यह अनुमान करते हैं कि पुद्गल है इसीलिए इसको दार्शनिक वर्ग कहा गया है अर्थात् अनुमति सत् का दार्शनिक नाम है। इसमें हमारी संवेदनाएँ तो मनोगत (Mental) हैं और उसका संवादी कोई भौतिक द्रव्य विद्यमान है। यह स्थिति एक ओर तो लॉक की थी जो भूत द्रव्य को एक जटिल प्रत्यय मानता था और दूसरी ओर आज के वस्तुस्थितिवादी हैं जो द्रव्य की अवधारणा का खण्डन करके उसकी जगह तार्किक निर्मितियों द्वारा बाह्य विषयों की व्याख्या करते हैं। यदि मार्क्सवादी ऐसा मानते हैं कि संवेदनाओं के आधार पर जो भी संवादी सत् हो वही पुद्गल है तो उनकी दोनों परिभाषाओं में आपस में ही विरोध उत्पन्न हो जाता है। यहाँ यह समस्या खड़ी हो जाती है कि सद् वस्तु तो एक ही हो सकती है यदि वह प्रत्यक्ष है तो फिर अनुमति नही हो सकती। ऐसा कैसे हो सकता है कि एक प्रत्यक्ष पुद्गल हो दूसरा अनुमति पुद्गल हो और दोनों पुद्गल सत् हों। क्या एन्द्रिय संवेदना सद्वस्तु है या भौतिक विषय सत् है? निःसंदेह दोनों तो सत् नहीं हो सकते फिर हम किसको सत् मानें?

अब यदि तीसरी परिभाषा को देखें तो पता लगेगा कि यह तो भौतिकवाद के लिये बड़ी घातक है। इसमें लेनिन यह कहना चाहते हैं कि पुद्गल हमारी संवेदनाओं का कारण है। हमारी इन्द्रियों में कुछ संवेदनाएँ उत्पन्न होती हैं जिनको कोई उत्पन्न करता है और वही पुद्गल है। हमारे पास इस बात का क्या प्रमाण है कि पर्दे के पीछे से उसी प्रकार का कारण अपना प्रभाव डाल रहा है जिस प्रकार की हमारी संवेदना है। हम कैसे कह सकते हैं कि वह हमारी संवेदनाओं का आदि रूप है।

1. Ibid, p. 96.

हो सकता है कि ईश्वर ये संवदेनाएँ उत्पन्न कर रहा हो जैसा कि बर्कले मानते थे। यह तो हम उस स्थिति पर पहुँच गए कि वस्तु स्वयं हमारी संवेदनाओं का कारण है परन्तु वह हमारे सामने नहीं आती अर्थात् वह अगोचर है। पुद्गल को संवेदना को उत्पन्न करने वाली कोई अनिश्चित वस्तु मानें तो यह मायावाद की भाँति कोई अनिर्वचनीय भावपदार्थ बन जाता है जो इन्द्रियातीत होने के कारण केवल बुद्धि द्वारा ही जाना जा सकता है अर्थात् भौतिकवाद फिर से पलट कर प्रत्ययवाद बन जाता है। अपनी परिभाषा के इन निहितार्थ को लेनिन नहीं समझ पाए। अब यदि वह पुद्गल को अपरिभाषित ही रहने देते हैं तो वे शून्यवादियों की भाँति यह कह सकते हैं कि पुद्गल धर्म शून्य है इसलिए यह मात्र अनुमति का विषय है जिसके वर्णन करने में वाणी असमर्थ है। परन्तु ऐसी अवस्था में तो मार्क्स का सारा सिद्धान्त रहस्यवाद बनकर रह जायेगा। अत: मार्क्सवादियों के पास कोई सुतथ्य बात पुद्गल के बारे में नहीं है और उनका सिद्धान्त एक ऐसी अवधारणा पर खड़ा है जिसका स्वयं उनको पता नहीं कि वह क्या है।

हाँ, इन परिभाषाओं से यह बात तो स्पष्ट है कि यह प्राकृत विज्ञानों में दी गई पुद्गल की अवधारणा से सहमत नही हैं। भौतिकी का कोई विद्वान यह कहेगा कि पुद्गल तो वह है जो भौतिक-रासायनिक नियमों के अनुसार व्यवहार करता है तथा भौतिकी के समीकरण का अनुपालन करता है। इस परिभाषा के छुपे रूप को तो मार्क्स पहले ही त्याग चुके थे क्योंकि इसका अनिवार्य निर्गमन यह है कि या तो हम मन तथा बुद्धि को भी न्यूनीकरण करके भौतिकी के नियमों तथा प्रत्यावर्ती क्रियाओं के द्वारा उनकी व्याख्या करें या फिर यह मानें कि मन तथा बुद्धि कोई अलग स्वतन्त्र तत्व हैं। दोनों ही स्थितियाँ मार्क्सवाद के लिए घातक हैं। पहली अवस्था में तो मानव की यन्त्रवत् व्याख्या करनी पड़ेगी जबकि प्राचीन जड़वाद की आलोचना करते समय मार्क्स ने इस प्रकार की मनोवृत्ति का खण्डन किया था। दूसरी अवस्था में यदि हम मन तथा बुद्धि का न्यूनीकरण नहीं करते तो देकार्ते की भाँति मनस् और पुद्गल के द्वैत को स्वीकार करना पड़ेगा जो एक दूसरे में परिवर्तित नहीं हो सकते। या फिर यह मानना पड़ेगा कि भौतिक पुद्गल (Physical matter), सजीव पुद्गल (Organic Matter), तथा चेतन पुद्गल (Conscious Matter), ये अलग-अलग सत् हैं। इसलिए मार्क्सवादी भौतिकी द्वारा दी गई परिभाषा को स्वीकार नहीं कर सकते और उनका सारा भौतिकवाद एक ऐसे तत्व पर निर्भर होकर रह जाता है जिसके विषय में कोई नहीं बता सकता कि वह क्या है।

## द्वन्द्वन्याय

मार्क्स की दूसरी मूलभूत मान्यता यह है कि सारी प्रगति द्वन्द्वात्मक गति से हो रही है। द्वन्द्व के कारण ही प्रकृति निरन्तर परिवर्तित होती रहती है। यह सिद्धान्त मार्क्स ने हेगेल से लिया है परन्तु हेगेल अपने सर के बल घूम रहे थे। मार्क्स कहते हैं कि मैंने उन्हें सीधा खड़ा कर दिया। अपने तथा हेगेल के द्वन्द्वन्याय का अन्तर

बताते हुए मार्क्स लिखते हैं कि मेरी द्वन्द्वात्मक विधि न केवल हेगेल से भिन्न है अपितु उसकी बिल्कुल उलट है। हेगेल अपनी प्रक्रिया की रिक्त सत्ता से आरम्भ करते थे। उनके सिद्धान्त में प्रत्यय को प्राथमिकता दी गई थी जबकि मार्क्स ने उसका भौतिक आरम्भ माना है। यह विधि सारे ही परिवर्तनों पर लागू होती है चाहे वे चिन्तन में हों चाहे वस्तुओं में। हेगेल का प्रत्ययवाद यह मानता था कि वस्तुओं का विकास तथा सत्य का अन्वेषण यह एक ही सत् के दो पक्ष हैं। मार्क्स इसको स्वीकार तो कर लेते हैं परन्तु जहाँ हेगेल ने सत्य के अन्वेषक को प्रथम वर्ग माना था वहाँ मार्क्स ने क्रम को उलट कर वस्तुओं के विकास से अपनी प्रक्रिया का आरम्भ किया। इस सिद्धान्त के अनुसार पुरानी वस्तुयें अपने ही गर्भ में से नई वस्तु को जन्म देकर स्वयं नष्ट होती रहती हैं और उनका स्थान नई वस्तुएँ लेती रहती हैं जो पहली से अधिक विकसित होती हैं। इस द्वन्द्वन्याय में दो बड़ी प्रमुख विशेषताएँ दिखाई पड़ती हैं। एक तो यह कि विषयनिष्ठ व्याघात सत् का प्रभावी लक्षण है, (ii) दूसरी यह कि निम्न वर्गों के नियम (जैसे यन्त्रवादी इत्यादि) विकास की उच्चतर अवस्था (जैसे जीवन तथा मन) पर लागू नहीं किए जा सकते। हर स्तर के अपने ही वर्ग (Categories) उस स्तर के प्रपंच की व्याख्या करने के लिए पर्याप्त हैं।

मार्क्सवादी द्वन्द्वात्मक सिद्धान्त इस बात पर आग्रह करता है कि प्रत्येक वस्तु गतिमान है। जगत में निरन्तर परिवर्तन होता रहता है। जो कुछ भी स्थिर, अपरिवर्तनीय या अगतिमान दिखाई देता है वह सत् नहीं हो सकता। मार्क्सवादी ऐसा मान कर चलते हैं कि प्रत्येक वस्तु के स्वभाव में कुछ व्याघाती तत्व निहित रहते हैं। इन व्याघाती तत्वों के बीच बराबर संघर्ष चलता रहता है। इसी प्रकार नूतन तथा पुरातन के बीच संघर्ष चलता रहता है। इन्हीं संघर्षों के फलस्वरूप सारे परिवर्तन होते हैं। क्योंकि यह अन्तर्निहित व्याघात ही सत का व्यापक गुण है इसलिए प्राचीन तर्कशास्त्र सत् (Reality) की व्याख्या करने में असमर्थ हैं। मार्क्स यह मानते हैं कि सारा परिवर्तन तीन प्रकार के विशिष्ट लक्षण लिए हुए हैं। अतः द्वन्द्वन्याय के नियमों को तीन रूपों में देखा जा सकता है–

(1) मात्रा से गुण तथा गुण से मात्रा में रूपान्ततरण का नियम।

(2) विरोधियों के परस्पर अन्तर्भेद का अर्थात् विरोधियों के परस्पर संघर्ष तथा एकता का नियम।

(3) निषेध के निषेध का नियम।

मात्रा का गुण में परिवर्तन कैसे होता है इसका उदाहरण देते हुए एंजिल्स कहते हैं कि एक विशेष तापमान पर पानी बर्फ में परिवर्तित हो जाता है। पहले तो पानी की तरलता पर एक सीमा तक तापमान के परिवर्तन का गुणात्मक प्रभाव नहीं दिखाई पड़ता परन्तु यदि तापमान की मात्रा निरन्तर घटती जाए तो एक सीमा ऐसी आ जाती है जब उसमें गरमी बिल्कुल शेष नहीं रह जाती। उसमें शीतलता का बाहुल्य होता रहा है जिसके फलस्वरूप उसमें एक गुणात्मक परिवर्तन आ जाता

है और वह पानी से बर्फ बन जाता है। इसी प्रकार इसके उल्टे क्रम में पानी में जब तापमान की विपुलता हो जाती है तो वह भाप बन जाता है। यह मात्रा तथा गुण का परस्पर परिवर्तन विकास के सिद्धान्त की ओर संकेत करता है। इसी द्वन्द्वात्मक विकास का सहारा लेकर एंजिल्स ने भौतिक शास्त्र, रसायन शास्त्र तथा जीव शास्त्र के क्षेत्र में होने वाले विकास के सारे क्रम की व्याख्या की है।

## आलोचना

इस नियम में यह बात स्पष्ट नहीं की गई कि क्या पानी तथा भाप गुणात्मक दृष्टि से भिन्न हैं या यह केवल पानी का रूप परिवर्तन है। अधिक ताप के कारण परमाणुओं के बीच फैलाव उत्पन्न हो गया है और ताप कम होते ही वे पूर्व स्थिति में आ जाते हैं यदि वस्तु के फैलने तथा सिकुड़ने को गुण परिवर्तन मान लिया जाए तब पानी में थोड़ी-सी भी गरमी या शीतलता उसके अन्दर गुणात्मक परिवर्तन ला देगी। वैज्ञानिक दृष्टि से हम इस बात को नहीं मान सकते कि सारे भौतिक परिवर्तन गुणात्मक परिवर्तन होते हैं। रासायनिक दृष्टि से तो किसी रासायनिक वस्तु के मिश्रण पर गुण परिवर्तन होते हैं। भौतिक परिवर्तन की मात्रा में तो केवल अवयव इधर से उधर कर दिये जाते हैं। फिर यदि यह मान भी लिया जाए कि मात्रा परिवर्तन से गुण भी बदल जाते हैं तो भी हम हर परिवर्तन को विकास या प्रगति नहीं कह सकते। पानी के उदाहरण में पानी बर्फ बन जाता है फिर पुनः पानी बन जाता है तो यह तो यथापूर्व स्थिति में लौटना है क्योंकि दुबारा जो पानी बनता है वह पहले वाले से गुणों में भिन्न है। विज्ञान इसको मानने को तैयार नहीं है। इसी प्रकार यदि 'निषेध का निषेध' वाले नियम को भी इसके साथ जोड़ दें तो भी यह आवश्यक नहीं कि उत्तरवर्ती निषेध कोई गुणात्मक परिवर्तन उत्पन्न करता है। बीज का उदाहरण लीजिये। बीज का निषेध होने पर वृक्ष बन जाता है, उसमें पुनः बीज निकलते हैं। इसको एंजिल्स रूपान्तरण कहता है परन्तु ध्यानपूर्वक देखें तो पता चलेगा इसमें हमे बीजों की अधिक मात्रा तो मिल जाएगी परन्तु वह उच्च स्तर के या पहले से भिन्न गुण वाले होंगे यह आवश्यक नहीं हैं। इसलिये इस नियम को प्रकृति में होने वाले सभी परिवर्तनों का नियम नहीं कहा जा सकता। हाँ, इस नियम का प्रयोग केवल इतिहास की तथा समाज की कुछ प्रगतिशील अवस्थाओं पर ही किया जा सकता है। इसको सीमित रूप में लागू करने पर यह विकास के दोनों प्रकारों की व्याख्या नहीं कर सकेगा जो कि एक दूसरे से भिन्न हैं फिर भी प्रगति के लिए अनिवार्य हैं। ये है उद्विकास (Evolution) तथा क्रान्ति (Revolution), इनमें से पहले वाले परिवर्तन अनुक्रमिक हैं जबकि दूसरी प्रकार का परिवर्तन आकस्मिक, अतिव्याप्त तथा प्रचण्ड ढंग से होता हैं। इसकी व्याख्या स्टालिन ने की है और उनका ऐसा मत है कि इस नियम के अन्तर्गत उद्विकास तथा क्रांति दोनों को परस्पर सम्बद्ध कर दिया गया है। उद्विकास धीरे-धीरे क्रांति की तैयारी करता है तथा उसके लिए आधार बनाता है। क्रांति मे जाकर उद्विकास पूर्णता प्राप्त कर लेता है और फिर

क्रांतिकारी परिवर्तन अगली क्रिया को सुसाध्य बनाता है तथा आगे बढ़ने में सहायता देता है। मानव इतिहास में कई बार ऐसी स्थिति आई है जब एक विशेष सामाजिक व्यवस्था के अन्दर होने वाले मात्रात्मक परिवर्तन गुणात्मक परिवर्तन के लिए भूमिका तैयार करते हैं और धीरे-धीरे उस अवस्था तक ले जाते हैं जहाँ पुरानी व्यवस्था एक नये समाज को जन्म देती है जो पिछले वाले से गुणात्मक दृष्टि से सर्वथा भिन्न होता है। स्टालिन ने इस नियम के विनियोग का क्षेत्र वहीं तक सीमित कर दिया है जहाँ तक वैध रूप से इसको लागू किया जा सकता है। एंजिल्स का यह प्रयास भ्रान्ति उत्पादक सिद्ध हो जाता है कि इसका प्रकृति का नियम बना दें।

## विरोधियों के संघर्ष का नियम

दूसरा नियम जिसको मार्क्सवादी द्वन्द्वन्याय का प्रमुख भाग कह सकते हैं विरोधियों के संघर्ष का नियम है। इस नियम के अनुसार प्रकृति के प्रपंच में तथा सभी वस्तुओं के अन्दर व्याघात अन्तर्निहित है क्योंकि उन सभी में एक भावात्मक तथा एक नकारात्मक पक्ष होता है। पुरातन तथा नूतन के बीच तथा नवोदित और विनाशोन्मुख के बीच इन विरोधियों के संघर्ष द्वारा ही जगत में विकास की प्रक्रिया चलती है और इसी के द्वारा मात्रात्मक परिवर्तनों का गुणात्मक परिवर्तनों में रूपान्तरण होता रहता है। इस नियम के द्वारा मार्क्स दो महत्वपूर्ण बातें कहना चाहते हैं- (i) एक तो यह कि हर जगह अन्तर्द्वन्द्व तथा गतिशीलता विद्यमान है। वह इतिहास तथा प्रकृति की निश्चल तथा गतिशून्य कल्पना के विरोधी थे। (ii) दूसरा यह कि निम्न कोटि से उच्च कोटि के विकास की प्रक्रिया कोई प्रपंच के सामंजस्यपूर्ण उदघाटन द्वारा नहीं होती अपितु वस्तुओं में अन्तर्निहित व्याघातों की अभिव्यक्ति के द्वारा या इन व्याघातों पर आधारित जो विरोधी प्रवृत्तियाँ कार्यरत रहती हैं उनके अभिसम्पात के रूप में यह क्रिया चलती रहती है। लेनिन ने इसी नियम के आधार पर यह मत रखा कि द्वन्द्वात्मक भौतिकवाद के अनुसार जगत की गति की यन्त्रवत् व्याख्या सर्वथा भ्रान्त है। यदि गति का कारण जगत में ही अन्तर्निहित नहीं है तो इसकी व्याख्या के लिए हमें अनिवार्य रूप से अलौकिक शक्ति को मानना पड़ता है। इसलिए कोई स्वतो-गति (Self-movement) के नियम की आवश्यकता थी। यह नियम हेगेल के व्याघात के सिद्धान्त से मिल जाता है जिसका विवेचन हेगेल ने अपने ग्रन्थ साइंस ऑफ लॉजिक (Science of Logic) की दूसरी पुस्तिका में किया है। एंजिल्स ने इसको भौतिकवादी मोड़ दिया तथा लेनिन इससे अत्यन्त प्रभावित हुए। हेगेल कहते थे कि तादात्म्य तो मृत सत्ता का निर्धारक नियम है जबकि व्याघात सारी गति तथा सारे जीवन का आधार है। जिस हद तक किसी वस्तु में व्याघात निहित है उसी सीमा तक वस्तु गतिशील है तथा क्रियाशीलता की प्रवृत्ति रखती है।[1] एतद्नुसार हेगेलवादियों की यह अवधारणा है कि वही चीज सजीव है जिसमें अन्तर्द्वन्द्व है और उसी सीमा तक सजीव है जिस सीमा तक उसमें व्याघात निहित है।

---

1. Hegel, G.W.F. *Science and Logic*, Vol I, p. 66.

एंजिल्स ने अन्तः संघर्ष के सिद्धान्त के पक्ष में विभिन्न विज्ञानों से प्रमाण प्रस्तुत किए हैं जिनमें से तीन प्रमुख अन्वेषणों की ओर विशेष रूप से संकेत किया है- (i) एक तो कोशिका (Cell) की खोज, (ii) दूसरी ऊर्जा के रूपान्तरण का सिद्धान्त जो इस बात पर आग्रह करता है कि निर्जीव प्रकृति में जितनी भी सक्रिय शक्तियाँ हैं वे सभी एक ही सर्वव्यापी गति की अभिव्यक्तियों के विभिन्न रूप हैं और एक निश्चित अनुपातानुसार एक दूसरे में परिवर्तनशील है। सारी प्रकृति गति के एक प्रकार से दूसरे प्रकार में रूपान्तरण की सतत प्रक्रिया है, (iii) तीसरी यह कि डार्विन के जीववैज्ञानिक अनुसंधानों ने भी प्रकृति की अपरिवर्ती अवधारणा को समाप्त कर दिया था। ये सारी नई-नई खोजें जिन नियमों को प्रकट करती हैं, उनमें यह सिद्ध हो जाता है कि प्रकृति में निरन्तर संघर्ष चल रहा है। यह संघर्ष, वस्तुतः शाश्वतता तथा विनाश के बीच चलता रहता है। इस संघर्ष के फलस्वरूप वस्तुओं के स्वभाव में निहित नकारात्मक अवस्था तथा व्याघात उभर कर बाहर आ जाते हैं। फिर इनके समाधान से अनुपम तथा सन्धिहीन नये व्याघातों का आविर्भाव होता है और यही क्रम पुनः चलना आरम्भ हो जाता है। इसीलिए लेनिन कहा करते थे कि "वस्तुओं के सारभूत स्वभाव व्याघातों की खोज करना ही द्वन्द्वन्याय है और विरोधियों का संघर्ष ही विकास है।"

जब इस नियम को सामाजिक जीवन पर लागू किया जाता है तो समाज की पूंजीपति व्यवस्था में यह व्याघात उभर कर सामने आ जाता है। वहाँ यह व्याघात उत्पादनकारी शक्तियों तथा उत्पादन के सम्बन्धों के बीच दिखाई देता है जो वर्ग संघर्ष के रूप में दिखाई पड़ता है। वास्तव में द्वन्द्वात्मक भौतिकवाद इस बात पर आग्रह करना चाहता है कि विरोधियों के अन्तः सम्बन्ध को प्राचीन दार्शनिकों के सर्वग्राही दृष्टिकोणानुसार मात्र संयोजन या पूर्वानुक्रम के रूप में नहीं देखना चाहिये अपितु द्वन्द्वात्मक दृष्टि से देखना चाहिए जिसका अर्थ यह है कि ये विरोधी इस प्रकार अन्तर्ग्रथित होते हैं कि एक दूसरे के बिना अस्तित्ववान नहीं रह सकता। वे एक दूसरे को अपवर्जित नहीं करते अपितु एक दूसरे को व्यंजित करते हैं तथा अन्योन्याश्रित रहते हैं। एक दूसरे को प्रतिबन्धित करता है। पूंजीपति समाज में सम्पत्तिधारी तथा सर्वहारा एक दूसरे के सर्वथा बैरपूर्ण विरोधी होते हैं फिर भी समाज के आर्थिक ढाँचे में वे एक दूसरे के साथ इस प्रकार बंधे रहते हैं कि कोई भी एक वर्ग दूसरे के अस्तित्व की अवस्था को प्रदर्शित कर सकता है। इसलिए सार रूप में द्वन्द्वात्मक सम्बन्धों की व्याख्या करते हुए लेनिन कहते हैं कि "द्वन्द्वन्याय यह सिद्धान्त है कि ये विरोधी किस प्रकार से समरूप (Identical) होते हैं या हो सकते हैं अर्थात् वे किन परिस्थितियों में एक दूसरे के अन्दर परिवर्तित होते हुए भी समरूप रहते हैं।" इसको समरूपी विरोधियों का एकता (Unity of the Identical Opposites) भी कहते हैं। इस बात को हम इस ढंग से समझ सकते हैं कि किसी भी वस्तु की एकता की सीमाओं के भीतर ही विरोधियों के बीच व्याघात का सतत क्रम बराबर

चलता रहता है। जब यह विरोध उस वस्तु के विशिष्ट गुण द्वारा प्रतिबन्धित होकर एक निश्चित स्तर पर पहुंच जाता है तो इस व्याघात का समाधान हो जाता है और पूर्ववर्ती गुण के स्थान पर नये अन्तर्व्याघातों सहित एक नये गुण वाली व्यवस्था स्थापित हो जाती है।

## आलोचना

द्वन्द्वात्मक सिद्धान्त में एक बड़ा दोष यह दिखाई पड़ता है कि यह व्याघात (Contradiction) तथा विपरीत (Contrary) में भेद नहीं कर पाता। पूंजीपति तथा सर्वहारा एक दूसरे के विरोधी तो हैं परन्तु सारा तार्किक विरोध व्याघात तक तो सीमित नहीं हैं। प्रो. ब्रीफ्स (Briefs) के अनुसार जर्मन साहित्य में दो शब्दों को अर्थात् व्याघात (Contradiction) तथा भेद (Difference) को एक दूसरे में सम्मिलित कर दिया गया है। जो भिन्न है वह व्याघाती है। यह भ्रान्ति शायद सारे द्वन्द्वन्याय की बड़ी दुर्बोध समस्या है। इसी तार्किक दोष की ओर संकेत करते हुए प्रो. हार्टमैन कहते हैं कि वास्तविक व्याघात को इस जगत में कैसे खोजा जाए, अन्त में बहुत से तथाकथित व्याघात केवल वैपरीत्य ही सिद्ध हो जाते हैं। कई बार ये तथाकथित व्याघाती विरोधी एक दूसरे से टकराते ही नहीं। इसी कारण इस नियम को केवल सीमित रूप में ही स्वीकार किया जा सकता है। हाँ, इसका सबसे बड़ा योगदान यह है कि गतिशील, निरन्तर परिवर्तन, विकास तथा प्रगति पर आग्रह करके मानव इतिहास में गतिरोध को रोक कर उसे रूढ़िग्रस्त होने से बचा लेता है।

## निषेध के निषेध का नियम

तीसरा नियम निषेध के निषेध का नियम है। सामान्यत: यह कह सकते हैं कि निषेध वादपक्ष (Thesis) का निषेध अर्थात् प्रतिवाद पक्ष है और संवाद पक्ष (Synthesis) इस निषेध का निषेध है। यहाँ निषेध शब्द का विशेष अर्थों में प्रयोग किया गया है। इसका अर्थ मात्र निराकरण नहीं है अपितु स्पिनोजा की भाँति प्रत्येक निर्धारण तथा परिसीमन का निषेध कहलाता है। वस्तुत: हेगेलवाद के अनुसार विकास एक पराकोटि से दूसरी पराकोटि तक चलता है। निषेध का निषेध इस ओर संकेत करता है कि दोनों पक्षीय अवधारणाओं को पराजित किया जाना चाहिये। इन तीनों नियमों का परस्पर सम्बन्ध इस प्रकार समझा जा सकता है कि पहला नियम तो हमें यह बतलाता है कि विकास क्यों होता है दूसरा यह बतलाता है कि कैसे होता है और तीसरा नियम यह बतलाता है कि किस दिशा में होता है। जब मात्रा का गुण में रूपान्तरण होता है तो पूर्ववर्ती गुण का निषेध हो जाता है। यह नया गुण फिर से अगले वाले सोपान के लिए आरम्भिक अवस्था बन जाता है तथा इसका पुन: निषेध होता है और पहले निषेध का अतिक्रमण हो जाता है।

एंजिल्स ने इस बात की पुष्टि करने के लिए कई उदाहरण दिए हैं। अण्डों में से तितलियाँ अण्डों का निषेध करके ही उत्पन्न होती हैं और नये अण्डे तब उत्पन्न होते हैं जब तितलियों का निषेध हो जाता है। मार्क्स भी यही कहते थे कि निजी

सम्पत्तिवादी समाज व्यवस्था आदिम साम्यवाद का निषेध है, तब इसका निषेध करने पर वैज्ञानिक साम्यवाद की स्थापना होगी।

## आलोचना

एंजिल्स ने अपने पक्ष के समर्थन में तितली के अण्डों का जो उदाहरण प्रस्तुत किया है वह बड़ा निरर्थक सा है। अन्य किसी भी उच्च स्तरीय जीवन में ऐसा नहीं होता कि अपनी सन्तान उत्पन्न करते ही उसका निषेध हो जाये। संसार में गति के ऐसे अनेक उदाहरण प्रस्तुत किये जा सकते हैं जहाँ निरन्तर गति होने पर भी द्वन्द्वात्मक नियम लागू नहीं होता। उदाहरणार्थ पैण्डुलम का दोलन, नक्षत्रों और ग्रहों की गति, तथा आकाश में प्रकाश का निरन्तर प्रसारण आदि ऐसी घटनायें हैं जिन पर द्वन्द्वन्याय के तीनों नियमों में से कोई भी लागू नहीं होता। वास्तव में एंजिल्स ने अपनी महत्वाकांक्षा में ऊर्जा नियम को ब्रह्माण्ड की गति का नियम बना दिया परन्तु वह यह नहीं बतला सके कि आधुनिक विज्ञान में जो ऊष्मागतिक (Thermodynamics) के नियम तथा ऊर्जा संरक्षण का जो सर्वव्यापी नियम है जिसके अनुसार विश्व में प्रदत्त ऊर्जा की कुल मात्रा अपरिवर्तनीय है, इन नियमों के साथ द्वन्द्वात्मक नियम का सम्बन्ध कैसे जुड़ा हुआ है? यदि कोई सम्बन्ध नहीं है तो एक द्वन्द्वात्मक नियमों से नियन्त्रित होने वाला विश्व तथा एक भौतिकी के ज्ञात नियमों द्वारा संचालित विश्व ऐसे दो विश्व मानने पड़ेंगे जोकि स्वयं मार्क्सवादी सिद्धान्त के लिये घातक हैं।

वास्तव में देखा जाए तो भौतिकवाद तथा द्वन्द्वन्याय का यह सम्मिश्रण ही समस्यास्पद है। द्वन्द्वात्मक भौतिकवाद के अनुसार आरम्भ में तो हमारे पास जीवन रहित तथा मनसशून्य पुद्गल ही होता है जो बाद में द्वन्द्वन्याय के तीनों मौलिक नियमों के अनुसार अपने सभी उच्च स्तरीय निर्धारित परिणामों को अपने से बाहर निकालता हुआ प्रतीत होता है। द्वन्द्वन्याय के तीनों नियम इस प्रक्रिया की उचित व्याख्या नहीं करते। यदि यह मान भी लिया जाये कि सत् तथा असत् का परस्पर विरोध आन्तरिक रूप से सम्भूति को सम्भव बना देता है तो भी जब तक कोई अन्य उच्च स्तरीय कारण न मानकर चलें तब तक इस सम्भूति की अभिव्यक्ति इस प्रकार नहीं हो सकती कि किसी उच्चस्तरीय गुण का अपने आप प्रादुर्भाव हो जाए। जब पहले निषेध द्वारा कुछ निर्धारित परिणाम उदय होते हैं तो वे अपने पूर्वगामी द्वारा प्रतिबन्धित रहते हैं और यदि द्वितीय निषेध होने पर किसी उच्च स्तर के वर्ग का जन्म होता है तो यह निषेधकारी तत्व किसी उच्च स्तर का ही होना चाहिए परन्तु यदि ऐसा मान लें तो भौतिकवाद समाप्त हो जाता है। यदि यह मान लें कि ये सारे परिणाम जो एक के बाद एक उदय होते हैं पहले से ही उसमें निहित रहते हैं तो सारा विकास क्रम केवल विवर्त बन जायेगा या हेगेल के परमतत्व की भाँति मार्क्स का पुद्गल भी अपने निश्चित वर्गों द्वारा अपनी ही आत्मसिद्धि (Self-realization)

के लिए अपने रूप व्यक्त करता हुआ मानना पड़ेगा। इस समस्या का समाधान मार्क्सवाद के दर्शन में नहीं मिलता।

इन सारी कठिनाइयों को देखते हुए एक समकालीन मार्क्सवादी प्रो. हरमन लेवी ने उचित ही कहा है कि द्वन्द्वन्याय का उपनय विशेषतः सामाजिक तथा आर्थिक विकास क्रम पर किया जाना चाहिए। मार्क्स ने स्वयं भी इस द्वन्द्वात्मक न्याय को समाज व्यवस्था पर ही लागू किया था इससे आगे नहीं। एंजिल्स तथा कई दूसरे श्रद्धालु मार्क्सवादियों ने व्यर्थ जोश में आकर इस नियम को ब्रह्माण्डशास्त्रीय तथा सार्वभौमिक बनाने की चेष्टा की है उससे ये सारी भ्रान्तियाँ उत्पन्न हो गई हैं। मानवता अपने विकास में अपनी आत्मसिद्धि के लिए प्रयत्नरत है। अतः द्वन्द्व न्याय इतिहास की व्याख्या का नियम है। इससे आगे इसको भौतिक जगत की सारी मानव प्रक्रियाओं पर लागू करना इस नियम के साथ अन्याय है।

## वर्ग संघर्ष
## (Class Struggle)

समाज के विकास तथा इतिहास की गति की व्याख्या करने के लिए मार्क्स ने हेगेल के द्वन्द्वन्याय का प्रयोग किया है। इस प्रकार द्वन्द्वात्मक विधि द्वारा इतिहास की व्याख्या ही ऐतिहासिक भौतिकवाद कहलाती है। जिस प्रकार तत्व मीमांसा के क्षेत्र में द्वन्द्वात्मक न्याय यन्त्रवादी व्याख्या का खण्डन करता है उसी प्रकार मानव समाज की यन्त्रवत व्याख्या की भी यह सिद्धान्त कटु आलोचना करता है। एंजिल्स कहते थे कि मानव इतिहास की प्राकृतिक इतिहास विषयक अवधारणा एक पक्षीय हैं। यह इस बात को भूल जाती है कि मनुष्य प्रकृति की प्रतिक्रिया करके उसको बदलने की क्षमता रखता है और प्रकृति में परिवर्तन लाकर वह अपने अस्तित्व की नई-नई परिस्थितियों का निर्माण करता है। मानव की आवश्यकताओं के अनुसार प्रकृति को समायोजित करने का जो क्रम है उसी से मानव इतिहास की सामग्री उपलब्ध होती है। अतः इतिहास कुछ राजनीतिक दुर्घटनाओं की कहानी नहीं है, अपितु यह तो इस बात का विवेचन है कि मनुष्य समष्टिगत रूप से प्रकृति में अपने अस्तित्व के साधन कैसे उत्पन्न करता है? इस उत्पादन क्रम में जीवन बदलता रहता है। उत्पत्ति की शक्तियाँ उभरती हैं और पुराने सम्बन्ध नष्ट होकर नई व्यवस्था बनती रहती है। आरम्भ में तो मनुष्य की क्रिया भी पशुओं की भाँति सहजवृत्यात्मक थी। उसकी क्रिया का विषय बाहर विद्यमान रहता था और वह इतना ही जानता था कि यह उसकी किसी नैसर्गिक तथा शारीरिक आवश्यकता की पूर्ति कर सकता है। परन्तु मनुष्य पशुओं की भाँति कोई सर्वथा सरल प्राकृतिक प्राणी नहीं है कि वह प्रकृति को उसी प्रकार स्वीकार कर ले जैसी यह उसके सामने प्रस्तुत है। वह अपना श्रम निरन्तर उस पर लगाता रहता है और अपनी आवश्यकताओं के अनुसार प्रकृति को परिमार्जित कर देता है। इस क्रिया में वह अपनी परिस्थितियों को तथा अपने सामाजिक सम्बन्धों को प्रकृति में होने वाले परिवर्तनों के अनुसार समायोजित

कर लेता है। यह द्विपक्षीय समायोजन ही श्रम है जिसमें एक ओर तो उत्पादन शक्ति है तथा दूसरी ओर उत्पादन सम्बन्ध है। अतः इतिहास के आरम्भिक काल से ही समाज में वस्तुओं तथा मनुष्यों के बीच एक सम्बन्ध सा दिखाई पड़ता है। इस श्रम मे विषयी अन्यताभाव का अनुभव करता है। इस अन्यताभाव का सम्बन्ध यथार्थ तथा बाह्य अस्तित्ववान विषयों के उत्पादन से है जिनमें मनुष्य अपनी शक्ति लगा देता है और अपने 'आप' (Self) से अलग होकर अपने से अन्य बन जाता है। इसलिए वह अपना जो कुछ भी 'अन्यता' बनकर सामने है उसकी पुनः प्राप्ति के लिए प्रयास करता रहता है। जब यह विषय तथा विषयी के बीच का नियोग समाप्त हो जायेगा अर्थात् जब मनुष्य इस बात का उन्मूलन कर देगा कि उसके अपने ही परिश्रम के परिणाम तथा उसके अपने ही श्रम के उत्पाद कोई अपने से अन्य, तथा कोई बाहरी वस्तु है तो 'अन्यता' का ही अनुभव होगा। अतः हेगेल के प्रभाव में मार्क्स भी इस बात को मानते हैं कि इतिहास का प्रयोजन अन्यताभाव को समाप्त करना है। अन्तर केवल इतना है कि हेगेल इसको ज्ञान के क्षेत्र में समाप्त करना चाहता थे जबकि मार्क्स इस अन्यता भाव को वास्तविक जीवन परिवेश (Life Situation) से समाप्त करना चाहते हैं। इस प्रकार से फ्यूरबाख के मानवत्वारोप तथा हेगेल के द्वन्द्वन्याय को मिलाकर मार्क्स इतिहास की भौतिकवादी अवधारणा पर पहुंचे हैं।

इस अवधारणा के अनुसार मनुष्य मूल रूप से एक उत्पादनकर्ता है। इस उत्पादन क्रिया में सबसे पहले वह अपनी भौतिक आवश्यकताओं की पूर्ति के साधन पैदा करता है। इससे पूर्व कि वह सभ्यता का निर्माण करे या संस्कृति सीखे, उसके लिए यह आवश्यक है कि वह जीवित रहे। इसलिए सर्वप्रथम वह अपने जीवित रहने के साधन प्रकृति से निकालता है। इसकी प्राथमिकता के कारण हम इसको भौतिकवादी व्याख्या कहते हैं। अतः भौतिक आवश्यकताओं की पूर्ति मनुष्य की चिन्तन क्रिया से पहले है। जब वह प्रकृति से अपने जीवित रहने के साधन उत्पादन करता है तो कुछ शक्तियों का प्रयोग करता है जिनको उसकी उत्पादन शक्तियाँ (Forces of Production) कह सकते हैं। इसमें मनुष्य की अपनी शक्ति उत्पादन में प्रयोग होने वाले उपकरण तथा जनता की श्रमिक परम्परायें भी सम्मिलित है। मनुष्य तथा प्रकृति के बीच जो उत्पादन क्रिया चलती है अर्थात् प्रकृति के साथ मनुष्य जो उत्पादन सम्बन्ध रखता है उसी के अनुकूल मनुष्यों के परस्पर सम्बन्ध भी निर्धारित होते हैं अर्थात् उत्पादन की व्यवस्था के अनुकूल ही वर्गों की सृष्टि होती है। मार्क्स ने यह मत प्रस्तुत किया है[1] कि समाज का यह आर्थिक ढाँचा अर्थात् समाज अपनी उत्पादन शक्तियों को किस प्रकार संगठित किये हुए है यह बात ही इतिहास का मूलभूत निर्धारक तत्व है। इन्हीं आर्थिक सम्बन्धों के अनुसार समाज में श्रम विभाजन तथा अधिकारों का निर्धारण होता है। उत्पत्ति के साधनों की निरन्तर परिवर्तनशीलता का यह परिणाम होता है कि हमारे

1. Marx Karl, *Das Capital, vol.* I p. 94.

जीवन यापन के ढंगों में भी परिवर्तन होता रहता है। उत्पादन के साधनों में परिवर्तन करते समय प्रकृति पर प्रतिक्रिया करने के फलस्वरूप मानव अपने अन्दर भी परिवर्तन उत्पन्न करता चला जाता है। अत: जब भी उसके जीवन यापन के ढंग में कोई गुणात्मक परिवर्तन होता है वह इस ओर संकेत करता है कि उत्पादन के साधनों में कोई परिवर्तन आ गया है। दूसरे शब्दों में, हम यह कह सकते हैं कि उत्पादन के साधनों का स्वरूप सामाजिक सम्बन्धों को निर्धारित करता है। सामाजिक सम्बन्ध ही गति के निर्धारक हैं।

समाज के उत्पादन-आश्रित सम्बन्धों के निर्धारण में कुछ मनुष्य तो ऐसे दिखलाई पड़ते हैं जो वस्तुओं का दोहन करते हैं और कुछ उनके साथ-साथ ऐसे मनुष्य होते हैं जिन पर कुछ ऐसे प्रतिबन्ध लग जाते हैं कि वे उन वस्तुओं का दोहन नहीं कर सकते। कुछ लोगों के हाथ में ये साधन आ जाते हैं और वे उसके स्वामी बन बैठते हैं तथा कुछ ऐसे रह जाते हैं जो इन साधनों से सर्वथा वंचित रह जाते हैं। यह जो वंचित तथा साधन रहित मनुष्यों का वर्ग है, इसको इस बात पर बाध्य हो जाना पड़ता है कि यह उन लोगों के आदेशानुसार तथा उन लोगों के हित के लिए इन साधनों का संचालन करे जो इनके स्वामी कहलाते हैं। यह स्वामी वर्ग न्यूनतम मजदूरी देकर उत्पादन के सारे लाभ को स्वयं हड़प जाता है। अत: वह अपने निजी साधनों के बल पर साधनहीन वर्ग का शोषण करता है। जो वस्तु श्रमिक उत्पन्न करता है वही उससे अलग कर दी जाती है तो स्वभावत: उसमें अन्यताभाव उत्पन्न हो जाता है। अत: उत्पादन की निजी-स्वामित्वमूलक प्रक्रिया वास्तव में अन्यताभाव उत्पन्न करने वाली प्रक्रिया है। मार्क्स का ऐसा मत है कि यह तो समाज व्यवस्था का रूपान्तरण होने पर अर्थात् निजी सम्पत्ति के समाप्त होने पर तथा उन जड़वादी प्रतिरोधों के उन्मूलन पर ही ठीक हो सकेगी। यह कार्य एक सामाजिक क्रांति द्वारा ही सम्पन्न होगा क्योंकि शोषणकारी वर्ग सर्वहारी वर्ग के रूप में एक ऐसा हथियार निर्माण कर रहा है जो उसी के पतन का साधन होगा। तभी मार्क्स यह कहा करते थे कि पूंजीपति वर्ग अपने निजी लाभ के लिए उत्पादन करते हुए अपने लिए स्वयं ही उसकी कब्र खोदने वाले उत्पन्न कर रहा है। निजी सम्पत्ति का नाश करके तथा अन्यताभावकारी सभी तत्वों का परिहार करके मनुष्य अपनी वास्तविक मानवता को प्राप्त कर लेगा।

इस इतिहास क्रम में क्योंकि सामाजिक सम्बन्धों का निर्धारक तत्व समाज का आर्थिक ढांचा होता है इसलिए समाज की सारी सामाजिक तथा राजनीतिक संस्थाओं की व्याख्या इसके अनुसार की जा सकती है। मार्क्स इन सभी संस्थाओं को अधि-रचना मानते हैं जो समाज के आर्थिक आधारों तथा भौतिक परिस्थितियों की अनुकृति मात्र है। जैसा जीवन परिवेश होता है उसी प्रकार की चिन्तन पद्धति इन संस्थाओं में प्रतिबिम्बित होती हैं। मार्क्स का यह मत है कि इतिहास क्रम में

भौतिक पदार्थ का महत्व प्राथमिक है और चेतना का महत्व गौण है।[1] इसी बात को उन्होंने और स्पष्ट रूप में इस प्रकार कहा है कि मनुष्य की चेतना का निर्माण उसका भौतिक परिवेश करता है।[2] यह भौतिक अस्तित्व उसकी चेतना का निर्धारक है। उसी प्रकार से उसका सामाजिक अस्तित्व मनुष्य की सामाजिक चेतना को निर्धारित करता रहता है। इसके फलस्वरूप सारी विचारधारा बनती जाती है जिसमें धर्म, दर्शन, राजनीति सम्मिलित है।

द्वन्द्वात्मक भौतिकवाद यह बतलाता है कि समाज के उत्पादक तत्व बराबर बदलते रहते हैं। इसका परिणाम यह होता है कि उत्पादन के साधन विकसित होने के साथ-साथ उत्पत्ति का भी बराबर विकास होता जाता है। उत्पत्ति तथा उत्पादनकारी शक्तियाँ समानान्तर रूप से चलती हैं। परन्तु यदि कृत्रिम साधनों से कोई इनके विकास को अवरुद्ध कर दे तो संकटावस्था उत्पन्न हो जाती है और मार्ग-अवरोध को हटाने के लिए टकराव होता है। इसलिए मार्क्स यह मानते हैं कि सारे ऐतिहासिक परिवर्तन शान्तिपूर्वक नहीं अपितु बलपूर्वक होते हैं। क्रान्तियाँ इतिहास के लोकोमोटिव हैं, ऐसा मार्क्स का कथन है। इसका एक कारण यह है कि एक बार एक आर्थिक आधार पर जो वैधानिक, राजनीतिक तथा धार्मिक संस्थायें उत्पन्न हो जाती हैं वह अपने अन्दर अपना ही जीवन प्राप्त कर लेती हैं और आर्थिक आधार बदल जाने पर भी स्वतन्त्र रूप से अपना अस्तित्व बनाये रखना चाहती हैं। जो स्वार्थी वर्ग है वह अपने निजी स्वार्थ की सिद्धि के लिए विचार प्रणाली को बनाये रखना चाहता है जो परम्परागत रूप में उसके शोषण में सहायक सिद्ध हुई क्योंकि समाज का नवोदित वर्ग नये तथा विकसित उत्पादन के साधनों का प्रतिपादन करता है। इसीलिये वर्तमान सामाजिक सम्बन्धों तथा उत्पादन की विकसित शक्तियों का अनिवार्य संघर्ष होता है क्योंकि नये सामाजिक वर्ग की चिन्तनधारा परिवर्द्धित अर्थसाधनों में गहराई तक जमी होती है और पुरानी विचारधारा का आधारभूत आर्थिक ढांचा नष्ट हो चुका है। इसलिए इस संघर्ष में पुरातन समाज व्यवस्था की पराजय तथा नवोदित की विजय अनिवार्य होती है।

मनुष्यों के बीच जो उत्पादन-सम्बन्ध अब तक चलता रहा है वह शोषण का सम्बन्ध है। इसी कारण समाज दो वर्गों में विभाजित हो जाता है। वर्ग की अवधारणा से मार्क्स ने ऐसे समुदायों को प्रदर्शित किया है जिनके हित सर्वथा भिन्न हों तथा उनमें परस्पर विरोध का सम्बन्ध हो। यदि उनके बीच परस्पर प्रतिरोध का सम्बन्ध नहीं है तो मार्क्सवाद के संदर्भ में उनको 'वर्ग' नहीं कह सकते। कम्युनिस्ट मैनीफैस्टो में मार्क्स ने इस बात को बड़े आग्रहपूर्व कहा है कि अब तक का सारा मानव इतिहास वर्ग संघर्ष का इतिहास है। इतिहास के प्रत्येक युग में ये परस्पर

---

1. Marx and Engles, *Collected Works,* Vol. X. V. p. 484.
2. Ibid, Vol, I. p. 269.

विरोधी वर्ग स्पष्ट दिखाई देते हैं। यह संघर्ष उत्पादनात्मक होता है। उत्पादन सम्बन्धों के अनुसार सारा मानव इतिहास पाँच युगों में विभाजित है-जहाँ एक युग के निषेध पर दूसरा युग आरम्भ होता हैं। ये युग इस प्रकार हैं: (1) आरम्भिक साम्यवादी समाज, (2) दासतामूलक समाज, (3) सामन्तवादी समाज, (4) पूँजीवादी युग (5) साम्यवाद। साम्यवाद में शोषण का सम्बन्ध समाप्त हो जायेगा, इसलिए वर्ग ही समाप्त हो जायेंगे। एतदर्थ इतिहास की द्वन्द्वात्मक गति भी रुक जाएगी। इसके पूर्व की प्रत्येक समाज व्यवस्था के विनाश के बीज उसी के अन्दर निहित रहते हैं। प्रत्येक समाज व्यवस्था में उसकी विरोधी-प्रवृत्तियाँ अन्तर्निहित रहती हैं जिनके मात्रात्मक विकास के कारण ही आर्थिक परिवर्तन आते हैं। यह अन्तः विरोध पूँजीवाद में बहुत उभर कर ऊपर आ जाता है क्योंकि इसमें शोषण आत्यन्तिक हो जाता है। साधन विहीन अर्थात् सर्वहारा वर्ग श्रम बेचता है और दूसरा वर्ग जो साधनों का निजी स्वामी है वह परिश्रमी वर्ग का अधिकार चुराकर उस चोरी के बल पर मौज उड़ाता है। परन्तु जितना शोषण बढ़ता जाता है उतनी ही श्रमिक वर्ग में वर्ग चेतना तथा शक्ति निरन्तर बढ़ती जाती है। यह बढ़ती हुई शक्ति ही उस समाज व्यवस्था के नाश का कारण बनती है जिसके अन्तर्गत अल्पसंख्यक पूँजीवादी वर्ग उत्पत्ति के साधनों पर निजी के रूप में अधिकार जमाये बैठा होता है। मार्क्स की कल्पना के अनुसार वह समय आ गया है जब निजी सम्पत्ति की विनाशसूचक घण्टा ध्वनि सुनाई देगी, सम्पत्तिहरण करने वालों की सम्पत्तिहरण कर ली जायेगी' तथा साम्यवाद की प्राप्ति करके इतिहास की गतिशील अवस्था की द्वन्द्वात्मक गति रुक जायेगी। यह अवस्था समाजीकृत मानवता (Socialized Humanity) की अवस्था होगी जिसमें सारा उत्पादन सामाजिक आवश्यकताओं की पूर्ति के लिए होगा, किसी के निजी स्वार्थ या मुनाफे के लिये नहीं। इस अवस्था में प्रत्येक मनुष्य अपनी क्षमता के अनुसार कार्य करेगा तथा अपनी आवश्यकता के अनुसार प्राप्त करेगा।

## आलोचना

मार्क्स के इस सिद्धान्त में एक महत्वपूर्ण बात यह है कि इसमें पहली बार यह बतलाया गया है कि इतिहास की गति निर्धारण करने में आर्थिक परिवर्तनों तथा समाज में आर्थिक साधनों के बँटवारे की समानता या असमानता का महत्वपूर्ण हाथ रहता है। साम्राज्यों के उठने या गिरने की घटनाओं के पीछे समाज की आर्थिक व्यवस्था के प्रतिपल परिवर्तनकारी तत्व रहते हैं। इन तत्वों को प्रत्ययवादी दार्शनिक आज तक उपेक्षित ही करते रहे हैं। परन्तु दूसरी ओर मार्क्स की भौतिकवादी व्याख्या कई ऐसी समस्याएँ खड़ी कर देती है जिनका समाधान उनके दर्शन में कहीं नहीं मिलता। मार्क्स वैसे तो मानव की गरिमा को यन्त्रवादी व्याख्या से बचाना चाहते

---

1."As the death knell of the private property sounds, the expropriertors are expropriated." *-Karl Marx, Das Capital, Vol. III*

थे परन्तु जब वह यह कहते हैं कि सारे सामाजिक सम्बन्ध उत्पादन के साधनों द्वारा निर्धारित होते हैं तो विरोधाभास सा लगता है। क्या यह दुर्भाग्यपूर्ण बात नहीं है कि मशीनें इस बात का निर्णय करें कि मानव को कैसे सम्बन्ध बनाने हैं तथा कैसे समुदाय बनाये जाएँगे? इससे मानव की मानवता तथा उसकी स्वतन्त्रता बिल्कुल ही समाप्त हो जाती है। क्या मार्क्स यह कहना चाहते हैं कि मनुष्य अपने भौतिक तथा आर्थिक परिवेश की ही पैदावार है, इसके अतिरिक्त और कुछ नहीं?

मार्क्स ने आर्थिक तत्वों को इतिहास का निर्धारक बनाकर अनुचित सारल्यदोष (Fallacy of Pseuo Simplicity) पैदा किया है। मानव इतिहास बड़ा जटिल है जिसमें कई प्रभावशाली शक्तियाँ कार्य कर रहीं हैं। ऐसे अनेक उदाहरण मानव इतिहास में मिल जाते हैं जहाँ व्यक्तिगत षड्यंत्रों, काम-ईर्ष्या, धार्मिक जोश तथा धर्म प्रसारण अभियानों, सत्ता हथियाने तथा शक्ति प्राप्त करने की लोलुपता के तथा अन्य ऐसे ही अनेक कारणों से सभ्यताएँ ध्वस्त हो गईं। इन सारे तत्वों का महत्व किसी भी हालत में आर्थिक तत्वों से कम नहीं रहा। अतः मानव इतिहास के विवेचन में इनकी उपेक्षा करना इतिहास के साथ अन्याय करना है।

यह बात भी संशयास्पद है कि जब भी इतिहास में कोई प्रचण्ड परिवर्तन होते हैं तो वह सदा पहली वाली अवस्था से अच्छी ही अवस्था को जन्म देते हैं। रसल का इस विषय में कहना है कि जब असंस्कृत बर्बर जाति ने रोम पर आक्रमण करके उसको ध्वस्त कर दिया था तो उससे कोई अधिक विकसित समाज व्यवस्था का जन्म नहीं हुआ था, अतः यह कहना कि प्रत्येक संघर्ष पहले से अच्छी अर्थव्यवस्था को जन्म देता है, इतिहास को झुठलाना है।

वैसे तो मार्क्स आर्थिक तत्वों को आधार बनाकर समाज की भौतिकवादी व्याख्या करना चाहते हैं, परन्तु कार्ल मैनहीम का कथन है कि "ऐतिहासिक भौतिकवाद तो केवल नाम का ही भौतिकवाद है और यह है भी सही। इस तथ्य को बार-बार अस्वीकार करने पर भी आर्थिक क्षेत्र, अन्तिम विश्लेषण करने पर, मानसिक अभिवृत्तियों (Mental Attitudes) की संरचनात्मक अन्योन्य सम्बद्धता ही तो है।"[1] वास्तव में मैनहीम का कथन ठीक ही है। आधारभूत आर्थिक तन्त्र सुतथ्य रूप से तन्त्र (System) ही तो है और तन्त्र बनना अर्थात् व्यवस्थित करना है जो मानसिक क्रिया से ही सम्बन्धित है इसलिये यह प्रत्यक्ष रूप बन जाता है। अतः अर्थव्यवस्था को समाज निर्धारण का तत्व मानने से प्रत्ययवाद की ओर फिसल जाने का भय है।

अन्त में हम यह कह सकते हैं कि मार्क्स को इस बात का श्रेय दिया जा सकता है कि उन्होंने इतिहास में आर्थिक तत्वों को उचित महत्व देने का सफल प्रयास किया। इस बात को अस्वीकार करना बड़ा कठिन है कि मानव इतिहास में आर्थिक शक्तियाँ बड़ी प्रबल रही है परन्तु इनको इतिहास का एक मात्र निर्धारक नहीं माना जा सकता।

---

1. Kerl Marx Mannheim, *Ideology and Utopia*, p. 229

## नीति और धर्म

मार्क्स अपने नैतिक सिद्धान्तों में हेगेल के आत्मसिद्ध तथा फ्यूरबाख के मानववाद से प्रभावित दिखाई पड़ते हैं। हेगेल यह मानते थे कि आत्मा (Self) भगवान का ही रूप है। अत: मानव स्वभाव तथा ईश्वरीय स्वभाव में कोई अन्तर नहीं है। मनुष्य ससीम से असीम तक अपने आपको उठाना चाहता है। हेगेलवाद में मनुष्य का चित्रण इस प्रकार किया गया है कि वह स्वयं भगवान बनने की आकाँक्षा रखता हैं। अत: मानव के द्वारा भगवान अपने आपको व्यक्त कर रहा है। सान्त (Finite) में अनन्त की अभिव्यक्ति हो रही है जो अपनी उपाधियों को तोड़कर फिर से अनन्त बन जाना चाहता है। युवा हेगेलवादियों, विशेषकर फ्यूरबाख ने हेगेल के इस रहस्यमय सिद्धान्त का विश्लेषण करके तथा उसको रूपान्तरित करके यह सिद्धान्त दिया कि समष्टिमानव (Man) ही भगवान है तथा जगत की प्रक्रिया में मानवता अपने मूल स्वभाव को प्राप्त करने के लिये प्रयत्नशील है। एंजिल्स कहते हैं कि जर्मन दर्शन की यह एक महत्वपूर्ण खोज है कि भगवान मानव है। यदि इस बात को स्वीकार कर लें तो हमारा यह कर्त्तव्य हो जाता है कि जगत की सारी व्यवस्था को नये सिरे से ऐसे आयोजित करें कि मनुष्य के लिये अपने आपको इस प्रकार समझना सम्भव हो जाए कि वह ईश्वर के समान है। हेगेलवाद के आधार पर निगमित ऐसा जगत परिवर्तनकारी निष्कर्ष ही मार्क्स के नीतिशास्त्र का प्रथम आधार वाक्य है हमें इस जगत में ऐसी परिस्थितियाँ निर्माण करनी होंगी जिनमें मनुष्य अपनी गरिमा को प्राप्त करके भगवान के समान बन जाए। फिर भगवान की कोई आवश्यकता नहीं रहेगी क्योंकि मानव अपनी खोई हुई मानवता को प्राप्त करने के पश्चात् उन गुणों की साकार मूर्ति स्वयं बन जाएगा जो उसने अब ईश्वर में समन्वित कर रखे हैं। हेगेल की यह प्रतिज्ञप्ति कि भगवान अपनी आत्म-अन्यताभाव (Self-alienation) की अवस्था में मनुष्य कहलाता है मार्क्सवादी की यह विज्ञप्ति बन जाती है कि मनुष्य अपनी आत्म-अन्यताभाव की अवस्था में भगवान कहलाता है।

मार्क्स ने हेगेलवादी लक्ष्य को फ्यूरबाख की रूपान्तरणकारी प्रणाली द्वारा पुन: प्रतिपादित किया और उन्होंने कहा कि मानव का परम पुरुषार्थ अपनी खोई हुई मानवता को प्राप्त करके पुन: पूर्ण मानव बनना है। हेगेल की पुस्तक फिलासफी ऑफ राईट (Philosophy of Right) पर अपनी समालोचना लिखते हुए मार्क्स ने लिखा है कि धार्मिक पाखण्ड का पर्दा तभी हट सकता है जब हम इस सूत्र वाक्य पर आग्रह करें कि मनुष्य के लिये सर्वोच्च सत्ता मनुष्य ही है। धर्म में मनुष्य को आत्मोपलब्धि नहीं होती अपितु वह केवल उसके स्वप्न ही देखा करता है। धर्म तो एक मायावादी सूर्य के समान मनुष्य के चारों ओर तभी चक्कर लगाता है जब तक कि मनुष्य अपनी स्वयं की परिक्रमा आरम्भ नहीं कर देता।[1] कहने का तात्पर्य यह है कि मनुष्य जब तक मानवता को अपना आराध्य नहीं बनाता तभी

1. Karl Marx, *Early Writings,* Vol, I, p. 608.

तक उसको धर्म के जाल में रहना पड़ता हैं। परन्तु जब वह धार्मिक स्वप्नों में खोने की बजाय यह जान लेता है कि वह वास्तव में क्या है तो वह अपने पर्यावरण को इस प्रकार आयोजित करता है जिससे कि वह वास्तव रूप में इस संसार में रह सके। जब धर्म की आलोचना करने पर एक बार मनुष्य को पता लग जाता है कि जिस काल्पनिक सत्ता को उसने भगवान मान रखा था वह उसका अपना आदर्शमय रूप है तो ऐसा पता चलते ही उसकी आँखें खुल जाती हैं कि वह अन्ततोगत्वा कितना आदर्शमय बन सकता है और फिर वह वैसा ही आदर्श रूप बनाने का प्रयास करने लगता है। जिस जगत में वह अपनी सच्ची वास्तविकता को खोजने लगता है, और उसे खोजना भी चाहिये, वह यही यथार्थ जगत है। जब धर्म के काल्पनिक जगत से छुटकारा पाकर मनुष्य यथार्थ जगत की ओर देखता है तो उसे बोध हो जाता है कि मानव जीवन का परम लक्ष्य अपनी मानवता को स्थापित करना है। मार्क्स कहते हैं कि एक बार यह बोध प्राप्त होते ही हमारा यह परम कर्त्तव्य तथा नैतिक आदर्श बन जाता है कि उन सभी सम्बन्धों का उन्मूलन कर दें जिनमें मनुष्य एक हीन, दासों जैसा, निःसहाय तथा हेय जीवन व्यतीत करने पर मजबूर हो जाता है।[1] यही कम्यूनिस्ट क्रान्ति का नैतिक आधार है।

मनुष्य के आत्म अन्यताभाव का उत्तरदायित्व किस पर है? मनुष्य अपने को अपने से ही पराया सा तथा अपने मूल स्वभाव से वियुक्त क्यों समझने लगता है? इसका उत्तर देते हुए मार्क्स कहते हैं कि मनुष्य की वर्तमान स्थिति तथा समाज के अर्न्तगत उसका वास्तविक जीवन परिवेश ही इस बात के लिये उत्तरदायी है। मनुष्य वर्तमान समाज व्यवस्था में अमानव (Unman) के रूप में विचर रहा है। मार्क्स के मतानुसार "ऐसी अवस्था में वह अपने आपको साधन मात्र समझता है तथा कुछ परकीय (Alien) शक्तियों के हाथ का खिलौना बन जाता है।"[2] इस पतनावस्था के लिये निजी सम्पत्ति तथा लोभ वृत्ति उत्तरदायी है। लोभ वृत्ति से वशीभूत होकर पूंजीपति बिल्कुल अमानवीय कर्म करने लगता है तथा उसका अस्तित्व मानवता शून्य बन जाता है और इस लोभ वृत्ति के कारण सर्वहारा वर्ग से सब कुछ हरण कर लिया जाता हैं। वह अपना सार तत्व तथा अपनी उत्पादन शक्ति को अपना पेट भरने के लिये बेचने पर बाध्य हो जाता है। इस प्रकार उसको अपनी मानवता बेचनी पड़ती है। ये दोनों ही अर्थात् पूंजीपति तथा सर्वहारा दोनों अपनी-अपनी स्वार्थ पूर्ति के लिये ही उत्पादन करते हैं, समाज के लिये नहीं। अपने एक लेख में मार्क्स ने ऐसा मत व्यक्त किया है कि पैसा मनुष्य के कार्य का तथा उसके अस्तित्व का वियोजित सार बनकर उसी पर राज्य करने लगता है। यह पैसा कोई 'दूसरी' (Alien) संस्था बन जाता है जिसको लोभवश मनुष्य भगवान समझकर पूजने लगता है। मार्क्स के कथनानुसार "राजनीतिक अर्थशास्त्र के पहियों को गति प्रदान करने वाला तत्व मनुष्य की लोभवृत्ति (Greed) तथा लोभियों

1. Ibid, p. 6151.
2. Ibid, p. 812.

के बीच की प्रतिस्पर्धा है।"[1] लोभ के लिये जो सारा उत्पादन क्रम चलाते हैं, पैसा उनका दीन ईमान तथा उनका भगवान बन जाता है। दास कैपिटल में दिये गये विवेचन के अनुसार पूंजीपति का धर्म ही पैसे की पूजा (Money Worship) है। इसका विस्तृत विवेचन करते हुए मार्क्स कहते हैं कि जब किसी पण्य वस्तु (Commodity) को विनिमय मूल्य के रूप में तथा विनिमय मूल्य को पण्यवस्तु के रूप में बदलना सम्भव हो जाता है तो पैसे की लालसा जाग उठती है। अपनी शैशवावस्था में ही इस वर्तमान समाज ने केश पकड़ कर कुबेर (Pluto) को पृथ्वी के गर्भ से बाहर खींच लिया था। यह आज का समाज, इसी अतिपवित्र ग्रेल (Grail) अर्थात् सोने को अपने अन्तर्भूता जीवनदायी तत्व का जगमगाता हुआ अवतार कहता है।"[2] कहने का तात्पर्य यह है कि मनुष्य लोभ तथा वित्तेषणा के प्रभाव में आकर यह समझने लगता है कि उसकी जीवन शक्ति सोना है, उसकी अपनी मानवता नहीं। पूंजीवादी व्यवस्था में यही वृत्ति प्रभावी रहती है। पूंजीवादी उत्पादन व्यवस्था की प्रेरक शक्ति 'मूल्य के लिये उत्कट खोज' (Passionate hunt for value) या परम सम्पन्नता की महत्वाकाँक्षा है। इसी कारण से पूंजीपति के अन्दर मार्क्स एक अन्तर्निहित वृत्ति बतलाते हैं जिसके कारण वह श्रमिक के पूरे चौबीस घण्टों का अपहरण करने से भी नहीं चूकता। मार्क्स के अपने कथनानुसार, "आत्म-विस्तार की निरंकुश वासना के कारण पूंजीपति में अतिरिक्त श्रम के अपहरण की लालसा, श्रमिक को बिल्कुल निचोड़ डालने की प्रवृत्ति तथा श्रमिक के जीवित रक्त को चूसने की पैशाचिक प्यास उत्पन्न हो जाती है। अस्तु, वह श्रमिक का शोषण आरम्भ कर देता है। धीरे-धीरे इस लोभ वृत्ति के शिंकजे में फंसा श्रमिक अपनी मानवता खो बैठता है और वह निर्जीव मशीनों का एक सजीव दुमछल्ला बनकर रह जाता है। इसकी दैन्यावस्था का चित्रण करते हुए मार्क्स कहते हैं कि शोषण का शिकार यह बेचारा श्रमिक अपनी उत्पादन शक्ति को उस अमानवीय शक्ति के हाथों बेच चुका होता है, इसलिए वह 'सजीव कच्चा माल' बन कर रह जाता है।"[3]

## मानव समाज का विकास

समाज में सदैव विरोधी वर्ग रहे हैं। इतिहास के अनुसार इन विरोधी वर्गों के मुख्य रूप तीन हैं- (1) दास प्रथा वाला समाज, (2) सामन्तशाही समाज, और (3) पूंजीवादी समाज। मार्क्स के अनुसार केवल साम्यवादी समाज में ही इनका संवाद हो सकता है।

सामाजिक विकास के आर्थिक आधार के भी दो अंग हैं- (1) उत्पादन की शक्तियाँ, (2) आर्थिक सम्बन्ध। प्रथम में यंत्र इत्यादि आते हैं और द्वितीय में स्वामित्व

1. Ibid, p. 584.
2. Karl Marx, *Capital*, p. 113.
3. Ibid, p. 173.

तथा वितरण इत्यादि की प्रथायें। उत्पादन के यन्त्रों के विकास के साथ समाज की व्यवस्था में परिवर्तन हुए। प्रारम्भ में समाज आखेट की दशा में था। कृषि के यन्त्रों के आविष्कार के साथ वह कृषि की दशा में आया। औद्योगिक यन्त्रों के आविष्कार से औद्योगीकरण के युग का सूत्रपात हुआ। इसी प्रकार वितरण के माध्यम सिक्कों तथा बैंक इत्यादि के प्रवेश के साथ-साथ समाज में महत्वपूर्ण परिवर्तन हुए।

(1) **दास प्रथा वाला समाज**-इस विकास क्रम में प्रथम सोपान है दासप्रथा वाला समाज। मानव समाज की प्रारम्भिक अवस्था में, जिसको मार्क्स ने प्रारम्भिक साम्यवाद कहा है, समाज में समूहात्मक जीवन था। लोग कम थे। मनुष्यों में संग्रह की भावना न थी, परन्तु जब मनुष्य एक दिन के परिश्रम से मिले शिकार को कई दिन तक खाने लगा तब संग्रह की प्रवृत्ति बढ़ी। यही सम्पत्ति की प्रथा का आरम्भ था। वस्तुओं पर स्वामित्व के साथ-साथ मनुष्यों पर स्वामित्व का भी प्रचार हुआ, क्योंकि इन दासों से वस्तुओं के प्राप्त करने में सहायता मिलती थी। इस प्रकार समाज में स्वामी वर्ग और दास वर्ग बने तथा तदानुसार स्वामी नीति का आविर्भाव हुआ। स्वामी नीति थी दासों का शोषण। दास नीति थी स्वामी की सेवा। स्वामी और दास दोनों के जीवन में जमीन-आसमान का भेद था। इससे असन्तोष बढ़ा और असन्तोष से वर्ग संघर्ष। दासों ने समान अधिकारों के लिये स्वामियों से संघर्ष प्रारम्भ किया।

(2) **सामन्तशाही समाज**-कालान्तर में स्वामियों को दासों को भी कुछ अधिकार देना पड़ा। उनको भूमि पर कुछ स्वामित्व मिला परन्तु उसकी उपज का अधिकांश भाग अब भी स्वामी ही लेते थे। यह सामन्तशाही अवस्था का सूत्रपात था। इस समाज में भी दो विरोधी वर्ग थे-प्रजा (Serfs) तथा भूपति (Lord)। क्रमश: यह सामन्त प्रथा जटिल होती गई। सामन्तों के आधीन सामन्त होने लगे और उनके ऊपर राजा या चक्रवर्ती। परिश्रम प्रजाजन करते थे, उसका लाभ उठाते थे, सामन्त या राजा। राजा तथा सामन्तों के इन अधिकारों की पुष्टि करने के हेतु धर्म का सहारा लिया गया। इस प्रकार धार्मिक नीतिशास्त्र का जन्म हुआ। स्वर्ग-नरक की कल्पना की गई। ईश्वर धर्म-सम्राट माना गया जिसके आधीन अनेक देवी-देवता थे। प्रजाजन को उस ईश्वर की भक्ति करना और अपनी अवस्था को उसी का प्रसाद समझ कर सन्तोष करना सिखाया गया। राजा को अधिकार ईश्वर ने ही दिये थे। राजा को सामन्तों से अधिकार मिलते थे। अत: उनकी आज्ञा का पालन जनता का धर्म था। शासकों और शासित वर्ग की अवस्था में महान् भेद था।

(3) **पूंजीवादी समाज**-अत: सामन्त और प्रजा वर्ग में विरोध बढ़ता गया। इस संघर्ष ने सामन्तशाही की जड़ें ढीली कर दीं। उधर उत्पादन की शक्तियों में भाप का आविष्कार हुआ। भाप के इन्जिनों से कल-कारखाने चलने लगे। इससे श्रमिक या मजदूर वर्ग बना। सामन्त लोग सामन्तशाही

छोड़कर उद्योग-धन्धों के क्षेत्र में उतर आये। उनमें पूंजीपति या मिल-मालिक वर्ग बना। इनके साथ सफेदपोश, मध्यम वर्ग के बाबू, दुकानदार इत्यादि भी मिल गये। अत: समाज में फिर दो परस्पर विरोधी वर्ग बन गये, बुर्जुआ वर्ग (Bourgeous) तथा सर्वहारा अथवा श्रमिक वर्ग (Proletariat)।

## आर्थिक निर्णायकवाद : अतिरिक्त मूल्य का सिद्धान्त

(Economic Determinism : Theory of Surplus Value)

मार्क्सवादी समाजदर्शन की आर्थिक पृष्ठभूमि सर्वाधिक महत्वपूर्ण है। मार्क्स ने आर्थिक और सामाजिक समस्याओं में द्वन्द्वात्मक सम्बन्ध माना है। इसको आर्थिक निर्णायकवाद (Economic Determinism) भी कहते हैं। "आर्थिक उत्पादन और विनिमय का वर्तमान ढंग और उससे आवश्यक रूप में निकलने वाला सामाजिक संगठन उस आधार को बनाता है जिस पर उस युग का राजनीतिक और बौद्धिक इतिहास आधारित है और केवल जिससे ही वह समझाया जा सकता है।"[1] इस मत के अनुसार नैतिक विचार आर्थिक विचारों के परिणाम हैं और आर्थिक विचार नैतिक विचारों के कारण हैं। आर्थिक क्रियाओं और सम्बन्धों के नैतिक महत्व के प्रसंग में मार्क्स ने निम्नलिखित दो प्रमुख सिद्धान्तों की खोज की :-

**(1) मूल्य का श्रम सिद्धान्त** (Labour Theory of Value)- इस सिद्धान्त के अनुसार मूल्य श्रम से उत्पन्न होता है। किसी पण्य वस्तु (Commodity) का वास्तविक मूल्य उस श्रम से निर्धारित होता है जो उसके उत्पादन में लगता है। विनिमय श्रम का अंश होने पर ही विनिमय में पण्य वस्तु का मूल्य बढ़ता है। श्रम के आधार पर ऊँच-नीच का भेद करना अनैतिक हैं मानसिक और शारीरिक श्रम में भेद नहीं होना चाहिये। समाज श्रम पर निर्भर है, बिना श्रम किये किसी को भी जीने का अधिकार नहीं है। अत: यह नियम पूंजीपति, राजे, नवाब इत्यादि उन सभी की कठोर भर्त्सना करता है जो श्रम से बचना चाहते हैं।

**(2) अतिरिक्त मूल्य का सिद्धान्त** (Theory of Surplus Value)- एक श्रमिक के श्रम से जो मूल्य बनता है वह उसको दिये जाने वाले वेतन के मूल्य से कहीं अधिक होता है। यह अतिरिक्त मूल्य है जो कि शोषकों की जेब में आता है। 12 घण्टे कार्य करने वाला श्रमिक 4 या 6 घण्टें में ही अपने वेतन के बराबर कार्य कर डालता है। बाकी घण्टों के कार्य का वेतन उसको नहीं मिलता। यही पूंजीवाद का मूल है। इसको नष्ट करके ही शोषण नष्ट किया जा सकता है।

---

1. "The prevailing mode of economic production and exchange and the social organization necessarily following from it form the basis upon which is built up and from which alone can be explained, the political and intelectual history of that epoch." -K. Marx and F. Engels, *Manifesto of the Communist Party*. Wm. Reeves, London (1888), p. 5.

नैतिक दृष्टिकोण से इस प्रकार अतिरिक्त मूल्य हड़प लेना अत्यन्त अनुचित है। यह श्रमिकों की सम्पत्ति को लूटना है। साम्यवाद नफाखोरी और शोषण का घोर विरोधी है। मनुष्य को केवल अपनी आवश्यकता के अनुसार व्यक्तिगत संपत्ति रखनी चाहिए। धन संग्रह की प्रवृत्ति पर सामाजिक नियन्त्रण की आवश्यकता है। आर्थिक विषमता ही सामाजिक समस्याओं का आधार है। निर्धनता में पाप के कीटाणु पलते हैं। उससे व्यक्ति का विकास रुक जाता है। अत: समाज के व्यक्तियों के समुचित विकास के हेतु अर्थ का सम वितरण पहली शर्त है।

उपरोक्त सिद्धान्तों के अतिरिक्त भी मार्क्स के समाज दर्शन में कुछ अन्य महत्वपूर्ण सिद्धान्त हैं जिनमें से मुख्य हैं- (1) समता (Equality) का सिद्धान्त, (2) स्वतन्त्रता का सिद्धान्त, (3) प्रगति का सिद्धान्त, (4) साध्य-साधन की एकता का सिद्धान्त, और (5) सशस्त्र-क्रान्ति का प्रतिपादन।

**(1) समता का सिद्धान्त**-समता का अर्थ आर्थिक वर्गों का उन्मूलन है। सभी बराबर कार्य करें और सभी को बराबर वेतन मिले। श्रम और वेतन की यह समता केवल साम्यवाद में ही आ सकती है। परन्तु समाजवादी व्यवस्था की विषमता भी उसी प्रगति में एक सोपान है। साम्यवाद व्यक्ति की शक्तियों के अन्तर को मानता हैं। अत: समता को आर्थिक क्षेत्र तक ही सीमित रखा गया है।

**(2) स्वतन्त्रता का सिद्धान्त**-हेगेल के अनुसार स्वतन्त्रता अनिवार्यता (Necessity) को समझना है। इंगेल्स के शब्दों में, "स्वतन्त्रता की सिद्धि प्राकृतिक नियमों से मुक्त होने में नहीं होती। उन नियमों का जानना और अपने साध्य की ओर ले जाकर उनसे काम करवाना ही स्वतन्त्रता है।" कुछ नीतिशास्त्र सामाजिक और व्यक्तिगत स्वतन्त्रता में भेद करते हैं और व्यक्ति के सुख और स्वतन्त्रता से समाज के सुख और स्वतन्त्रता पर आते हैं। परन्तु मार्क्सवाद के अनुसार सच्चे व्यक्ति स्वातन्त्र्य के लिये समाज में समता और समृद्धि का होना आवश्यक है, क्योंकि स्वतन्त्रता का यथार्थ अर्थ है आर्थिक स्वतन्त्रता। साम्यवादी समाज में ही व्यक्ति की सभी शक्तियों का पूर्ण विकास सम्भव है। स्वतन्त्रता के लिये काम के घण्टों में कमी करने की आवश्यकता है ताकि मानव को अन्य शक्तियों के विकास के लिये तथा दर्शन, काव्य, कला इत्यादि का आनन्द लेने के लिये पर्याप्त समय मिल सके। इसके लिये शोषण का अन्त करना पड़ेगा। काम के घण्टों की कमी के प्रश्न को लेकर ही श्रमिक साम्यवादी संघर्ष करते हैं।

स्वतन्त्रता नैतिकता की आधारशिला है। यह एक प्रक्रिया (Process) है जिसमें मानव के समस्त श्रेयों की प्राप्ति का प्रयत्न निहित है। सामाजिक न्याय, विवेकशीलता, सम्पन्नता, सुरक्षा और भौतिक तथा मानसिक प्रगति सभी इसके अन्तर्गत आ जाते हैं। मार्क्स के नीतिशास्त्र में स्वतन्त्रता का अत्यन्त महत्वपूर्ण स्थान है।

**(3) प्रगति का सिद्धान्त**-स्वतन्त्रता का विकास होने से प्रगति होती है। इसके लिए तीन बातों की आवश्यकता है- (1) उद्योग (Industry) और प्रौद्योगिकी (Technology) का विकास। दूसरे शब्दों में इसको उत्पादन शक्ति का विकास भी कहा जा सकता है। (2) आर्थिक सम्बन्धों और उत्पादन तथा वितरण की सब अवस्थाओं पर सामूहिक अधिकार। (3) इस अधिकार द्वारा मानवीय गुणों का विकास। अत: प्रगति (Progress) का यथार्थ अर्थ परतन्त्रता से स्वतन्त्रता की ओर बढ़ना है। मानव के समस्त इतिहास के द्वन्द्वात्मक विकास में इसी प्रकार की प्रगति दिखाई पड़ती है। इसका लक्ष्य है साम्यवादी समाज की स्थापना।

**(4) साध्य-साधन की एकता का सिद्धान्त**-इस प्रकार साम्यवादी नीतिशास्त्र का चरम लक्ष्य एक आर्थिक वर्गहीन साम्यवादी समाज की स्थापना है। लेनिन के शब्दों में, "साम्यवादी नीति वह नीति है जो वर्ग संघर्ष में उपयोगी है जो शोषकों के विरुद्ध श्रमिकों को एकता के सूत्र में बाँधती है।" अत: मार्क्सवादी किसी भी साधन को प्रयोग करने से नहीं हिचकिचाते। गाँधी इत्यादि नीतिज्ञों के विरुद्ध साम्यवादी नीतिशास्त्र में साध्य उत्तम होने से साधन की उत्तमता निश्चित होती है। अत: मार्क्सवादी वर्ग-संघर्ष और क्रॉंति का मार्ग अपनाते हैं। सशस्त्र विद्रोह एक कला है। लेनिन ने इस कला के लिए विस्तृत नियमों का आयोजन किया है। नौ सेना, पद सेना और श्रमिक सेना तीनों को संगठित होकर आगे बढ़ना है। सब कुछ बलिदान करके भी टेलीफोन-एक्सचेंज, तारघर, रेलवे स्टेशन और पुलों पर अधि कार करना है। लेनिन के अनुसार इस संघर्ष में व्यक्ति का मर जाना श्रेयस्कर है परन्तु शत्रु को बढ़ने देना उचित नहीं है।

**(5) सशस्त्र-क्रान्ति का प्रतिपादन**-इस प्रकार मार्क्स हिंसात्मक साधन को उचित और अनिवार्य मानता है। इसका औचित्य वह इस तथ्य से निर्धारित करता है कि उससे स्वतन्त्रता की वृद्धि होती है। मार्क्सवाद के अनुसार साधन और साध्य युगपत हैं। दोनों में आन्तरिक ऐक्य है। इस ऐक्य को भूल जाने पर ही यह प्रश्न उठता है कि क्या साध्य-साधन के औचित्य को निर्धारित करता है। वस्तुत: साध्य-साधन का यह वैषम्य साम्यवादी अवस्था में ही दूर हो सकता है। काम के घण्टों में कमी साध्य भी हैं और साधन भी। व्यावहारिक रूप से साम्यवादी यह तर्क उपस्थित करते हैं कि अहिंसक साधनों से पूंजीवादी कभी भी अतिरिक्त मूल्य पर से अधिकार छोड़ने को तैयार नहीं होंगे। अत: सशस्त्र विद्रोह ही एकमात्र मार्ग है।

## मार्क्सवादी समाजदर्शन की आलोचना

मार्क्सवादी समाजदर्शन की आलोचना में मुख्य बातें निम्नलिखित हैं-

**(1) साम्यवाद संवाद नहीं है**-परन्तु क्या स्वयं मार्क्स का मत द्वन्द्वात्मक प्रणाली की कसौटी पर खरा उतरता है? जब प्रत्येक संवाद का एक वाद बनना है और प्रत्येक वाद का प्रतिवाद आवश्यक है तब इस बात के लिए क्या प्रमाण

है कि साम्यवादी अवस्था का प्रतिवाद नहीं होगा। वास्तव में साम्यवादी देशों में यह प्रतिवाद दिखाई भी पड़ता है। वर्तमान समाजवादी राज्य में एक नवीन प्रकार का वर्ग-संघर्ष दिखलाई पड़ता है। शासक दल और स्वतन्त्र विचारों के इस संघर्ष में कितने ही मनीषियों को भयकर यातानायें भुगतनी पड़ती हैं। साम्यवादी अवस्था को मानव समाज का चरम आदर्श अवस्था मानने का सिद्धान्त विरोधाभास युक्त है।

**(2) हिंसा पर जोर अनुचित है** - द्वन्द्वन्याय के सिद्धान्त में परस्पर विरोधी तत्वों के अन्तराल में एकता भी छिपी रहती है। मार्क्स इस तथ्य को बिल्कुल भूल जाता है। स्वामी और दास, भूपति और प्रजा, पूँजीपति और श्रमिक सभी में मानवता का सामान्य तत्व है। तब उनमें से किसी के प्रति भी घृणा, विद्वेष और हिंसा की आग भड़काना कहाँ तक उचित है? फिर, क्या साम्यवादी व्यवस्था में पूँजीवादी वर्ग के समाप्त हो जाने पर यही घृणा और हिंसा किसी और तरफ मुड़कर विध्वंस नहीं करेगी? गाँधी जी के अहिंसात्मक सत्याग्रह के मार्ग का यही महत्व है। स्वयं द्वन्द्वन्याय और सशस्त्र क्रांति का परस्पर विरोध हैं। मार्क्स ने क्रांति के हिंसात्मक पक्ष पर जोर दिया है। इसकी आलोचना करते हुए मॉरिस गिन्सबर्ग ने लिखा है, "साम्यवादी मत का क्रांति का नीतिशास्त्र शत्रुता का नीतिशास्त्र है। वह एक ऐसी चुनौती उपस्थित करता है, जिसका मुकाबला न करने पर वह सब प्रकार की मुक्त सरकार और उदार संस्कृति को समाप्त कर देगा।"[1]

**(3) आर्थिक मूल्य एकमात्र मूल्य नहीं है–** मार्क्स का मनुष्य की समस्त सामाजिक क्रियाओं को आर्थिक कारणों पर आधारित मानना उतना ही एंकागी है जितना कि फ्रॉयड पर उसको काम-वासना पर अथवा नीत्शे का शक्ति पाने की इच्छा पर आधारित मानना। अर्थ-संग्रह के अतिरिक्त भी मनुष्य में अन्य प्रवृत्तियाँ हैं। सभी का सामाजिक और नैतिक मूल्य है। किसी की भी उपेक्षा नहीं की जा सकती। हिल के शब्दों में, "निश्चित ही उसके आर्थिक मूल्य मूल्य हैं यद्यपि उनमें से अधिकतर साध्य रूप न होकर साधन रूप के प्रतीत होते हैं, परन्तु अन्य भी बहुत से मूल्य हैं जिनको मार्क्सवाद या तो बिल्कुल भूल जाता है या अनुचित रूप से बिल्कुल स्वतन्त्र मान बैठता है।"[2]

---

1. "The communist view that the ethics of revolution is the ethics of enmity, therefore presents a challenge which if not countered must end in the destruction of all forms of free government and liberal civilization."

   -Ginsberg M, *On the Diversity of Morals*, pp. 23-24.

2. "To be sure its economic values are values, although most of them seem to be instrumental rather than the intrinsic sort, but there are many other values that Marxism either ignores or illegitimately reduces to an entirely independent status."

   -Hill T.E., *Contemporary Ethical Theories*, p 153.

**(4) नीतिशास्त्र का निरपेक्ष पक्ष भी महत्वपूर्ण है**-मार्क्स नैतिकता को सापेक्ष मानता है। उसके अनुसार नैतिकता वर्गगत है। प्रत्येक शक्तिशाली वर्ग अपनी नैतिकता को समाज पर लादता है। अत: किसी भी नैतिक सिद्धान्त को निरपेक्ष नहीं कहा जा सकता। मार्क्स का सिद्धान्त किसी अंश में समूह अथवा भीड़ की नैतिकता की व्याख्या कर सकता है। परन्तु इसके अतिरिक्त नीतिशास्त्र का एक निरपेक्ष पक्ष भी है। कान्ट के नैतिक विचारों को उसकी सामाजिक और आर्थिक परिस्थितियों का परिणाम मानना अज्ञान का ही परिचायक होगा। सुकरात के नैतिक विचार उसके युग की सामान्य नैतिकता से बिल्कुल अलग थे, परन्तु फिर भी तत्कालीन सामाजिक नीति से वे कहीं अधिक महान और सच्चे थे। परिस्थितियों से बने सापेक्ष विचार सामाजिक नियम हो सकते है नैतिक विचार नहीं। नैतिक विचारों का स्त्रोत व्यावहारिक बुद्धि और अन्तरात्मा है। इसी अर्थ में कान्ट ने नैतिक नियमों को निरपेक्ष आदेश (Categorical Imperatives) माना है। वास्तव में नैतिक सापेक्षता का सिद्धान्त स्वयं सापेक्ष है और प्रत्येक परिस्थिति में सत्य नहीं माना जा सकता। नीतिशास्त्र के सापेक्ष और निरपेक्ष दोनों ही पक्ष है। मार्क्स नीति के निरपेक्ष पक्ष की अवहेलना करता है। परन्तु जैसा कि गाँधी जी ने ठीक ही कहा था, निरपेक्ष नीतिशास्त्र की प्रामाणिकता का निषेध करना समुद्र में जलयान से उसका दिशासूचक यन्त्र छीन लेना है।"[1] निरपेक्ष नीति के अभाव में व्यक्ति को व्यावहारिक निर्देश मिलने बहुत कठिन हैं, विशेषत: जब किसी विषय पर भिन्न-भिन्न मत पाये जाते हों।

**(5) साध्यसाधन को प्रमाणित नहीं करता**-मार्क्स की साध्य-साधन के सम्बन्ध की व्याख्या ठीक नहीं है। नीतिशास्त्र परिणाम पर निर्भर नहीं हो सकता। बुरे साधनों से प्राप्त किया श्रेय उन साधनों की बुराइयों को लिये ही रहता है। नैतिकता परिस्थिति निरपेक्ष है। साम्यवादी नीतिशास्त्र अधिक से अधिक एक व्यावहारिक समाज शास्त्र मात्र है। नैतिक जीवन में साध्य और साधन दोनों की पवित्रता अनिवार्य है।

**(6) मार्क्स की इतिहास की व्याख्या सार्वभौम सत्य नहीं है**-मार्क्स का इतिहास का आर्थिक विश्लेषण सभी समाजों में खरा नहीं उतरता। विशेषत: भारत के प्राचीन और मध्यकालीन इतिहास में कम से कम कुछ काल पर्यन्त राजा और प्रजा, स्वामी और दास के सम्बन्ध वैसे नहीं थे जैसे मार्क्स बतलाता है। कालान्तर में अनुपयुक्त संस्थायें नष्ट अवश्य हो जाती हैं, परन्तु रामचन्द्र अथवा अशोक के राज्य मार्क्स के विश्लेषण को स्पष्ट चुनौती हैं।

**(7) आन्तरिक चेतना बाह्य पक्ष से अधिक महत्वपूर्ण है**-वास्तव में मार्क्स ने केवल जीवन के बाह्य भौतिक पक्ष को ही देखा। आर्थिक मीमांसा मानव की आंतरिक क्रियाओं की व्याख्या नहीं कर सकती। अधिकतर आंतरिक चेतना ही मानव की बाह्य क्रियाओं पर नियन्त्रण करती है। इस अन्तर्पक्ष की शुद्धि किये बिना कोई भी साम्यवाद सफल नहीं हो सकता। आर्थिक समता हमारे आंतरिक दोष, घृणा,

---

1. "To deny validity to absolute ethics is to rob the ship at sea of its compass."-Madras Report. *Annual Conference, Socialist Party of India*, (1960).

स्पर्द्धा इत्यादि को दूर नहीं कर सकती। मार्क्स के नीतिशास्त्र को ईसा, गाँधी और बुद्ध के उपदेशों के प्रकाश में रूपान्तरित करने की आवश्यकता है।

**(8) नीतिशास्त्र व्यक्ति की स्वतन्त्रता पर आधारित है** – मार्क्स के समाज दर्शन में व्यक्ति का स्थान अत्यन्त नगण्य है जबकि नीतिशास्त्र वस्तुत: व्यक्ति की स्वतन्त्रता पर आधारित है। सामूहिकता की प्रवृत्ति कला और साहित्य एवं विचार के स्वतन्त्र विकास के लिए अत्यन्त घातक हैं, बाह्य नियमों के जोर पर व्यक्ति को नैतिक बनाने का प्रयत्न भारी भूल है। इसके लिये आन्तरिक परिष्कार और आत्म शुद्धि की आवश्यकता है। मार्क्सवाद चिन्तन के विकास पर तो जोर देता है, परन्तु यह भूल जाता है कि द्वन्द्वन्याय के अनुसार ज्यों-ज्यों लोग साम्यवाद पर सोचेंगे त्यों-त्यों उन्हें उसके गुणों के साथ-साथ दोष भी स्पष्ट होंगे। आर्थिक विषमता की शान्ति से मानसिक द्वन्द्व शान्त नहीं होते। लेनिन आलोचना की स्वतन्त्रता को रुढ़िवाद या अवसरवाद कहकर टाल देता है। परन्तु विचार स्वातन्त्र्य के बिना मानव को स्वतन्त्र कहना अर्थहीन जान पड़ता है।

## भारत पर कार्ल मार्क्स
## (KARL MAX ON INDIA)

सन् 1853 में कार्ल मार्क्स ने प्रगतिशील अमरीकन समाचारपत्र न्यूयार्क डेली ट्रिब्यून (New York Daily Tribune) के लिए भारत पर लेखों की एक शृंखला आरम्भ की। "बुर्जुआ सभ्यता के दम्भ और आन्तरिक बर्बरता का पर्दाफाश करते हुए इन लेखों में कार्ल मार्क्स ने यह दिखलाया कि भारतवर्ष के प्रति ब्रिटिश नीति सभी अवस्थाओं में ब्रिटिश शासक वर्ग के हितों को ही ध्यान में रखकर चलाई जाती थी।"[1] अपने लेख भारत में अंग्रेजी राज्य, भारत की सरकार तथा अन्य लेखों में कार्ल मार्क्स ने यह दिखलाया कि किस प्रकार से ब्रिटिश उपनिवेशवादियों ने भारतीय जनता का सर्वनाश किया। कार्ल मार्क्स के शब्दों में, "इसमें कोई सन्देह नहीं रह सकता कि हिन्दुस्तान पर ब्रिटिश द्वारा ढाये हुए कहर उससे असीम रूप से अधिक तीव्र हैं जो कि इसके पहले हिन्दुस्तान ने कभी भी झेले थे।"[2] कार्ल मार्क्स ने यह दिखलाया कि भारतीय जनता को खून पसीने और कष्ट तथा पतन की ओर ले जाते हुए ब्रिटिश बुर्जुआ

---

1. Tearing the mask off "the profound hypocrisy and inherent barbarism of bourgeois civilisation", Marx showed in these articles that at all its stages British policy towards India was determined exclusively by the mercenary interests of the British ruling classes. "The British rule in India","The Government of India" and other articles give a ustnning picture of how the colonialists oppressd and ruined the Indian people." Marx and Engels, *ON Colonialism*, Progress publishers, Moscow 1959, publisher's note, p. 9.
2. "There cannot remain any doubt but that the misery inflicted by the British on Hindustan", Marx pointed out, "is of an infinitely more intensive kind than all Hindustan had to suffer before." -Ibid.

वर्ग ने भारतवर्ष में पूँजीवादी उद्योग के बीज बोये किन्तु अंग्रेज बुर्जुआ ने जो कुछ भी किया वह भारतीय जनता की सामाजिक अवस्था के लिए लाभदायक नहीं था बल्कि उसका एकमात्र उद्देश्य उत्पादन का विकास न होकर जनता का शोषण करना था। अस्तु, कार्ल मार्क्स ने यह निष्कर्ष निकाला कि इस महान और मनोरंजक देश के पुननिर्माण का एकमात्र उपाय उसे ब्रिटिश दमन से छुटकारा दिलाना था।

## राष्ट्रीय आन्दोलन का समर्थन

अस्तु, जब भारतवर्ष में सन् 1857 में अंग्रेजी राज्य के विरुद्ध राष्ट्रीय विद्रोह आरम्भ हुआ तो मार्क्स और इंगेल्स ने भारतीयों के इस संघर्ष को बड़े ध्यानपूर्वक और संवेदनापूर्वक देखा। न्यूयार्क डेली ट्रिब्यून में अपने अनेक लेखों में मार्क्स और इंगेल्स ने राष्ट्रीय आन्दोलन का विश्लेषण किया और उसके कारण, राष्ट्रव्यापी गतिविधियाँ दिखलाते हुए उसे महान एशियाई राष्ट्रों का अंग्रेजी राज्य के प्रति विद्रोह दिखलाया है। कार्ल मार्क्स और इंगेल्स के ये लेख मास्कों के प्रोग्रैस पब्लिशर्स ने सन् 1859 मे उपनिवेशवाद पर मार्क्स और इंगेल्स के नाम से On colonialism शीर्षक से प्रकाशित किये। इन लेखों में अनेक राजनैतिक प्रश्नों को भी उठाया गया था।

## अंग्रेजी राज्य की भर्त्सना

न्यूयार्क डेली ट्रिब्यून की संख्या 3790, जून 9, 1853 में भारत पर प्रकाशित अपने लेख में कार्ल मार्क्स ने सर चार्ल्सवुड की गतिविधियों की आलेचना करते हुए यह दिखलाया है कि अंग्रेजों को यह महसूस होने लगा है कि उनके यश के दिन लद गये हैं और वे किसी न किसी प्रकार का समझौता करना चाहते हैं। किन्तु वे पिछले बीस वर्षों में भारतवर्ष को लूटते रहने के अपने विशेषाधिकार को बनाये रखना चाहते हैं। ट्रिब्यून की संख्या 3801 में जून 22,1853 को प्रकाशित कार्ल मार्क्स के लेख में भारतवर्ष में ईस्ट इण्डिया कम्पनी द्वारा प्रस्ताविक सुधारों की विवेचना की गई है।

## सर चार्ल्स वुड की भर्त्सना

ट्रिब्यून के संख्या 3804 में जून 25, 1853 को प्रकाशित भारत में अंग्रेजी शासन शीर्षक कार्ल मार्क्स के लेख में भारत पर सबसे अधिक महत्वपूर्ण विचार प्रकट किये गये हैं। यह लेख कार्ल मार्क्स ने शुक्रवार जून 10, 1853 को लन्दन में लिखा था। ब्रिटिश, हाउस ऑफ कामन्स में भारत पर चल रहे वाद-विवाद का हवाला देते हुए कार्ल मार्क्स ने यह बतलाया कि चार्ल्स वुड इस सम्बन्ध में लगातार झूठ बोलते रहे हैं।

## इटली और भारत

इटली से हिन्दुतान की तुलना करते हुए कार्ल मार्क्स ने यह दिखलाया कि हिन्दुस्तान और इटली में वही समृद्ध विविधता पाई जाती है और एक सा राजनैतिक विघटन देखा जा सकता है। भारत में हिमालय और इटली में आल्प्स, बंगाल के मैदान और लम्बार्डी के मैदान, दक्कन का पठार और एपिनाइन का पठार, लंका द्वीप और सिसली द्वीप इस प्रकार हिन्दुस्तान एशिया का इटली दिखलाई पड़ता है। जिस तरह समय-समय पर इटली में विजेता की तलवार के प्रभाव से विविध राष्ट्रीय जनताएँ संगठित हुई उसी प्रकार से हिन्दुस्तान में मुसलमान अथवा मुगल अथवा अंग्रेज के दबाव से परस्पर संघर्ष में स्वतन्त्र राज्यों की उत्पत्ति हुई और शहरों और गांवों में विभाजन हुआ। किन्तु सामाजिक दृष्टिकोण से भारत पूर्व का इटली नहीं बल्कि पूर्व का आयरलैंड है, इटली और आयरलैंड का यह विचित्र संयोग जिसमें भोग के जगत के साथ-साथ कष्टों की दुनिया भी है। इसका विवरण हिन्दुस्तान के धर्म की प्राचीन परम्पराओं में मिलता है। कार्ल मार्क्स के अनुसार, "यह धर्म एक साथ ही ऐन्द्रिक, समृद्धि का धर्म और स्वयं को कष्ट देने वाले कठोरतावाद का धर्म है।"[1] कार्ल मार्क्स हिन्दुस्तान के स्वर्ण युग में विश्वास नहीं रखते। उन्होंने यह दिखलाया है कि भारत के कष्टों का युग अंग्रेज से बहुत पहले मुगलों और मुसलमानों के हमले में आरम्भ हो चुका था। किन्तु उनका कहना है, "फिर भी, इसमें कोई सन्देह नहीं हो सकता कि हिन्दुस्तान पर अंग्रेजों द्वारा ढ़ाये हुए कहर इसके पहले हिन्दुस्तान द्वारा झेले हुए सभी कष्टों से मूल रूप में भिन्न और असीम रूप से अधिक गहरे प्रकार के हैं"[2] कार्ल मार्क्स यह नहीं मानते कि ईस्ट इण्डिया कम्पनी ने एशियाई निरंकुश शासन पर यूरोपीय निरंकुश शासन स्थापित किया। उन्होंने ईस्ट इण्डिया कम्पनी के भारत में कार्य भाग की आलोचना करते हुए यह दिखलाया है कि अंग्रेजी उपनिवेशवादियों ने भारत में वही किया जो कि जावा में डच उपनिवेशवादियों की डच ईस्ट इण्डिया कम्पनी ने किया था।

## अंग्रेजी शासन में भारत का विघटन

कार्ल मार्क्स के अनुसार भारतवर्ष में होने वाले समस्त गृह युद्ध विदेशी आक्रमण, क्रांतियाँ, जीतें, अकाल तथा विचित्र जटिल और तीव्र विनाश करने वाली घटनाओं का सतह से नीचे बहुत कम प्रभाव पड़ा था किन्तु अंग्रेजी शासन ने भारतीय समाज की समस्त संरचना को तोड़ दिया यहां तक कि उसके पुर्नसंगठन के कोई लक्षण शेष नहीं रह गये। पूर्व के जगत में यह एक भारी हानि थी और इससे कोई

---

1. " That religion is at once a religion of sensualist exuberance, and a religion of self-torturing asceticism."-Ibid, pp. 35-36
2. "There cannot however, remain any doubt but that the misery inflicted by the British on Hindustan is of an essentially different and infinitely more intensive kind than all Hindustan had to suffer before."-Ibid, p. 36

लाभ नहीं हुआ। अंग्रेज द्वारा शासित हिन्दुस्तान अपनी समस्त प्राचीन परम्पराओं और समस्त गत इतिहास से पूरी तरह कट गया।

भारतवर्ष में ईस्ट इन्डिया कम्पनी ने अपने पूर्व शासकों से वित्त और युद्ध के विवाद तो ग्रहण किये किन्तु उन्होंने सार्वजनिक निर्माण की पूरी तरह अवहेलना की। इससे कृषि के क्षेत्र में भारी गिरावट आयी और उन्मुक्त प्रतियोगिता सम्भव नहीं रह गयी। एशिया में विभिन्न शासनों के अन्तर्गत कृषि की स्थिति में उतार-चढ़ाव देखा जा सकता है जैसा कि यूरोप में अच्छे और बुरे मौसमों में दिखलाई पड़ता है। कृषि के क्षेत्र में अंग्रेजों के दमन और अवहेलना से भारतीय समाज को जो आघात लगा है वह समस्त एशिया के इतिहास में अभूतपूर्व है। राजनैतिक परिवर्तनों के बावजूद भारत की सामाजिक दशाएं अतिप्राचीन काल से 19वीं शताब्दी के पहले दशक तक लगभग अपरिवर्तित रहीं थी। करघा और चरखा तथा बुनकर और जुलाहे सामाजिक संरचना के आधार थे। स्मरणातीत काल से यूरोप में भारत से उत्तम प्रकार के वस्त्र जाते रहे थे और उसके बदले में मूल्यवान धातुएं आती रहीं थी जिनसे सुनार को सामग्री मिलती थी जो कि भारतीय समाज का एक अपरिहार्य सदस्य हैं और जिनकी बनाई हुई वस्तुओं को निम्नतम वर्ग के नर नारी पहनते हैं भले ही उनके शरीर पर वस्त्र न हो। इस देश में भूखे नंगे लोग भी किसी न किसी प्रकार का सोने का जेवर लटकाये देखे जा सकते हैं। उंगलियों पर अंगूठियां और पैरों पर बिछुए यहाँ एक सामान्य दृश्य है। स्त्रियाँ और बालक बहुधा सोने और चांदी के भारी-भारी जेवर पहने देखे जा सकते हैं। घरों में सोने और चांदी की मूर्तियां दिखलाई पड़ती हैं। अंग्रेजी शासकों ने भारतीय करघे को तोड़ डाला और चरखा नष्ट कर दिया। इंग्लैड ने यूरोपीय बाजार से भारतीय सूती वस्त्रों को निकालना शुरू किया और हिन्दुस्तान में ऐसी स्थिति उत्पन्न कर दी कि सूती वस्त्रों का जन्मदाता ये देश ग्रेट ब्रिटेन से सूती वस्त्रों का आयात करने लगा। सन् 1818 से 1836 तक भारत में ग्रेट ब्रिटेन के कपड़े का आयात एक से बढ़कर 5200 हो गया। सन् 1824 में भारत में ब्रिटिश मलमल का आयात केवल 10,00,000 गज था जबकि सन् 1837 में यह 6 करोड़ 40 लाख गज से भी अधिक हो गया। इसी दौरान मलमल के लिए प्रसिद्ध ढाका की डेढ़ लाख की आबादी घटकर 20,000 रह गयी। भारतीय नगरों का यह पतन भयंकर परिणामों की ओर ले गया। ब्रिटिश वाष्प और विज्ञान ने समस्त हिन्दुस्तान की सतह पर कृषि और उत्पादन उद्योगों के संयोग को समाप्त कर दिया।

### भारतीय ग्रामीण समाज का पतन

हिन्दुस्तान में हिन्दुओं ने अन्य पूर्व जनताओं की तरह सार्वजनिक निर्माण के कार्य को केन्द्रीय सरकार को सौप रखा है जबकि यह कृषि और वाणिज्य की मूलाधार है। दूसरी ओर कृषि और उद्योगों का संयोग केवल कुछ थोड़े से छोटे केन्द्रों मात्र में दिखलाई पड़ता है। इस प्रकार हिन्दुस्तान में ग्रामीण व्यवस्था का जन्म हुआ जिससे स्वतन्त्र संगठन और विशिष्ट जीवन में असंख्य छोटे संघों का निर्माण हुआ।

कार्ल मार्क्स के अनुसार भारत के ग्रामों के सामाजिक जीवन का पतन इतना अधिक अंग्रेज कर्मचारियों अथवा ब्रिटिश सैनिकों के हस्तक्षेप से नहीं हुआ है जितना कि अंग्रेजी भाप और अंग्रेजी मुक्त व्यापार के काम करने से हुआ है। ग्रामीण समाज गृह उद्योगों पर आधारित थे जिनमें हाथ से बुनाई और हाथ से कताई तथा हाथ से खेती के काम उन्हें आत्म निर्भरता की शक्ति प्रदान करते थे। अंग्रेजी हस्तक्षेप से हिन्दू बुनकर और कताई वाले समाप्त हो गये और उनके स्थान पर लंकाशायर में कताई और बुनाई का काम होने लगा। इस प्रकार ग्रामीण समुदायों का आर्थिक आधार अस्त-व्यस्त हो गया और उनका पतन हुआ।

कार्ल मार्क्स के अनुसार यदि सच कहा जाए तो अंग्रेजों के द्वारा एशिया में यही सबसे बड़ी और एक मात्र सामाजिक क्रांति की गई है। इस प्रकार हिन्दुस्तान के असंख्य उद्योगशील और अहिंसक सामाजिक संगठन विघटित हो गये। गाँव वालों की प्राचीन सभ्यता और आजीविका के परम्परागत साधन समाप्त हो गये। कार्ल मार्क्स ने इस ओर ध्यान दिलाया कि भारतीय ग्रामीण समुदाय, भले ही वे कितने ही अहिंसक दिखलाई पड़ते हों, पूर्व की निरकुंशता के ठोस आधार रहे हैं क्योंकि उन्होंने मानव मस्तिष्क को सदैव अत्यधिक छोटे क्षेत्र में बांधे रखा है उसे अंधविश्वासों का उपकरण बनाये रखा है। उसे परम्परागत नियमों का दास बनाये रखते हुए उसे सब प्रकार की महानता और ऐतिहासिक शक्तियों से वंचित रखा है। कार्ल मार्क्स ने लिखा कि हमें यह नहीं भूल जाना चाहिए कि इस ग्रामीण समुदाय ने केवल अपनी खेती तक ही सीमित रहते हुए साम्राज्यों के विनाश को चुपचाप देखा है। भयंकर अत्याचार को, बड़े नगरों में जनता के नरसंहार को चुपचाप देखा है और प्रत्येक आक्रामक के सामने असहायता दिखलाई है। कार्ल मार्क्स इसे एक अत्यन्त अपमानजनक, गतिहीन और पेड़-पौधे जैसा जीवन कहता है। यह अस्तित्व का अत्यन्त निष्क्रय रूप है इसकी तुलना में विनाश की शक्तियां अत्यन्त तीव्र, असीम तथा उद्देश्यहीन रही हैं। कार्ल मार्क्स के अनुसार हमें यह नहीं भूलना चाहिए कि ये छोटे समुदाय जाति और दासता की विविधताओं से दूषित थे और उन्होंने मनुष्य को परिस्थितियों का विजेता न बनाते हुए उसे बाहरी परिस्थितियों का दास बनाया हैं। उन्होंने एक आत्मविकसित सामाजिक अवस्था को एक कभी भी न बदलने वाले प्राकृतिक अदृश्य में बदल दिया है। इस प्रकार इनमें प्रकृति की क्रूर पूजा दिखलाई पड़ती है जिसमें प्रकृति के सर्वश्रेष्ठ प्राणी मनुष्य को बन्दर (हनुमान) अथवा गाय (सबाला) के सामने घुटने टेकने पड़े हैं। कार्ल मार्क्स के अनुसार भारत में सामाजिक क्रांति करने का इंग्लैंड का प्रयास निकृष्टतम उद्देश्यों को लेकर किया गया था और उसे बलपूर्वक लादने की कोशिश भारी मूर्खता थी। उन्होंने यह प्रश्न उठाया है कि क्या एशिया की सामाजिक दशा में मौलिक क्रांति के बिना मानव जाति का भविष्य परिपूर्ण हो सकता है। यदि नहीं, तो इंग्लैड का चाहे जो दोष रहा हो वह एशिया में क्रांति लाने का इतिहास का एक अचेतन उपकरण रहा है।

## भारत पर अन्य लेख

ट्रिब्यून के अंक 3809, जुलाई 1, 1853 को प्रकाशित भारत पर अपने लेख में कार्ल मार्क्स ने इन्डिया बिल का विवेचन किया है। ट्रिब्यून के अंक 3816, जुलाई 11, 1853 में प्रकाशित अपने लेख में कार्ल मार्क्स ने भारतवर्ष में ईस्ट इण्डिया कम्पनी के इतिहास और उसके परिणामों की विवेचना की है। इस विवेचना में उन्ही बातों पर जोर दिया गया है जो पीछे बतलाई गई हैं। कार्ल मार्क्स ने यह दिखलाया कि सन् 1784 से भारतीय जनता पर ऋण का बोझ बढ़ता ही गया है जो कि बढ़कर 5 करोड़ का राष्ट्रीय कर्ज बन गया है। अपने अगले लेख में कार्ल मार्क्स ने भारतीय प्रश्न पर विवाद को आगे बढ़ाया है तथा जमींदारों और पूँजीपतियों के विषय में विचार उपस्थित किये हैं। ट्रिब्यून के अंक 3824, जुलाई 20, 1853 को प्रकाशित अपने लेख में कार्ल मार्क्स ने भारत सरकार के विभिन्न अंगों के कार्यभाग की विवेचना की है। उनका कहना है कि भारत की अंग्रेजी सरकार के लिखने और करने में जितना अधिक अन्तर दिखलाई पड़ता है उतना अन्तर शायद ही किसी अन्य सरकार की कथनी और करनी में देखा जा सकता हो। इससे देश की हालत निरन्तर दयनीय होती जा रही है। अंग्रेजों ने भारत को युद्ध में धकेल कर यह स्थिति और भी खराब कर दी है। कार्ल मार्क्स के अनुसार सर चार्ल्स वुड के बिल से इस अवस्था में कोई भी अन्तर नहीं पड़ता। उससे जिम्मेदारी में कोई वृद्धि न होते हुए सरकार की शक्ति बढ़ जाती है। ट्रिब्यून के अंक 3828 जुलाई 25, 1853 को प्रकाशित अपने लेख मे कार्ल मार्क्स ने ईस्ट इण्डिया कम्पनी और देसी रियासतों के सम्बन्ध की विवेचना की है। उन्होंने यह दिखलाया है कि अंग्रेज सरकार और देशी रियासतों के दोहरे शासन से जनता की अवस्था खराब होती चली गयी। वास्तव में मूल प्रश्न देशी रियासतों की जनता का नहीं बल्कि उनके राजाओं का था। क्रमशः देशी रियासतों में अंग्रेज सरकार की कठपुतलियों के शासन की स्थापना की गई। राजाओं को दिये जाने वाले धन की मात्रा भी लगातार कम होती गई। कार्ल मार्क्स के अनुसार अंग्रेज सूदखोर ने अंग्रेजी प्रशासन के साथ मिलकर भारतवर्ष में समस्त सभ्यता और संविधानात्मक चिन्तन को तिलांजलि दे दी। ट्रिब्यून के अंक 3838 अगस्त 5, 1853 को अपने लेख में कार्ल मार्क्स ने यह दिखलाया है कि भारतवर्ष में अंग्रेजों द्वारा प्रस्तावित रैयतवाड़ी प्रबन्ध इस देश की जलवायु के सर्वथा अनुपयुक्त था।

## ब्रिटिश शासन के परिणाम

ट्रिब्यून के अंक 3840, अगस्त 8, 1853 में भारत पर अपने लेखों की इस शृंखला को समाप्त करते हुए कार्ल मार्क्स ने भारत में ब्रिटिश शासन के भावी परिणामों की आलोचना की। उन्होंने यह दिखलाया कि भारत में मुगल साम्राज्य के पतन से दक्षिण में मराठों ने अपनी शक्ति बढ़ाई। मराठों की शक्ति को अफगानों ने तोड़ा और इस कलह के दौरान अंग्रेजों ने घुसकर सभी को अपने आधीन कर लिया। इस समय देश न केवल हिन्दू और मुसलमान बल्कि जनजाति और जनजाति,

जाति और जाति में भी विभाजित था। स्वाभाविक था कि इस प्रकार का विघटित समाज विदेशियों के आक्रमण के सामने घुटने टेक देता। कार्ल मार्क्स के अनुसार, "भारतीय समाज का कोई भी इतिहास नहीं है, कम से कम कोई ज्ञात इतिहास नहीं है। जिसे हम उसका इतिहास कहते हैं, वह केवल लगातार बाहर से आने वाले आक्रामकों का इतिहास है जिन्होंने इस संघर्षहीन और अपरिवर्तनीय समाज के निष्क्रिय आधार पर अपने साम्राज्यों को स्थापित किया। अस्तु, प्रश्न यह नहीं है कि क्या अंग्रेजों को भारत को विजय करने का अधिकार था बल्कि यह कि क्या हम भारत पर अंग्रेजों की विजय की तुलना में तुर्क, परशियन या रूसी विजय को बेहतर मानते।"[1]

कार्ल मार्क्स के अनुसार अंग्रेजों को भारत में दो काम करने थे एक तो विनाशकारी अर्थात् प्राचीन एशियाई समाज का उन्मूलन और दूसरे एशिया में पश्चिमी समाज की भौतिक आधारशिला रखना। अरब, तुर्क तातार और मुगल जिन्होंने भारत वर्ष पर आक्रमण किया उनका हिन्दुकरण हो गया। इसका कारण इतिहास का यह प्रसिद्ध नियम था कि बर्बर विजेता अधिक श्रेष्ठ सभ्यता द्वारा विजित किये जाते हैं। अंग्रेज ही वे पहले विजेता थे जिनकी सभ्यता श्रेष्ठतर थी और इसलिए उस पर हिन्दू सभ्यता का प्रभाव नहीं पड़ सकता था। स्थानीय समुदायों को तोड़कर तथा स्थानीय उद्योगों को नष्ट करके उन्होंने देश के समाज में जो कुछ भी महान और श्रेष्ठतर था उसे समाप्त कर दिया। भारत में उनके राज्य का इतिहास केवल विनाश का इतिहास है। फिर भी देश के पुनर्निमाण का काम भी आरम्भ हो गया है। इस सम्बन्ध में कार्ल मार्क्स ने निम्नलिखित पुनर्निमाण के कार्यों का संकेत किया है:

(1) **राजनैतिक एकता** (Political Unity)- अंग्रेजों ने भारत की राजनैतिक एकता को अधिक मजबूत किया और महान् मुगलों से कहीं अधिक उसकी सीमा को आगे बढ़ाया। यह पुनर्निमाण की पहली शर्त थी। जो एकता अंग्रेज तलवार के द्वारा उत्पन्न की गई उसे बिजली के तार ने और भी अधिक मजबूत बनाया। अंग्रेजी सारजेंटों के द्वारा संगठित और प्रशिक्षित देसी फौज भारतीय स्वतन्त्रता की अग्रदूत सिद्ध हुई और उससे विदेशी आक्रमण का शिकार होने से भारत की सुरक्षा हुई।

(2) **स्वतन्त्र प्रेस** (Free Press)- पुननिर्माण के एक शक्तिशाली और नवीन साधन के रूप में हिन्दुओं और यूरोपियनों के संयुक्त प्रबन्ध में पहली बार एशियाई समाज में स्वतन्त्र प्रेस का आरम्भ हुआ।

---

1. "Indian society has no history at all, at least no known history. What we call its history, is but the history of the successive intruders who founded their empires on the passive basis of that undesisiting and unchanging society. The question, therefore, is not whether the English had a right to conquer India, but whether we are to prefer India conquered by the Turk, by the Persian, by the Russian, to India conquered by the Briton."-Ibid, p. 81

(3) **आर्थिक प्रबन्ध** (Economic Management)- अंग्रेजों द्वारा स्थापित जमींदारी और रैयतवाडी भूमि प्रबन्धों के द्वारा इस देश में निजी सम्पत्ति के दो विशिष्ट रूपों का निर्माण हुआ।

(4) **नवीन शिक्षित वर्ग का उदय** (Rise of New Educated Class)- अंग्रेजों के संरक्षण में भारत के देशी लोगों में से कलकत्ता में प्रशिक्षित एक नवीन वर्ग का उदय हुआ, जिसमें यूरोपीय विज्ञान से परिचित और सरकार के लिए उपयुक्त योग्य व्यक्ति थे।

(5) **भाप का प्रभाव** (Impact of Steam)- भाप के प्रभाव से भारत और यूरोप में नियमित और सतत संचार आरम्भ हुआ। इससे देश के प्रमुख बन्दरगाह परस्पर सम्बन्धित हुए और उनकी एकांकी स्थिति बदल गई। जिसके कारण उनकी प्रगति नहीं हो रही थी। वह दिन दूर नहीं है जबकि रेलवे और वाष्प जलयानों के द्वारा भारत और इंग्लैंड के मध्य का फासला छोटा होकर 8 दिन मात्र रह जायेगा और जबकि यह विशाल देश वास्तव में पश्चिमी जगत से संयुक्त हो जायेगा। कार्ल मार्क्स ने स्पष्ट लिखा है, "ग्रेट ब्रिटेन के प्रशासक वर्ग ने अब तक भारत की प्रगति में केवल आकस्मिक, अल्पकालिक और अपवादमात्र रुचि ली है। कुलीन वर्ग उसे जीतना चाहता था। धनिक वर्ग उसे लूटना चाहता था और मिल मालिकों का वर्ग उसे कम मूल्य में बेचना चाहता था।"[1] इनमें मिल मालिकों के वर्ग ने भारतवर्ष को न चाहते हुए भी एक उत्पादक देश में बदल दिया और उन्हें सिंचाई तथा आन्तरिक संचार की सुविधाएँ दी।

(6) **रेलवे का जाल** (Network of Railway)—अंग्रेज लोगों ने, खासतौर से मिल मालिकों ने, समस्त भारत देश में रेलवे का जाल बिछाने की योजना बनायी है जिसके दूरगामी परिणाम होंगे। यह सर्वविदित है कि उत्पादित सामग्री को इधर-उधर ले जाने के साधनों की कमी से देश की उत्पादकता नहीं बढ़ सकी है। इसी कारण प्राकृतिक सम्पत्ति के मध्य में सामाजिक गरीबी दिखलाई पड़ती हैं। सन् 1848 में ब्रिटिश हाउस ऑफ कामन्स की एक कमेटी ने यह दिखलाया था कि जब खान देश में अनाज 6 शिलिंग से 8 शिलिंग प्रति क्वार्टर बिक रहा था तो पूना में वह 64 शिलिंग से 70 शिलिंग तक बिक रहा था, जहाँ कि लोग गलियों में अकाल से मर रहे थे और खान देश से आपूर्ति होने की कोई सम्भावना नहीं थी क्योंकि कच्ची सड़कों पर आवागमन सम्भव नहीं था।

(7) **सिंचाई की सुविधाएं** (Facilities of Irrigation)- देश में रेलवे का जाल बिछ जाने से तालाबों के निर्माण में सहायता मिलेगी और पानी को भी सब

---

1. "The Ruling classes of Great Britain have had, till now, but an accidental, transistory and exceptional interest in the progress of India. The aristocracy wanted to conquer it, the moneyocracy to plunder it, and the milliocracy to undersell it."

**-Ibid, p. 83**

ओर बांटा जा सकेगा। इस तरह सिंचाई की सुविधाएँ भारी मात्रा में बढ़ाई जा सकेंगी और पानी के अभावों से उत्पन्न होने वाले बार-बार आने वाले स्थानीय अकालों को रोका जा सकेगा। सिंचित भूमि से अन्य भूमि की तुलना में कम से कम तीन गुना टैक्स, 10 या 12 गुना सेवायोजन और 12 या 15 गुना लाभ प्राप्त होता है, रेलवे के द्वारा सिंचित क्षेत्र को बढ़ाने से एक लाभ यह भी होगा।

**(8) सेना में सुधार** (Reforms in Army)- देश में रेलवे का जाल बिछ जाने से सेनाओं के व्यय में कटौती होगी। इससे सैनिकों और साज सामान को आसानी से और कम कीमत में तथा बिना किसी हानि के इधर-उधर भेजा जा सकेगा।

**(9) ग्राम विकास** (Rural Development)-भारत के गांवों की गरीबी का एक प्रमुख कारण गाँवों का नगरों से कटा होना है। सामुदायिक सुविधा बढ़ने, सड़कों के पुनर्निमाण और देश में, रेल क्रयता का जाल बिछा देने से गांव नगरों से जुड़ जायेंगे। इससे उनकी निष्क्रियता समाप्त होगी, उन्हें नये-नये उपकरण प्राप्त होंगे और उनके कारीगरों को सुदूर नगरों में अपनी कलाकृतियाँ बेचना आसान होगा। अंगेजी मिल मालिकों ने रेल का जाल बिछाने में कच्ची सामग्री को अंगेज उत्पादकों के लिए कम मूल्य पर जुटाने का लक्ष्य रखा था। किन्तु जब एक बार देश में यातायात की व्यवस्था आरम्भ हो जाये तो उद्योगों का विकास अवश्यम्भावी है।

**(10) आधुनिक उद्योगों का विकास** (Development of Modern Industries)-कार्ल मार्क्स ने लिखा है,"अस्तु भारतवर्ष में रेलवे व्यवस्था निसन्देह आधुनिक उद्योग का अग्रदूत बन जायेगी।" इसका एक कारण यह भी है कि अंग्रेजों ने स्वयं हिन्दुओं को यन्त्रों के बारे में नवीन ज्ञान जुटाने के लिए प्रोत्साहित किया है। कलकत्ता की टकसाल में देशी इन्जीनियर अपनी योग्यता और सामर्थ्य दिखा रहे हैं। ये लोग वाष्प यन्त्रों पर काम कर रहे हैं। हरिद्वार के कोयना जिले में स्थानीय लोग स्टीम इंजनों पर काम कर रहे हैं। इस दृष्टि से भारतवासियों की प्रशंसा करते हुए ईस्ट इण्डिया कम्पनी के कैम्पबैल ने कहा था,"भारतीय लोगों में एक बड़ी संख्या में महान औद्योगिक शक्ति पाई जाती है। इनमें पूंजी एकत्रित करने की सामर्थ्य हैं और मस्तिष्क की गणितीय स्पष्टता तथा विधायक विज्ञानों में आंकड़ों की सामर्थ्य दिखलाई पड़ती हैं, उनकी बुद्धियाँ अति श्रेष्ठ हैं।"[1]

**(11) श्रम विभाजन पर प्रभाव** (Impact on Division of Labour)—कार्ल मार्क्स के अनुसार "रेलवे व्यवस्था के परिणामस्वरूप आधुनिक उद्योग श्रम विभाजन के आनुवंशिक वर्गों को समाप्त कर देगा, जिस पर कि भारतीय जातियाँ आधारित

---

1. "That the great mass of the Indian people possesses a great industrial energy, is well fitted to accumulate capital, and remarkable for a mathematical clearness of head and talent for figures and exact sciences. Their intellects, are excellent" -Ibid, p. 85.

हैं, जो कि भारतीय प्रगति और भारतीय शक्ति में भारी बाधा है।"[1] अस्तु, भारतीय जनता का शोषण करने के लिए ही अंग्रेजी बुर्जुआ लोगों को उनकी सामाजिक दशा में सुधार करना पड़ेगा। इसके अलावा उन्होंने कुछ किया भी नहीं है। जब तक इंग्लैंड में प्रशासक वर्ग पूँजीपति द्वारा समर्थित रहेगा अथवा जब तक स्वयं हिन्दू लोग अंग्रेजी शासन के जुए को उखाड़ फेंकने के योग्य नहीं होंगे तब तक अंग्रेजों द्वारा भारत के समाज में नये तत्वों से भारतीयों को कोई लाभ नहीं हो सकेगा। अस्तु, कार्ल मार्क्स ने यह आशा व्यक्त की है कि सुदूर भविष्य में हिन्दू लोग, जिनमें जाट प्राचीन जर्मन और ब्राह्मण प्राचीन यूनानी लोगों के प्रतिनिधि हैं और जिनके देश में यूरोपीय भाषाओं और धर्मों का जन्म हुआ है, और जिन्होंने अंग्रेज अफसरों को अपनी बहादुरी से आश्चर्य चकित कर दिया है वे अपनी निष्क्रियता के बावजूद स्वतन्त्रता प्राप्त करेंगे।

इस लेख को समाप्त करते हुए कार्ल मार्क्स ने लिखा है कि अंग्रेजी उपनिवेशों में सब कहीं बुजुर्आ सभ्यता ने अत्यधिक दम्भ और आन्तरिक बर्बरता का नग्न रूप दिखलाया है। वे अपने को सम्पत्ति के रक्षक कहते हैं परन्तु क्या उन्होंने बंगाल, मद्रास या बम्बई में कोई कृषि सुधार किये हैं क्या उन्होंने सब कहीं भ्रष्टाचार नहीं फैलाया है? कार्ल मार्क्स ने लार्ड क्लाइव को ग्रेट रोबर (Great Robber) कहा है। उन्होंने कहा है कि जबकि अंग्रेज लोग यूरोप में राष्ट्रीय ऋण को अत्यन्त पवित्र मानते हैं, उन्होंने भारत में राजाओं के धन का अपहरण किया जिन्होंने अपनी निजी बचत कम्पनी के फण्ड में लगाई थी। जबकि अंग्रेजों ने धर्म को बचाने के नाम पर फ्रांसीसी राजनैतिक क्रान्ति का विरोध किया, तब उन्होंने भारत में ईसाईयत के प्रचार को रोका और उड़ीसा और बंगाल के यात्रियों से अधिक लाभ कमाया। मन्दिरों के नाम पर उन्होंने हत्या और वेश्यावृत्ति के व्यापार को प्रोत्साहित किया। ये तथाकथित सम्पत्ति, विवशता, परिवार और धर्म के लोग हैं। यूरोप जैसे विशाल प्रदेश वाला यह देश भारत अंग्रेजों के उद्योगों के प्रभाव से आर्थिक रूप से पूरी तरह नष्ट हो गया। उत्पादन पूँजी के नियम पर आधारित हैं। पूँजी एक स्वतन्त्र शक्ति के रूप में केन्द्रीयकृत हो जाती है। इस केन्द्रीयकरण से संसार के बाजारों पर विनाशकारी प्रभाव पड़ता है। कार्ल मार्क्स के अनुसार इतिहास का बुर्जुआ काल नये जगत के लिए भौतिक आधार उत्पन्न करेगा, क्योंकि वह संसार के विभिन्न देशों में रहने वाले विभिन्न लोगों के आदान प्रदान के साधन जुटायेगा। दूसरी ओर वह लोगों की उत्पादन शक्तियों को तीव्र करेगा और प्राकृतिक साधनों पर विज्ञान की जीत स्थापित करके भौतिक उत्पादन में रूपान्तर प्रस्तुत करेगा। बुर्जुआ उद्योग और व्यापार एक नये संसार की भौतिक दशाओं को उसी तरह स्थापित करेंगे जिस तरह

---

1. "Modern industry, resulting from the railway system, will dissolve the hereditary division of labour, upon which rest Indian castes, those decisive impediments to Indian progress and Indian power." -Ibid.

भूगर्भशास्त्रीय क्रान्तियों ने पृथ्वी की सतह का निर्माण किया है। जब कोई महान सामाजिक क्रान्ति बुर्जुआ युग के परिणामों पर अधिकार जमा लेगी तथा संसार के बाजार और उत्पादन की आधुनिक शक्तियों पर हावी होकर उन्हें प्रगतिशील जनता के सामान्य नियन्त्रण में ले आयेगी केवल तभी मानव प्रगति वह असभ्य और कुरूप पूर्ति नहीं रह जायेगी जो कि अमृत तो पीती है किन्तु मृतकों की खोपड़ियों से पीती है।

## अन्य लेख

भारत में अंगेजी राज्य के लाभ और हानियों की विवेचना करने के अतिरिक्त कार्ल मार्क्स ने भारतीय सेना के अंग्रेजों के खिलाफ विद्रोह पर भी लेख लिखा था। यह लेख ट्रिब्यून की संख्या 5065 जुलाई 15, 1857 में प्रकाशित हुआ था। इस लेख में कार्ल मार्क्स ने सन् 1857 के सैनिक विद्रोह का और अंग्रेजों के द्वारा उसके दमन का विवरण दिया था। कार्ल मार्क्स के अनुसार यह एक अत्यन्त भयंकर दुर्घटना का पूर्वाभास मात्र था। इस सम्बन्ध में उनका अगला लेख ट्रिब्यून के अंक 5082, अगस्त 4, 1857 को प्रकाशित हुआ। इसमें भी अंग्रेजी दमन का व्यापक विवरण दिया है। अगस्त 14, 1857 को प्रकाशित अपने अगले लेख में कार्ल मार्क्स ने भारत की राजनैतिक समस्या का विवेचन किया है। अंक 5119 सितम्बर 16, 1857 के अपने लेख में भी कार्ल मार्क्स ने सैनिक विद्रोह के दौरान भारतवर्ष में अंग्रेजों के अत्याचारों की जांच का विवरण देते हुए यह दिखलाया है कि उनके इन्हीं अत्याचारों से हिन्दुओं ने विद्रोह किया। अपने अगले लेख में कार्ल मार्क्स ने भारत में अंग्रेजी आर्थिक आय का विवेचन किया है। अंक 5243 में कार्ल मार्क्स ने भारतीय ऋण की समस्या का विवेचन किया और यह दिखलाया है कि देश पर ऋण का बोझ बढ़ते जाना भारतीय सैनिक विद्रोह का एक आर्थिक कारण हुआ। इससे अगले लेख में कार्ल मार्क्स ने लखनऊ पर विद्रोहियों के आक्रमण और अंग्रेजों के प्रत्युत्तर का विस्तारपूर्वक विवरण दिया है। इससे अगला लेख अवध को अंग्रेजी राज्य में मिलाये जाने का विवरण देते हुए यह दिखलाता है कि यह सब तरह से अनुचित और धोखाधड़ी का कार्य था, इसमें सब तरह की संधियों का अतिक्रमण किया गया था। ट्रिब्यून के अंक 5344 जून 7, 1857 में कार्ल मार्क्स ने भारत में भूमि प्रबन्ध की विवेचना की है और इस सम्बन्ध मे लार्ड कैनिंग की घोषणाओं की आलोचना की है। इससे अगला लेख भारत में ब्रिटिश सेना के विषय में है और इसमें यह दिखलाया गया है कि देश में ब्रिटिश और देशी सैनिकों में कितना भेदभाव किया जाता है। इससे इगले लेख में कार्ल मार्क्स ने ब्रिटिश सरकार पर दास व्यापार कराने का आरोप किया है। ट्रिब्यून का अंक 5383 भारत में टैक्सों की विवेचना करता है। अगले अंक मे इंडियन बिल का विवरण दिया गया है।

भारत पर कार्ल मार्क्स के उपरोक्त समस्त लेखों को सोवियत रूस द्वारा प्रकाशित उपनिवेशवाद पर मार्क्स और इंगेल्स की पुस्तक On Colonialism में प्रकाशित किय गया है। इस पुस्तक में कार्ल मार्क्स ने भारत के अलावा अफगानिस्तान, बर्मा तथा सुदूर पूर्व में अंग्रेजों की उपनिवेशवादी गतिविधियों की आलोचना की है। कार्ल मार्क्स के ये लेख उपनिवेशवाद का पर्दाफाश करने के उद्देश्य से लिखे गये थे।

## अभ्यास के लिये प्रश्न

1. कार्ल मार्क्स के द्वन्द्वात्मक भौतिकवाद की व्याख्या करो।
2. संक्षिप्त टिप्पणी लिखो (अ) वर्ग संघर्ष (ब) अतिरिक्त मूल्य।
3. कार्ल मार्क्स के आर्थिक निर्णायकवाद की विवेचना करो।
4. भारत में अंग्रेजों की उपनिवेशवादी गतिविधियों का कार्ल मार्क्स ने क्या मूल्यांकन किया है?
5. भारत में अंग्रेजी शासन के लाभ और हानि की मार्क्स द्वारा विवेचना का विवरण दीजिए?

# 4

# हरबर्ट स्पेन्सर
# (HERBERT SPENCER)

हरबर्ट स्पेन्सर ने सामाजिक विकास के विषय में मौलिक एवं नवीन विचार प्रस्तुत किये हैं। सामाजिक विकास के सिद्धान्तों में उसके सिद्धान्त का महत्वपूर्ण स्थान है। स्पेन्सर ने सामाजिक विकास के सिद्धान्तों को एक विशिष्ट रूप में प्रस्तुत किया है। सामाजिक विकास के सिद्धान्त को स्पष्ट करने के लिये उसने 'भौतिक विकास' (Physical Evolution) तथा जीवशास्त्र के विभिन्न सिद्धान्तों का विवेचन किया है। उसने सामाजिक विकास को इन्हीं सिद्धान्तों पर आधारित किया है। इसलिए स्पेन्सर के सामाजिक विकास के सिद्धान्तों को भली-भाँति समझने के लिए पहले उसके भौतिक विकास के सिद्धान्त तथा जीवशास्त्र के सिद्धान्तों को जानना आवश्यक है।

## स्पेन्सर का भौतिक विकास का सिद्धान्त

अपने विकास के सिद्धान्त को प्रस्तुत करने के लिए हरबर्ट स्पेन्सर ने पूरे विश्व को दो मुख्य भागों में विभाजित कर लिया। ये भाग थे अज्ञेय और ज्ञेय। विश्व के 'अज्ञेय' भाग का सम्बन्ध धर्म से है। उसका विषय आत्मा-परमात्मा है। विज्ञान का इससे कोई सम्बन्ध नहीं है। विज्ञान का सम्बन्ध विश्व के ज्ञेय भाग से है। विज्ञान इस ज्ञेय भाग के क्षेत्र के कारणों को खोजता है। इसके अन्तर्गत विश्व के पदार्थों की उत्पत्ति तथा विकास के नियमों एवं सिद्धान्तों को ज्ञात किया जाता है। स्पेन्सर का मत था कि जो सिद्धान्त भौतिक जगत के विकास पर लागू होते हैं वे ही सिद्धान्त सामाजिक विकास पर लागू होते हैं। अतः सामाजिक विकास के सिद्धान्तों को जानने के लिए भौतिक विकास के नियमों को जानना आवश्यक है।

## विकास के मुख्य नियम

स्पेन्सर के अनुसार भौतिक विकास को समझने के लिए भौतिक जगत के आदि कारणों को जानना आवश्यक है इसके अतिरिक्त उन मुख्य एवं गौण नियमों को भी जानना आवश्यक है जो इस क्षेत्र में कार्य करते हैं। स्पेन्सर के अनुसार मूल कारण या आदि कारण शक्ति है। परन्तु शक्ति का रूप 'अज्ञेय' हैं। इसे देखना असम्भव है। यह अपने दो मुख्य रूपों में प्रकट होती है। ये रूप हैं—पदार्थ (Matter) तथा 'गति' (Motion)। ये दोनों ही शक्ति के प्रकट रूप हैं। स्पेन्सर के अनुसार इसी आदि कारण शक्ति के क्रियाशील हो जाने पर पदार्थ एवं गति के माध्यम से विकास होता है। इस भौतिक विकास की प्रक्रिया के कुछ नियम हैं। पहले इसके मुख्य नियमों का विवेचन किया जायेगा। ये नियम निम्नलिखित हैं-

(1) **शक्ति में स्थायित्व**- प्रथम नियम के अनुसार विश्व का आदि कारण 'शक्ति' में स्थायित्व है। स्थायित्व का अर्थ यह है कि इसकी मात्रा घटती-बढ़ती नहीं। विकास होने पर इसके स्थायित्व पर कोई प्रभाव नहीं पड़ता। यह केवल विकास का कारण मात्र है।

(2) **अविनाशी पदार्थ**—भौतिक विकास को समझाने के लिए स्पेन्सर ने दूसरा नियम है पदार्थ की अविनाशिता का नियम प्रस्तुत किया। इस नियम के अनुसार पदार्थ जो कि आदि कारण शक्ति का एक रूप या पहलू है, उसका कभी विनाश नहीं होता। पदार्थ केवल अपना रूप परिवर्तित करता है, यह नष्ट नहीं होता। पदार्थ के रूप परिवर्तित करने से ही विकास की प्रक्रिया चलती है।

(3) **'गति' निरन्तर है**-तीसरा मुख्य नियम गति से सम्बन्धित है। पदार्थ की ही भांति गति भी कभी नष्ट या समाप्त नहीं होती। गति निरन्तर बनी रहती है। विकास की प्रक्रिया में गति का रूप बदलता रहता है। गति के रूप में परिवर्तन होने से ही विकास के विभिन्न सोपान सामने आते हैं।

## विकास के गौण नियम

विकास की प्रक्रिया को पूर्ण रूप से प्रतिपादित करने के लिए स्पेन्सर ने उपरोक्त वर्णित तीन मुख्य नियमों के अतिरिक्त अन्य चार गौण नियम भी प्रस्तुत किये थे। ये गौण नियम निम्नलिखित हैं-

(1) **सभी नियमों में एकता होती है**-स्पेन्सर के अनुसार सभी नियमों में एक समानता होती है। किन्हीं दो नियमों में किसी प्रकार का विरोध सम्भव नहीं है। बाह्य रूप से भिन्न दिखने वाले नियम भी वास्तव में भिन्न नहीं होते।

(2) **रूपान्तर एवं समानता का नियम**—यह दूसरा गौण नियम है। इसके अनुसार किसी भी वस्तु अथवा पदार्थ का नाश नहीं होता। यह केवल रूपान्तरित हो जाता है। परन्तु इस रूपान्तर के दौरान गति एवं पदार्थ की मात्रा ज्यों की त्यों बनी रहती है।

(3) **अधिकतम आकर्षण तथा न्यूनतम प्रतिरोध का नियम**- विकास की प्रक्रिया का यह तीसरा गौण नियम है। इस नियम के अनुसार विकास की प्रक्रिया में प्रत्येक वस्तु अथवा पदार्थ की गति सदैव अधिकतम आकर्षण की ओर होती है तथा न्यूनतम प्रतिरोध उत्पन्न करती है।

(4) **क्रमिक गति का नियम**—विकास के लिए गति आवश्यक होती है। स्पेन्सर के अनुसार यह गति सदैव क्रमिक रूप में होती है अर्थात् यह गति एक सी नहीं चलती। विकास के लिए आवश्यक गति में क्रमशः आरोह तथा अवरोह होते रहते हैं। कभी गति तीव्र होती है तो कभी धीमी। गति के इसी परिवर्तन द्वारा विकास की प्रक्रिया आगे बढ़ती है।

## भौतिक विकास–प्रक्रिया की विशेषतायें

विकास के उपरोक्त सात नियमों का विवचेन करने के बाद स्पेन्सर ने इस विकास के लक्षण अथवा कुछ विशेषताओं का भी वर्णन किया है। उनके अनुसार विकास की प्रत्येक प्रक्रिया में उपरोक्त सातों नियम किसी न किसी रूप में अवश्य लागू होते हैं। विकास की प्रक्रिया से 'पदार्थ में एकीकरण' (Integration) होने पर 'गति' में विकीर्णता (Dissipation) होती है। पदार्थ में विभेदीकरण होने पर 'गति' में विलीनीकरण होता है अर्थात् विकास की प्रक्रिया में 'गति' और पदार्थ का अनुपात समान बना रहता है। एक के घटने से दूसरा बढ़ जाता है तथा दूसरे के बढ़ने से पहला घट जाता है।

भौतिक विशेषतायें बतलाते हुए स्पेन्सर कहता है कि यह भौतिक विकास सदैव अव्यक्त से व्यक्त की ओर होता है, अनिश्चित से निश्चितता की ओर अग्रसर होता है। यह गति एक तत्व से बहुतत्व तथा सामान्य से विशेष की ओर होती है।

## स्पेन्सर का जीवशास्त्रीय विकास का सिद्धान्त

जैसा कि पहले भी कहा जा चुका है, स्पेन्सर का सामाजिक विकास का सिद्धान्त भौतिक-विकास सिद्धान्त एवं जीवशास्त्रीय सिद्धान्तों पर आधारित है। इसलिये सामाजिक विकास को जानने के लिये जीवशास्त्रीय सिद्धान्तों को भी जानना आवश्यक है। स्पेन्सर ने जीव शास्त्र के विभिन्न सिद्धान्तों का विस्तृत विवेचन किया

है। सामाजिक विकास के सिद्धान्तों को समझने में डार्विन का सिद्धान्त सहायक है। यह सिद्धान्त है-अस्तित्व के लिये संघर्ष (Struggle for Existence) अर्थात् अस्तित्व को बनाये रखते के लिये संघर्ष करना पड़ता है। यह संघर्ष प्रत्येक क्षेत्र में चलता रहता है। इस सिद्धान्त के आधार पर कहा गया है कि सदैव सबल की जीत होती है। सबल का विकास होता है। सबल ही प्रगति करता है। निर्बल क्रमशः नष्ट हो जाता है। यहाँ यह भी स्पष्ट कर देना आवश्यक है कि इस सिद्धान्त के अन्तर्गत सबल का प्रयोग एक विशेष अर्थ में हुआ है। वास्तव में जो प्राणी अथवा जीव परिवर्तित परिस्थितियों से निरन्तर रूप से अनुकूलन करने में समर्थ होता है वह सबल कहलाता है। परिवर्तित परिस्थितियों से अनुकूलन न कर सकने वाला प्राणी निर्बल कहलाता है। निर्बल प्राणी परिस्थितियों से हार जाता है। वह विकास नहीं कर पाता। क्रमशः प्रतिकूल परिस्थितियों के प्रभाव से उसका पतन हो जाता है। हरबर्ट स्पेन्सर ने यह सिद्धान्त डार्विन से ग्रहण किया था। आगे चल कर उसने अपने सामाजिक विकास के सिद्धान्त को विकसित करने के लिए इस सिद्धान्त को आधार के रूप में स्वीकार किया।

## स्पेन्सर का सामाजिक विकास का सिद्धान्त

स्पेन्सर ने सामाजिक विकास के सिद्धान्त को भौतिक विकास के सिद्धान्त तथा जीवशास्त्रीय सिद्धान्तों पर आधारित किया था। उसने भौतिक विकास के सिद्धान्त का विवेचन तथा विश्लेषण करके यह निष्कर्ष प्राप्त किया कि समस्त भौतिक विकास की गति सरल से जटिल अथवा सम से विषम की ओर हो रही है। यह विकास क्रम सजातीय स्थिति से विजातीय स्थिति की ओर है। भौतिक विकास के परिणामस्वरूप भौतिक स्थिति अनिश्चित से निश्चित की ओर चल रही है। भौतिक विकास के सिद्धान्त के अतिरिक्त स्पेन्सर ने डार्विन के सिद्धान्त अर्थात् अस्तित्व के लिए संघर्ष तथा परिस्थितियों के साथ अनुकूलन के सिद्धान्त को भी स्वीकार किया। इन दोनों सिद्धान्तों को स्पेन्सर ने सामाजिक विकास के सिद्धान्त पर लागू किया। उसने घोषित किया कि सामाजिक विकास की गति भी सरल से विषम की ओर हो रही है। समाज क्रमशः सजातीय से विजातीय रूप धारण कर रहा है। समाज की स्थिति क्रमशः अनिश्चित से निश्चित की ओर अग्रसर हो रही है। इसके अतिरिक्त जीवशास्त्रीय सिद्धान्त को सामाजिक विकास के सिद्धान्त पर लागू करते हुए स्पेन्सर का कहना है कि सामाजिक विकास की प्रक्रिया में केवल वही सभ्यता एवं संस्कृति अपना अस्तित्व बनाये रखती है जो सबल होती है। सबल संस्कृति वही होती है जो समय-समय पर परिवर्तित परिस्थितियों के साथ अनुकूलन कर लेती है। यदि कोई

सभ्यता अथवा संस्कृति परिवर्तित परिस्थितियों के साथ अनुकूलन अथवा समायोजन नहीं कर पाती तो वह संस्कृति क्रमशः नष्ट हो जाती है।

## सामाजिक विकास के सिद्धान्त का स्पष्टीकरण

अपने सिद्धान्त के सैद्धान्तिक विवेचन के बाद स्पेन्सर ने उसका व्यावहारिक स्पष्टीकरण प्रस्तुत किया है। उसने समाज का ऐतिहासिक विवरण प्रस्तुत करके अपने सिद्धान्त को स्पष्ट किया है। स्पेन्सर का कहना है कि पहले हमारा समाज सरल था, उस समय समाज में सजातीय तत्व क्रियाशील थे तथा समाज अनिश्चित दशा में था। क्रमशः सामाजिक विकास के फलस्वरूप समाज में श्रम-विभाजन जैसे सिद्धान्त निर्धारित हुए। इस सिद्धान्त के अन्तर्गत व्यक्तियों के कार्य निश्चित हो गये। अब प्रत्येक व्यक्ति केवल अपना कार्य करता था। इस श्रम-विभाजन के फलस्वरूप सामाजिक स्थिति पहले की अपेक्षा निश्चित हो गयी। सामाजिक विकास के तथ्य को स्पेन्सर ने पारिवारिक विकास के उदाहरण से भी स्पष्ट किया है। उसके मतानुसार पहले परिवार सरल था, एक ही रुधिर था परन्तु विकास की प्रक्रिया के साथ-साथ परिवार क्रमशः जटिल हो गया। उसमें विभिन्न रुधिर वाले सदस्य सम्मिलित हो गये। इससे परिवार क्रमशः सजातीय रूप में परिवर्तित हो गया। समाज में राजनीतिक विकास एवं सम्पत्ति का विचार भी इसी क्रम में विकसित हुआ है। पहले सब लोग समानता का जीवन व्यतीत करते थे, समाज सरल था। बाद में क्रमशः मुखिया बना और सरदार तथा राजा रूप में विकसित हुआ। इस दशा में राजनीतिक जीवन पर्याप्त जटिल एवं विजातीय बन गया। सम्पत्ति के प्रति लगाव भी इसी तरह विकसित हुआ। इस प्रकार स्पेन्सर ने विभिन्न प्रकार के उदाहरण प्रस्तुत करके यह सिद्ध करने का प्रयास किया कि सामाजिक विकास सरल से विषम की ओर, सजातीय से विजातीय की ओर, अनिश्चित से निश्चित की ओर हो रहा है।

हरबर्ट स्पेन्सर के काल में सामाजिक चिन्तन पर प्राणीशास्त्रीय सिद्धान्तों का प्रभाव था। प्रत्येक सामाजिक सिद्धान्त के विवेचन अथवा निर्धारण में किसी न किसी प्रकार से प्राणीशास्त्र के सिद्धान्तों से सहायता ली जाती थी। स्पेन्सर भी इस प्रभाव से मुक्त रहा था। समाज के ढाँचे के विवेचन के लिये उसने उसकी तुलना एक जीवित प्राणी के शरीर से की थी। जिस सिद्धान्त के अन्तर्गत स्पेन्सर ने समाज के ढाँचे एवं प्राणी के शरीर से तुलना की है उस सिद्धान्त को 'समाज का सावयवी सिद्धान्त' (Organismic Theory of Society) कहा गया है।

## समाज का सावयवी सिद्धान्त

हरबर्ट स्पेन्सर समाज के ढाँचे को एक जैविक सावयव (Biological Organism) मानता था। उसके अनुसार समाज सावयव है। उसके भिन्न-भिन्न अवयव हैं। समाज के इस रूप को समझाने के लिए उसने समाज के ढाँचे की तुलना प्राणी-शरीर से की है। स्पेन्सर का इस सिद्धान्त को प्रतिपादित करने का उद्देश्य केवल समाज के रूप को स्पष्ट करना था। स्पेन्सर व्यक्तिवादी था। अत: वह सावयवी समाज में भी व्यक्तियों की स्वतन्त्र सत्ता स्वीकार करता था। उसने अपने सिद्धान्त में केवल दोनों अर्थात् समाज और प्राणी-शरीर में सदृश्य स्थापित करने का प्रयास किया था। अपने सिद्धान्त को प्रस्तुत करने के लिए स्पेन्सर ने समाज और प्राणी-शरीर की समानताओं एवं असमानताओं का विवरण प्रस्तुत किया है। ये समानतायें एवं विषमतायें निम्नलिखित हैं।

## प्राणी-शरीर और समाज की समानतायें

(1) **दोनों जड़ पदार्थों से भिन्न हैं**-समाज और प्राणी-शरीर की प्रथम समानता दर्शाने के लिए स्पेन्सर ने इन दोनों की तुलना जड़-पदार्थों से की है। स्पेन्सर का कहना है कि ये दोनो ही जड़-पदार्थ से भिन्न हैं। जड़-पदार्थों में कभी किसी प्रकार की वृद्धि नहीं होती है परन्तु समाज और प्राणी-शरीर में निरन्तर वृद्धि होती है। इस प्रकार जड़ पदार्थ से भिन्नता के आधार पर समाज और प्राणी-शरीर की समानता स्थापित होती है।

(2) **दोनों में परिमाण के बढ़ने से रचना बदलती है**-समाज और प्राणी शरीर की दूसरी समानता निर्धारित करने के लिए दोनों के परिमाण वृद्धि को आधार बनाया गया है। स्पेन्सर का कहना है कि प्राणी शरीर के परिमाण में जैसे-जैसे वृद्धि होती है वैसे-वैसे ही उसकी रचना में भी परिवर्तन होता है। शरीर की रचना क्रमश: जटिल बनती जाती है। विकास के प्रथम स्तर पर जीव मात्र एक जीव कोष्ठ के रूप में होता है परन्तु विकास द्वारा परिमाण में बढ़ने पर उसके स्पष्ट तथा विशिष्ट अंग प्रत्यंग विकसित हो जाते हैं तथा शरीर की रचना पर्याप्त जटिल हो जाती है। यही तथ्य समाज के ढाँचे पर भी लागू होता है। प्रारम्भ में समाज का रूप सीमित तथा रचना सरल होती है। उसी स्तर पर प्रत्येक व्यक्ति स्वयं ही कारीगर, शिकारी, शिल्पी आदि होता है। परन्तु समाज में परिमाणात्मक विकास होने पर उसकी रचना जटिल हो जाती है। भिन्न-भिन्न प्रकार के विशेषीकरण हो जाते हैं। इस दशा में समाज के विभिन्न अंग प्राणी-शरीर के अंगों की भाँति विशिष्ट हो जाते हैं।

(3) **दोनों में 'रचना' के बदले 'कार्य' बदलता है**-समाज की रचना बदलने से उसके अंगों अर्थात् समुदायों एवं समूहों आदि के कार्य बदल जाते हैं अर्थात् अधिक विशेषीकृत हो जाते हैं। यह तथ्य प्राणी-शरीर पर भी लागू होता है। प्राणी-शरीर की रचना भिन्न होने पर अर्थात् शरीर के विकसित होने पर उसके अंगों के कार्य भी भिन्न हो जाते हैं।

(4) **दोनों में अंगों की विषमता के साथ समन्वय भी होता है**-यह सत्य है कि समाज तथा प्राणी-समाज में विकास के साथ-साथ अंगों में विषमता पैदा होती है परन्तु इस विषमता के होते हुए भी विभिन्न अंगों के कार्यों में समन्वय रहता है। प्रत्येक अंग अन्य अंगों के कार्यों में सहायक होता है विरोधी नहीं। स्पेन्सर का कहना है कि यह तथ्य समाज और प्राणी शरीर पर समान रूप से लागू होता है। अत: समाज और प्राणी-शरीर में समानता अथवा सादृश्य है।

(5) **अवयव नष्ट होने से अवयवी नष्ट नहीं होता**-समाज अवयवी है, प्राणी शरीर भी अवयवी है। दोनों की समानता दर्शाने के लिए स्पेन्सर कहता है कि समाज और प्राणी शरीर के अवयव नष्ट होने से वे स्वयं नष्ट नहीं होते। शरीर का एक अंग हाथ अथवा पैर नष्ट हो सकता है परन्तु इस अंग के नष्ट होने से शरीर नष्ट नहीं होता। ऐसे ही समाज का कोई अंग नष्ट हो जाने पर समाज नष्ट नहीं होता।

(6) **व्यवस्था की प्रक्रिया में एवं प्रणालियाँ समान है**-प्राणी-शरीर तथा समाज के ढाँचे में एक अन्य समानता भी है। स्पेन्सर का कहना है कि जिस प्रकार शरीर की व्यवस्था बनाये रखने के लिए विभिन्न संस्थान जैसे कि नाड़ी-संस्थान, स्नायु-संस्थान इत्यादि अपना-अपना कार्य करते रहते हैं, उसी प्रकार समाज में व्यवस्था बनाये रखने के लिए भी विभिन्न संस्थान कार्य किया करते हैं। समाज में यातायात, उत्पादन, वितरण, शिक्षा आदि कार्यों को विभिन्न संस्थान पूरा किया करते हैं। इस प्रकार से स्पेन्सर ने समाज तथा प्राणी शरीर की व्यवस्था सम्बन्धी समानता दर्शायी है।

## प्राणी-शरीर और समाज की समानतायें

स्पेन्सर का उद्देश्य समाज और प्राणी-शरीर में केवल सादृश्य स्थापित करना नहीं था। उसके अनुसार जहाँ दोनों में अनेक समानतायें हैं वहाँ इन दोनों में कुछ भिन्नतायें भी हैं। अपने 'समाज के सावयवी सिद्धान्त' के अन्तर्गत स्पेन्सर ने प्राणी शरीर तथा समाज की अग्रलिखित असमानतायें भी बतलायी हैं।

(1) **शरीर के अंग अभिन्न तथा समाज के अंग भिन्न रह सकते हैं**-प्राणी-शरीर तथा समाज की असमानता स्पष्ट करते हुए स्पेन्सर का कहना है कि शरीर के अंग शरीर से अलग नहीं रह सकते। यह सत्य है कि अंगों के समष्टि रूप को ही शरीर कहते हैं। शरीर से अलग शरीर के अंगों की कोई सत्ता नहीं। एक हाथ अथवा पैर की सत्ता केवल उस समय तक है जब तक कि उसका सीधा सम्बन्ध शरीर से है। इसके विपरीत समाज के अंग समाज से अलग भी अपनी सत्ता बनाये रख सकते हैं। यह सत्य है कि समाज परिवारों, समुदायों और समूहों आदि से बनता है। परन्तु ये परिवार आदिम समाज के अंग होने के साथ–साथ समाज से स्वतन्त्र भी अपना अस्तित्व रख सकते हैं।

(2) **केन्द्रीभूत चेतना सम्बन्धी अन्तर**-प्राणी-शरीर तथा समाज के ढाँचे अथवा शरीर में एक अन्य असमानता भी है, जिसका सम्बन्ध चेतना के केन्द्र से है। प्राणी-शरीर में एक चेतना केन्द्र होता है जो कि पूरे शरीर के लिए चिन्तन करता है। शरीर के विभिन्न अंगों में अलग-अलग चेतना अथवा चिन्तन शक्ति नहीं होती। इसके विपरीत समाज में कोई केन्द्रीभूत चेतना अथवा चिन्तन केन्द्र नहीं होता। समाज के विभिन्न अंगों अथवा इकाइयों में अलग-अलग चिन्तन शक्ति एवं चिन्तन केन्द्र होते हैं।

(3) **अवयवी और अवयव की आश्रितता का अन्तर**-समाज और शरीर दोनों ही अवयवी हैं। समाज के अवयव व्यक्ति, परिवार, समूह आदि हैं तथा शरीर के अवयव शरीर के विभिन्न अंग हैं। स्पेन्सर के अनुसार शरीर के अवयव अर्थात् अंग शरीर पर आश्रित हैं अर्थात् अंग शरीर के लिए हैं, शरीर अंगों के लिए नहीं है। इसके विपरीत समाज रूपी अवयवी के अवयव प्रधान हैं। स्पेन्सर के व्यक्तिवादी विचारों के अनुसार व्यक्ति का महत्व अधिक है, समाज व्यक्ति के लिए है न कि व्यक्ति समाज के लिए।

## राज्य सत्ता का क्रमिक विकास
### (Gradual Evolution of State)

जब से सामाजिक तथ्यों का व्यवस्थित अध्ययन प्रारम्भ हुआ है तभी से राज्य-सत्ता के विषय में भी विभिन्न प्रकार से विचार होते रहे हैं। विभिन्न विचारकों ने राज्य की आवश्यकता, अनावश्यकता, कार्य तथा लाभ एवं महत्व आदि के विषय में विचार प्रकट किये हैं। इन सब प्रश्नों पर विचार करने के साथ ही साँथ एक प्रश्न यह भी उठता है कि राज्य की सत्ता का विकास कैसे हुआ? क्या प्रारम्भ में भी हमारी राज्य सत्ता इसी प्रकार की थी? राज्य के विकास सम्बन्धी इन प्रश्नों का उत्तर स्पेन्सर ने अपने ढंग से दिया है।

स्पेन्सर के अनुसार सभ्य मानव समाज में राज्य सत्ता का उदय जीवित व्यक्तियों के भय के फलस्वरूप होता है। यहाँ यह स्पष्ट कर देना आवश्यक है कि धर्म की सत्ता का विकास मृत आत्माओं के भय द्वारा होता है। राज्य सत्ता के विकास से शक्तिशाली व्यक्तियों का आतंक छा जाता है। इनकी शक्ति से अन्य व्यक्ति भयभीत होने लगते हैं। इस भय के फलस्वरूप वे निर्बल होने लगते हैं तथा शक्तिशाली व्यक्ति उन पर नियन्त्रण रखने लगता है। यह नियन्त्रण राज्य सत्ता का प्रथम स्तर होता है। इसके बाद क्रमशः सामाजिक विकास एवं परिस्थितियों के परिवर्तन के फलस्वरूप राज्य सत्ता का विकास होता है। स्पेन्सर के अनुसार राज्य सत्ता के विकास के मुख्य तीन स्तर अथवा रूप होते हैं। ये रूप निम्नलिखित हैं:-

(1) सैनिक राज्य (Military State)

(2) औद्योगिक राज्य (Industrial State)

(3) नैतिक राज्य (Ethical State)

अब इन तीनों प्रकार के राज्यों के विकास की विशेषताओं का संक्षिप्त विवरण प्रस्तुत किया जायेगा।

(1) **सैनिक राज्य** (Military State)- हरबर्ट स्पेन्सर के अनुसार राज्य सत्ता का प्रधान रूप 'सैनिक राज्य' था। राज्य सत्ता के इस रूप को स्पष्ट करने के लिए स्पेन्सर ने अपने सामाजिक विकास के सिद्धान्त का सहारा लिया है। उसके अनुसार सामाजिक विकास के प्रारम्भिक स्तर पर समाज सरल, अनिश्चित तथा सजातीय था। इस स्तर पर समाज अविकसित तथा असंगठित था। इस काल में कोई स्पष्ट राज्य-सत्ता विकसित नहीं थी। कभी-कभी कुछ विभिन्न दलों अथवा समुदायों में आपसी युद्ध हो जाया करते थे। युद्ध के अवसर आने पर कुछ वास्तविक शूरवीर आगे आते थे तथा उन्हें सामयिक परिस्थितियों के लिए मुखिया अथवा नेता मान लिया जाता था। युद्ध के दौरान सब लोग उसकी आज्ञाओं का पालन करते थे तथा उनके नियन्त्रण को स्वीकार करते थे। इस स्तर पर युद्ध के अवसर कम थे। अतः कोई स्थाई मुखिया नहीं हुआ करता था। समय बीतने के साथ-साथ समाज विकसित हुआ तथा उसका रूप अपेक्षाकृत जटिल हो गया। इस समाज में युद्ध के अवसर अधिक आने लगे। इस स्थिति में एक स्थायी मुखिया की आवश्यकता अनुभव की गयी। अब परम्परा के रूप में मुखिया के मरने के बाद उसका पुत्र मुखिया बनने लगा। इस प्रकार मुखिया का पद पैतृकता द्वारा निर्धारित होने लगा। धीरे-धीरे इस सैनिक मुखिया की सहायता एवं सलाह-मशवरे के लिए कुछ व्यक्तियों की समिति बनायी जाने लगी जिनमें कुछ सदस्य मुखिया द्वारा नाम-जद किये जाते थे तथा

कुछ का चुनाव होता था। इन्हें जनता का प्रतिनिधि स्वीकार किया जाता था। इस प्रकार एक राज्य-सत्ता स्थापित हो गयी थी।

'सैनिक राज्य' का मुख्य उद्देश्य एवं कार्य युद्ध करना तथा आत्म-रक्षा करना था, जिसके लिए आक्रमण भी किये जाते थे। इस राज्य-व्यवस्था में सेनाओं का सर्वाधिक महत्व था तथा समाज की पूरी व्यवस्था सेनाओं के हित में होती थी। सेना का सर्वोच्च अधिकारी ही राज्य का प्रमुख अर्थात् राजा होता था। इस राज्य-व्यवस्था के अन्तर्गत सार्वजनिक सम्पत्ति पर राज्य का ही अधिकार था। सैनिक राज्य में राज्य महत्वपूर्ण था। उसके अधिकार एवं स्वतन्त्रता सर्वोच्च थी। व्यक्ति का महत्व नहीं था। व्यक्ति की स्वतन्त्रता का कोई स्थान नहीं था। कहने का आशय यह है कि व्यक्ति राज्य के लिये था, राज्य व्यक्ति के लिए नहीं था।

(2) **औद्योगिक राज्य** (Industrial State)-'सैनिक राज्य' के बाद 'औद्योगिक राज्य' का प्रारम्भ होता है। सैनिक राज्य में पूरे राज्य का उद्देश्य सैन्य बल को प्राप्त करना एवं बढ़ाना होता है। परन्तु केवल सैन्य बल को बढ़ाने तथा युद्ध करने से संतोष प्राप्त नहीं होता। मनुष्य औद्योगिक समृद्धि भी चाहता है। इस समृद्धि के लिए क्रमशः राज्य एवं जनता उद्योगों के विकास की ओर ध्यान देने लगते हैं। जैसे-जैसे सामान्य रुख उद्योगों की ओर होने लगता है वैसे ही वैसे राज्य सत्ता का रूप बदलने लगता है। राज्य सत्ता तब क्रमशः औद्योगिक राज्य में परिवर्तित होने लगती है। औद्योगिक राज्यों में राज्य के लिए उद्योगों का विकास साध्य हो जाता है। औद्योगिक राज्यों में अन्य राज्यों पर आक्रमण करने की प्रकृति भी कम हो जाती है। सैनिक राज्य के विपरीत औद्योगिक राज्य में व्यक्ति की स्वतन्त्रता तथा अधिकारों को भी महत्व दिया जाता है। औद्योगिक राज्य में व्यक्ति के व्यक्तिगत जीवन में राज्य का हस्तक्षेप कम हो जाता है। जनता के प्रतिनिधियों का राज्य प्रणाली में विशेष स्थान होता है। औद्योगिक राज्यों में क्रमशः जन-तन्त्र का विकास होने लगता है तथा सार्वजनिक हितों की बात होने लगती है।

(3) **नैतिक राज्य** (**Ethical State**)-'नैतिक राज्य' का विचार हरबर्ट स्पेन्सर का काल्पनिक विचार है। 'सैनिक राज्य' तथा 'औद्योगिक राज्य' अस्तित्व में आ चुके है परन्तु नैतिक राज्य को अभी भविष्य में अस्तित्व में आना शेष है। यह स्पेन्सर की काल्पनिक अवधारणा है। स्पेन्सर के अनुसार औद्योगिक राज्य विकास कर रहा है। एक दिन इसका चरम विकास पूर्ण हो जायेगा। इस चरम विकास की स्थिति में मानव की भौतिक समृद्धि पूर्ण हो जायेगी। इस भौतिक समृद्धि की स्थिति में मानव की स्वार्थ की प्रकृति शान्त हो जायेगी। इस दशा में उसका व्यवहार नैतिकता

के नियमों द्वारा परिचालित होगा? स्पेन्सर के अनुसार मनुष्य का अनैतिकतापूर्ण व्यवहार केवल भौतिक अभावों के कारण ही है। इस प्रकार जब व्यक्ति के भौतिक अभाव समाप्त हो जायेंगे तब राज्य का रूप नैतिक हो जायेगा। नैतिक राज्य वास्तव में पारम्परिक रूप में राज्य से भिन्न होगा। इस स्थिति में राज्य का उन्मूलन हो जायेगा, किसी बाहरी शासन की आवश्यकता ही नहीं रहेगी। इस स्थिति में मनुष्य अपनी नैतिकता से स्वशासित रहेगा। स्पेन्सर के अनुसार यह स्थिति सामाजिक विकास का लक्ष्य एवं आदर्श है और समाज इस लक्ष्य की ओर क्रमशः अग्रसर हो रहा है।

## मानव समाज में राज्य का स्थान

(Place of State in Human Society)

हरबर्ट स्पेन्सर व्यक्तिवाद को महत्व देता था। उसके अनुसार व्यक्ति न कि समाज प्रधान है। यह सिद्धान्त उसके सामाजिक सावयव सिद्धान्त से पुष्ट होता है। उसके अनुसार समाज के नष्ट हो जाने से व्यक्ति नष्ट नहीं हो जाता। वह व्यक्ति की स्वतन्त्रता का पक्षपाती था। व्यक्ति की स्वतन्त्रता को बनाये रखने के लिए स्पेन्सर ने एक नियम प्रस्तुत किया था जिसे 'समान स्वतन्त्रता का नियम' (Law of Equal Freedom) कहा गया। इस नियम के अनुसार समाज में रहने वाले प्रत्येक व्यक्ति को उतनी हद तक स्वतन्त्रता के उपभोग का अधिकार है जितनी स्वतन्त्रता वह दूसरों को देता है अथवा देने को तैयार रहता है। स्पेन्सर के अनुसार सामाजिक व्यवस्था एवं तथाकथित राज्य का उद्देश्य यही समान स्वतन्त्रता उपलब्ध कराना है। इस स्थिति में राज्य के अधिकार एवं कार्य काफी सीमित हो जाते हैं। स्पेन्सर राज्य को पूर्णरूप से नष्ट करने के पक्ष में नहीं था। इसलिए स्पेन्सर ने स्पष्ट रूप से राज्य के कार्यों को निर्धारित किया है तथा यह भी निर्धारित किया है कि राज्य को कौन-कौन से कार्य बिल्कुल नहीं करने चाहियें। स्पेन्सर के अनुसार राज्य द्वारा करने वाले तथा राज्य द्वारा न करने वाले कार्यों का विवरण निम्नलिखित है।

## राज्य द्वारा करने वाले कार्य

स्पेन्सर ने राज्य द्वारा करने वाले कार्यों की सूची को काफी सीमित कर दिया है। उसके अनुसार राज्य का एक मात्र कार्य समाज में समान स्वतन्त्रता उपलब्ध कराने में सहायक होना है। यह आवश्यकता इसलिये महसूस की गयी क्योंकि मानव स्वभाव ही स्वार्थी है। इस प्रवृत्ति के कारण यह सदैव अपने हित को प्रधानता देता है अन्य व्यक्तियों के हित को ध्यान में नहीं रखता। स्पेन्सर समाज में संघर्ष को बुरा नही मानता अर्थात् अपने हितों को प्राप्त करने के लिये संघर्ष बुरा नहीं है परन्तु इस संघर्ष में भी कोई व्यवस्था होनी चाहिये। यह व्यवस्था केवल उच्छृंखलता को

रोकने के लिए होनी आवश्यक है। मनुष्य जितनी स्वतन्त्रता चाहता है उसे उतनी स्वतन्त्रता देने के लिए भी तैयार रहना चाहिए। उसे प्रत्येक व्यक्ति की समान रूप से रक्षा करनी चाहिये। राज्य का कार्य किसी प्रकार का कानून बनाना नहीं है, उसे तो केवल देश की भीतरी और बाहरी शत्रुओं से रक्षा करनी है। इस प्रकार स्पष्ट है कि स्पेन्सर के अनुसार व्यक्तिवादी राज्य में राज्य का कार्य केवल अनुचित संघर्ष को रोकना है, उचित संघर्ष को रोकना नहीं है।

## राज्य द्वारा न किए जाने वाले कार्य

जहाँ एक ओर स्पेन्सर ने राज्य द्वारा किए जाने वाले सीमित कार्यों का विवरण प्रस्तुत किया है वहीं दूसरी ओर उसने बिल्कुल स्पष्ट रूप से यह भी बतलाया है कि राज्य को क्या-क्या कार्य नहीं करने चाहियें। उसने राज्य के अनेक पारम्परिक कार्यों पर रोक लगाने का प्रस्ताव रखा है।

स्पेन्सर के अनुसार व्यक्ति का महत्व अधिक है। राज्य का महत्व कम है; व्यक्ति राज्य के लिए नहीं है। व्यक्ति साध्य है, राज्य साधन है। अत: व्यक्ति जो चाहता है उसे प्राप्त करने के लिए उसे स्वयं सोचना-विचारना तथा प्रयास करना है। राज्य को उसके प्रयासों में किसी प्रकार का दखल नहीं देना चाहिये। व्यक्ति को अपना कल्याण स्वयं करना है। स्पेन्सर के अनुसार राज्य व्यक्ति का कल्याण कर भी नहीं सकता। उसके अनुसार राज्य वास्तव में किसी न किसी रूप से व्यक्ति का अकल्याण ही करता है। विकास के सिद्धान्त के अन्तर्गत स्पेन्सर यह मानता है कि शक्तिशाली व्यक्ति की जीत होती है और वह बना रहता है। मानव समाज में निरन्तर संघर्ष चलता रहता है। इसी संघर्ष के माध्यम से ही समाज का विकास होता है। राज्य यदि कल्याण करने के प्रयोजन से कुछ करता है तो उसके द्वारा समाज में होने वाला संघर्ष प्रभावित होता है। राज्य इस सामाजिक संघर्ष को दो प्रकार से प्रभावित कर सकता है। एक रूप में वह निर्बलों का साथ दे सकता है। स्पेन्सर के अनुसार इन दोनों प्रकारों से राज्य व्यक्ति का अकल्याण ही करता है। उसके अनुसार सामाजिक संघर्ष अंकुश रहित ही होना चाहिये। स्पेन्सर का कहना है कि यदि राज्य इस सामाजिक संघर्ष में निर्बलों का साथ दे अर्थात् उनकी सहायता करे तब भी समाज का विकास उचित नहीं होगा। इस दशा में पूरे समाज को दो प्रकार से हानि होगी। प्रथम तो स्वरूप संघर्ष की परम्परा समाप्त हो जायेगी। दूसरे, समाज में निर्बलों का अनुपात बढ़ जायेगा अर्थात् समाज में अधिक व्यक्ति मौलिक रूप से निर्बल होंगे। इससे समाज अशक्त हो जायेगा। सामान्य रूप से राज्य का यह कार्य अर्थात् निर्बलों का साथ देना, सामाजिक कल्याण का कार्य माना जाता

है परन्तु स्पेन्सर का मत है कि राज्य की यह प्रवृत्ति वास्तव में पूरे समाज के स्तर को निम्न बनाने वाली तथा विकास की प्रक्रिया में बाधा डालने वाली है। इसके विपरीत दूसरा विकल्प है राज्य द्वारा सबल वर्ग की सहायता। इस सहायता के फलस्वरूप सामाजिक संघर्ष की गति एकाएक तीव्र हो जायेगी तथा निर्बल वर्ग शीघ्र समाप्त हो जायेगा जिससे समाज में संघर्ष का अन्त हो जायेगा। स्पेन्सर के अनुसार यह भी उचित नहीं है। संघर्ष के समाप्त हो जाने से समाज का विकास अवरुद्ध हो जायेगा। विकास की प्रक्रिया केवल संघर्ष के ही माध्यम से आगे बढ़ती है। इस पूरे विवेचन द्वारा स्पेन्सर यह कहता है कि तथाकथित सामाजिक कल्याण का कार्य राज्य को नहीं करना चाहिये। समाज का कल्याण एवं विकास तो स्वतन्त्र संघर्ष की प्रक्रिया द्वारा ही सम्भव है। औद्योगिक क्षेत्र में भी राज्य का हस्तक्षेप उचित नहीं है। औद्योगिक क्षेत्र में यह संघर्ष प्रतिस्पर्धा (Competition) के रूप में होता है। स्पेन्सर औद्योगिक क्षेत्र में मुक्त प्रतिस्पर्धा का पक्षपाती है। उसके अनुसार यदि मुक्त स्पर्धा होती है तो कार्य शीघ्र एवं सस्ते होंगे। स्पेन्सर ने कुछ कार्यों के विषय में स्पष्ट रूप से नकारात्मक विचार प्रस्तुत किये हैं। ये कार्य इस प्रकार हैं। किसी भी प्रकार के व्यापारिक नियमों को निर्धारित नहीं करना चाहिए। कोई भी सामाजिक संस्था स्थापित नहीं करनी चाहिये। निर्बल वर्ग की रक्षा करने वाली सार्वजनिक संस्थाओं की सहायता नहीं करनी चाहिये। शिक्षा संस्थानों की स्थापना एवं परिचालन नहीं करना चाहिए। स्वास्थ्य केन्द्र जैसी संस्थायें नहीं खोलनी चाहियें। डाक-तार विभाग की स्थापना नहीं करनी चाहिए। स्पेन्सर का कहना था कि यदि राज्य ये सब कार्य करने लगता है तो सामाजिक संघर्ष की प्रक्रिया अवरुद्ध हो जाती है तथा सामाजिक संघर्ष के अभाव में समाज का विकास भी अवरुद्ध हो जाता है।

## अभ्यास के लिये प्रश्न

1. हरबर्ट स्पेन्सर का सामाजिक विकास का सिद्धान्त बतलाइये।
2. हरबर्ट स्पेन्सर के अनुसार राज्य का विकास किस प्रकार हुआ? उनके अनुसार राज्य के कार्य और अकार्य बतलाइये।

# 5

# एमाइल दुर्खीम
# (EMILE DURKHEIM)

महान् विचारक, दार्शनिक, शिक्षा शास्त्री एवं समाजशास्त्री श्री दुर्खीम महोदय का जन्म 14 अप्रैल, सन् 1858 में फ्रांस के सुप्रसिद्ध नगर एपीनाल में हुआ था। ये यहूदी थे। यहूदी समुदाय एक असंगठित और पीड़ित समुदाय था। उस समय की धार्मिक, राजनीतिक, आर्थिक, वैज्ञानिक एवं सामाजिक विचारधाराओं में नैतिकता का अभाव था। शिक्षण संस्थाओं में विशुद्ध पांडित्य भरे, संकीर्ण वातावरण ने विद्यार्थियों को बाह्य जगत से परे ही रखा था। ऐसे वातावरण में दुर्खीम का जन्म हुआ।

बचपन से दुर्खीम एक मेधावी, प्रतिभा-सम्पन्न एवं होनहार विद्यार्थी थे। प्रतिभा तो इन्हें विरासत में मिली थी, क्योंकि इनके पूर्वज भी रैबी शास्त्रकार (Rabbinical Scholars) के रूप में विख्यात थे। इनकी प्रारम्भिक शिक्षा एपीनाल के एक स्थानीय कालिज में हुई। स्नातक की उपाधि प्राप्त करने के पश्चात आगामी अध्ययन के लिए आप पेरिस चले गये। उन दिनों पेरिस की इकोल एकादमी में प्रवेश पाना कोई सरल कार्य नहीं था। उसमें केवल प्रतिभा-सम्पन्न और मेधावी छात्रों को ही प्रवेश दिया जाता था। यही कारण था कि दुर्खीम को दो बार निराशा के बाद, तीसरे प्रयास में सफलता मिली। उन दिनों इकोल एकादमी का इतना प्रभाव था कि फ्रांस के विश्वविद्यालय में इकोल एकादमी (Ecole Normale Superieure) के छात्रों को ही प्रोफेसर का पद दिया जाता था। इसी सुप्रसिद्ध एकादमी में दुर्खीम ने अपनी प्रारम्भिक शिक्षा प्राप्त की। 1885 ई. में विशेष अध्ययन के लिए दुर्खीम पेरिस और जर्मनी गये। वहाँ जाकर इन्होंने प्रचलित विचारधाराओं का गहन अध्ययन किया। विल्हेम वुन्ट (Wilhelm Wundt) की मनोवैज्ञानिक विचारधारा और उसकी अध्ययन पद्धतियों की दुर्खीम ने बहुत सराहना की। उस समय सांस्कृतिक मानवशास्त्र, राष्ट्रीय अर्थशास्त्र, लोक मनोविज्ञान आदि विषय जर्मन विचारधारा से ओत-प्रोत थे जिनका दुर्खीम ने गहन अध्ययन किया। सुप्रसिद्ध जर्मन विद्वान आगस्त कौम्टे (Auguste Comte) और विल्हेम वुन्ट के सागर्भित लेखों का अध्ययन करके दुर्खीम बहुत प्रभावित हुए।

जर्मनी से लौटकर ये फिर पेरिस आ गये और पुनः अध्ययन में लीन हो गये। 1893 में "The Division of Labour" के नाम के ग्रन्थ पर पेरिस विश्वविद्यालय ने दुर्खीम को डाक्टर की उपाधि से अलंकृत किया। इस पुस्तक के विचार सैद्धान्तिक एवं व्यावहारिक थे। "The Rules of Sociological Method" इनकी दूसरी पुस्तक थी जो सन् 1895 में प्रकाशित हुई थी।

**विचार एवं समाजशास्त्रीय कृतियाँ**–दुर्खीम के जन्म से पूर्व फ्रांस का राजनीतिक, सामाजिक एवं धार्मिक वातावरण असहिष्णुता, कूपमण्डूकता एवं विशुद्ध साहित्यिक पाण्डित्य से परिपूर्ण था और बाह्य जगत से दूर था। यद्यपि दुर्खीम अपने पूर्वजों से प्रभावित होकर रैबी धर्मशास्त्रों के अध्ययन में जुट गये थे, परन्तु वे अधिक समय तक धर्म के प्रभाव में न रह सके। क्रमशः वे कुछ–कुछ नास्तिक हो चले थे। उनका विचार था कि नैतिकता से हटकर धर्म का कोई अस्तित्व नहीं हो सकता। वह विज्ञान की श्रेणी में नहीं आता जो तात्कालिक समस्याओं से दूर हो और उस समाज से सम्बन्धित न हो जिसका प्रत्येक व्यक्ति एक सदस्य है। दुर्खीम ने समाज सुधार के क्षेत्र में ही नहीं, वरन् शिक्षा, दर्शन और राजनैतिक क्षेत्र में भी अनेक परिवर्तन किये। वे एक प्रत्यक्षवादी तथा वैज्ञानिक वृत्ति वाले थे। यही कारण था कि वे इकोल अकादमी के वातावरण से सन्तुष्ट नहीं थे। यद्यपि वे इकोल एकादमी में अध्ययन करते रहे, परन्तु उनके विचारों में एक संघर्ष चलता रहता था। बस एक बात से दुर्खीम को सन्तोष था, वह यह कि वे परिवर्तन की चिंगारी को स्पष्ट देख रहे थे, वे दूरदर्शी थे। वे समझ चुके थे कि देश का वातावरण अधिक समय तक वैसा नहीं रहेगा। दुर्खीम का अनुमान सत्य ही निकला। प्रो0 एफ द कुलॉज (Fustel de Coulanges) एवं प्रो0 एमाइल बूत्रो (Emile Boutroux) जो इकोल अकादमी की महान् विभूतियों में थे, दुर्खीम के विचारों के समर्थक थे। यही कारण था कि इन दोनों ने वहाँ के पाठ्यक्रम में अनेक परिवर्तन किये। इन परिवर्तनों को देखकर दुर्खीम उत्साह से भर उठे। इतना ही नहीं बल्कि प्रो0 बूत्रो ने इन्हें शोध कार्य के लिये आमन्त्रित किया। दुर्खीम ने अपनी थीसिस, जो मान्टेस्क्यू (Montesquieu) पर लैटिन भाषा में लिखी गई थी, प्रो0 बूत्रो को समर्पित की। इतिहासकार प्रो0 एफ0 द कुलॉज प्रत्यक्षवादी व्यक्ति थे, इनके विचारों ने दुर्खीम को बहुत प्रभावित किया। इन्होंने ही बतलाया था कि समग्र (Whole) स्वयं में यथार्थ और विवेकशील हैं, समाज में से व्यक्तियों को अलग नहीं निकाला जा सकता। समाज के कल्याण से ही व्यक्ति का कल्याण हो सकता है। इसलिए वर्तमान सामाजिक समस्याओं का हल ढूँढ निकालना अति आवश्यक है। अब दुर्खीम को समाजशास्त्रीय सिद्धान्तों का आधार मिल गया था। वह समाज शास्त्र को एक स्वतन्त्र विज्ञान के रूप में देखने के इच्छुक थे। वे कहते थे कि समाज शास्त्र का कार्य केवल समाज का विश्लेषण मात्र करना नहीं है, वरन् सामाजिक जीवन को श्रेष्ठतर बनाना है क्योंकि समाजशास्त्र कोरा विज्ञान ही नहीं, बल्कि कला भी है जो व्यावहारिक जीवन से सम्पर्क रखती है। इन्होंने समाज में फैली हुई कुरीतियों और समस्याओं का गहन अध्ययन किया।

प्रचलित शिक्षा, धर्म, साहित्य, विवाह पद्धतियों आदि के अध्ययन से इनके सामने अनेक समस्याएँ आई जिनका सुझाव इन्होंने प्रस्तुत किया। इन्होंने विवाह विच्छेद, अपराध, न्याय, दण्ड व्यवस्था, राजनीतिक समस्याओं, वंशपरम्पराओं, वर्ग एवं रक्त की श्रेष्ठता सम्बन्धित छोटी से छोटी समस्या का अध्ययन किया और घोषणा की कि यदि समाज की तात्कालिक समस्याओं का हल न हुआ तो श्रेष्ठतर जीवन की कल्पना भी नहीं की जा सकती। इन्होंने इस बात पर बल दिया कि प्रत्येक सामाजिक, धार्मिक एवं राजनीतिक समस्या का दार्शनिक हल होना चाहिए। दुर्खीम यह चाहते थे कि किसी भी प्रकार समाज को ऊंचा उठा सकें, उसकी कुछ सेवा कर सकें। वे समाज को एक समष्टि के रूप में देखना चाहते थे। वे चाहते थे कि समाज में एकता, विश्वबन्धुता, समानता और स्वतन्त्रता के नारे गूँज उठें, आपसी मतभेदों का अन्त हो जाये, प्रत्येक व्यक्ति दूसरे व्यक्ति को प्रेम और सम्मान से देखें, लोगों में सामंजस्य, सहिष्णुता और सहानुभूति की भावना प्रस्फुटित हो। शिक्षा ही ऐसा साधन हो सकता है जो समाज में आमूलचूल परिवर्तन कर सकता है। इसलिए दुर्खीम ने शिक्षा के क्षेत्र में परिवर्तन का सतत् प्रयास किया।

अपने ग्रन्थ "The Division of Labour in Society" rFkk "The Rules of Sociological Method" में दुर्खीम ने एक नई विचारधारा को जन्म दिया। उन्होंने समाज शास्त्र को शिक्षण संस्थाओं में एक स्वतन्त्र विज्ञान के रूप में स्थान दिलाया। इससे पहले विद्यार्थी केवल दर्शनशास्त्र, मनोविज्ञान, नीतिशास्त्र, तर्कशास्त्र और आध्यात्मक विद्या आदि विषयों का ही अध्ययन करते थे, परन्तु जब से वे नैतिक विचारों से ओत–प्रोत दुर्खीम की समाजशास्त्रीय विचारधारा से अवगत हुए उन्होंने समाज शास्त्र का अध्ययन बड़े मनोयोग से आरम्भ कर दिया। दुर्खीम का तीसरा ग्रन्थ "Suicide" था। इस प्रकार 5 वर्षों के अन्दर 3 महान् ग्रन्थों ने दुर्खीम को एक महान् समाज शास्त्री बना दिया। इन ग्रन्थों के अतिरिक्त दुर्खीम ने प्रसिद्ध जर्मन समाज शास्त्री शिलर (Schiller) पर एक लेख लिखा और अनेक जोरदार समीक्षाएँ लिखीं। 1898 ई0 में दुर्खीम ने L'Annee Sociologique नाम की पत्रिका प्रकाशित की जिसमें उनके सारगर्भित लेख और आलोचनायें होती थीं। इस पत्रिका में दुर्खीम के विचार इतने मौलिक और स्पष्ट थे कि उनमें से अनेक महान विद्वान प्रभावित हुए। उन्होंने सबने मिल कर एक समुदाय बना डाला जो समाजशास्त्र-वादी सम्प्रदाय (Sociologistic School) के नाम से प्रसिद्ध हुए। फ्रांस में शिक्षण संस्थाओं में समाज शास्त्र को एक स्वतंत्र स्थान मिल गया। प्रथम महायुद्ध छिड़ जाने के कारण इस पत्रिका का प्रकाशन नहीं हो सका, परन्तु कुछ समय पश्चात् 1924 ई0 में पुनः प्रकाशन शुरू हो गया था। दुर्खीम के भतीजे एंव अनेक सुप्रसिद्ध समाजशास्त्रियों ने मिलकर एक संस्थान Institute of Sociology की स्थापना की जो अधिक समय तक चलता रहा। इन समाजशास्त्रियों में एम0 मौस (Marcel Mauss), एल0 लेवी-ब्रूल (Lucien Levi Bruhl), मार्सल ग्रेनेट (Marcel Granet), मोरिस हलवाश (Maurice Halbwachs), हेनरी लेवी ब्रूल (Henri Levy-Bruhl), जी0 दावी (George Davy),

हेनरी बर्गसों (Henry Bergson), हेनरी बर (Henry Berr), जीन आइजुले (Jean Izoulet), एस्पीनाज (A. Espinas) आदि चोटी के विद्वान थे। इनमें से अनेक तो दुर्खीम के सहपाठी थे। दुर्खीम के सभी लेख पुस्तकों के रूप में संचित नहीं हो सके। उनकी मृत्यु के बाद उनके शिष्यों ने उनके लेखों को विधिवत् एकत्रित किया और प्रकाशित किया। इनमें से प्रसिद्ध संकलन निम्नलिखित क्रम से थे, Education and Sociology (1922), Sociology and Philosophy (1924), The Socialism (1928), The Evolution of Pedagogy in France (1938), Montesque and Rousseau, Pragmatism and Sociology (1955) ये ग्रन्थ बहुत प्रसिद्ध हुए हैं। अनेक भाषाओं में इनके ग्रन्थों के अनुवाद भी हो चुके हैं।

सन् 1912 ई0 में दुर्खीम की रचना "The Elementary Forms of Religious Life" ने दुर्खीम को धार्मिक क्षेत्र में बहुत प्रसिद्ध कर दिया। उन्होंने इस पुस्तक में अपने सैद्धान्तिक और नैतिक विचारों को बड़े ही सुन्दर ढंग से रखा है। उनके अनुसार सच्चा धर्म कभी नैतिकता और सामाजिक कल्याण से दूर नहीं जा सकता, यदि जाता है तो वह धर्म के नाम पर एक धोखा है। दुर्खीम के निबन्ध का संग्रह "Individual and Collective Representation" मौलिक विचारों से परिपूर्ण था। इसमें दुर्खीम ने व्यक्ति पर नहीं, वरन् समग्र (Whole) पर बल दिया है जिसका व्यक्ति सदस्य होता है, और जो स्वयं में यथार्थ है। समाज शास्त्र ही एक ऐसा विषय है जिसमें सामाजिक समस्याओं का हल निहित है, क्योंकि समाज शास्त्र जीवित व्यक्तियों का अध्ययन करता है, मृत व्यक्तियों से उसका कोई सम्बन्ध नहीं होता।

जब फ्रांस प्रथम महायुद्ध की लपटों में झुलस रहा था, तब दुर्खीम अपने लेखों से सामाजिक जागृति में लगे हुए थे। उन्होंने ही लोगों को प्रेरणा दी कि ऐसे कठिन समय में वे अपने धैर्य को न छोड़ें, प्रयास किये जायें और ईश्वर में तथा स्वयं अपने आप में विश्वास रखें। दुर्खीम ने स्थान-स्थान पर भाषण दिये, समाचार पत्रों के कालम रंग डाले और उन विचारकों की कठोर शब्दों में भर्त्सना की जिन्होंने बेल्जियम पर आक्रमण को उचित बतलाया था। उन्होंने संक्षिप्त अध्ययन प्रकाशित किये जो Allemagne an dessue de-tout तथा Qui a voulu la guerre के नाम से विख्यात हुए। उपरोक्त दोनों अध्ययन बाद में Letter's a tous les Francais संग्रह में प्रकाशित हुए।

दुर्खीम केवल विचारक मात्र ही नहीं थे, वे प्रत्यक्षवादी एवं व्यवहारवादी थे। उन्होंने अपने विचारों का प्रयोग प्रत्यक्ष रूप से समाज में किया। शिक्षणशास्त्र (Pedagogy) को उनकी देन महान् है। अपने विचारों को उन्होंने अपने विद्यार्थियों के सामने बड़े सरल ढंग से रखा, उन्हें प्रभावित किया। 1822 ई0 में इकोल अकादमी से निकल कर दुर्खीम ने अध्यापन का कार्य सम्भाल लिया। अध्यापन कार्य में दुर्खीम की आरम्भ से ही रूचि थी। पहले उन्होंने क्षेत्रीय हाई स्कूलों में अध्यापन कार्य किया। वे एक सफल, जागरूक, विलक्षण प्रतिभा वाले अध्यापक थे। उनके व्याख्यानों को

विद्यार्थी मंत्र मुग्ध होकर सुनते थे और ग्रहण करते थे। अपने विषय पर दुर्खीम को पूर्ण अधिकार प्राप्त था। दर्शन की कठिन से कठिन समस्या को वे बड़े सरल ढंग से विद्यार्थियों के सामने रखते थे और बातों ही बातों में उसका निराकरण भी कर देते थे। वे विद्यार्थियों की जिज्ञासा को प्रेरणा देते थे, उन्हें अपने ज्ञान से सन्तुष्ट रखते थे।

सन् 1887 में दुर्खीम को बोर्डियक्स (Bordeaux) विश्वविद्यालय में अध्यापन कार्य के लिए आंमत्रित किया गया। 9 वर्ष तक इन्होंने सामाजिक विज्ञान के क्षेत्र में गहन अध्यापन किया। फलस्वरूप इसी विश्वविद्यालय में सामाजिक विज्ञान का एक पृथक् विभाग खुल गया जिसके अध्यक्ष के पद पर दुर्खीम आसीन हुए। इस समय दुर्खीम बहुत प्रसन्न थे क्योंकि उन्हें अपनी प्रतिभा को माँजने का सुअवसर मिला था। यहीं पर उन्होंने अपने तीन ग्रन्थों की रचना की और अनेक सृजनात्मक कार्य किये। बोर्डियक्स विश्वविद्यालय में उन्होंने 15 वर्ष तक अध्यापन कार्य किया। उनकी विलक्षण प्रतिभा की ख्याति दूर-दूर फैलने लगी थी। सन् 1902 में दुर्खीम को पेरिस विश्वविद्यालय में अध्यापन कार्य के हेतु आमंत्रित किया गया। यह दुर्खीम की प्रतिभा के लिये एक उपयुक्त स्थान था। उन्होंने प्रोफेसर के पद को सहर्ष स्वीकार कर लिया। अपनी अद्वितीय प्रतिभा के कारण सन् 1906 में वे शिक्षाशास्त्र विभाग के अध्यक्ष पद पर नियुक्त हो गये। यद्यपि अमेरिका और जर्मनी समाज शास्त्र को एक पृथक् विज्ञान मान चुके थे, परन्तु पेरिस में वह स्थान इसे नहीं मिल पाया था। दुर्खीम ने नीति शास्त्र और समाज शास्त्र का सुन्दर हल ढूँढ निकाला। यह उन्हीं के प्रयासों का परिणाम था कि पेरिस में भी समाज शास्त्र को एक पृथक् विज्ञान मान लिया गया। पेरिस विश्वविद्यालय में 1914 के युद्ध छिड़ने तक दुर्खीम शिक्षा शास्त्र एवं समाज शास्त्र विभाग के अध्यक्ष पद पर कार्य करते रहे। उसके बाद फ्रांस युद्ध की विभीषिका का शिकार हो गया। दुर्खीम भी युद्ध की लपटों से न बच सके। जन-जागरण उनका महान् उद्देश्य था, जिसे वे अपने भाषणों, लेखों और समीक्षाओं द्वारा पूरा करने का प्रयास करते थे।

दुर्खीम जिज्ञासु प्रवृत्ति के थे। उन्होंने अपना सम्पूर्ण जीवन अध्ययन में ही व्यतीत किया। उन्हें केवल अपने विषय का ही नहीं, वरन् दर्शनशास्त्र, धर्मशास्त्र, तर्कशास्त्र, नीतिशास्त्र, राजनीति शास्त्र आदि सभी विषयों का ज्ञान था। वे बड़े जोरदार शब्दों में अपने विचारों का समर्थन करते थें एवं अनेक पुष्टियों तथा तर्कों द्वारा विरोधी को प्रभावित करते थे। वे अपने शिक्षण काल में सदैव गम्भीर रहे, उनके मित्रों की संख्या बहुत कम थी, परन्तु जो भी उनके मित्र थे सबके सब प्रतिभाशाली समाज शास्त्री थे। उनके मित्रों में एस्पिनाज (Espinas), जीन आइजुले (Jean Izouet), हेनरी बर (Henry Berr) और जी० दावी (Georges Davy) प्रमुख थे। यद्यपि दुर्खीम अपने यहूदी समुदाय तथा फ्रांस के राजनीतिक, धार्मिक, नैतिक वातावरण और इकोल एकादमी के विशुद्ध साहित्यिक, संकीर्ण एवं पांडित्यपूर्ण वातावरण से सन्तुष्ट नहीं

थे, परन्तु फिर भी वे कभी भी सन्तुलन नहीं खोते थे, सदैव धैर्य, शान्ति और गम्भीरता के साथ स्थिति का अध्ययन करते थे। वे प्रतिकूल वातावरण में भी सदैव आशावादी रहते थे, क्योंकि प्रयासों में उनका विश्वास था।

जब फ्रांस सन् 1914 में युद्ध की ज्वालाओं से घिर गया तो दुर्खीम अपने आपको अलग नहीं रख सके और पुत्र अपने आन्द्रे (Andre) के साथ समाज सेवा में जुट पड़े। समाज सेवा और समाज सुधार की भावना उनमें कूट-कूट कर भरी थी। दुर्खीम विद्या प्रेमी थे, ज्ञानार्जन के हेतु उन्होंने देश विदेशों का भ्रमण किया था, प्रत्येक विद्वान की विचारधारा का अध्ययन किया था, समीक्षायें और आलोचनायें लिखी थी। वे शिक्षाशास्त्र और दर्शनशास्त्र का अध्ययन करने जर्मनी गये थे। वहाँ उन्होंने लोक संस्कृति और मनोविज्ञान का अध्ययन किया। यहीं पर वे विल्हेम वुन्ट के प्रभाव में आये, उनकी मनोवैज्ञानिक पद्धतियों और प्रयोगशालाओं को देखा। वे सोचने लगे, कि समाज शास्त्र का अध्ययन वैज्ञानिक विधियों से किया जा सकता है, क्योंकि इससे उसमें परिशुद्धता (Precision) और वैषयिकता (Objectivity) स्थायी रूप से रह सकेगी। जर्मनी से लौट कर दुर्खीम ने अपने अनुभवों को लिपिबद्ध किया और उन्हें प्रकाशित किया। समकालीन विद्वानों ने उनके लेखों की बहुत सराहना की।

दुर्खीम का व्यक्तिगत जीवन शान्तिपूर्ण नहीं था क्योंकि बचपन से ही वे एक ऐसे वातवरण में पले थे जो उनके मनोनुकूल नहीं था, वे जीवन भर इस बात की चेष्टा करते रहे कि किस प्रकार तत्कालीन सामाजिक जीवन को श्रेष्ठतर बनाया जा सकता है। वे समाज में न्याय, संगठन, और उन्नति देखना चाहते थे। वे वर्गभेद को मिटाना चाहते थे। उस समय की राजनीतिक शक्तियों ने व्यक्तिगत स्वतन्त्रता का हनन कर रखा था। नागरिकों के अधिकारों का शोषण किया जाता था, वंश परम्परा के सिद्धान्त समाज में कार्य कर रहे थे, एक ओर गरीबी पल रही थी, दूसरी ओर धन, वैभव और विलासिता थी। इस असमानता और सामाजिक अन्याय को दुर्खीम सहन नहीं कर सकते थे, यही कारण था कि जीवन भर वे समाज की समस्याओं को सुलझानों में लगे रहे। युद्धकाल में वे समाज में शान्ति का सन्देश फैलाते रहे, उनके कोमल हृदय पर बड़ा आघात लगा जब देश के होनहार समाजशास्त्री राबर्ट हर्टज (Robert Hertz) एम0 डेविड (M. David), जीन रेनियर (Jean Reynier) आदि युद्ध में समाप्त हो गये। वे अपने साथी बर्गसाँ (Bergson) के साथ समाज सेवा में जुटे रहे, अपने लेखों द्वारा जर्मन विचारों का उत्तर देते रहे। जब उनका एकमात्र पुत्र आन्द्रे युद्ध में घायल हुआ तो दुर्खीम अपने आप को सम्भाल नहीं पाये। वे अन्दर ही अन्दर घुलने लगे, आन्तरिक पीड़ा से व्याकुल रहने लगे, इस पीड़ा ने दुर्खीम को समाप्त कर दिया। सन् 1916 ई. में वे बीमार हो गये, बीमारी में भी, हृदय में इतनी व्यथा के रहते हुये भी दुर्खीम कार्य से पीछे नहीं हटे, अपने अन्तिम समय में भी कुछ न कुछ लिखने में ही जुटे रहते थे। 15 नवम्बर, 1917 ई. को दुर्खीम सदैव

के लिए संसार से प्रयाण कर गये। अपने पीछे वे अपनी पत्नी और पुत्री मेरी (Marie) को अपने अधूरे कार्य को पूरा करने का उत्तरदायित्व सौंप गये। उनकी पत्नी लुइस ड्रेफू (Louise Dreyfus) सदैव उनके साथ कार्य करती थी। वह भी लेखन कला में पारंगत थी, उसमें भी देश प्रेम कूट-कूट कर भरा था, उसे भी दुर्खीम जैसा पति पाकर गर्व था, वह जीवन भर दुर्खीम की प्रेरणा बनी रही। इस प्रकार दुर्खीम का पूरा परिवार ही देश प्रेम और मानवता का पुजारी था।

## द डिवीजन ऑफ लेबर इन सोसाइटी

### (The Divison of Labour in Society)

दुर्खीम ने अपने जिन ग्रन्थों के कारण समाज में अद्वितीय स्थान प्राप्त किया उनमें सर्वप्रथम ग्रन्थ (The Divison of Labour in society) था। इस महान कृति का प्रकाशन 1893 में हुआ था। यह एक ऐसा ग्रन्थ है जिसने उस समय प्रचलित विचार जगत में हलचल मचा दी। उनकी ख्याति समस्त यूरोपीय देशों में फैल गई क्योंकि उनके विचारों में मौलिकता थी, दूरदर्शिता थी और तत्कालीन सामाजिक समस्याओं का सुन्दर हल भी था।

दुर्खीम ने अपने उपरोक्त ग्रन्थ में निम्नलिखित विषयों की व्याख्या की है-

(1) श्रम विभाजन का नैतिक महत्व (Moral Value of division of Labour), कारण (causes) और दशायें (conditions)।

(2) श्रम विभाजन के प्रकार्य (The Functions of the Division of Labour), सामूहिक चेतना (Collective Consciousness)।

(3) सामाजिक एकता के विभिन्न प्ररूप, स्त्रोत और उनके परिणाम (Different Forms of Social Solidarity, Sources and their Consequences)।

(4) दण्ड, कानून और अपराध (Punishment, Law and Crime)।

(5) श्रम विभाजन के असामान्य रूप (Abnormal forms of Labour)।

विषय वस्तु की दृष्टि से दुर्खीम ने अपने ग्रन्थ को तीन खण्डों में विभाजित किया है:

(1) श्रम विभाजन के प्रकार्य (Functions of Division of Labour)।

(2) श्रम विभाजन के कारण और दशायें (Causes and conditions of the Division of Labour)।

(3) श्रम विभाजन के असामान्य रूप (Abnormal forms of Division of Labour)।

आदिम समाजों में पाई जाने वाली सामाजिक एकता को दुर्खीम यान्त्रिक संशिलष्टता (Mechanical Solidarity) का नाम देते हैं। ऐसी सामाजिक एकता दमनकारी कानून (Repressive Law) के द्वारा स्थायी रखी जाती है। आधुनिक औद्योगिक समाजों में सावयविक प्रकार की संश्लिष्टता (Organic Solidarity) पाई जाती है और दमनकारी कानून का स्थान क्षतिपूर्ति कानून (Restitutive Law) ले लेता है। दमनकारी कानून अपनी अवहेलना करने वालों को भयंकर दण्ड देता है। जो भी व्यक्ति सामूहिक चेतना (Collective Conscience) के विरुद्ध चलता है उसे कड़े से कड़ा दण्ड दिया जाता है जैसे चोर के हाथ काट देना आदि। ऐसे कानून समाज की यान्त्रिक एकता को बनाने में सफल रहते हैं। आधुनिक विकसित समाजों में क्षति पूर्ति कानून होते हैं जिनके अनुसार जिस पक्ष की हानि होती है, उस पक्ष की क्षति पूर्ति कर दी जाती है। जिसकी वस्तु है उसे मिल जाती है अन्यथा हर्जाना दिला दिया जाता है।

दुर्खीम ने श्रम विभाजन के व्याधिकीय (Pathological) प्रकार्य की भी चर्चा की है। औद्योगिक विकसित देशों में आर्थिक संकट, वर्ग संघर्ष, श्रमिकों और पूँजीपतियों का संघर्ष, आर्थिक क्षेत्र में गलाकाट प्रतियोगिताएँ, औद्योगिक संकट आदि श्रम विभाजन के व्याधिकीय प्रकार्य हैं। ऐसे वातावरण में समाज में सकारात्मक (Positive) सम्बन्धों का लोप होने लगता है और उनके स्थान पर नकारात्मक (Negative) सम्बन्ध बढ़ जाते हैं। उदाहरण के लिए इंग्लैंड और अमेरिका जैसे ख्याति प्राप्त औद्योगिक देश श्रम विभाजन के व्याधिकीय प्रकार्यों का शिकार हो रहे हैं। सामान्य जन सुखी व सन्तुष्ट नहीं हैं श्रम विभाजन अपने व्याधिकीय स्वरूप में सामाजिक विघटन (Social Disorganisation), अपराध (Crimes), असमरूपता (Non-Confirmity), आदर्श विहीनता (Normlessness) तथा मूल्य विहीनता (Valuelessness) का कारण बन जाता है। इसके विपरीत यदि उसका स्वरूप प्रकार्यात्मक (Functional) अथवा सकारात्मक (Positive) होता है तो समाज में सहयोग (Co-operation), सद्भावना (Community feeling), एकीकरण (Integration), विशेषीकरण तथा विभेदीकरण (Specialisation and differentiation) और सामाजिक संश्लिष्टता को उत्पन्न करता है। व्याधिकीय प्रकार्य में समाज के सदस्य अपने निर्धारित कार्य न पाकर, अपनी भ्रामक सामाजिक स्थिति से खिन्न होकर आत्म-हत्याओं (Suicides) पर उतारू हो जाते हैं।

उपरोक्त व्याधिकीय प्रकार्य को दुर्खीम एनोमी (Anomie) की स्थिति के नाम से सम्बोधित करते हैं जिसमें समाज व्यक्ति के ऊपर इतनी आशातीत भूमिकाएँ, कार्य और कर्तव्य लाद देता है कि व्यक्ति असमंजस में पड़ जाता है। परिणामस्वरूप वह अपने आपको कुछ न करने की स्थिति में पाता है। वर्ग संघर्ष ऐसे ही परिवेश में, उत्पन्न होता है। दूसरे शब्दों में, दोषपूर्ण श्रम विभाजन (Anomic Division of Labour) हो जाता है।

दुर्खीम ने आदिम पिछड़े हुए समाजों की आधुनिक विकसित समाजों से तुलना की और इस निष्कर्ष पर पहुँचे कि आदिम समाज में व्यक्ति अधिक संन्तुष्ट और सुखी था। उस समय यदि आत्म–हत्यायें होती थीं तो उनका कारण दूसरा था, व्यक्ति आत्म बलिदान और धर्म की भावना से प्रेरित होकर ऐसा करता था। उदाहरण के लिये अनेक जैन भिक्षु और समाज के सदस्य अपने प्राणों का होम कर देते थे। वे अपने देवी-देवताओं को प्रसन्न करने के लिये अपने प्राणों की बलि दे देते थे। आधुनिक समाज में जो आत्महत्यायें बढ़ रही हैं उनका कारण व्यक्ति की सामाजिक स्थिति में देखा जा सकता है। वह अपनी असमर्थता की दशा में, जीवन के संघर्षों से तंग आकर आत्महत्या करता है। यह सब श्रम विभाजन की व्याधिकीय स्थिति के कारण ही है जो उसी के साथ ही साथ बढ़ती है।

श्रम विभाजन की व्याधिकीय स्थिति से घबराकर कुछ विद्वानों ने श्रम विभाजन को समाज के लिये घातक बतलाया, परन्तु दुर्खीम ने उनका विरोध करते हुये यह कहा कि श्रम विभाजन स्वयं एक नैतिक प्रकार्य है। उसके विकास के साथ ही साथ समाज में नैतिकता और क्षति-पूर्ति कानूनों का विकास होना भी आवश्यक है। यदि ऐसा होता है तो श्रम विभाजन में विचलनों (Deviations) की स्थिति नहीं उत्पन्न होगी। नैतिक कार्यों की महत्ता प्रत्येक समाज में होती है। श्रम विभाजन की वृद्धि के साथ-साथ समाज के सदस्यों में उसी अनुपात में नैतिक गुणों की भी वृद्धि होनी चाहिये। तभी श्रम विभाजन से अभीष्ठ परिणामों की आशा की जा सकती है। दुर्खीम ने अपने ग्रन्थ में स्पष्ट लिखा है कि श्रम विभाजन का सम्बन्ध हमारे सम्पूर्ण नैतिक जीवन से होता है। नैतिक तथ्यों के अभाव में ही व्याधिकीय प्रकार्य उत्पन्न होते हैं।

दुर्खीम ने वंशानुक्रमण (Heredity) को भी श्रम विभाजन का एक विरोधी तत्व बतलाया। वंशानुक्रम व्यक्ति को वही कार्य करने को बाध्य करता है जो पीढ़ी दर पीढ़ी उसके परिवार में चला आया है। इस प्रकार वंशानुक्रमण उसकी प्रतिभा के विकास में बाधा बनता हैं। पंडित का पुत्र पंडिताई करने के लिये बाध्य हो जाता है चाहे उसके अन्दर कितनी भी प्रतिभा छिपी पड़ी हो। यदि श्रम विभाजन के विकास के साथ ही साथ नैतिक गुणों में भी वृद्धि हो, कानूनों में परिवर्तन हो और वंशानुक्रमण का बन्धन ढीला हो तो श्रम विभाजन से समाज में सदैव सावयविक संश्लिष्टता उत्पन्न होती है।

## श्रम विभाजन के मूल उद्देश्य

**(1) समाज में संश्लिष्टता** (Social Solidarity) **उत्पन्न करना** - "समाज में श्रम विभाजन" की रचना में दुर्खीम का मुख्य उद्देश्य उस समय के वातावरण, विचार जगत एवं मान्यताओं में एक परिवर्तन लाना था। उनका विचार था कि एक बुद्धिजीवी, विवेकशील प्राणी को तत्कालीन सामाजिक समस्याओं से विमुख नहीं होना चाहिये। प्रत्येक सामाजिक समस्या का एक दार्शनिक आधार होना चाहिये। उनका

अध्ययन वैज्ञानिक पद्धति से किया जाना चाहिए। जिस प्रकार अन्य भौतिक विज्ञानों का अध्ययन एक व्यवस्थित ढंग से निरीक्षण, परीक्षण और प्रयोग द्वारा किया जाता है उसी प्रकार सामाजिक जीवन की घटनाओं का अध्ययन भी वैज्ञानिक पद्धति से सम्भव है। अस्तु, दुर्खीम ने समाज शास्त्र को एक स्वतन्त्र विज्ञान घोषित किया और अपने सतत प्रयासों के फलस्वरूप अपने महान उद्देश्य में सफलता प्राप्त की।

जिस समय दुर्खीम अपने विचार जगत में भ्रमण कर रहे थे उस समय फ्रांसीसी समाज पर दु:ख के बादल मण्डरा रहे थे। फ्रांस संकटकालीन स्थिति में से गुजर रहा था, राजनीतिक व्यवस्था भी ढीली थी, प्राचीन मूल्यों, रूढ़ियों, अंधविश्वासों का समाज में बोलबाला था। दूसरी ओर समाज में प्रगतिवाद और प्रतिक्रियावाद पनप रहा था। इस प्रकार एक ओर कानून, प्रथायें, धर्म, राज्य, व्यक्ति को पीछे की ओर खींचते थे तो दूसरी ओर समानता, न्याय और व्यक्तिगत स्वतन्त्रता उसे अपनी ओर खींच रही थी। ऐसी तनावपूर्ण स्थिति में व्यक्ति अपने पूर्व निर्धारित कार्यों को भूल चुका था। उसे अपनी सामाजिक स्थिति के बारे में भ्रम हो चला था। वह एक असामंजस्य की स्थिति में था। ऐसी अवस्था में प्रत्यक्षवादी और वैज्ञानिक वृत्ति वाले समाज शास्त्री दुर्खीम ने सामाजिक एकता अथवा सामाजिक संश्लिष्टता (Social Integration or Social Solidarity) को ही अपनी रचना का उद्देश्य बनाया और समाज की छोटी से छोटी समस्या जैसे विवाह विच्छेद, वंश परम्परा, शिक्षा, धर्म, कानून, अपराध और अपराधी, न्याय, सतर्कता, रूढ़ियों एवं प्रथा आदि सभी पर विचार किया और उनका निराकरण करने का प्रयास किया।

**(2) सामाजिक जीवन के अध्ययन में प्रत्यक्षवादी (Positivistic) वैज्ञानिक विधि का प्रयोग करना**–दुर्खीम के प्रयासों से पहले समाज शास्त्र को एक स्वतन्त्र विज्ञान नहीं माना जाता था क्योंकि उसमें भौतिक, जैविक या अन्य विज्ञानों की भाँति वैज्ञानिक विधि और वैज्ञानिक प्रयोगशालाओं का प्रयोग नहीं होता था। दुर्खीम ने यह सिद्ध कर दिया कि सामाजिक जीवन का अध्ययन भी प्रत्यक्षवादी वैज्ञानिक विधि से सम्भव है। जो भी विधियाँ एंव कसौटियाँ (Criteria) भौतिक की प्रयोगशालाओं में प्रयोग की जाती हैं वे सामाजिक जीवन के अध्ययन में भी प्रयोग की जा सकती हैं। सामाजिक घटनायें भौतिक, जैविक या मनौवैज्ञानिक घटनाओं से भले ही भिन्न हो और उनकी उत्पत्ति, विकास या परिवर्तन स्वयं अपने ही विशिष्ट नियमों से होता हो, उनके अध्ययन में प्रत्यक्षवादी वैज्ञानिक विधि का प्रयोग किया जा सकता है और उचित नियम निकाले जा सकते हैं।

**(3) व्यक्तिवादी उपयोगितावादी** (Individualistic Utilitarian) **विचारधारा का विरोध करना**–दुर्खीम का दृढ़ विचार था कि समाज स्वत: विकास का परिणाम है। समाज का विकास होता है न कि उत्पत्ति। न ही यह व्यक्तियों

के सामाजिक समझौतों से उत्पन्न व्यवस्था है। समाज अनादि है, व्यक्ति उसका एक अंग है। व्यक्ति समाज के निर्माता नहीं हो सकते, समाज व्यक्ति से पहले उपस्थित था। व्यक्ति समाज में जन्मता है, समाज उसके अस्तित्व की रक्षा करता है। व्यक्ति समाज में एक लुंजपुंज दशा में आता है, समाज उसे एक साँचे में ढालता है। दुर्खीम ने अपने इस ग्रंथ की रचना व्यक्तिवादी उपयोगितावादी विचारक हाब्स (Hobbes) और लॉक (Locke) के विचारों का विरोध करने के लिए भी की थी। अपने विचारों के समर्थन में उन्होंने ऐतिहासिक उदाहरण प्रस्तुत किया। इतिहास इस विचार का समर्थन करता हैं कि व्यक्ति समाज से पहले नहीं आया। समाज व्यक्तियों को पूर्ण स्वतन्त्र नहीं छोड़ सकता। सामाजिक हित को सदैव प्राथमिकता दी जायेगी क्योंकि व्यक्तियों का हित भी उसी में निहित है। दुर्खीम के विचार कट्टर समाजवादी भी नहीं हैं। वे व्यक्तियों में समानता, स्वतन्त्रता, सामंजस्य, सामाजिक न्याय, सहयोग, प्रेम और परस्पर सद्भावना देखना चाहते थे। वे व्यक्ति की स्वतन्त्रता के प्रबल समर्थक थे क्योंकि उनका विश्वास था कि व्यक्तित्व का विकास एक स्वतन्त्र वातवारण में ही सम्भव हो सकता है। दुर्खीम ने इस तथ्य से इन्कार नहीं किया कि सामाजिक घटनायें विचित्र और परिवर्तनशील होती हैं, उनका अध्ययन उस प्रकार नहीं किया जा सकता जिस प्रकार भौतिक व जैविक तथ्यों (Facts) का अध्ययन किया जा सकता है। इसका कारण यह है कि समाज जीवित विवेकशील व्यक्तियों का समूह है, निर्जीव वस्तुओं का एक पुंज मात्र नहीं है। उसकी मान्यताओं, मूल्यों और प्रतिमानों में परिवर्तन भी होते रहते हैं। परन्तु फिर भी सामाजिक घटनाओं का वैज्ञानिक विधि से अध्ययन किया जा सकता है। सामाजिक घटनाओं का अध्ययन एक स्वतन्त्र और स्वायत्त विज्ञान ही कर सकता है, इसलिए समाज शास्त्र को एक स्वतन्त्र विज्ञान की श्रेणी में माना जाना चाहिये।

**(4) ज्ञान और व्यवहार के बीच सामंजस्य और पारस्परिकता उत्पन्न करना**–दुर्खीम प्रत्यक्षवादी और व्यवहारिक विचारों में आस्था रखते थे। उनके अनुसार कोई विज्ञान तब तक विज्ञान कहलाने का अधिकारी नहीं जब तक वह व्यावहारिक जीवन को स्पर्श न करता हो। प्रत्येक विज्ञान का मूल उद्देश्य जीवन की आवश्यकताओं की पूर्ति करना है। जिन तथ्यों का विज्ञान अध्ययन करता है, वे हमारे जीवन को अनेक रूप में प्रभावित करते हैं। ज्ञान और व्यवहार के बीच में जो दरार है, उसे मिटा दिया जाना चाहियें। यदि ऐसा हो जाये तो सामाजिक समस्यायें सुलझ जायें और मानव जीवन सुखी हो जाये। प्रस्तुत ग्रंथ दुर्खीम ने फ्रांस के डगमगाते सामाजिक ढाँचे से प्रेरित होकर लिखा था। उस समय ज्ञानार्जन केवल ज्ञान के लिये था, विद्यार्थी वर्ग बाह्य जगत से दूर, विशुद्ध पांडित्य की खोज में अपने संकुचित दायरे के आस-पास ही चक्कर काट रहा था। विश्वविद्यालय में तर्कशास्त्र, दर्शन, धर्मशास्त्र, राजनीति विज्ञान, मनोविज्ञान, आदि का ही अध्ययन कराया जाता

था। दुर्खीम इस कूपमण्डूकता के घोर विरोधी थे। वे ज्ञान का सम्बन्ध जीवन की कला (Art of Living) से मानते थे। इसीलिये उन्होंने सम्पूर्ण ज्ञान सामाजिक समस्याओं के निदान में लगा दिया। अपने इन्हीं विचारों के कारण ही वे समाज शास्त्र की ओर बढ़े क्योंकि यह अन्य विज्ञानों की अपेक्षा अधिक सैद्धान्तिक एवं व्यावहारिक था। उन्होंने उसे एक स्वतन्त्र विज्ञान बनाने का प्रयास किया। उनके अनुसार समाज शास्त्र ही ऐसा विज्ञान है जो सामाजिक जीवन की सभी समस्याओं का अच्छा निराकरण प्रस्तुत कर सकता हैं। जिस समय दुर्खीम ने अपने ग्रंथ "समाज में श्रम विभाजन" की रचना की उस समय सम्पूर्ण समाज नये मूल्यों और परम्परागत मूल्यों की खींचा तानी से उत्पन्न तनाव की स्थिति में था। प्राचीन परम्परा, दण्ड विधान, राजनीतिक ढाँचा, वंश, रक्त से सम्बन्धित विचार, प्रथाएँ, रूढ़ियाँ, प्रतिमान और मान्यतायें, धर्म, नियम और संचय सभी सन्देह का शिकार बन चुके थे, उनकी जड़े हिल रही थीं। दुर्खीम दूरदर्शी थे। वे जानते थे कि यह सब एक दिन अवश्य होगा। कोई शक्ति उसे नहीं रोक सकेगी, क्योंकि यह विभेदीकरण (Differentiation) और विशेषीकरण (Specialisation) की प्रक्रिया का आरम्भ है जो अन्त में एक स्थायी सामाजिक संश्लिष्टता (Social Solidarity) को जन्म देगा।

दुर्खीम ने ज्ञान और व्यवहार के बीच की खाई को पाटने के लिये स्वयं, कार्य किया, फ्रांसीसी युद्ध के समय जनसमूहों के बीच जोरदार भाषण दिये, पत्र-पत्रिकाओं में अनेक लेख निकाले, समीक्षायें प्रकाशित कीं और युद्ध को अमानुषिक कार्य बतलाया। उन्होंने वंश परम्परा के सिद्धान्त का खन्डन किया, उत्तराधिकार, वर्ग प्रणाली, और कठोर दण्ड विधान को समाप्त करके सामाजिक न्याय, समानता और स्वतन्त्रता की स्थापना पर जोर दिया। उन्होंने विवाह विच्छेद सम्बन्धी कानूनों को अधिक जटिल बनाने की माँग रखी। उन्होंने जनसमूह को धैर्य (Patience), प्रयास (Efforts), और आत्मविश्वास (Self Confidence) का मंत्र दिया, जिसकी उस संकट काल में अति आवश्कता थी। उन्होंने यह अपना कर्त्तव्य समझा कि अपने वैज्ञानिक और समाज शास्त्रीय ज्ञान को अपने राष्ट्र की सेवा में लगाया जाये।

**(5) सामाजिक जीवन में नैतिकता** (Morality) **का स्थान**-प्रस्तुत ग्रन्थ की रचना का एक मुख्य उद्देश्य नैतिकता को सामाजिक जीवन में ढालना था। दुर्खीम कहता था कि "श्रम विभाजन से सावयविक संश्लिष्टता (Organic Solidarity) तभी उत्पन्न होगी जब नैतिक मूल्यों को सामाजिक जीवन में पूर्णरूप से ढाल लिया जायेगा।" उन्होंने नैतिकता का अर्थ किसी धार्मिक अथवा आर्थिक पहलू से नहीं लिया है। नैतिकता का तात्पर्य उन विभिन्न सामाजिक गुणों की वृद्धि से है जिनका होना सामाजिक संगठन (Social Integration) के लिये आवश्यक है। वे गुण सहिष्णुता, दूरदर्शिता, पारस्परिक सद्भावना, प्रेम, त्याग, सहानुभूति, वैज्ञानिक

और प्रत्यक्षवादी दृष्टिकोण, सेवा भाव, निःस्वार्थ राष्ट्र प्रेम, विश्व-बन्धुत्व की भावना आदि हैं। दुर्खीम के अनुसार श्रम विभाजन तभी समाज को एकता में बाँध सकता है जब कि उपरोक्त सामाजिक गुण उसके सदस्यों में विकसित हों अन्यथा श्रम विभाजन अपने असामान्य रूपों (Abnormal Forms) में प्रकट होता है और सामाजिक विघटन को जन्म देता है।

दुर्खीम के अनुसार नैतिक घटनायें भी सामाजिक घटनायें होती हैं, उनका अध्ययन भी वैज्ञानिक विधि से किया जाना चाहिये। नीति विज्ञान समाज में नैतिक घटनाओं का निरीक्षण, परीक्षण, वर्णन और वर्गीकरण करता है और समय और परिस्थिति के अनुसार उनमें परिवर्तन भी करता है। वह हमें नैतिक तथ्यों से परिचित कराता है और हम उन्हें जीवन की आवश्यकतानुसार अपनाते जाते हैं। दुर्खीम का नैतिकता में इतना विश्वास था कि वे समाज में श्रम विभाजन को एक नैतिक तथ्य मानते थे क्योंकि अन्य नैतिक तथ्यों के समान यह भी सामाजिक संश्लिष्टता (Social Solidarity) उत्पन्न करता है। सामाजिक सदस्यों के नैतिक चरित्र के विषय में दुर्खीम कहते थे कि "प्रत्येक व्यक्ति से आशा की जाती है कि वह समाज में अपने निर्धारित प्रकार्य (Function) को पूरा करे "अपने द्वारा एक निश्चित प्रकार्य की पूर्ति करो।"[1] श्रम विभाजन स्वयं एक नैतिक तथ्य है, नैतिक चेतना द्वारा ही हम सामाजिक संश्लिष्टता को बनाये रख सकते हैं, और सामाजिक असामान्यताओं को समाप्त कर सकते हैं [2], चूँकि श्रम विभाजन स्वयं एक नैतिक घटना है, अतः प्राचीन प्रथाओं, परम्पराओं, नियंत्रणों, कानूनों, संस्थाओं, दमनकारी रूढ़ियों का टूट जाना लाभकर ही है। उससे समाज में एक नई एकता का उदय होगा, समाज में नैतिक गुणों को सम्मान की दृष्टि से देखा जायेगा, स्वतन्त्रता, समानता, विश्व बन्धुत्व, और सामाजिक न्याय आदि लोकतंत्र की अनिवार्य आवश्यकताओं की पूर्ति होगी। दुर्खीम ने अपने विचार विषम परिस्थितियों में प्रदर्शित किये थे, परन्तु उनकी भविष्यवाणी आज सत्य प्रतीत हो रही है। उनके विचारों का महत्व प्रगतिशील व्यक्तियों के लिए आज भी बहुत अधिक है।

**(6) सामाजिक एकता और व्यक्तिगत स्वतन्त्रता के विरोध को दूर करना**-उपरोक्त ग्रन्थ की रचना का एक उद्देश्य यह भी था कि दुर्खीम यह सिद्ध करना चाहते थे कि सामाजिक एकता और व्यक्तिगत स्वतन्त्रता में कोई विरोध नहीं है। वे एक दूसरे के पूरक हैं, व्यक्तिगत स्वतन्त्रता को समाप्त करना, व्यक्तियों को उनके अभीष्ट अधिकार न देना, रक्त सम्बन्ध, जाति, वंश, लिंग,

---

1. "Make yourself usefully fulfil a determinate function" -***Durkheim***
2. 'Without wishing to substitute ourselves for the moral conscience of societies, without pretending to make laws in their place we shall not be able to clarify the problem, and complxity will be lessened ". -***Durkheim.***

वर्ग के आधार पर उनमें भेदवाद करना, पक्षपात करना आदि सामाजिक एकता के लिये घातक सिद्ध होंगे। व्यक्ति को किन्हीं कार्यों को करने की स्वतन्त्रता उसे उच्छृंखल नहीं, वरन् शिष्ट बनाती है नैतिक गुणो को विकसित करती है और सामाजिक एकता को दृढ़तर बनाती है। श्रम विभाजन के नैतिक तथ्य द्वारा दुर्खीम यह बतलाना चाहते थे कि व्यक्ति स्वभाव से एक नैतिक प्राणी होता है, वह शान्ति चाहता है, समाज में घुल मिलकर प्रेम और सहयोग से रहना चाहता है, वह स्वयं में अच्छा होता है, उसमें एक नैतिक भावना छिपी रहती है, वह एक विवेकशील (Rational) प्राणी होता है, वह बुद्धिजीवी होता है।

## संश्लिष्टता (Solidarity) का अर्थ

प्रत्येक समाज में किसी न किसी प्रकार की एकता पाई जाती है। मानव एक सामाजिक प्राणी है, वह समाज के बिना नहीं रह सकता। उसके स्वभाव में ही सामाजिकता पाई जाती है। स्वभाव के अतिरिक्त मनुष्य अपनी आवश्यकताओं के कारण भी सामाजिक प्राणी हो जाता है। समाज उसे सुरक्षा प्रदान करता है तथा उसकी मूलभूत आवश्यकताओं की पूर्ति करता हैं। समाज का प्रत्येक व्यक्ति अपने को समाज के अनुसार ढालने का प्रयास करता है। वह अपने आपको समाज के अनुरूप बना लेता है। उसमें सामूहिक चेतना (Social Consciene ) उत्पन्न होती है। यह सामूहिक चेतना जितनी दृढ़ होती है, समाज में एकता भी उतनी ही दृढ़ होती है। इस सामूहिक चेतना को बनाये रखने के लिये समाज कुछ आदर्शो या नैतिक नियमों की स्थापना करता है जिनका पालन समाज का प्रत्येक सदस्य करता है।

## सामाजिक संश्लिष्टता के अध्ययन की उपयोगिता

दुर्खीम ने सामाजिक संश्लिष्टता को एक व्यापक अर्थ में लिया है। उन्होंने प्रसिद्ध समाजशास्त्री ऑगस्त काम्टे (Auguste Comte) के इस विचार का समर्थन किया कि श्रम-विभाजन की महत्ता को सिद्ध करने के लिये हमें न केवल कुछ वर्गों या समूहों की क्रियाओं का अध्ययन करना होगा बल्कि समस्त समाजों की क्रियाओं का भी अध्ययन करना होगा क्योंकि इन क्रियाओं का सम्बन्ध अतीत एवं वर्तमान दोनों से होता है। इन क्रियाओं का प्रभाव आने वाली पीढ़ी पर भी पड़ता है। ऑगस्त काम्टे ने श्रम-विभाजन की परिभाषा करते हुए कहा कि 'श्रम-विभाजन मानवीय क्रिया-कलापों की एक प्रक्रिया है' 'श्रम-विभाजन सामाजिक जीवन की एक आवश्यक दशा (Essential condition of social life) है।

दुर्खीम के अनुसार श्रम विभाजन समाज में नैतिक नियमों, आचार संहिता अथवा नैतिक आदर्शों का स्त्रोत होता है। ये ही नैतिक नियम सामाजिक सम्बन्धों को जन्म देते हैं और एक ऐसी दशा को उत्पन्न करते हैं जिसे हम सामाजिक संश्लिष्टता कह सकते हैं। उपरोक्त विचारों से यह

निष्कर्ष निकलता है कि सामाजिक संश्लिष्टता एक नैतिक दशा है। दुर्खीम के स्वयं के शब्दों में, "सामाजिक संश्लिष्टता पूर्णरूपेण एक नैतिक घटना है"[1] जिसका उत्तरोत्तर विकास होता जाता है। यह संश्लिष्टता ही वैयक्तिक दृष्टिकोण को विकसित करती है पारस्परिक सद्भावना को प्रगाढ़ करती है और सम्बन्धों की विभिन्नताओं (Differentiations) को आत्मसात करने के लिये सहिष्णुता और उदारता की वृद्धि करती है। दुर्खीम के शब्दों में- "एक समाज के सदस्य जितने ही अधिक संश्लिष्ट होते हैं उतना ही अधिक वे पारस्परिक सम्बन्धों की विभिन्नताओं को बनाये रख सकते हैं।"[2] संश्लिष्टता का अध्ययन एक प्रकार से नैतिक तथ्यों और घटनाओं का अध्ययन करना है क्योंकि इन्हीं से संश्लिष्टता उत्पन्न होती है। दुर्खीम ने सामाजिक संश्लिष्टता के अध्ययन पर बहुत बल दिया, क्योंकि ऐसे अध्ययन से ही यह ज्ञात होता है कि नैतिकता के कौन-से नियमों की उपयोगिता अब नहीं रही और कौन-से नियम समाज में अपनी अभीष्ट भूमिका (Role) निभा रहे हैं। परम्पराओं, प्रथाओं, रूढ़ियों, धार्मिक अन्धविश्वासों और प्राचीन मूल्यों से केवल इसलिये चिपके रहना क्योंकि वे प्राचीनतम हैं, उचित नहीं होता। काल और परिस्थितियों के अनुसार समाज में नवीन मूल्यों का निर्माण किया जा सकता है। समाजों में संश्लिष्टता के अध्ययन के फलस्वरूप हम यह जान सकेंगे कि आधुनिक समाजों की सामाजिक संश्लिष्टता में कौन-सी जटिलतायें उपस्थित हैं जिनका निराकरण करना है, क्योकि श्रम-विभाजन जहाँ सावयविक संश्लिष्टता उत्पन्न करता है वहाँ कभी-कभी अपने व्याधिकीय अथवा असामान्य (Abnormal form) रूप में भी प्रकट होता हैं। उपस्थित व्याधिकीय प्ररूपों (Forms) का अध्ययन, सामाजिक दशा को सामान्य (Normal) बनाने में सहायक होगा।

सामाजिक संश्लिष्टता एक अमूर्त (Abstract) तत्व है। इसे इसके परिणामों (Consequences) या प्रभावों (Effects) के द्वारा ही जाना जा सकता है। उदाहरण के लिये प्रथा, कानून, धार्मिक विश्वासों, प्रचलित कानून आदि को देखकर हम यह ज्ञात कर सकते हैं कि अमुक समाज में किस प्रकार की संश्लिष्टता उपस्थित है। संश्लिष्टता का सम्बन्ध सामाजिक सदस्यों से होता है, क्योंकि वे ही उसे उत्पन्न करने का प्रयास करते हैं। अतः उनके अध्ययन के द्वारा ही हम यह ज्ञात कर सकेंगे कि व्यक्तियों की नैतिक एवं मानसिक संरचना में भी संश्लिष्टता के प्रति जागरूकता है या नहीं, यदि नहीं, तो उसके कौन-से कारण हो सकते हैं। संश्लिष्टता एक सामाजिक दशा है, जिसको हम उससे उत्पन्न प्रभावों द्वारा समझ सकते हैं। ये प्रभाव कानूनों (Laws), प्रभावों और मान्यताओं के रूप में प्रकट

---

1. "Social Solidarity is completely a moral phenomena".
2. "The more solidary the members of a society are, the more they sustain diverse relations, one with another, or with the group taken together".

होते हैं। यदि हम यह जानना चाहें कि किसी समाज में कैसी संश्लिष्टता है तो उस समाज के दण्ड विधानों, प्रथाओं, मान्यताओं के अध्ययन द्वारा जान सकते हैं। अतः सामाजिक संश्लिष्टता के अध्ययन की अत्यधिक महत्ता है।

## सामाजिक संश्लिष्टता के विभिन्न प्ररूप

दुर्खीम ने दो प्रकार की सामाजिक संश्लिष्टताओं को प्रमुख माना है-

(1) यांत्रिक संश्लिष्टता (Mechanical Solidarity)

(2) सावयविक संश्लिष्टता (Organic Solidarity)

परन्तु संश्लिष्टता को अधिक स्पष्ट रूप से समझने के लिये कुछ अन्य प्रकार की संश्लिष्टताओं का भी वर्णन किया गया है जो विभिन्न समाजों में पाई जाती हैं।

ये हैं-

(i) खण्डात्मक प्रकार की (Segmental Type) संश्लिष्टता

(ii) संविदात्मक संश्लिष्टता (Contractual Solidarity)

(iii) नकारात्मक एवं सकारात्मक संश्लिष्टता (Positive and Negative Type of Solidarity)

### यांत्रिक संश्लिष्टता

दुर्खीम ने अपने ग्रंथ के प्रथम और दूसरे अध्याय में यांत्रिक संश्लिष्टता की विशद् व्याख्या की है। सामाजिक संश्लिष्टता का प्ररूप उस समाज में पाई जाने वाली न्यायिक व्यवस्था पर निर्भर होता है। जिस प्रकार की आचार संहिता जिस समाज में पाई जाती है उसमें वैसी ही संश्लिष्टता पाई जाती है। अपने गहन अध्ययन के निष्कर्ष से उन्होंने ये विचार व्यक्त किये कि आदिम, छोटे या सभ्यता और संस्कृति की दृष्टि से पिछड़े हुए समाजों में यांत्रिक एकता पाई जाती है। शिक्षा एवं नैतिक मूल्यों के अभाव में आदिवासी समाज के सदस्यों में पूर्ण विवेकशीलता नहीं पाई जाती, इसलिये वे समाज द्वारा स्थापित नैतिक नियमों, प्रथाओं, परम्पराओं, आचार व्यवहार को नियन्त्रित करने वाले नैतिक आदर्शों को ज्यों का त्यों मान लेने में ही अपना हित समझते हैं। इसके अतिरिक्त जो व्यक्ति उन आदर्शों का उल्लंघन करने की चेष्टा करता है, समाज की दण्ड व्यवस्था उसे कठोर दण्ड देती है जिससे अन्य सदस्यों को वैसा करने का साहस न हो सके। यांत्रिक एकता श्रम-विभाजनहीन समाजों की विशेषता होती है। वहाँ विशेषीकरण अथवा विभेदीकरण की अनुमति नहीं होती। सामाजिक सदस्य यंत्रवत सामूहिक चेतना (Collective Conscience) में भाग लेते हैं और उसे बनाये रखना अपना निर्धारित कर्त्तव्य समझते है। ऐसी संश्लिष्टता समरूपता (Likeness) और नैतिक

सदृश्यता (Moral Resemblance) से उत्पन्न होती है। सभी सदस्य सामाजिक मूल्यों, धार्मिक कृत्यों, क्रिया-कलापों, सामाजिक प्रथाओं और मान्यताओं के प्रति समान भावना रखते हैं। यह एक सरल (Spontaneous) प्रकार की संश्लिष्टता होती है जिसमें सभी व्यक्ति समान योग देते हैं। ऐसी एकता को दुर्खीम ने यांत्रिक एकता कहा है। ऐसी संश्लिष्टता दमनकारी कानून (Repressive Law) से स्थायी रखी जाती है। इसका सम्बन्ध सदस्यों में सामान्य चेतना के प्रति पाये जाने वाले समान श्रद्धा भाव से होता है जिसमें उनकी स्वेच्छा का महत्व नहीं होता; बल्कि वह श्रद्धा भाव एक यांत्रिक प्रकार का होता है।

दुर्खीम ने अपराध और दन्ड की जो व्याख्या की है वह सामाजिक संश्लिष्टता के रूप पर भी प्रकाश डालती है, क्योंकि संश्लिष्टता का समाज में स्थापित कानून से निकट सम्बन्ध होता है। सामान्य चेतना की निरन्तरता (Continuity) को बनाये रखने के लिये समाज व्यक्ति के व्यवहार तथा आचरण को अपने नैतिक नियमों से नियन्त्रित करता है। जो व्यक्ति सामाजिक नियमों के उल्लंघन का प्रयास करता है वह अपराधी माना जाता है और यह उल्लंघन एक अपराध कहलाता है। नैतिक नियमों की पवित्रता सिद्ध करने के लिये दुर्खीम कहते हैं कि समाज व्यक्ति को इसलिये दण्ड नहीं देता कि वह उस व्यक्ति से बदला लेना चाहता है अथवा वह व्यक्ति स्वयं में एक बुरा व्यक्ति है, बल्कि इसलिये कि उसने नैतिक नियमों को तोड़ने की कोशिश की है जो अनैतिक है और इसलिये अपराध है। यह अपराध सामान्य चेतना को कमजोर बनाता है। एक व्यक्ति अपराध करता है तो सम्पूर्ण समाज यह माँग करता है कि उस व्यक्ति को दण्ड दिया जाये क्योंकि सामान्य चेतना में सभी सदस्य समान रूप से भागीदार होते हैं। जब कोई व्यक्ति अपराध करता है तो उसके प्रति समाज की एवं अन्य व्यक्तियों की तीव्र प्रतिक्रिया होती है। इस प्रतिक्रिया का सीधा सम्बन्ध प्रत्येक व्यक्ति में पाये जाने वाले स्थायी भावों (Sentiments) से होता है। "इस प्रकार सामूहिक स्थायी भावों की प्रकृति दण्ड की और परिणामस्वरूप अपराध की व्याख्या करती है।"[1]

## यांत्रिक संश्लिष्टता वाले समाज की विशेषतायें

अन्य प्रकार की सामाजिक संश्लिष्टता से तुलना करने के लिये, दुर्खीम ने यांत्रिक एकता पाये जाने वाले समाज की कुछ विशेषताओं का वर्णन किया है। यांत्रिक समाज की विशेषताओं के अध्ययन के माध्यम से हमें उन अनेक मूल तत्वों का भी ज्ञान हो जाता है जो दुर्खीम के चिन्तन के विषय थे। उनके विचार से यांत्रिक एकता पाये जाने वाले समाजों में निम्नलिखित विशेषतायें पाई जाती हैं।

1. **तीव्र सामूहिक चेतना** (Collective Conscience)– मानव एक विवेकशील प्राणी है, परन्तु उसका विकास अनुकूल सामाजिक परिस्थितियों में ही

---

1. "Thus the nature of collective sentiments accounts for punishment, and consequently for crime." ***-Durkheim***

होता है। आदिवासी मानव प्रतिकूल सामाजिक परिस्थितियों के कारण विवेक की अपेक्षा मूल प्रवृत्तियों से अधिक प्रेरित होते हैं। वे तर्क नहीं करते, बुद्धि का प्रयोग नहीं करते, स्वतन्त्रता की माँग नहीं करते। इसलिये उनके स्थायी भावों में सामूहिक चेतना का स्थायी रूप से निवास हो जाता है। यही कारण है कि एक व्यक्ति के सामूहिक चेतना के विरुद्ध जाते ही पूरे समाज में तीव्र प्रतिक्रिया होती है और वह प्रतिक्रिया तभी शान्त होती है जब उस व्यक्ति को कानून कठोर से कठोर दण्ड देता है। प्रबल सामूहिक चेतना (Strong Collective Conscience) के कारण ही आपसी सम्बन्ध भी प्रगाढ़ होते जाते हैं। यह सामूहिक चेतना पूरे समाज पर छाई रहती है। इसमें वैयक्तिक विवेक, स्थायी भावों, इच्छाओं आदि का कोई महत्व नहीं होता। वैयक्तिक गुणों और वैयक्तिक स्वतन्त्रता को सामाजिक चेतना की भेंट कर दिया जाता है जो सामाजिक समरूपताओं (Likenesses) और सादृश्यताओं का योग होती है। यह संश्लिष्टता अपने ही विशेष नियमों से अपनी दिशा में चलती रहती है। दुर्खीम व्यक्तियों से समाज को श्रेष्ठ मानते थे। परन्तु यांत्रिक संश्लिष्टता पाये जाने वाले समाजों की भाँति, व्यक्ति के व्यक्तित्व को पूर्णतया सामूहिक चेतना पर बलि चढ़ाना उन्हें स्वीकार्य न था। इसीलिये उन्होंने इस संश्लिष्टता को जीवन रहित (Lifeless) बतलाया।

**2. व्यक्ति के व्यक्तित्व का अन्त**–यांत्रिक प्रकार की एकता की दूसरी प्रमुख विशेषता यह है कि इसमें समाज व्यक्ति पर इस प्रकार अपनी प्रभुता (Sovereignty) जमाता है कि उसके व्यक्तित्व को कोई महत्व नहीं रह जाता। बौद्धिक अथवा मानसिक दृष्टि से प्रकृति ने मनुष्यों को समान नहीं बनाया है, प्रतिभा का समान वितरण नहीं किया है। परन्तु इस संश्लिष्टता में सब को दमनकारी कानून द्वारा समरूप होने के लिये बाध्य कर दिया जाता है। दुर्खीम ने घोषणा की कि यह अवस्था अधिक समय तक टिकने वाली नहीं होती। प्रतिभा, विवेक और तर्क को अधिक समय तक बन्द नहीं रखा जा सकता। यह वह प्राकृतिक शक्ति है जो स्वयं प्रस्फुटित होकर रहती है। आधुनिक समाजों में हम दुर्खीम की घोषणा की सत्यता को देख सकते हैं। आदिम समाज में विवेक और बुद्धि द्वारा शासन नहीं होता, बल्कि धर्म, कानून, परम्परागत रूढ़ियाँ, मूल्य और प्राचीन मान्यतायें शासन करती हैं और सामूहिक चेतना को बनाये रखती हैं। सर्वत्र असहिष्णुता (Intolerance), संकीर्ण दृष्टिकोण (Narrow Outlook), कूपमण्डूकता, कठोरता और निर्दयता ही दृष्टिगोचर होती है। ऐसे समाजों में पारस्परिक सम्बन्ध ऐसे ही पाये जाते हैं, जैसे दास प्रथा के समय में थे, जिसमें व्यक्तियों का क्रय-विक्रय होता था। ऐसे ही समाज में सुकरात जैसे महान् विचारक को विष दिया गया था और ईसा मसीह (Christ) को फांसी के फन्दे पर झूलना पड़ा था क्योंकि उन्होंने सामूहिक चेतना के विरुद्ध अपने नैतिक विचार रखे थे। ऐसे समाजों में कोई नवीन आविष्कार नहीं हो सकता, कोई शोध कार्य नहीं हो सकता, कोई परिवर्तन (Change) नहीं हो सकता। इसमें व्यक्तिगत चेतना की अभिव्यक्ति सामूहिक चेतना के अनुरूप ही हो सकती है। ऐसे समाज

में व्यक्ति का कोई मूल्य नहीं होता क्योंकि जहाँ कर्त्तव्य ही कर्त्तव्य हैं, अधिकारों की माँग को दमनकारी कानून से कुचल दिया जाता है ऐसे समाज में व्यक्ति को यंत्रवत् ही चलना पड़ता है अन्यथा उसका अस्तित्व, उसका जीवन संकट में पड़ सकता है।

(3) **समाज का नियंत्रण**-यांत्रिक संश्लिष्टता वाले समाजों में समाज का अपने सदस्यों पर कठोर नियंत्रण होता है। व्यक्तियों को नियंत्रित करने के लिये समाज अनेक कठोर व्यवस्थाओं और साधनों का प्रयोग करता है। दमनकारी कानूनों (Repressive Laws) की स्थापना कर दी जाती है। सर्वत्र दण्ड सम्बन्धी संहितायें (Penal Codes) दिखाई देती है। नैतिक नियमों की स्थापना में व्यक्ति केवल एक निष्क्रिय दृष्टा मात्र होता है। सामूहिक चेतना विरोधी कार्य अथवा विचार को कठोरतापूर्वक दबा दिया जाता है।

(4) **धर्म का महत्वपूर्ण स्थान**-ऐसे समाजों में धर्म महत्वपूर्ण भूमिका (Role) निभाता है। धार्मिक प्रथाएँ, रीति-रिवाज, विधि, टोटम, अनुष्ठान आदि पवित्र और ईश्वर-कृत माने जाते हैं। इनके विरुद्ध कोई भी कार्य या आचरण अपराध माना जाता है। ईश्वरीय प्रकोप की कल्पना से जनसमूहों में भय उत्पन्न कर दिया जाता है। वे सामूहिक चेतना को सर्व शक्तिमान समझने लगते हैं। उसके विरुद्ध कार्य करना वे पाप (Sin) समझते हैं। व्यक्तियों में सामूहिक चेतना के प्रति निष्ठा बनाये रखने के लिये अवैयक्तिक टोटम शक्ति (Impersonal Totem Force) और किसी विशेष पवित्र शक्ति (Sacred Power) की कल्पना की जाती है और प्रत्येक व्यक्ति उसकी आज्ञा के अनुसार चलता है।

(5) **खण्डात्मक संरचना** (Segmental Structure)-यांत्रिक संश्लिष्टता की एक अन्य विशेषता खण्डात्मक प्रकार की सामाजिक संरचना है। इसके अनुसार इकाई व्यक्ति नहीं बल्कि कुछ समूह होते हैं जो रक्त सम्बन्धों (Kinship relations) में विश्वास रखते हैं, अपने को दूसरों से पवित्र मानते हैं। व्यक्ति अपने समूह से और समूह समाज सें बँधा होता है। प्रत्येक समूह आत्म निर्भर होता है, अपने नियमों से सम्बन्धित होता है और एक दृढ़ एकता के सूत्र में बँधा होता है। सामाजिक खण्ड को दुर्खीम ने होर्ड (Horde) का नाम दिया है। इसका उदाहरण एक कबीले से दिया जा सकता है जो अपने सदस्यों को एक दृढ़ एकता में बाँधे रहता है। सदस्य अपने समूह में निष्ठा रखते हैं। सामूहिक चेतना कबीले तक ही सीमित होती है। इस प्रकार एक समूह एक वृहत् समाज का अंग बन जाता है। इसकी स्वायत्तता स्थायी रूप से बनी रहती है। समाज का नियंत्रण व्यक्ति पर नहीं, खण्ड या समूह पर होता है, व्यक्ति का सम्बन्ध अपने समूह से और समूह का व्यक्ति से होता है। एक समूह में पूर्ण समरूपता रहती है जो सामूहिक संश्लिष्टता को बनाये रखती है।

(6) **एक विशिष्ट राजनीतिक व्यवस्था**-यांत्रिक एकता वाले समाजों में जनमत (Public Opinion) में भी समरूपता (Likeness) पाई जाती है। एक समूह,

व्यक्ति या व्यक्ति समाज के प्रतिनिधि बनकर राजसत्ता अपने हाथ में ले लेते हैं, जन समूह उस सत्ता की आज्ञा का पालन करते हैं, स्वायत्त निकाय जैसे पंचायत, ग्राम सभा आदि में पंचों का फैसला प्रत्येक व्यक्ति शान्त भाव से सहर्ष स्वीकार कर लेता है क्योंकि वह मानता है कि पंचों में ईश्वर का वास होता है। व्यक्ति का कहीं भी कोई अधिकार नहीं रखा जाता, यहाँ तक कि सम्पत्ति पर भी उसका कोई अधिकार नहीं समझा जाता, वह पूरे समाज की समझी जाती है। प्रजा तथा राजा के सम्बन्ध, सहयोग और सद्भावनापूर्ण नहीं होते, बल्कि अधिकारवादी (Authoritarian) और यांत्रिक (Mechanical) होते हैं।

## सामाजिक जीवन के दोहरे स्रोत

दुर्खीम जब भी किसी सिद्धान्त की प्रतिस्थापना करते हैं, वे यह मानकर चलते हैं कि मनुष्य एक नैतिक और सामाजिक प्राणी है। वह समाज के बिना जीवन यापन नहीं कर सकता। वह समाज में रहना चाहता है, केवल इसलिये ही नहीं कि समाज उसकी आवश्यकताओं की पूर्ति करता है अथवा निहित शक्तियों के विकास का अवसर प्रदान करता है, बल्कि इसलिये कि उसका स्वभाव सामाजिक है, उसके अन्दर सामाजिक भावना है। अपनी पुस्तक के प्रथम खण्ड में दुर्खीम यह बतलाते हैं कि वे कौन-सी प्रेरक शक्तियाँ हैं जो व्यक्ति के सामाजिक जीवन को उत्पन्न करती हैं। समाज में कोई न कोई ऐसी शक्ति होनी चाहिये जो व्यक्ति को एक दूसरे व्यक्ति से बाँध दे। इस पारस्परिक सामीप्य से ही तो सामाजिक सम्बन्ध विकसित होते हैं जिनसे समाज बनता है।

दुर्खीम यहाँ दो आधारों का उल्लेख करते हैं जिन पर सामाजिक जीवन निर्भर करता है। एक है व्यक्तियों में समान चेतना और दूसरा आधार है श्रम-विभाजन। जब व्यक्ति समाज में अपने व्यक्तित्व को पहचानने लगता है तो अपने आपको विभिन्न सामाजिक दशाओं में घिरा हुआ पाता है, अनेक भूमिकायें और प्रकार्य उसके सामने होते हैं। वह केवल उन्हीं प्रकार्यों और भूमिकाओं को करने के लिये चुनता है जिनमें समाज का हित हो अथवा जो समाज द्वारा स्वीकृत हों। आरम्भ में व्यक्ति में सामूहिक चेतना के प्रति एक श्रद्धा भाव होता है, प्रत्येक व्यक्ति उसी चेतना में भाग लेता है और वह चेतना ऐसी सामाजिक दशाओं को उत्पन्न करती है, ऐसे आदर्शों, नियमों, कानूनों, प्रथाओं को व्यक्ति के सामने रखती है कि व्यक्तियों की चेतनाओं में समानता उत्पन्न हो जाती है। व्यक्तिगत चेतना का कोई स्वरूप नहीं होता। व्यक्ति अपने हित या अन्य सदस्यों के हित के लिये कार्य नहीं करता. बल्कि समाज के लिये कार्य करता है। पहले समाज है, बाद में व्यक्ति। समाज व्यक्ति को सुविधायें देता हैं इसलिये व्यक्ति का कोई पृथक् अस्तित्व नहीं हो सकता, उसका हित उसी में है जिसमें समाज का हित है। चूँकि समाज का हित सामाजिक एकता में होता है, इसलिये व्यक्ति कोई भी ऐसा कार्य न करे जिससे सामाजिक एकता या सामूहिक चेतना के अस्तित्व पर ठेस लगे। इस प्रकार व्यक्ति समानताओं को

उत्पन्न करते हैं और एक दृढ़ सामूहिक चेतना में समा जाते हैं यद्यपि ऐसे सामाजिक जीवन में भी व्यक्ति को घरेलू जीवन में पूरी स्वतन्त्रता रहती है। अपने परम्परागत पेशे को वह अपनी इच्छा से अपनाता है, परन्तु वह सामाजिक दशाओं जैसे विभिन्न कानूनों, प्रथाओं, परम्पराओं, रूढ़ियों, धार्मिक संहिताओं आदि से पूर्ण रूप से नियन्त्रित होता है। ये नियम सामान्य जीवन की दशाओं से सम्बन्धित नहीं होते। इसलिये इनसे जो सम्बन्ध उत्पन्न होते हैं वे अस्थायी होते हैं, अधिक समय तक चलने वाले नहीं होते। उनकी जड़ें गहरी नहीं होतीं, क्योंकि वे सम्बन्ध व्यक्ति की स्वेच्छा से नहीं; वरन् दमनकारी कानूनों, अमानुषिक रीति-रिवाजों द्वारा उत्पन्न किये जाते हैं। व्यक्ति किसी न किसी भय से समाज के नैतिक नियमों का पालन करता है।

सामाजिक जीवन का दूसरा आधार अथवा स्रोत समाज में श्रम-विभाजन है, जो स्वयं एक नैतिक प्रक्रिया है अर्थात् नैतिक नियमों का जो कार्य समाज में होता है वह कार्य श्रम-विभाजन का होता है। जो प्रेरक अथवा कारक नैतिक नियमों को उत्पन्न करते हैं वे ही श्रम-विभाजन को उत्पन्न करते हैं। श्रम-विभाजन समाज में सावयवी संश्लिष्टता को उत्पन्न करता है जो सामाजिक अनुबन्धों पर निर्भर नहीं रहती, बल्कि इसमें सदस्य परस्पर एक सूत्र में बँधे रहने पर भी अपना स्वतन्त्र व्यक्तित्व रखते हैं। वे समाज रूपी शरीर के विभिन्न अंग होते हैं जो अपने-अपने प्रकार्यों को शरीर के हित के लिये करते हैं। एक सदस्य के प्रकार्य दूसरे सदस्य के प्रकार्यों पर निर्भर करते हैं। इसलिये एक ऐसी संश्लिष्टता अथवा सामाजिक व्यवस्था का निर्माण होता है जिसमें व्यक्ति अधिक स्वतन्त्र एवं कम नियंत्रित होता है। सामाजिक सम्बन्ध स्वेच्छा से उत्पन्न होते हैं, किसी दमनकारी आदेश, शक्ति के नियंत्रण द्वारा उत्पन्न नहीं होते। ये सम्बन्ध और यह सामाजिक जीवन स्थायी प्रकार का होता है। इस जीवन में व्यक्ति अपने व्यक्तिगत गुणों का विकास करता है, सोचता है, विचारता है, प्रकार्यों का चुनाव करता है और इस प्रकार सामाजिक जीवन व्यतीत करता हुआ एक नवीन प्रकार की सामान्य सामाजिक चेतना को उत्पन्न करता है जिसमें समस्त सामाजिक सदस्य बँधकर एक दृढ़ संश्लिष्टता की उत्पत्ति करते हैं।

इस प्रकार दुर्खीम ने सामाजिक जीवन के दोहरे स्रोतों का वर्णन किया। चेतनाओं की समानता से खण्डात्मक संरचना का विकास होता है, यांत्रिक संश्लिष्टता की उत्पत्ति होती है। श्रम-विभाजन बढ़ने से खण्डात्मक संरचना का ह्रास हो जाता है और एक सामान्य सामाजिक चेतना का उदय होता है। इससे सावयविक प्रकार की संश्लिष्टता उत्पन्न होती है।

## सावयविक संश्लिष्टता और संविदात्मक संश्लिष्टता

(Organic Solidarity and Contractual Solidarity)

स्पेन्सर का विचार था कि सामाजिक जीवन आरम्भ करने से पहले व्यक्ति कुछ अनुबन्ध (समझौते) निश्चित कर लेते हैं जिनके आधार पर उनके प्रकार्य एवं गति-विधियाँ अपना स्वरूप ग्रहण करती हैं। औद्योगिक समाजों में ये अनुबन्ध

देखने को मिल सकते हैं। व्यक्ति वस्तुओं का विनिमय करता है। क्रेता, विक्रेता, आढ़तिये, मालिक, पल्लेदारों में कुछ अनुबन्ध निश्चित हो जाते हैं जिनके अनुसार समाज में एक सुनिश्चित व्यवस्था देखने को मिलती है। ये अनुबन्ध स्वत: उत्पन्न होते हैं और सामाजिक संश्लिष्टता को जन्म देते हैं। ये अनुबन्ध नैतिक नियमों पर आधारित होते हैं, इनका पालन करना प्रत्येक व्यक्ति अपना कर्त्तव्य समझता है, प्रत्येक व्यक्ति एक दूसरे को लाभ पहुंचता है। यद्यपि ये अनुबन्ध निहित स्वार्थों से उत्पन्न होते हैं परन्तु उनमें पारस्परिक निर्भरता और सहयोगी भावना कार्य करती है। अत: ऐसे सम्बन्धों से उत्पन्न संश्लिष्टता स्थायी और नैतिक होती है। समाज इन्हीं सम्बन्धों पर आधारित होता है। वह व्यक्ति को इस क्षेत्र में स्वतन्त्र छोड़ देता है, ताकि वे इन सम्बन्धों की स्वतन्त्र रूप से अभिव्यक्ति कर सकें।

दुर्खीम स्पेन्सर के उपरोक्त विचारों का खण्डन करते हैं। वे कहते हैं कि अनुबन्धों पर आधारित सामाजिक संश्लिष्टता कभी टिकाऊ नहीं हो सकती। यद्यपि यह ठीक है कि समाज ज्यों-ज्यों औद्योगिक उन्नति करता जाता है ऐसे सम्बन्ध बढ़ते चले जाते हैं परन्तु उनके साथ ही साथ एक दूसरे प्रकार के सामाजिक सम्बन्ध भी लगातार बढ़ते रहते हैं जो पूर्णत: अनुबन्धों से दूर रहते हैं। अनुबन्धों में व्यक्ति अपने प्रकार्य अपनी भूमिका इस प्रकार निभाता है कि उसके अनुबन्ध बने रहें, दूसरों को उसके कारण क्षति ने पहुँचे, उसमें कोई नैतिक भावना नहीं होती। दुर्खीम असंविदात्मक सम्बन्धों का उदाहरण घरेलू कानून (Domestic Law) से देते हैं जिसका क्षेत्र प्रतिदिन हमारे जीवन में बढ़ता चला जाता है, उसका संविदा से कोई सम्बन्ध नहीं होता। संविदा का क्षेत्र घरेलू कानूनों के बढ़ने के साथ-साथ संकुचित होता चला जाता है। विवाह, गोद लेना, परिवार के प्रति अपने कर्त्तव्यों को त्याग देना आदि ऐसे अनुबन्ध है जो अपने स्थिति खोते जाते हैं। संविदात्मक सम्बन्ध जितने विस्तृत होते जाते हैं उनमें पाया जाने वाला नियमन भी विस्तृत होना चाहिये परन्तु स्पेन्सर किसी व्यापक नियमन की व्याख्या नहीं करते इसलिए उनका संविदात्मक सिद्धान्त केवल एक नकारात्मक नियमन ही रह जाता है जो संकुचित होता है। दुर्खीम का नियमन से अभिप्राय उसमें सकारात्मक सामाजिक क्रिया के पाये जाने से है, जो सर्वथा लुप्त हो जाती है। दुर्खीम ने प्रशासनिक एवं वैधानिक कानूनों का उदाहरण दिया है। वे कहते हैं कि औद्योगिक समाजों में इनकी निरन्तर वृद्धि होती रहती है, इनका संविदा से कोई सम्बन्ध नहीं होता। इन कानूनों की वृद्धि का कारण व्यक्तियों के पारस्परिक समझौते नहीं हैं, इनकी बुद्धि का एक मात्र कारण सामाजिक प्रक्रिया है जो एक अंत: क्रिया के फलस्वरूप उत्पन्न होती है। दुर्खीम यह मानते थे कि सामाजिक संगठन स्वत: हो जाता है कोई सामाजिक प्रक्रिया इसे उत्पन्न नहीं करती यह तो व्यक्ति के अचेतन अनुकूलन से उत्पन्न हो जाता है। जैसे-जैसे खण्डात्मक संरचना का ह्रास होता जाता है, संविदात्मक संश्लिष्टता दृष्टिगोचर होने लगती है। सामाजिक संश्लिष्टता कोई ऐसी वस्तु नहीं है जिसे जानबूझकर उत्पन्न किया जा सके। समाजों का निर्माण योजनाबद्ध नहीं

होता। उनका निर्माण एक प्रकार की अचेतन प्रक्रिया द्वारा होता हैं। इस निर्माण में किसी भी प्रकार के नियंत्रण या दबाव की आवश्यकता नहीं होती। उन्होंने सैनिक समाजों का उदाहरण दिया है जिसमें व्यक्ति स्वयं सामाजिक दशा को उत्पन्न करते हैं और अपनी स्वतन्त्र इच्छा से अपने प्रकार्यों को करते हैं विभिन्न क्षेत्रों में ज्ञान प्राप्त करते हैं। दुर्खीम के दृष्टिकोण से सामाजिक एकता के लिये किसी भी प्रकार के दबाव की आवश्यकता नहीं है, व्यक्ति स्वतः ही जीवन की दशाओं को उत्पन्न करता है उन्हीं के अनुसार प्रकार्यों को अपनाता है। वैयक्तिक अनुबन्ध व्यक्तियों को स्वयं ही एकता के सूत्र में पिरो देते है। इसका अर्थ यह निकलता है कि समाज और कुछ नहीं, व्यक्तिगत स्वार्थों का एक अनुबन्ध मात्र है जिसमें व्यक्ति वस्तुओं का और अपने हितों का आदान-प्रदान करते हैं। सावयविक संश्लिष्टता संविदात्मक संश्लिष्टता से भिन्न प्रकार की होती है। इन दोनों में निम्नलिखित अन्तर हैं-

(1) **पुनः स्थापक अथवा क्षति पूर्ति कानून**-सावयविक एकता पुनः स्थापक कानूनों से नियंत्रित होती है। इन कानूनों की समाज में एक केन्द्रीय स्थिति होती है। पुनः स्थापक कानून समाज रूपी सावयव में हृदय के स्थान पर कार्य करता है। यह व्यक्ति को समाज से नहीं जोड़ता, बल्कि उनके बीच में ही एक ऐसी चेतना का उदय कर देता है जो व्यक्ति को समाज से जोड़ देती है। संविदात्मक संश्लिष्टता सहकारी कानूनों से उत्पन्न होती है। सहकारी कानून दमनकारी कानून का स्थान ले लेते हैं और समाज में संविदात्मक एकता उत्पन्न करते हैं।

(2) **दण्ड और अपराध**-सावयविक संश्लिष्टता में व्यक्ति इतने स्वतन्त्र नहीं होते कि वे मनमानी करने लगे। यदि कोई व्यक्ति समान हित के विरुद्ध कार्य या आचरण करता है तो कानून उचित रूप में दण्ड देता है. जबकि संविदात्मक संश्लिष्टता में व्यक्तियों के लिये दण्ड की आवश्यकता ही नहीं होती, क्योंकि वे तो अनुबन्धों में बन्धे होते हैं। सामाजिक एकता स्वतः उत्पन्न होती है, उसके लिये किसी प्रकार के दबाव की आवश्यकता नहीं होती हैं।

(3) **अनुबन्ध और श्रम विभाजन**-सावयविक संश्लिष्टता समाज में श्रम विभाजन से उत्पन्न होती है, यह आन्तरिक दशाओं से नियंत्रित होती है। संविदात्मक संश्लिष्टता का आधार वैयक्तिक अनुबन्ध है जिनमें विविधता और विशेषीकरण बाह्य भौगोलिक परिस्थितियों के कारण उत्पन्न होता है। व्यक्ति एक दूसरे के हितों की पूर्ति करते हैं। श्रम-विभाजन से उनका कोई सम्बन्ध नहीं होता।

(4) **सुख की माँग**-व्यक्ति सुख चाहता है। सुख का सम्बन्ध आवश्यकताओं की अधिकतम पूर्ति से होता है। व्यक्ति परस्पर अनुबन्धों में बँध जाते हैं जिसके कारण उनकी आवश्यकताओं की अधिक से अधिक पूर्ति हो सकती है। अनुबन्ध का आधार ही व्यक्तिगत स्वार्थ होता है जिसकी पूर्ति आदान-प्रदान से सरलता से हो जाती है। श्रम-विभाजन पूर्ण रूप से नैतिक प्रक्रिया है। सावयविक संश्लिष्टता सामान्य सामाजिक चेतना से उत्पन्न होती है। श्रम-विभाजन का

सुख-दुःख से कोई सम्बन्ध नहीं होता, इसलिये सावयविक संश्लिष्टता में स्वार्थ या व्यक्तिगत हितों का स्थान नहीं होता।

(5) **विस्तृत क्षेत्र**-सावयविक संश्लिष्टता सकारात्मक सम्बन्धों को जन्म देती है। इसका क्षेत्र व्यापक होता हैं इसका समाज पूर्ण रूप से संगठित होता है। इसमें व्यक्ति अपने व्यक्तित्व का विकास करते हुए सामान्य सामाजिक चेतना से बँध जाते हैं, उनके सामाजिक पारस्परिक सम्बन्ध अधिक दृढ़ और स्थायी होते हैं, क्योंकि उनका आधार भौतिक नहीं बल्कि आध्यात्मिक होता है।

इसके विपरीत संविदात्मक संश्लिष्टता खण्डात्मक संरचना को बनाये रखती है क्योंकि भौगोलिक परिस्थितियाँ इन खण्डों को उत्पन्न करती हैं। यह संश्लिष्टता कभी स्थायी नहीं हो सकती, क्योंकि अनुबन्ध टूटते रहते हैं, स्वार्थ सीमा से आगे भी बढ़ सकते हैं और ईर्ष्या, शत्रुता और वैमनस्य को जन्म दे सकते हैं। यह एकता नकारात्मक सम्बन्धों को उत्पन्न करती है, इसका क्षेत्र भी सीमित होता है।

**संविदात्मक एवं असंविदात्मक सम्बन्धों का पारस्परिक सम्बन्ध**

दुर्खीम के अनुसार जनसंख्या में वृद्धि होने के साथ-साथ जब उसके घनत्व में भी वृद्धि होने लगती है तो अस्तित्व के लिये संघर्ष आरम्भ हो जाता है। इस संघर्ष को अनियंत्रित नहीं छोड़ा जा सकता। यद्यपि व्यक्ति इस संघर्ष को कम करने के लिये विशेषीकरण को अपनाता है तथा सहयोगी सम्बन्धों को जन्म देता है, और एक सामान्य सामाजिक चेतना का अनुभव करता है परन्तु फिर भी कुछ नैतिक नियमों, कानूनों, आदर्शों की आवश्यकता होती है जो सामान्य सामाजिक चेतना के विरोधी तत्वों को उत्पन्न न होने दें। ये नियम व्यक्ति नहीं समाज बनाता है और उन्हें लागू करता है, इनका उल्लंघन करने वाला दण्डित होता है।

दुर्खीम कहते हैं कि संविदात्मक और असंविदात्मक सम्बन्ध एक साथ ही उत्पन्न और विकसित होते हैं। सामाजिक क्रिया निरन्तर चलती रहती है। यह कहना कि अनुबन्धों का सामाजिक सम्बन्धों से कोई सम्बन्ध नहीं, तथ्यों पर आधारित नहीं है। जहाँ एक ओर अनुबन्ध समाज में बढ़ते हैं, दूसरी ओर उनके बढ़ने के फलस्वरूप असंविदात्मक सम्बन्ध भी उत्पन्न होने लगते हैं, जिनका प्रभाव सामाजिक एकता पर पड़ता है। जिन सामाजिक दशाओं से अनुबन्ध उत्पन्न होते हैं उन्हीं दशाओं से व्यक्तियों के बीच तीव्र अतः क्रिया उत्पन्न होती है जो पारस्परिक सम्बन्धों को जन्म देती है। दुर्खीम घरेलू कानूनों का उदाहरण देते हैं जो आरम्भ में बहुत सरल थे, परन्तु बाद में जटिल हो गये अर्थात् उनका संविदात्मक स्वरूप समाप्त हो गया है। अब वे सार्वजनिक हो गये हैं क्योंकि वे अधिकारों एवं कर्त्तव्यों की पारस्परिकता को जन्म देते हैं जो हमारी सामाजिक परिस्थितियों से सम्बन्ध रखते

हैं। जिन सामाजिक दशाओं पर घरेलू कानून निर्भर होते हैं उनका सम्बन्ध सामाजिक जीवन से होता है।

दुर्खीम कहते हैं कि संविदात्मक सम्बन्धों को नियंत्रित करना सामाजिक हित में आवश्यक हो जाता है, इसीलिये सामाजिक नियंत्रण बढ़ते जाते हैं। वे कहते हैं कि सभी प्रकार के सामाजिक सम्बन्धों को अनुबन्धात्मक नहीं माना जा सकता, वे ही सम्बन्ध अनुबन्धात्मक होते हैं जिनका सम्बन्ध व्यक्तियों के निजी लाभ या स्वार्थ से होता है, और वह भी तब जबकि अनुबन्ध दोनों पक्षों द्वारा स्वीकृत हों, अन्यथा उन सम्बन्धों की प्रकृति असंविदात्मक होगी।

दुर्खीम कहते हैं कि अनुबन्ध होने के पश्चात् यह आवश्यक नहीं कि व्यक्ति अनुबन्ध की शर्तों को व्यावहारिक रूप भी दे। व्यावहारिकता पूर्णतया सामाजिक होती है। प्रत्येक प्रकार के सम्बन्ध में सामाजिक तत्व छिपा रहता है क्योंकि अनुबन्ध केवल अनुबन्धों के लिये ही नहीं होते बल्कि वे व्यक्ति के व्यवहार को, उसकी नैतिकता को एक दिशा देते हैं, कुछ विशेष प्रकार्यों की ओर प्रेरित करते हैं। बिखरे हुये सम्बन्धों में ये साम्य स्थापित करते हैं। एक प्रकार से वे समाज में एकता उत्पन्न करते हैं। अनुबन्ध सामाजिक उद्देश्यों की पूर्ति में जहाँ तक बाधा नहीं पहुँचाते ठीक हैं, परन्तु यदि वे सामान्य सामाजिक चेतना को ठेस पहुंचाते हैं तो सामाजिक क्रियाशीलता अवरुद्ध हो जाती है, और उसके लिये नियन्त्रण की आवश्यकता पड़ती है। समाज में व्यक्ति उच्छृंखल न हो जायें, यह देखना समाज का कार्य हो जाता है, अनुबन्धों की शर्तों को व्यावहारिक रूप दिया जा रहा है कि नहीं, उन शर्तों का सामाजिक चेतना पर क्या प्रभाव पड़ता है, उनमें नैतिकता की भावना है कि नहीं, अनुबन्ध न्याययुक्त हैं कि नहीं यह देखना और तद्नुसार उनका स्वरूप निश्चित करना समाज का पुनीत कर्त्तव्य हो जाता है क्योंकि उसी में व्यक्ति तथा समाज दोनों का हित निहित होता है

दुर्खीम विनिमय (वस्तुओं का आदान-प्रदान) को भी संविदात्मक नहीं मानते क्योंकि आदान-प्रदान में एकरूपता नहीं पाई जाती, जबकि पाई जानी चाहिये। इसके अतिरिक्त विनिमय की प्रक्रिया केवल अनुबन्ध को ही नहीं उत्पन्न करती; वरन् उससे विस्तृत सामाजिक सम्बन्ध प्रभावित होते हैं जो असंविदात्मक होते हैं। अतः स्पष्ट हो जाता है, समाज कि दोनों प्रकार के सम्बन्ध एक साथ विकसित होते हैं, सभी प्रकार के सम्बन्धों को नियन्त्रित करता है क्योंकि सम्बन्धों और संश्लिष्टता का गहन सम्बन्ध होता है।

## सावयविक संश्लिष्टता (Organic Solidarity)

दुर्खीम कहते हैं कि सामाजिक विकास के साथ-साथ सामाजिक सदस्यों में विवेक जागृत होता जाता है। वे अपने व्यक्तित्व के प्रति सचेत हो जाते हैं और परिणामस्वरूप समाज में एकता का जन्म होता है जो सावयविक प्रकार की होती है। सावयविक एकता में व्यक्ति श्रम-विभाजन के परिणामस्वरूप अपना विशिष्ट

निर्धारित प्रकार्य करते हैं परन्तु उनका उद्देश्य समाज रूपी शरीर को दृढ़ता एवं सम्पन्नता प्रदान करना होता है। जिस प्रकार शरीर के समाप्त हो जाने पर उसके अंगों का महत्त्व भी समाप्त हो जाता है, उसी प्रकार समाज की दृढ़ता की अनुपस्थिति में व्यक्तियों का महत्त्व नहीं रहता है।

समाज के सदस्य किसी बाह्य शक्ति के दबाव में आकर या सामाजिक दशाओं से प्रभावित होकर ऐसा नहीं करते, बल्कि एक आन्तरिक प्रेरणा उन्हें समाज के कल्याण के लिये कार्य करने की शक्ति देती हैं, क्योंकि अन्ततोगत्वा मानव एक विवेकशील और नैतिक प्राणी होता है उसकी संवेदनशीलता उसकी अन्तर्रात्मा, उसका स्वभाव उसे समाज से जोड़ देते हैं। इस प्रकार जो सामान्य चेतना का उदय होता है वह सावयविक प्रकार की संश्लिष्टता को जन्म देती है।

अपने ग्रंथ के प्रथम खण्ड के तृतीय अध्याय में दुर्खीम ने यह बतलाया है कि सावयविक संश्लिष्टता समाज में किस प्रकार स्वत: उत्पन्न हो जाती है। दुर्खीम की रचना "समाज में श्रम-विभाजन" का उद्देश्य ही यह दिखाना था कि श्रम विभाजन व्यक्ति और समाज के बीच सम्बन्धों में स्थायित्व लाता है, और यह कि समाज व्यक्ति से श्रेष्ठ है। यही कारण है कि दुर्खीम ने अपने ग्रंथ में कहीं भी वैयक्तिक या समूह की संश्लिष्टता का प्रयोग नहीं किया है। इसके स्थान पर वे सामाजिक संश्लिष्टता का प्रयोग करते हैं। इस तथ्य की सत्यता इसी से प्रमाणित हो जाती है कि दुर्खीम यांत्रिक संश्लिष्टता के वर्णन में भी सामूहिक चेतना को ही महत्व देते हैं, व्यक्तिगत प्रतिनिधानों (Individual Representations) को नहीं।

दुर्खीम ने इस तथ्य को स्पष्ट किया है कि श्रम-विभाजन विकसित, उन्नत समाजों की विशेषता होती है। ऐसे समाजों में श्रम-विभाजन अपनी गति तीव्र कर देता है, वैयक्तिक चेतना उभरने लगती है। व्यक्ति अपने व्यक्तित्व के अस्तित्व को समझने लगते हैं, सभ्यता के विकास के साथ सांस्कृतिक मूल्यों और प्रतिमानों में भी परिवर्तन होता है। स्वतन्त्रता, समानता, सामाजिक न्याय और विश्वबन्धुत्व (Liberty, Equality, Social Justice and Universal Brotherhood) जैसे सामाजिक मूल्यों में तीव्र गति उत्पन्न हो जाती है। अत: यह स्वाभाविक होता है कि अमानुषिक दमनकारी कानूनों (Repressive laws) का अन्त होने लगता है और उनका स्थान क्षतिपूर्ति कानून (Restitutive laws) ले लेते हैं जो थोड़े सभ्य, कम प्रतिशोधात्मक और सुधारवादी होते हैं। वे न्याय करते हैं तथा अपराध की परिस्थितियों और अपराधी की अवस्था एवं लिंग (Age and Sex) पर भी विचार करते हैं।

क्षतिपूर्ति कानूनों के उत्पन्न होने के साथ कुछ और भी परिवर्तन होते हैं। समाज में सदृश्यता, समरूपता (Likeness) जो यांत्रिक संश्लिष्टता की विशेषता होती है, धीरे-धीरे नष्ट होने लगती है और उसके स्थान पर विशेषीकरण (Specialisation) एवं विभेदीकरण (Differentiation) दृष्टिगोचर होने लगता है। प्रत्येक सदस्य किसी एक प्रकार्य को अपना लेता और उसी में विशिष्टता

(Specialisation) प्राप्त करने की चेष्टा करता है। आत्म निर्भरता समाप्त होने लगती है, अर्न्तनिर्भरता (Interdependence) बढ़ने लगती है। यही परस्पर निर्भरता की भावना एक दृढ़ सामाजिक एकता को जन्म देती है जिसे सावयविक संश्लिष्टता कहा गया है। दुर्खीम के अनुसार विशेषीकरण एवं विभेदीकरण जो श्रम-विभाजन के परिणाम होते है, सामाजिक विभृंखलता को जन्म नहीं देते बल्कि एकता में वृद्धि करते है। व्यक्ति जितना ही एक दूसरे पर निर्भर होंगे, उतना ही एकता (Integration), सहयोग (Co-operation), सहिष्णुता (Tolerance), नागरिकता की भावना (Civic Sense), पारस्परिक प्रेम (Mutual Love), सामाजिक भावना (Social feeling) आदि सामाजिक आदर्शों का विकास होगा, जो सामूहिक चेतना अथवा सामाजिक मतैक्य को उत्पन्न करते हैं। जब समाज की विभिन्न इकाइयाँ (व्यक्ति) अपना अलग-अलग प्रकार्य करती हैं और निर्धारित भूमिका (Role) निभाती हैं तो उनमें यह भावना भी निहित रहती है कि उनका अस्तित्व समाज के बिना नहीं है। सामाजिक एकता ही उन्हें अस्तित्व प्रदान करती है। व्यक्ति अपने व्यक्तित्व का बलिदान नहीं कर देते, वरन् उसे स्थायी रखते हुये एक ऐसी सामान्य सामूहिक चेतना को जन्म देते हैं जो सावयविक संश्लिष्टता उत्पन्न करती है।

अपने विचारों को और स्पष्ट करने के लिये दुर्खीम नकारात्मक (Negative) और सकारात्मक (Positive) सम्बन्धों को समझाते हैं। सहयोग, सद्भावना, अन्योन्याश्रितता, पारस्परिक सामंजस्य आदि सकारात्मक सम्बन्ध हैं, जिनका जन्म श्रम-विभाजन का आवश्यक परिणाम होता है। इनके बिना संश्लिष्टता नहीं उत्पन्न हो सकती। यात्रिक संश्लिष्टता पूर्णरूपेण सामूहिक चेतना पर निर्भर होती है जबकि सावयविक संश्लिष्टता वैयक्तिक चेतना को भी स्थायी रखती है और उसकी अभिव्यक्ति एक ऐसे रूप में होती है जिसमें हम सामूहिक चेतना के दर्शन कर सकते हैं। क्षतिपूर्ति कानून सामूहिक चेतना की अपेक्षा नहीं रखते, अर्थात् वे सामूहिक चेतना पर निर्भर नहीं होतें, इसलिये इनको प्रत्येक परिस्थिति में लागू नहीं किया जा सकता। यदि ऐसा सम्भव होता तो ये व्यक्ति से बँध जाते, समाज से बँधकर सामाजिक संश्लिष्टता को जन्म न देते। नकारात्मक (Negative) सम्बन्धों को लेकर दुर्खीम कहते हैं कि जो सम्बन्ध नकारात्मक होते हैं वे वस्तुओं को व्यक्तियों से जोड़ते हैं, जबकि सकारात्मक सम्बन्ध व्यक्ति को समाज से जोड़ते अवश्य हैं, किन्तु व्यक्ति को किसी सीमा तक स्वतन्त्र छोड़ देते हैं, उसकी वैयक्तिकता (Individuality) का लोप नहीं होने देते। यही कारण है कि अति विशेषीकरण (Over Specialisation) और अति विभेदीकरण (Over Differentiation) श्रम-विभाजन के असामान्य (Abnormal) रूपों को उत्पन्न कर देते हैं और नकारात्मक सम्बन्धों का जन्म होने लगता है। नकारात्मक सम्बन्धों को न उत्पन्न होने देने का उपाय दुर्खीम समाज में नैतिक नियमों की उत्पत्ति बतलाते हैं। सामाजिक दशाओं को इस प्रकार नैतिकता में ढाला

जा सकता है कि नकारात्मक सम्बन्धों के उत्पन्न होने का भय समाप्त हो सकता है। दुर्खीम श्रम–विभाजन की विभिन्नता में एकता के दर्शन करते हैं।

## यांत्रिक संश्लिष्टता और सावयविक संश्लिष्टता में अन्तर

**(Difference between Mechanical and Organic Solidarity)**

दुर्खीम ने सावयविक और यांत्रिक संश्लिष्टता के विचार को अधिक स्पष्ट करने के लिए दोनों प्रकार की संश्लिष्टताओं की विशेषतायें बतलाई हैं तथा उनमें अन्तर बतलाया है। वे कहते है कि यांत्रिक संश्लिष्टता अविकसित, असभ्य और आदिम समाजों में पाई जाती है जबकि सावयविक संश्लिष्टता विकसित औद्योगिक और वैज्ञानिक युग की विशेषता है। ज्यों-ज्यों सभ्यता का विकास होता जाता है, विवेक जागृत होने लगता है, समाज में एक नवीन चेतना का उदय होने लगता है, जिसे वैयक्तिक चेतना कहते हैं। जिस प्रकार जल के प्रवाह को अधिक समय तक नहीं रोका जा सकता, उसी प्रकार व्यक्तिगत संवेगों को अधिक समय तक नहीं दबाया जा सकता। दुर्खीम के ये मौलिक विचार आज भी सत्य सिद्ध हो रहे है। आज प्रत्येक देश लोक-तंत्र के सामाजिक मूल्यों, व्यक्तिगत स्वतन्त्रता (Individual Liberty), सामाजिक समानता (Social Equality), नागरिकों के मौलिक अधिकारों (Fundamental Rights of the Citizens), सामाजिक न्याय (Social Justice), विश्वबन्धुत्व (Universal Brotherhood), धर्म निरपेक्षता (Secularism) आदि का स्वागत कर रहा है। लोकतंत्र की संप्रभुता (Sovereignty of Democracy) स्वत: प्रवाहित होती जा रही है। संक्षेप में सावयविक संश्लिष्टता की निम्नलिखित विशेषतायें उसे यात्रिक संश्लिष्टता से अलग करती हैं-

(1) **विभेदीकरण एवं विशेषीकरण** (Differentiation and Specialisation)-सावयविक संश्लिष्टता का जन्म सभ्यता और संस्कृति के विकास के फलस्वरूप होता है। श्रम-विभाजन जो यांत्रिक एकता में प्रसुप्त अवस्था में रहता है, अब अपने वास्तविक रूप में चमकने लगता है। सामाजिक इकाइयाँ अपना विशिष्ट कार्य शक्ति के दबाव से नहीं, बल्कि स्वयं अपनी इच्छा से करती हैं। प्रकार्य का चुनाव उनके स्वतन्त्र विवेक से होता है। समाज में विभिन्नता दिखाई देने लगती है। प्रत्येक व्यक्ति अपने कार्य में विशिष्टता प्राप्त करने का प्रयत्न करने लगता है, क्योंकि उसका प्रकार्य उसके स्वभाव, अन्तर्रात्मा और निजी योग्यताओं के अनूकूल होता है। ये विभिन्नता तथा विशेषीकरण एक ऐसी सामाजिक चेतना को जन्म देते हैं जो सावयविक प्रकार की होती है।

सावयविक संश्लिष्टता से भिन्न यांत्रिक संशलिष्टता समरूपता (Likeness) से उत्पन्न होती है। उसमें प्रत्येक प्रकार्य यंत्रवत् होता है, व्यक्ति के विश्वास, संवेग सामाजिक जीवन सब एक दूसरे के समान होते हैं। उसमें वैयक्तिकता तिरोहित हो जाती है। उसमें व्यक्तिगत स्वतन्त्रता का कोई मूल्य नहीं रहता, सबको सामूहिक

चेतना में योग देना पड़ता है, अन्यथा दमनकारी कानून व्यक्ति पर आघात करते हैं। इसलिये व्यक्ति सामूहिक दशाओं को अपने में आत्मसात कर लेते हैं। वे एक सी वस्तुओं को पवित्र मानते हैं और एक सी संवेदनशीलता रखते हैं।

(2) **खण्डात्मक प्रकार की संरचना** (Segmental Structure)- दुर्खीम के अनुसार खण्डात्मक प्रकार की संरचना केवल यांत्रिक संश्लिष्टता की विशेषता नहीं हैं। यह सावयविक संश्लिष्टता में भी पाई जाती है। परन्तु उसका स्वरूप एक अन्य प्रकार का होता है। वैयक्तिकता नष्ट नहीं होती, उनमें भी व्यक्ति स्वतन्त्रता से अपना प्रकार्य चुनते हैं और उसमें विशिष्टता प्राप्त करते हैं। यांत्रिक संश्लिष्टता में समूहों अथवा खण्डों का बाह्य संसार से कोई सम्बन्ध नहीं होता। व्यक्ति में समूह के प्रति एक दृढ़ भक्ति भावना होती है। व्यक्ति का व्यक्तित्व सामूहिक चेतना में समा जाता है। व्यक्ति का सम्बन्ध केवल अपने समूह से होता है और समूह का समाज से, जबकि सावयविक संश्लिष्टता में समूह के व्यक्तियों का समाज से सीधा सम्बन्ध होता है। यह एक ऐसा संगठित समाज होता है जिसमें विभिन्न समूह जैसे जन-जातियों के कबीले, वर्ग (class), गोत्र पर आधारित अन्य समूह, स्वायत्त संगठन आदि समाज में फैले रहते हैं, परन्तु वे आपस में घुले-मिले रहते हैं। ये समूह बाह्य संसार से अलग नहीं होते, बल्कि अन्य समूहों के सदस्यों से उनके प्रगाढ़ सम्बन्ध होते है। दुर्खीम ने अपने ग्रंथ में इंगलैड का उदाहरण दिया है, जहाँ खण्डात्मक संरचना पाई जाती है और परम्पराओं का अस्तित्व सामाजिक जीवन में देखा जा सकता है। वे कहते हैं कि जहाँ आर्थिक श्रम-विभाजन अधिक पाया जाता है वहाँ पर खण्ड पाये जाते हैं, परन्तु केवल थोड़े से। सावयविक संश्लिष्टता का विभेदीकरण खण्डात्मक संरचना का अन्त कर देता है।

(3) **व्यक्तिगत व्यक्तित्व** (Individual Personality) – यद्यपि दुर्खीम ने समाज को ही प्राथमिकता दी है, परन्तु उनका उदार हृदय इस बात को सहन नहीं कर सका कि व्यक्ति का व्यक्तित्व पूर्णतया समाज में समा जाये, उसकी वैयक्तिकता नष्ट हो जाये। उन्होंने अपने श्रम-विभाजन में व्यक्ति की विविधता को महत्वपूर्ण माना है, व्यक्तिगत चेतना, व्यक्तिगत संवेगों का सम्मान किया है। सावयविक संश्लिष्टता व्यक्तिगत चेतना को स्वतन्त्र छोड़ देती है ताकि व्यक्ति स्वतन्त्रतापूर्वक अपने विभिन्न प्रकार्यों को पूरा कर सके। दुर्खीम का विचार था कि जितना ही श्रम-विभाजन बढ़ेगा, विशिष्टता और विभिन्नता उत्पन्न होगी, उतनी ही पारस्परिक निर्भरता (Inter dependence) बढ़ेगी जिसके परिणामस्वरूप सावयविक संश्लिष्टता का उदय होगा। यह एक ऐसी सामाजिक एकता होती है, जिसमें व्यक्ति समाज रूपी शरीर के विभिन्न अंगों की तरह अपना-अपना प्रकार्य पूरा करते हैं जो अपनी शक्ति शरीर से प्राप्त करते हैं और उसी के कल्याण के लिये अपने विभिन्न स्वतन्त्र प्रकार्य करते है। सावयविक संश्लिष्टता व्यक्तिगत विकास की विरोधी नहीं है, बल्कि एक दूसरे की पूरक (Complementary) है। दुर्खीम के अनुसार जितना ही व्यक्तिगत विकास होगा, उतनी ही सामाजिक एकता बढ़ेगी।

(4) **श्रमविभाजन की गति में तीव्रता** – सावयविक प्रकार की संश्लिष्टता तीव्र श्रम–विभाजन से उत्पन्न होती है। श्रम–विभाजन जिन सामाजिक सम्बन्धों को जन्म देता है ; वे वैयक्तिक होते हैं ; परन्तु परस्पर अन्योन्याश्रित नहीं होते। सम्बन्धों की अन्योन्याश्रितता, विशेषीकरण और विभिन्नता को जन्म देती है; जो आवश्यक रूप से श्रम- विभाजन का परिणाम होता है। सामाजिक सदस्य चूँकि पूर्णतया समाज द्वारा नियंत्रित नहीं होते जैसा कि यांत्रिक एकता में होता है, अत: श्रम - विभाजन स्वतन्त्र गति से आगे बढ़ता है। सामाजिक रीतियों, चलनों, परम्पराओं, प्रथाओं और रूढ़ियों का भार व्यक्ति के कन्धों पर से हट जाता है। इतना ही नहीं बल्कि व्यक्ति समाज में नवीन मूल्यों को उत्पन करते हैं उन प्राचीन मूल्यों को हटा दिया जाता हैं जो उनकी आवश्यकता की पूर्ति नहीं करते अथवा विवेकहीन होते हैं। व्यक्ति की गतिविधियाँ एवं अभिव्यक्तियाँ स्वतन्त्र होती है, सामूहिक चेतना पर निर्भर नहीं होतीं। व्यक्ति स्वतन्त्र मस्तिष्क से विचार करता है। वह अपने प्रकार्यों को स्वयं निश्चित करता है, उसका जीवन स्वतन्त्र होता है। इसके विपरीत यांत्रिक प्रकार की संश्लिष्टता में व्यक्ति का व्यक्तित्व शून्य हो जाता है, श्रम- विभाजन निष्प्राण रहता है। समाज व्यक्ति को एवं उसके समूह को अपने से इस प्रकार बाँध लेता है, जिस प्रकार वस्तु को वस्तु से बाँध दिया जाता है। ऐसी सामाजिक एकता का आधार दमनकारी कानून होता है जबकि सावयविक संश्लिष्टता क्षतिपूर्ति अथवा पुन: स्थापक कानूनों (Restitutive Laws) से उत्पन्न होती है जिनका सम्बन्ध सीधा श्रम- विभाजन से होता है। क्षतिपूर्ति कानून प्रत्येक परिस्थिति में समान रूप से लागू नहीं किये जा सकते। इसलिये उनसे श्रम- विभाजन की गति में तीव्रता आती है। ये कानून सामान्य चेतना पर पूर्णतया निर्भर नहीं होते। जो स्थान शरीर में हृदय का होता है वही स्थान समाज में इन कानूनों का होता है। ये कानून समाज में जिन सम्बन्धों को उत्पन्न करते हैं वे पूर्णतया नैतिक होते हैं और समाज को मान्य होते हैं। ये व्यक्ति को समाज के साथ पूर्णतया नहीं, बल्कि केवल आशिक रूप से जोड़ते हैं।

(5) **सकारात्मक अन्तः सम्बन्धों** (Positive Inter-relations) **का उदय** - दुर्खीम कहते हैं कि श्रम - विभाजन और पुन: स्थापक कानून सकारात्मक सम्बन्धों को उत्पन्न करते हैं जबकि यांत्रिक संश्लिष्टता में दमनकारी कानून नकारात्मक सम्बन्धों की उत्पत्ति करते हैं। दुर्खीम के शब्दों में "नकारात्मक सम्बन्ध, जो कि दूसरों के लिये एक प्रारूप का काम दे सकता है, वस्तुओं को व्यक्तियों से जोड़ता है।"[1] सकारात्मक सम्बन्धों में ऐसा नहीं होता।

---

1. "The negative relation which may serve as a type for the others is the one which unites the persons." -*Ibid.*

# आत्महत्या
## (SUICIDE)

मनुष्य स्वभाव से ही जीना चाहता है। वह हर संभव प्रयास द्वारा अपने शरीर को सुरक्षित रखना चाहता है। वह छोटी से छोटी चोट से भी बचना चाहता है अनेक बार देखा गया है किसी दुर्घटना का कारण जब किसी व्यक्ति के विभिन्न अंग बेकार हो जाते हैं तब डाक्टर व्यक्ति से पूछता है कि तुम्हारी टांग काटनी पड़ेगी। व्यक्ति कहता है क्या मैं टांग कटने से जिन्दा रह पाऊँगा? डाक्टर कहता है हाँ। इसके बाद क्रमशः दूसरी टांग और एक बांह काटने के लिए भी डाक्टर व्यक्ति से पूछता है। इस पर भी वह व्यक्ति वही प्रश्न पूछता है कि क्या इन अंगों के कटने पर भी मैं जिन्दा रह पाऊँगा? जब उसे जिन्दा रहने का आश्वासन मिल जाता है तो वह अपने अंगों को काटने की अनुमति दे देता हैं। इस उदाहरण से सिद्ध होता है कि सामान्य दशाओं में व्यक्ति हर कीमत पर जिन्दा रहना चाहता है भले ही उसके अंग भंग हो जायें। जीवन को बनाये रखना मनुष्य की मूल प्रवृत्ति भी है। परन्तु बहुत बार इसकी विपरीत प्रवृत्ति भी मनुष्यों में पायी जाती है। कुछ मनुष्य आत्महत्या अर्थात् अपने ही जीवन को समाप्त करते हुए पाये जाते हैं, यह एक असामान्य घटना है। यह असामान्य घटना सार्वभौमिक एवं सार्वकालिक है। इस असामान्य प्रवृत्ति का सम्बन्ध पूरे समाज से होता है। समाज आत्महत्या करने वाले व्यक्ति को प्रभावित करता है और व्यक्ति की आत्महत्या से पूरा समाज प्रभावित होता है। इसीलिये इस समस्या को एक सार्वभौमिक सामाजिक समस्या माना जाता है। समाज शास्त्र के अन्तर्गत प्रत्येक सामाजिक समस्या का अध्ययन किया जाता है और उसे समाप्त करने के उपाय भी ढूंढ़े जाते हैं। इस प्रयोजन के लिए आत्महत्या का व्यवस्थित अध्ययन करना आवश्यक है।

### आत्महत्या की परिभाषा

**1. अपने जीवन को समाप्त करना आत्महत्या कहलाता है**-एन्साईक्लोपीडिया ब्रिटेनिका के अनुसार "आत्महत्या आत्महनन का स्वैच्छिक एवं प्रयोजनात्मक कार्य है।"[1] इस परिभाषा के द्वारा स्पष्ट होता है कि आत्महत्या में व्यक्ति स्वयं अपने शरीर को समाप्त करता है और इस कार्य को वह अपनी इच्छा से करता है, किसी बाध्यता से नहीं। इसके अतिरिक्त उपरोक्त परिभाषा से एक अन्य बात भी स्पष्ट होती है, वह यह कि आत्महत्या का कोई न कोई प्रयोजन अवश्य होता है अर्थात् बिना प्रयोजन के केवल इच्छा होने के कारण भी व्यक्ति आत्महत्या नहीं करता। रूथ केवन ने आत्महत्या की परिभाषा इन शब्दों में दी है, "आत्महत्या अपने आप स्वेच्छा से जीवन-लीला समाप्त करने अथवा मृत्यु द्वारा

---

1. 'Suicide is the act of voluntary and intentional self-destruction,'
*-Eneyelopaedia Brittanica*

आतंकित होने पर अपने जीवन को बचाने में असमर्थता की क्रिया है।"[1]

2. **आत्महत्या एक ऐसी घटना है जिससे व्यक्ति विशेष के साथ–साथ पूरा समाज प्रभावित होता है**–यदि कोई व्यक्ति आत्महत्या कर लेता है तो उसका परिवार तथा अन्य सम्बन्धी एवं पूरा समाज उन लाभों से वंचित हो जाता है जो इन सबको उससे मिलते थे या मिलने की सम्भावना थी। ऐसा देखा गया है कि बहुत से ऐसे व्यक्ति भी आत्महत्या किया करते हैं जो समाज एवं राष्ट्र के लिए विशेष लाभदायक होते हैं। पिछले दिनों भारतीय वैज्ञानिक डा. शाह द्वारा की गई आत्महत्या इसका उदारहण है।

3. **आत्महत्या व्यक्तिगत विघटन का प्रतीक है**–जब किसी व्यक्ति का व्यक्तित्व पूर्णरूप से विघटित हो जाता है तब प्रायः वह आत्महत्या किया करता है। व्यक्तिगत विघटन की स्थिति में व्यक्ति विशेष के सभी मूल्य, आदर्श खण्डित हो जाते हैं उसका मानसिक, आध्यात्मिक, मनोवैज्ञानिक एवं शारीरिक संतुलन समाप्त हो जाता है। जब व्यक्ति की पलायन प्रकृति चरम सीमा पर पहुंच जाती है तब वह आत्महत्या किया करता है।

4. **आत्महत्या सामाजिक विघटन का प्रतीक है**–जहाँ एक ओर आत्महत्या को व्यक्तिगत विघटन का प्रतीक माना जाता है, वहाँ उसे दूसरी ओर सामाजिक विघटन का भी प्रतीक माना जाता है। व्यक्ति समाज की इकाई है और व्यक्ति समाज पर निर्भर करता है तथा उससे गम्भीर रूप से प्रभावित होता है। समाज का कार्य है कि सभी व्यक्तियों को सामान्य जीवन व्यतीत करने के लिए आवश्यक सुविधायें उपलब्ध कराये। समाज का कार्य है कि इस प्रकार की परिस्थितियाँ उपस्थित करे जिनसे व्यक्तियों की विघटनकारी प्रवृत्तियों का नाश हो। इस प्रकार स्पष्ट है कि समाज का सुसंगठित रूप आत्महत्या जैसी प्रवृत्तियों को निरुत्साहित करता है। इसके विपरीत यदि समाज विघटित हो अर्थात् समाज में विघटन की प्रवृत्तियों का बोलबाला अधिक हो तब आत्महत्या जैसी घटना अधिक होती है। अधिक संख्या में आत्महत्याएँ होना सदैव समाज के विघटन का प्रतीक है।

दुर्खीम ने आत्महत्या का विशद विवेचन एवं विश्लेषण किया है। उन्होंने आत्महत्या से सम्बन्धित अपने विचार मुख्य रूप से अपनी प्रसिद्ध पुस्तक, 'Suicide' में उपस्थित किये हैं। उन्होंने इस पुस्तक में आत्महत्या का समाजशास्त्रीय विश्लेषण किया है। दुर्खीम का आत्महत्या सम्बन्धी सिद्धान्त समूहवाद (Sociologism) पर आधारित है। समूहवाद के अन्तर्गत यह माना जाता है कि व्यक्ति की प्रत्येक क्रिया एवं प्रत्येक कार्य उसके समूह से प्रभावित होता है। वास्तव में व्यक्ति का कार्य समूह की क्रिया की प्रतिक्रिया स्वरूप होता है। आत्महत्या के विषय में दुर्खीम के प्रमुख विचार को स्पष्ट करते हुए फ्रांसिस अब्राहम और जान हेनरी मार्गन ने लिखा

1. "Suicide is the intentional taking of one's life or the failure when possible to save one's life when death threatens '. ***-Ruth S. Cavan,*** *Suicide*, p. 3

है, "दुर्खीम का केन्द्रीय सिद्धान्त यह है कि आत्महत्या की दर एक तथ्यात्मक व्यवस्था, एकीकृत और सुनिश्चित है क्योंकि प्रत्येक समाज में आत्महत्या के प्रति एक सामूहिक स्थान पाया जाता है, आत्महत्या की एक ऐसी दर जो कि प्रत्येक समाज के लिए बहुत कुछ स्थाई है, जब तक कि अस्तित्व की दशाएँ वही रहती हैं।"[1]

**सांख्यिकीय विश्लेषण**- आत्महत्या पर अपनी पुस्तक में दुर्खीम ने सिद्धान्त और व्यावहारिक अनुसंधान का उत्तम समन्वय किया है। समाजशास्त्रीय यथार्थवाद दिखलाते हुए उन्होंने सांख्यिकीय विश्लेषण की विधि अपनाई है। इस विधि के निम्नलिखित दो उद्देश्य थे-

1. मनोवैज्ञानिक, जीव-शास्त्रीय, नृवंशशास्त्रीय, जलवायुगत और भौगोलिक कारकों पर आधारित सिद्धान्तों की आलोचना।

2. आत्महत्या की अपनी समाजशास्त्रीय व्याख्या के लिए व्यावहारिक प्रमाण जुटाना। इस प्रकार आत्महत्या के तथ्य व्यावहारिक विज्ञान में समाजशास्त्रीय सिद्धान्त का कार्य दिखलाते हैं।

## आत्महत्या के कारण

आत्महत्या के कारणों की व्याख्या करने में दुर्खीम ने आनुवंशिकता, जलवायु, प्रजाति और परकीकरण (Alienation) तथा अनुकरण जैसे समाजेतर कारकों का खण्डन किया है। उनके अनुसार आत्महत्या का कारण सामाजिक संरचना और उसके प्रकार्यों में खोजा जाना चाहिए। ये आत्महत्या की दिशा में तीन प्रकार से कार्य करते हैं, प्रोत्साहित करना, बनाये रखना और वृद्धि करना। इसी प्रकार दुर्खीम ने व्यक्तिवादी और मनोविश्लेषण आदि सिद्धान्तों की आलोचना की है। इनके अनुसार मनोवैज्ञानिक और व्यक्तिगत कारण सामाजिक दशा का परिणाम हैं, इसका उल्टा सही नहीं है। उदासीनता, शत्रुता, आक्रामकता और घृणा सामाजिक परिवर्तन के प्रोत्साहक कारक न होकर सामाजिक दशाओं के प्रति प्रतिक्रियाएं है।

आत्महत्या के अपने सिद्धान्त में दुर्खीम ने यह दिखलाया है कि व्यक्तियों के जीवन में समाज महत्वपूर्ण कार्य भाग अदा करता है। उनके अनुसार सामाजिक परिस्थितियाँ और समष्टिगत चेतना ही प्रमुख रूप से आत्महत्या की घटना के लिए जिम्मेदार हैं। दुर्खीम के शब्दों में, "आत्महत्या

---

1. "Durkheim's central thesis is that suicide rate is a factual order unified and definite , for, each society has a collective inclination towards suicide, a rate of self homicide, which is fairly constant for each society so long as the basic conditions of its existence remain the same"

*-Francis Abraham and John Henry Morgan,*

एक ऐसा कार्य है जिसका समाज निषेध करता है।"[1] दुर्खीम ने यह भी दिखलाया कि आत्महत्या के विषय में सभी अन्य विचारक तत्कालीन सामाजिक परिस्थितियों से बंधे हुए हैं और समष्टिगत चेतना के दर्पण हैं। आत्महत्या के समस्त तथा कथित कारण समष्टिगत मस्तिष्क का आन्तरिक चेतन कारण दिखलाते हैं।

दुर्खीम ने आत्महत्या के कारण बतलाने में भौगोलिक सिद्धान्त की आलोचना की है। आत्महत्या के भौगोलिक सिद्धान्त के अनुसार दिसम्बर-जनवरी में जाड़ों के महीनों की तुलना में आत्महत्या की दरें मई-जून के गर्म महीनों में बढ़ जाती हैं। इसके विरुद्ध दुर्खीम ने यह दिखलाया कि यद्यपि यह ठीक है कि दिसम्बर-जनवरी की तुलना में मई-जून में आत्महत्या की दरें अधिक होती हैं किन्तु मौसम की दशाएँ आत्महत्या के वास्तविक कारण नहीं हैं, वे केवल सतह पर देखने वाले को ही कारण दिखलाई पड़ती हैं। वास्तविक कारण यह है कि गर्मी के महीनों में व्यक्तियों के सामाजिक कार्य बढ़ जाते हैं। अस्तु गर्मी नहीं बल्कि सामाजिक प्रभाव ही आत्महत्या के कारण है। आत्महत्या के विषय में मनोवैज्ञानिक सिद्धान्त का खण्डन करते हुए दुर्खीम ने मनावैज्ञानिक कारकों अथवा यौन सम्बन्धी कारकों को सामाजिक सम्बद्धता के आधार पर समझाया है। यह कहा जाता है कि स्त्रियों की तुलना में पुरुष अधिक आत्महत्या करते हैं। लैंगिक अन्तर को इस अन्तर का कारण बतलाया जाता है। किन्तु दुर्खीम के अनुसार वास्तविक कारण पुरुषों और स्त्रियों में लैंगिक अन्तर न होकर यह तथ्य है कि पुरुष सामाजिक परिस्थितियों के प्रति अधिक सजग होते हैं। इसी तरह, कोई निराश व्यक्ति इसलिए आत्महत्या नहीं करता कि वह निराश है बल्कि सामाजिक परिस्थितियों में तीव्र संवेदनशीलता के कारण ऐसा करता है। आत्महत्या के कारणों को दुर्खीम के सिद्धान्त में प्रस्तुत करते हुए रेमण्ड आरन ने लिखा है, "दुर्खीम के सिद्धान्त को निम्नलिखित रूप में संक्षेप में रखा जा सकता है। आत्महत्या एक व्यक्तिगत घटना है जिसके कारण मूल रूप से सामाजिक हैं। सामाजिक शक्तियाँ, आत्महत्या प्रेरित करने वाली प्रवृत्तियाँ समाज के अन्तर्गत दुर्खीम की अभिव्यक्ति को लिया जाये तो जिनका उद्‌गम व्यक्ति नहीं बल्कि समष्टि है जो कि यथार्थ शक्तियाँ हैं, आत्महत्या का निर्धारक कारण हैं। दुर्खीम यह कहते हैं कि वास्तव में ये आत्महत्याजनक प्रवृत्तियाँ किसी भी एक व्यक्ति में समाहित नहीं होतीं। यदि कुछ लोग आत्महत्या करते हैं तो अधिक सम्भावना इस बात की है कि वे अपनी मनोवैज्ञानिक संरचना में इस तरह की पूर्व प्रवृत्ति स्नायविक दुर्बलता अथवा मानसिक रोग की गड़बड़ियों के कारण इस ओर झुकाव रखते हैं किन्तु वे ही सामाजिक परिस्थितियाँ जो कि आत्महत्या जनक प्रवृत्तियाँ उन लोगों में उकसाती है जो कि उसकी ओर मनावैज्ञानिक पूर्व-विन्यास रखते हैं। यह इसलिए क्योंकि आधुनिक समाज

---

1. ''Suicide is an act which society disapproves of expiation.''
-*Emile Durkheim*, *Suicide*, John A Spaulding, New York, 1966.

में रहने वाले व्यक्ति परिमार्जित और इसलिए शीघ्र प्रभावित होने वाली संवेदनाएँ रखते हैं।"[1]

## आत्महत्या के प्रकार

व्यक्तित्वों के विभिन्न प्रकारों के आधार पर दुर्खीम ने आत्महत्या के विभिन्न प्रकार माने हैं- आत्मश्लाघी परार्थी, और अव्यवस्थित। आत्महत्या के विभिन्न प्रकारों के पीछे सामाजिक विघटन ही प्रमुख कारण है। कोई भी व्यक्ति जब आत्महत्या करता है तो उसके व्यक्तित्व और सामाजिक आवश्यकताओं में विषमता अथवा समायोजन दिखलाई पड़ता है। जबकि कोई व्यक्ति यह अनुभव करता है कि वह समाज में फिट नहीं हो सकता तो उसमें आत्महत्या करने की प्रवृत्ति बढ़ती है। आत्महत्या के विभिन्न प्रकारों के विवरण निम्लिखित हैं।

(1) **आत्मश्लाघी आत्महत्या**-अहंवादी व्यक्तियों द्वारा की गई आत्महत्याओं को आत्मश्लाघी आत्महत्या कहा जाता है। अहंवादी व्यक्ति अपनी प्रकृति के ही कारण क्रमश: समाज तथा सामाजिक कार्यों से दूर होने लगते हैं। इस प्रकार समाज एवं अंहवादी व्यक्ति के बीच एक अलगाव की स्थिति उत्पन्न हो जाती है। इस अलगाव के बढ़ने के साथ-साथ सम्बन्धित व्यक्ति अपने आप को समाज की दृष्टि में उपेक्षित अनुभव करने लगता है परन्तु वास्तव में प्रत्येक मनुष्य सामाजिक प्राणी है, अत: इस उपेक्षित दशा में उसके सामाजिक संवेग को ठेस पहुंचती है। इस उपेक्षित एवं संवेगात्मक ठेस के विकास की चरम सीमा आत्महत्या में परिणित हो जाती है। वास्तव में अंहवादी व्यक्ति एक स्थिति आने पर अपने आप को समाज की दृष्टि में हीन एवं व्यर्थ अनुभव करने लगता है। इसी हीनता की भावना के परिणामस्वरूप आत्महत्या होती है।

आत्महत्याओं के इस प्रकार को दुर्खीम ने विभिन्न उदाहरणों द्वारा स्पष्ट किया है। दुर्खीम के अनुसार वे लोग अधिक संख्या में आत्महत्या करते हैं जिनके संवेगात्मक लगाव कम होते हैं। प्राय: विवाहितों की अपेक्षा अविवाहित स्त्री-पुरुष

---

1. "Durkheim"s theory may be summarised as follows.Suicide is an individual phenomenon whose causes are essentially social. There are social forces-suicidogenic impulses, to adopt Durkheim's expression-running through society, whose origin is not the individual but the collectivity,forces which are the real, the determining cause of suicide. Of course says Durkheim, these suicidogenic impulses are not embodied in any one individual taken at random. If certain individuals commit suicide, it is in all probability because they were predisposed to it by their psychological make-up, by nervous weakness or neurotic distubances. But the same social circumstasnces which create the suicidogenic impulses create the psychological predisposition, because individuals living in modern society have refined and consequently vulnerable sensibilities,"
*-**Raymond Aron**, Main Currents in Sociological Thought*, Vol.II, p.44.

अधिक संख्या में आत्महत्या करते हैं। विधुर और विधवा स्त्री–पुरुष सामान्य विवाहित जीवन व्यतीत करने वाले स्त्री–पुरुषों से अधिक संख्या में आत्महत्या किया करते हैं। इसंके अतिरिक्त निस्सन्तान लोग सन्तान वाले लोगों की अपेक्षा अधिक संख्या में आत्महत्या किया करते हैं। इसी तथ्य को परिवार के अतिरिक्त अन्य क्षेत्र में भी पुष्ट किया गया है। दुर्खीम ने आत्महत्या के युद्ध सम्बन्धी कारकों को भी सामाजिक कारक सिद्ध करने का प्रयास किया है। उसका कहना है कि यह सत्य है कि युद्ध समाप्त होने के बाद आत्महत्याओं की दर बढ़ जाती है। इसका मुख्य कारण सम्बन्धित व्यक्तियों के सामाजिक सम्बन्धों का समाप्त होना होता है। युद्ध के दौरान सैनिकों में एक विशिष्ट प्रकार के पारस्परिक घनिष्ठ सामाजिक सम्बन्ध स्थापित हो जाते हैं। युद्ध समाप्त हो जाने पर सभी सैनिक अलग-अलग स्थानों पर चले जाते हैं। ऐसे में उनके सामाजिक सम्बन्ध समाप्त हो जाते हैं। विशिष्ट सम्बन्धों के अभाव में कभी-कभी कुछ सैनिक आत्महत्या कर लिया करते हैं।

दुर्खीम द्वारा किये गये आत्महत्या के उपरोक्त विश्लेषण द्वारा स्पष्ट होता है कि आत्मश्लाघी आत्महत्याओं के मुख्य कारण सामाजिक होते हैं। साथ ही इससे यह भी स्पष्ट होता है कि इस प्रकार की आत्महत्याओं के लिए व्यक्ति नहीं समाज उत्तरदायी है।

आत्मश्लाघी आत्महत्या का उदाहरण देते हुए हुए दुर्खीम ने यह दिखलाया है कि कैथोलिक और प्रोटेस्टेंट दोनों ही समुदायों में आत्महत्या के निषेध के बावजूद आत्महत्या की दर प्रोटेस्टेंटों की तुलना में कैथोलिकों में बहुत कम है और इस पर प्रजाति और राष्ट्र का कोई प्रभाव नहीं पड़ता। दुर्खीम के शब्दों में, "आत्महत्या के सन्दर्भ में प्रोटेस्टेंटों की श्रेष्ठता उनके कैथोलिक चर्च की तुलना में एक कम संगठित चर्च होने से निकलती है।"[1] कैथोलिक चर्च अपने सदस्यों को अधिक संगठित रखती है जबकि प्रोटेस्टेंट चर्च के अनुयायियों को अधिक स्वतन्त्रता दी जाती है, ज्ञान को प्रोत्साहित किया जाता है और उसमें बहुत कम सामान्य विश्वास और आचरण फैलाये जाते हैं। इग्लैंड में आत्महत्या की दर इसलिए कम है क्योकिं अन्य प्रोटेस्टेंट चर्चो की तुलना में अंग्रेज़ चर्च अधिक शक्तिशाली रूप से संगठित हैं।

दुर्खीम के शब्दों में, "चूँकि समष्टि की शक्ति आत्महत्या को रोकने में सर्वोत्तम बाधाओं में से एक है इसलिए उनके कमजोर हो जाने से आत्महत्या बढ़ती है। जब समाज कठोर रूप से संगठित होता है तो वह अपने नियन्त्रण में व्यक्तियों को पकड़े रहता है और उन्हें अपनी सेवा में लगाये रहता है तथा इस तरह उन्हें जानबूझ कर स्वयं को खत्म करने का निषेध करता है। अस्तु वह आत्महत्या के द्वारा उन्हें अपने कर्त्तव्य की अवहेलना का निषेध करता है। किन्तु जब वे इस आधीनता को

1. "The superiority of Protestantantism with respect to suicide results from its being a less stongly integrated church than the Catholic church."
-***Emile Durkheim***, *Suicide*, (New York, Free Press, 1951), p.159

वैध न मानें तो समाज उन पर किस तरह अपनी श्रेष्ठता को लाद सकता है? तब उसमें उन्हें अपने कर्त्तव्यों में लगाये रखने के लिए आवश्यक सत्ता नहीं रहती यदि वे उसे छोड़ना चाहें तो और समाज अपनी दुर्बलता के प्रति चेतन भी है वह मुक्त रूप से उनके अधिकार का समर्थन करता है जो कुछ वह रोक नहीं सकता, जहाँ तक कि वे अपने भाग्य के स्वयं स्वामी हैं। अपने जीवनों को समाप्त करने का उन्हें अधिकार है। अपनी ओर से उन्हें जीवन के दुखों को धैर्य पूर्वक सहन करने का कोई कारण नहीं है। यदि वे किसी ऐसे समूह के सदस्य हों जिसे वे प्यार करते हों और वे अपने हितों के सामने उन हितों को धोखा देना न चाहते हों तो वे अधिक मजबूती से जीवन से चिपटे रहते हैं । जो बन्धन उन्हें सामान्य कारणों से जोड़ता है वही उन्हें जीवन से बांधता है और वे जिस महान् आदर्श को लेकर चलते हैं वह व्यक्तिगत दुखों को इतनी गहराई से अनुभव करने से रोकता है। संक्षेप में, एक घनिष्ठ और जागृत समाज में सबसे प्रत्येक की ओर और प्रत्येक से सबकी ओर विचारों और अनुभूतियों का लगातार आदान-प्रदान होता रहता है जो कि एक पारस्परिक नैतिक सहायता है जो कि व्यक्ति को उसके अपने साधनों पर छोड़ देने की जगह पर उसे समष्टिगत शक्ति में हिस्सा बँटाने की ओर ले जाती है और समाप्त हो जाने पर उसकी शक्ति को सहायता देती है।"[1]

**(2) परार्थी आत्महत्या**-दुर्खीम के अनुसार आत्महत्या का दूसरा प्रकार परार्थी आत्महत्या है। इस प्रकार की आत्महत्या एक विशिष्ट व्यक्तित्व वाले व्यक्ति करते हैं। दुर्खीम के अनुसार इस प्रकार के व्यक्ति मुख्य रूप से वे होते हैं जो सामाजिक नियन्त्रण को अधिक महत्व देते हैं । इस प्रकार के व्यक्ति समाज और सामाजिक नियमों द्वारा आवश्यकता से अधिक दब जाते हैं। इस स्थिति में वे समाज के हित को अधिक महत्व देने लगते हैं तथा समाज की तुलना में अपने अस्तित्व को कम

---

1. "As collective force is one of the obstacles best calculated to restrain suicide, its weakening involves a development of suicide. When society is strongly integrted, it holds individuals in its control, considers them at its service and thus forbids them to dispose wilfully of themselves. Accordingly, it opposes their evading their duties to it through death. But how could society impose its supremacy upon them when they refuse to accept this subordination as legitimate? It no longer then possesses the requisite authority to retain them in their duty if they wish to desert; and conscious of its own weakness it even recognizes their right to do freely what it can no longer prevent. So far as they are the admitted masters of their destinies, it is their privilege to end their lives. They, on their part, have no reason to endure life's sufferings patienlty, for they cling to life more resolutely when belonging to a group they love, so as not to betray interes they put before their own. The bond that unites them with the common cause attaches them to life and the lofty goal they envisage prevents their feeling personal troubles so deeply. There is, in short, in a cohesive and animated society a constant interchange of ideas and feelings from all to each and each to all, something like a mutual moral support which instead of throwing the individual on his own resources, leads him to share in the collective energy and supports his own when exhausted." *Ibid*, pp. 209-10.

महत्वपूर्ण मानने लगते हैं। इस प्रकार की अभिवृत्ति के अधिक विकसित हो जाने पर व्यक्ति समाज के लिये बिना किसी विशेष संकोच के अपने अस्तित्व को समाप्त कर देता है। वास्तव में इस प्रकार के व्यक्तियों की वैयक्तिकता अपनी ही निगाह में समाप्त हो जाती हैं। इस प्रकार की आत्महत्याओं के स्पष्टीकरण के लिये दुर्खीम ने सैनिकों द्वारा की जाने वाली आत्महत्याओं का उदाहरण प्रस्तुत किया है। दुर्खीम के अनुसार सैनिकों की आत्महत्याओं का कारण प्रायः अत्यधिक कठोर नियन्त्रण हुआ करता है। भारतीय समाज में व्याप्त सतीप्रथा का मुख्य कारण भी इस दृष्टि के अतिरिक्त सामाजिक नियन्त्रण ही माना जा सकता है।

उपरोक्त विवरण से दुर्खीम द्वारा किया गया आत्महत्या का विश्लेषण स्पष्ट होता है। दुर्खीम ने आत्महत्या के सभी कारकों को सामाजिक सिद्ध करने का प्रयास किया है। उसके अनुसार आत्मश्लाघी आत्महत्याओं का मुख्य कारण सामाजिक सम्बन्धों एवं संवेगों का अभाव एवं शिथिलता है। परार्थी आत्महत्याओं के पीछे अतिरिक्त सामाजिक नियन्त्रण मुख्य कारण है। अव्यवस्थित आत्महत्याओं के बढ़ने के लिए सामाजिक असंतुलन उत्तरदायी है।

## आत्महत्या के सिद्धान्त की आलोचना

दुर्खीम ने आत्महत्या के कारकों के विश्लेषण के अन्तर्गत एक मात्र सामाजिक कारकों को महत्वपूर्ण माना है। वास्तव में दुर्खीम का यह विचार एकांगी हैं। आत्महत्या के पीछे सामाजिक कारक का महत्व होते हुए भी उसे एक मात्र कारक नहीं कहा जा सकता। सामाजिक कारक के साथ-साथ अन्य कारक जैसे कि आर्थिक, शारीरिक तथा धार्मिक आदि कारक भी महत्वपूर्ण स्थान रखते हैं। मनोवैज्ञानिक कारकों को भी शास्त्रीय दृष्टि से सामाजिक कारकों से पृथक ही रखना चाहिये। इस प्रकार हम कह सकते हैं कि दुर्खीम का मत सत्य होते हुए भी न तो पूर्ण है और न ही सर्वांग है।

दुर्खीम के अनुसार परार्थी आत्महत्या वाले लोग महान् मूल्यों की ओर प्रेरित होते हैं। समाज के मूल्यों के सामने वे अपने व्यक्तिगत जीवन के मूल्यों को कुछ भी महत्वपूर्ण नहीं मानते। उनका विचार है कि अपने जीवन का महत्व सामाजिक नियमों को बनाये रखने और आगे बढ़ाने में ही है। इस प्रकार का दृष्टिकोण किसी मनुष्य में एक बार विकसित हो जाने और मजबूत हो जाने पर वह व्यक्ति आसानी से और जानबूझकर सामाजिक कारणों, लक्ष्यों और प्रयोजनों के लिये अपने जीवन का बलिदान कर देता है। वास्तव में ऐसा व्यक्ति स्वयं को समाज की छायामात्र समझता है जिसका अपना कोई महत्व नहीं है।

दुर्खीम ने इस जनमत का खण्डन किया है कि सैनिक व्यक्ति सैनिक जीवन की कठोरताओं, कठोर अनुशासन और स्वतन्त्रता के तुलनात्मक अभाव से तंग आकर आत्महत्या करते हैं। दुर्खीम ने यह देखा कि साधारण सैनिकों की तुलना में अफसरों

में आत्महत्या की दर कहीं अधिक है यद्यपि उनका जीवन सैनिकों के जीवन से कठोर होता है। अपनी इच्छा के विरुद्ध फौज में भरती किए गए लोगों की तुलना में जानबूझकर भरती किए गए लोगों में आत्महत्या की दरें अधिक पाई जाती हैं इससे यह पता चलता है कि मनुष्य किसी महान् लक्ष्य, सिद्धान्त और मूल्य के लिए अपने जीवन का बलिदान करने को सदैव प्रस्तुत रहता है।

इन बाध्य परार्थी आत्महत्याओं के विरुद्ध कुछ वैकल्पिक प्रकार भी हैं जो कि आत्मत्याग और आत्म संयास को एक श्रेष्ठ और प्रशंसनीय कार्य मानते हैं और जिनमें आत्महत्या की आवश्यकता नहीं होती। जापान की हाराकीरी, बौद्ध भिक्षुओं का आत्मदाह, फौज के लोगों की आत्महत्याएँ, आत्महत्या समूह और निर्वाण में आत्म विनाश तथा ब्राह्मणों में जैसा कि प्राचीन हिन्दू ऋषियों के विषय में देखा जाता है, अन्य अनेक प्रकार की परार्थी आत्महत्याएँ दिखलाई पड़ती हैं। दुर्खीम का कहना है कि, "इन सभी मामलों में व्यक्ति स्वयं को अपने व्यक्तिगत सत से अलग करके किसी ऐसे में समा जाने का प्रयास करता है जिसे वह सच्चा सत समझता है। जबकि अहंकारी व्यक्ति इसलिए दुखी है क्योंकि वह संसार में व्यक्ति के अलावा कुछ भी यथार्थ नहीं पाता, दूसरी ओर असन्तुलित परार्थी का दुख, व्यक्ति के स्वयं अपने को पूरी तरह से असत्य प्रतीत होने से उदय होता है। पहला जीवन से इसलिए तटस्थ है क्योंकि वह कोई ऐसा लक्ष्य नहीं रखता जिससे अपने को जोड़ सके और इसलिये वह अपने को निरूपयोगी और प्रयोजनहीन अनुभव करता है; दूसरा इसलिये क्योंकि उसका एक लक्ष्य तो है परन्तु ऐसा है जो कि इस जीवन से बाहर है और इसलिये जो उसे एक बाधा मात्र अनुभव होता है।"[1]

**(3) अव्यवस्थित आत्महत्या**-दुर्खीम के अनुसार आत्महत्या का तीसरा रूप अव्यवस्थित आत्महत्या है। इस प्रकार की आत्महत्याओं का सम्बन्ध सामाजिक विघटन अथवा असंतुलन से होता हैं। सामाजिक विघटन के समय समाज एवं व्यक्ति के पारस्परिक सम्बन्ध छिन्न-भिन्न हो जाते हैं। इसमें समाज एवं व्यक्ति दोनों के ही सामाजिक एंव नैतिक मूल्य डाँवाडोल हो जाते हैं ऐसी स्थिति में व्यक्ति का जीवन के प्रति दृष्टिकोण अकस्मात शीघ्रता से परिवर्तित हो जाता है। इस प्रकार के आकस्मिक परिवर्तन का परिणाम प्रायः भयानक हुआ करता है। इस तथ्य को

---

1. " In all these cases the individual seeks to strip himself of his personal being in order to be engulfed in something which he regards as his true essence...While the egoist is unhappy because he sees nothing real in the world but the individual, the intemperate altruist's sadness, on the contrary, springs from the individuals' seeming wholly unreal to him. One is detached from life because seeing no goal to which he may attach himself, he feels himself useless and purposeless; the other because he has a goal but one outside this life, which henceforth seems merely an obstacle to him."

**-Ibid p. 225.**

पुष्ट करने के लिये दुर्खीम ने आर्थिक असंतुलन का उदाहरण प्रस्तुत किया है। दुर्खीम के अनुसार यह सत्य है कि आकस्मिक आर्थिक सम्पन्नता एंव आकस्मिक आर्थिक विपन्नता दोनों ही आत्महत्या की दर को बढ़ाने वाली होती हैं। उसके अनुसार आर्थिक सम्पन्नता एंव विपन्नता दोनों दो पूर्ण विपरीत स्थितियाँ हैं। अत: इन दोनों में से कोई भी एक स्थिति अपने आप में आत्महत्या का एक मात्र कारक नहीं हो सकती। वास्तव में इन दोनों स्थितियों के पीछे उपस्थित रहने वाला अन्य कोई कारक महत्वपूर्ण है। दुर्खीम के अनुसार वह कारक है आकस्मिक सामाजिक अव्यवस्था। आर्थिक विपन्नता एवं आर्थिक सम्पन्नता दोनों ही स्थितियों में सामाजिक असंतुलन उत्पन्न हो जाता है। इस प्रकार दुर्खीम ने यह सिद्ध करने का प्रयास किया है कि वास्तव में आत्महत्या का कारण आर्थिक न हो कर सामाजिक ही हैं। प्रत्यक्ष रूप में आर्थिक कारक दिखवाई देने वाले कारक के पीछे भी मुख्य कारक असंतुलन होता है।

अव्यवस्थित आत्महत्या की व्याख्या करते हुए धनिकों से उदाहरण देते हुए दुर्खीम ने लिखा है, "किन्तु जब समाज किसी कष्टदायक संकट अथवा लाभदायक किन्तु आकस्मिक परिवर्तन से क्षुब्ध होता है तो कुछ क्षणों के लिए वह इस प्रभाव को बनाये रखने में अयोग्य होता है, तब आत्महत्या के वक्र में आकस्मिक उठान आता है। आर्थिक संकटों के उदाहरण में वास्तव में, एक प्रकार का निर्वर्गीकरण उत्पन्न होता है जो कि यकायक व्यक्तियों को उनके पहले स्तर से निचले स्तर में धकेल देता है। अब उन्हें अपनी आवश्यकताएँ कम करनी हैं, अपनी जरूरतों को कम करना है, अधिक आत्म नियन्त्रण सीखना है, सामाजिक प्रभाव के सभी लाभ जहाँ तक उनका प्रश्न है खत्म हो जाते हैं; उनकी नैतिक शिक्षा फिर से शुरू होती हैं, किन्तु समाज उन्हें तुरन्त इस नये जीवन से समायोजित करके अधिक आत्म दमन का अभ्यास करना नहीं सिखा सकता क्योंकि वे इसके आदी नहीं हैं। इसलिये वे अपने पर लादी हुई दशा से समायोजन नहीं करते और भविष्य बड़ा असहनीय दिखलाई पड़ता है। अस्तु, उन्हें वह कष्ट होता है जिससे वे उस अस्तित्व को जांचने के पहले ही उससे अलग हो जाते हैं।"[1]

1. "But when society is disturbed by some painful crisis or by beneficent but abrupt transitions, it is momentarily incapable of exercising this influence; thence come the sudden rises in the curve of suicides. In the case of economic disasters, indeed, something like a declassification occurs which suddenly casts certain individuals into a lower state than their previous one. Then they must reduce their requirements, restrain their needs, learn greater self-control, all the advantages of social influence are lost so far as they are concerned; their moral education has to be recommenced. But society cannot adjust them instantaneously to this new life and teach them to practise the increased self-repression to which they are unaccustomed. So they are not adjusted to conditions forced on them, and its very prospect is intolerable; hence the suffereing which detaches them from a reduced existence even before they have made trial of it." *-Ibid,* p. 252-253.

अनोमी सामाजिक आर्थिक परिवर्तनों में अव्यवस्था की स्थिति है। आधुनिक समाज में आकस्मिक आर्थिक और औद्योगिक संकट अथवा आकस्मिक समृद्धि दिखलाई पड़ती है। आकांक्षाओं पर कोई नियन्त्रण नहीं होता। आवेग पहले से कम सन्तुलित होते हैं। महत्वाकाक्षाएँ अत्यधिक बढ़ी हुई होती हैं। अप्राप्य लक्ष्यों की ओर दौड़ लगातार अव्यवस्था बढ़ाती जाती हैं। दुर्खीम के शब्दों में, "आर्थिक प्रगति ने औद्योगिक सम्बन्धों को सभी प्रकार के नियम से बहुत कुछ स्वतन्त्र कर दिया है, और व्यापार तथा उद्योग के क्षेत्र में नियन्त्रण करने के लिये पर्याप्त कोई भी नैतिकता नहीं है। इससे भी आगे, धर्म की अधिकतर शक्ति समाप्त हो गई है और सरकार, आर्थिक जीवन को नियमित करने की बजाय, उसका उपकरण और नौकर हो गई है।"

दुर्खीम के आत्महत्या के सिद्धान्त के विरुद्ध निम्नलिखित तीन आक्षेप लगाये गये हैं-

1. यह सिद्धान्त केवल छोटी संख्याओं से सम्बन्धित अपूर्ण और आंशिक आंकड़ों पर आधारित है।

2. सामाजिक कारण को आत्महत्या का एकमात्र कारण ठहराने का कोई औचित्य नहीं है, जैसा कि अधिकतर अपराधशास्त्री मानते हैं आर्थिक, मनोवैज्ञानिक और धार्मिक कारण भी आत्महत्या की ओर ले जाते हैं।

3. यह सिद्धान्त आत्महत्या से सम्बन्धित आंकड़ों के बहुत ही छोटे नमूने पर आधारित है।

## धर्म के कार्य
## (FUNCTIONS OF RELIGION)

एमाइलज दुर्खीम ने धर्म के समाज शास्त्र में अत्यन्त महत्वपूर्ण योगदान दिया है। उन्होंने धर्म के उद्‌गम का विश्लेषण किया और मानव समाज में उसका कार्यभाग बतलाया। यही समाज में दुर्खीम के अनुसार धर्म के कार्य हैं। इस सम्बन्ध में एमाइल दुर्खीम की सन् 1912 में प्रकाशित धार्मिक जीवन के प्रारम्भिक रूप The Elementary forms of Religious life शीर्षक पुस्तक उल्लेखनीय है। यह पुस्तक धर्म पर मौलिक रचना मानी जाती है। इस पुस्तक में दुर्खीम ने आस्ट्रेलिया के आदिवासी अरून्टा (Arunta) जनजाति में टोटमवादी धर्म का विश्लेषण किया। इस विश्लेषण के आधार पर उन्होंने धर्म के एक समाजशास्त्रीय सिद्धान्त का विकास किया। उन्होंने धर्म के उद्‌गम एवं विकास के विषय में अन्य विद्वानों द्वारा दी गई व्याख्याओं का खण्डन किया। वे धर्म की व्याख्या पवित्र (Sacred) वस्तुओं से सम्बन्धित विश्वासों और व्यवहारों की एक समन्वित व्यवस्था के रूप में करते हैं। पवित्र वस्तुएं वे हैं जो कि धार्मिक क्रियाओं के द्वारा अलग रखी गयी हैं। पवित्र शब्द में वे वस्तुएं शामिल हैं जो धर्म के विधि-विधानों में इस्तेमाल की जाती हैं। दुर्खीम के अनुसार एक पवित्र वस्तु वह है जिसे सामान्य व्यक्ति को छूने की इजाजत नहीं है। अपवित्र (Profane) पवित्र का विपरीत है। पवित्र वस्तुओं का क्षेत्र सदा के लिये निर्धारित

नहीं किया जा सकता। दुर्खीम के अनुसार विभिन्न धर्मों में पवित्र वस्तुओं के विषय में भारी अन्तर दिखलाई पड़ता है। इस प्रकार धर्म संसार को दो प्रकार की वस्तुओं के क्षेत्र में बांटता है, पवित्र और अपवित्र। धार्मिक चर्च अपने अनुयायियों को पवित्र वस्तुओं से जोड़ता है। विश्वास और आचार उनको संगठित करते हैं। धर्म का विकास विश्वासों और विधि-विधानों को समष्टि के रूप में अपनाने पर निर्भर करता है। धार्मिक विश्वासों और विधि-विधानों के पवित्र प्रतीक समाज की नैतिक सद्‌वस्तु (Reality) की ओर संकेत करते हैं।

## धर्म का उद्‌गम

धर्म के उद्‌गम की व्याख्या के विषय में दुर्खीम ने टायलर (Tylor) और स्पेंसर (Spencer) के जीववाद (Animism) और मैक्समूलर (Max Muller) के प्रकृतिवाद (Naturism) का खण्डन किया है। दुर्खीम का कहना है कि ये दोनों ही सिद्धान्त पवित्र और अपवित्र में अन्तर की व्याख्या नहीं करते। धर्म कोई रहस्य नहीं है, वह किसी परात्पर (Transcendental) ईश्वर में विश्वास नहीं है, वह कोई विभ्रम (Illusion) नहीं है। सम्पूर्ण इतिहास में मनुष्यों ने कभी भी समष्टिगत सामाजिक सद्‌वस्तु के अलावा किसी अन्य सत की उपासना नहीं की और केवल इसे ही आस्था से विभूषित किया और ईश्वर कहा। टोटम के प्रसंग में धर्म के उद्‌गम की व्याख्या करते हुए उनहोंने आस्ट्रेलियाई जनजातियों में इसका विश्लेषण किया। उन्होंने लिखा है, "टोटमवाद एक धर्म है, कुछ पशुओं अथवा कुछ मनुष्यों अथवा कुछ प्रतिमाओं का नहीं, बल्कि एक अनाम और अवैयक्तिक शक्ति का जो कि इन प्राणियों में पायी जाती है, किन्तु वह उनमें से किसी से भी तादात्म्य नहीं की जाती। कोई भी उसे पूर्णतया नहीं रखता, और सभी उसमें भाग लेते हैं। वह विशिष्ट विषयों से इतनी स्वतन्त्र है कि वह उनके पूर्व होती है और उनके लिये पर्याप्त होती है। व्यक्ति मरते हैं, पीढ़ियाँ गुजर जाती हैं और उनका स्थान दूसरी पीढ़ियाँ ले लेती हैं परन्तु यह शक्ति सदैव उपस्थित, जीवित और अपने प्रति सच्ची रहती है। वह वर्तमान पीढ़ी को प्रेरणा देती है जैसी कि उसने गुजरे हुए कल को दी थी और जैसी कि वह आने वाले कल को देगी। धर्म शब्द को अत्यन्त व्यापक अर्थ में लेने पर यह कहा जा सकता है कि वह ईश्वर है जिसकी प्रत्येक टोटमवादी सम्प्रदाय में पूजा की जाती है; परन्तु वह एक निर्वैयक्तिक ईश्वर, अनाम, बिना किसी इतिहास के, जगत में उपस्थित और असंख्य वस्तुओं में फैला हुआ है।"[1] इस विश्लेषण के

1. "There is no doubt that a society has everything needed to arouse in men's minds, simply by the influence it exerts over them, the sensation of the divine, for it is to its members what God is to his faithful, for God is first a being whom man imagines in certain respects as superior to himself, and on whom he believes he depends, whether we are speaking of personalities like Jacob, Zeus, of Jehowah, or of abstract forces like those which come into play in totemism. In either case, the believer feels that he is obliged to accept certain forms of behaviour imposed on him by the nature of the sacred principle with which he feels he is in communication. But society also maintains in us the sensation of a perpetual dependence, because it has a nature

आधार पर दुर्खीम धर्म की परिभाषा करते हुए उसे "उन वस्तुओं के प्रति विश्वासों और विधि-विधानों की एक परस्पर निर्भर व्यवस्था मानते हैं जो कि पवित्र हैं और जो कि विश्वासों और विधि-विधानों के द्वारा उन सबको एक सूत्र में बांधती है और अनुयायियों को मिलाकर एक नैतिक समुदाय बनाती हैं जो कि चर्च कहलाता है।"[1] धर्म के सच्चे विज्ञान की अपने सिद्धान्त से तुलना करते हुए वे जीववाद और प्रकृतिवाद को अर्धवैज्ञानिक सिद्धान्त कहते हैं। उन्होंने यह दिखलाया है कि धर्म को विभ्रम नहीं कहा जा सकता क्योंकि उसे मानव इतिहास में सदैव एक महत्वपूर्ण स्थान दिया गया है और सभी युगों में मनुष्यों ने उससे प्रेरणा प्राप्त की है। यह सर्वविहित है कि कानून, नैतिकता और स्वयं वैज्ञानिक विचार भी धर्म से ही उत्पन्न हुए हैं, लम्बे काल तक वे धर्म का अंश थे और उनमें सदैव धार्मिक भावना का राज्य रहा है। इस प्रकार की मानव चेतना को निर्माण करने वाली व्यापक शक्ति को विभ्रम कैसे कहा जा सकता है? प्रत्येक विज्ञान प्राकृतिक जगत से सम्बधित होता है। अस्तु, धर्मों के विज्ञान के लिये यह सिद्धान्त होना ही चाहिये कि धर्म प्रकृति में जो कुछ नहीं है उसके विषय में कुछ नहीं कहता।

## टोटमवाद

टोटमवाद का सार तत्व एक निर्वैयक्तिक अनाम शक्ति की उपासना है जो कि एक ही साथ सब में व्यापक और सबसे परे है। दुर्खीम का कहना है कि यह शक्ति स्वयं समाज है। दुर्खीम ने लिखा है- "इसमें कोई संदेह नहीं कि एक समाज में प्रत्येक वह वस्तु है जो कि मनुष्यों के मस्तिष्कों को उत्तेजित करने के लिए आवश्यक है, जो कि वह केवल उन पर प्रभाव से ही, दैवी होने की संवेदना से ही उत्पन्न होती है, क्योंकि वह अपने सदस्यों के लिए वही है जो कि ईश्वर उसमें विश्वास करने वाले व्यक्ति के लिये है। ईश्वर सबसे पहले उस व्यक्ति के लिए सत है जो कि उसे अनेक बातों में अपने से श्रेष्ठ मानता है और जिस पर कि वह विश्वास करता है कि वह निर्भर है, चाहे हम जैकब, ज्यूस अथवा जेहोवा

---

peculiar to itself, different from our individual nature, and pursues ends which are likewise peculiar to itself; but since it can attain them only through us, it imperiously demands our cooperation. It requires that we forget our personal interest and become its servants; it subjects us to all kinds of inconveniences, hardships and sacrifices without which social life could be imposible. So it is that at every moment we are obliged to submit to rules of conduct and ideas which we have neither made nor willed and which are sometimes even opposed to our most fundamental inclinations and instincts.

Society awakens in us the feeling of the divine. It is at the same time a commandment which imposes itself and a reality qualitiatively superior to individuals which calls forth respect, devotion, adoration". **-Op. Cit.**

1 "A religion is an interdependent system of beliefs and practices regarding things which are sacred, that is to say, apart, forbidden, beliefs and practices which unite those who follow them in a single community called a Church." -Ibid.

जैसे व्यक्तियों के विषय में बोल रहे हैं, अथवा ऐसी अमूर्ति शक्तियों के विषय में जो कि टोटमवाद में क्रीड़ा करती हैं। किसी भी मामले में, विश्वासी यह अनुभव करता है कि वह पवित्र सिद्धान्त जिससे कि वह आदान-प्रदान अनुभव करता है उसकी प्रकृति के द्वारा उस पर आरोपित व्यवहार के कुछ विशिष्ट रूपों को स्वीकार करने के लिए बाध्य है। परन्तु समाज हम में सतत निर्भरता की संवेदना बनाये रखता है, क्योंकि उसकी एक उसके लिए विशिष्ट प्रकृति है, जो कि हमारी व्यक्तिगत प्रकृति से भिन्न है, और उसके ही जैसे विशिष्ट साध्यों का अनुगमन करती है; क्योंकि वह उन्हें केवल हमारे ही द्वारा प्राप्त कर सकती है, इसलिये वह अनिवार्य रूप से हमारा सहयोग मानती है। इसके लिये यह आवश्यक है कि हम व्यक्तिगत हितों को भूल जायें और उसके नौकर बन जायें; वह हमें सब प्रकार की असुविधाओं, कठोरताओं और त्यागों की ओर ले जाती है जिनके बिना सामाजिक जीवन असम्भव है। अस्तु वही प्रत्येक क्षण हमें आचरण और विचारों के नियमों के प्रति समर्पण करने के लिये बाध्य करती है जिन्हें हमने न तो बनाया है और न जिनका संकल्प किया है और जो कि कभी-कभी हमारे सबसे अधिक आधारभूत झुकावों और मूल प्रवृत्तियों के भी विरुद्ध हैं। समाज हमारे अन्दर दिव्य की अनुभूति जगाता है। इसी समय वह एक आदेशक है जो कि स्वयं को आरोपित करता है और गुणात्मक दृष्टि से व्यक्तियों से श्रेष्ठ एक सत है जो कि आदर, भक्ति और पूजा मांगता है।"[1]

भूतकाल में भिन्न-भिन्न समाजों ने भिन्न-भिन्न देवता और धर्म उत्पन्न किये। यही बात वर्तमान समाजों के विषय में कही जा सकती है। टोटमवाद सामाजिक संकलन में सहायता देता है। आकस्मिक परिस्थितियों की अवधि में समूह सामान्य विधि-विधानों, त्यौहारों और दावतों में भाग लेने के कारण संकलित हो जाता है। संकट के काल में नये देवताओं और नये धर्मों का जन्म होता है। दुर्खीम का कहना है कि धर्म का श्रोत और लक्ष्य समष्टिगत जीवन है। पावन की अवधारणा समष्टि का व्यक्तिगत रूप है। धर्म का कार्य सामाजिक संश्लिष्टता को बनाना, बढ़ाना और बनाये रखना हैं। धर्म पावन और अपावन के पृथक्करण में उत्पन्न होता है। धर्म सामाजिक सृष्टि नहीं है बल्कि दिव्य रूप में समाज ही है। मनुष्य साथ मिलकर अनेक देवताओं की पूजा करते हैं जो कि समाज की शक्ति के अचेतन प्रक्षेप (Projections) हैं। धर्म समाज की शक्ति का परात्पर प्रतिनिधि है। जैसे-जैसे शक्तियाँ बदलती हैं वैसे-वैसे धर्म भी बदलता है। आधुनिक मनुष्य को समाज पर अपनी निर्भरता अनुभव करनी है। इसके लिये वह समाज में पावन प्रतीकों के प्रति प्रत्यक्ष रूप से अभिव्यक्ति कर सकता है। दुर्खीम ने लिखा है "हमें

---

1. Society awakens in us the feeling of the divine. It is at the same time a commandment which imposes itself and a reality qualitiatively superior to individuals which calls forth respect, devotion, adoration".

उन धार्मिक अवधारणाओं के लिये बौद्धिक स्थानापन्न खोजने है जिन्होंने लम्बी अवधि तक सबसे अधिक आवश्यक नैतिक विचारों के वाहन के रूप में सेवा की है।"[1] संक्षेप में, दुर्खीम के अनुसार धर्म एक सामाजिक संस्था है जो कि मानव मस्तिष्क को सार्थक बनाता है। इसके लिए व्यक्ति को व्यक्ति से परे के समाज में आरोपित परात्पर मूल्यों के अनुरूप बनाना होता हैं। जो व्यक्ति यह अनुभव करता है कि वह किसी बाहरी नैतिक शक्ति पर निर्भर है वह धर्म निरपेक्ष हो सकता है क्योंकि उसे समाज का एक उत्तरदायी सदस्य होने के लिए किसी विभ्रम की आवश्यकता नहीं है। अस्तु, दुर्खीम ने धर्म को सब के लिये विशेषतया आधुनिक मानव के लिये आवश्यक नहीं ठहराया है। आदिम मनुष्य के लिये धर्म पूर्णतया अनिवार्य था। चूंकि अब समाज शास्त्र ने उसकी आवश्यकता के पीछे के कारणों को खोज निकाला है इसलिये हम धर्म के स्थान पर अधिक विवेकयुक्त रूपों को स्थापित कर सकते हैं। इनमें से एक रूप संसार के लगभग सभी समाजों में राष्ट्रवाद का उदय है। एक उच्चतर अवस्था धर्म के स्थान पर दिव्य रूप में मानवता की स्थापना हो सकती है।

## धर्म और नैतिकता

दुर्खीम ने धर्म और नैतिकता में घनिष्ठता दिखलायी है। उनका कहना है कि भाषा के समान नैतिकता और धर्म दोनों ही सामाजिक तत्व हैं। इन सभी का अनिवार्य रूप से एक सामाजिक पहलू होता है। वास्तव में सभी मानव तथ्य सामाजिक तथ्य होते हैं। दुर्खीम ने यह दिखलाया है कि धर्म और नैतिकता दोनों ही वैज्ञानिक अभिवृत्ति पर आधारित हो सकते हैं। उन्होंने धर्म के वैज्ञानिक स्थानापन्न खोजने और नैतिकता के विज्ञान की स्थापना करने का प्रयास किया। वे समस्त नैतिकता को सापेक्ष मानते हैं। धर्म और नैतिकता दोनों ही सामाजिक संगठन की विविधताओं के अनुरूप बदलते रहते हैं। वास्तव में हमें नैतिकता के आधार के रूप में ईश्वर अथवा समाज में से एक को चुनना है। आदिम समाजों में नैतिकता ईश्वर पर आधारित थी, किन्तु आधुनिक विवेकयुक्त समाजों में नैतिकता को धर्म निरपेक्ष होना चाहिये और ईश्वर के स्थान पर समाज की स्थापना होनी चाहिये। दुर्खीम के शब्दों में, "यह समस्त तर्क वास्तव में कुछ थोड़ी सी बहुत सरल बातों में घटाया जा सकता है। यह इस बात पर आ जाता है कि सार्वजनिक मत के अनुसार नैतिकता केवल निस्वार्थता और आत्म–त्याग में उत्पन्न होती हैं किन्तु तटस्थता का तभी अर्थ होता है जबकि वह वस्तु जिसके प्रति हम समर्पण करते हैं व्यक्तियों के रूप में हमसे अधिक मूल्य रखती हैं। अब, अनुभव के जगत में, मैं केवल एक वस्तु जानता हूं जो कि स्वयं मुझसे अधिक समृद्ध नैतिक सत है, और वह समष्टि हैं। मैं गलत हूं, एक अन्य वस्तु वही कार्य कर सकती है और यह दिव्य तत्व है। हमें

1. "We must discover that rational substitute for these religious notions that for a long time have served as the vehicle for the most essential moral ideas." *-Ibid.*

ईश्वर और समाज में चुनाव करना है।" दुर्खीम आधुनिक जगत में नैतिक संकट के प्रति विशष रूप से सचेतन थे। उन्होंनें देखा कि आर्थिक कार्य नैतिक कार्यों का स्थान लेते जा रहे हैं। उन्होंने यह सुझाव दिया कि व्यावसायिक (Professional) समूहों को व्यावसायिक नैतिकता का विकास करना चाहिये। इन व्यावसायिक (Professional) समूहों को मिलाकर एक राष्ट्र बनाया जा सकता है। इस प्रकार का विचार सिंडिकेटवाद (Syndicalism) के नाम से ही जाना जाता है। व्यावसायिक समूहों को अन्तर्राष्ट्रीय होना चाहिये।

## आलोचना

दुर्खीम की धर्म अवधारणा की आलोचना करते हुए रेमण्ड आरन ने कहा है, "मुझे सन्देह है कि यह धर्म की किसी भी परिष्कृत व्याख्या के विषय में कहा जा सकता है; किसी भी मामले में, एक विशुद्ध रूप से मानवीय अवधारणा में नैतिक मूल्य मानवता की सृष्टि है। मनुष्य पशु जाति का एक प्रकार है जो कि क्रमशः मानवता पर आरोहरण करता हैं। यह मानना कि कोई ऐसी वस्तु है जिसका आन्तरिक मूल्य है धर्म के अर्थ को ही बिगाड़ देना है अथवा मानव नैतिकता के अर्थ को गड़बड़ा देना है।"[1] दुर्खीम ने यह माना है कि समाज और दिव्य तत्व की तुलना की जा सकती है और उन्हें प्रत्यक्ष की वस्तुएं माना जा सकता है। इस अवधारणा में यह दोष है कि यह ईश्वर के नाम पर राष्ट्रीय समष्टि को रखते हुए राष्ट्र पूजा की ओर ले जा सकता है जिसका परिणाम नाजीवाद और फासीवाद के रूप में क्रमशः जर्मनी और इटली में तानाशाहियों के विकास में देखा जा सकता है। वास्तव में दुर्खीम विज्ञान और धर्म के अन्तर को भूल जाते हैं। इन दोनों में बाह्य समानताएं होने के बावजूद विज्ञान का सम्बन्ध तथ्यों से है जबकि धर्म का सम्बन्ध तथ्यों से न होकर मूल्यों से होता है। फिर भी, इसमें सन्देह नहीं कि एमाइल दुर्खीम ने आधुनिक मानव चेतना के अनुरूप धर्म की एक अधिक विवेकयुक्त अवधारणा उपस्थित करने का प्रयास किया है।

## समाजशास्त्रीय सिद्धान्त में दुर्खीम का योगदान

### (Durkheim's contribution to the sociological theory)

दुर्खीम ने अपने पूर्व एवं समकालीन विचारकों के विचारों का गहन अध्ययन किया था। वे प्रत्येक विचारधारा से परिचित थे। अनेक विचारकों जैसे स्पेन्सर और आगस्त काम्टे ने दुर्खीम के विचारों पर अपनी छाप डाली, परन्तु दुर्खीम किसी भी विचारक से पूर्णतया सहमत नहीं थे। इसका कारण यह था कि वे स्वयं एक मौलिक

---

1. "I doubt that this is true in a refined interpretation of religion; in any case in a purely human conception; moral values are a creation, and a gratuitious creation of humanity. To suppose that there must be an object of intrincsic values is to distort the meaning of religion or the meaning of morality."
*Raymond Aron, Man Currents in Sociological Thought*, p. 103.

(original) विचारक थे। वे अन्य विचारकों से प्रभावित अवश्य हुये, परन्तु उन विचारकों को उन्होंने अपने रंग में रंगा, उन्हें एक नया रूप दिया, उनकी व्याख्या अपने ही ढंग से की। इतना ही नहीं, उन्होंने अनेक सिद्धान्तों का खण्डन किया और उनके स्थान पर अपने मौलिक विचार रखे। दुर्खीम ही वह प्रभावशाली विद्वान् थे जिन्होंने अपने प्रत्यक्षवादी, समाजशास्त्रीयवादी एवं दार्शनिक तथा वैज्ञानिक दृष्टिकोण द्वारा समाज शास्त्र को सच्चे अर्थों में एक वस्तुनिष्ठ विज्ञान बनाया और विद्यार्थियों के अध्ययन के लिये एक नवीन, स्वतन्त्र सामाजिक विज्ञान प्रस्तुत किया। उन्होंने अपनी विचारधारा एवं कुशल तर्कों से बड़े-बड़े महान् शिक्षा शास्त्रियों, समाज शास्त्रियों एंव दार्शनिकों को प्रभावित किया और इस बात पर सहमत किया कि वे समाज शास्त्र को एक स्वतन्त्र विज्ञान बनाने में सहयोग दें। उनका प्रयास सफल हुआ, समाज शास्त्र एक पृथक् विज्ञान बन गया। दुर्खीम ने समाजशास्त्र के व्यावहारिक पक्ष के समर्थन में कहा कि समाज शास्त्र का मूल्य एक घन्टे के लिये भी नहीं है जब तक कि उसका उपयोग समाज सुधार में न किया जाता हो।"[1]

(1) दुर्खीम केवल समाजशास्त्री ही नहीं थे वे महान् दार्शनिक भी थे। उनके अनुसार प्रत्येक सामाजिक समस्या को दार्शनिक आधार पर हल किया जा सकता है। दर्शन केवल चिन्तन का ही विषय नहीं है। प्रत्येक विज्ञान अथवा शास्त्र का किसी न किसी प्रकार समाज के कल्याण (Welfare) से सम्बन्ध होता है। अत: दर्शनशास्त्र का उपयोग समाज में किया जा सकता है। दुर्खीम ने समाज शास्त्रीय पद्धति में जो दार्शनिक दृष्टिकोण अपनाया उसे उनका योगदान कहा जा सकता है। समाज को वे नैतिकता (morality) पर आधारित मानते हैं। बिना नैतिक व्यवस्था के कोई भी समाज अपनी एकता को स्थाई रूप नहीं दे सकता। अपनी रचना 'समाज में श्रम-विभाजन' को आरम्भ करते समय उन्होंने लिखा है, "यह ग्रन्थ सर्वोपरि प्रत्यक्षवादी पद्धति द्वारा नैतिक जीवन के सामाजिक तथ्य की व्याख्या का एक प्रयास है।[2] दुर्खीम सामाजिक जीवन और नैतिकता (morality) को एक ही सामाजिक तथ्य मानते हैं। बिना नैतिकता के सामाजिक जीवन असम्भव होगा और बिना समाज के नैतिक नियमों का मूल्य ही क्या रह जायेगा? दोनों ही अन्योन्याश्रित (interdependent) तथ्य हैं। दुर्खीम के शब्दों में, "समाज नैतिकता के लिये अजनबी अथवा कोई ऐसी वस्तु नहीं है जिसका नैतिक संसार में द्वितीयक स्थान हो, बल्कि सामाजिक जीवन के समाप्त होते ही नैतिकता भी स्वंय समाप्त हो जाती है क्योंकि नैतिकता का प्रकार्य सामाजिक जीवन को बनाये रखना होता है।"[3]

---

1. "Sociology would not be worth an hour's trouble unless it enables us to improve society." **-Durkheim.**

2. "This book is above all the attempt to treat the fact of moral life by the positive methods." **-Durkheim.**

3. "Society is not...a stranger to the moral world or something which has only secondary repercussions upon it.....Let all social life disappear ;and moral life will disappear with it, since it would no longer have objective." **-Durkheim.**

कुविलियार (Cuviliar) ने दुर्खीम के ग्रन्थों का अध्ययन किया और वे इस निष्कर्ष पर पहुँचे कि दुर्खीम ने नैतिकता सामाजिक नियम का आधार माना है। जहाँ नैतिक नियमों का विवेचन किया गया है जो प्रथाओं, कानूनों, चलनों, मूल्यों, मानों और प्रतिमानों, धर्म अथवा आचार संहिताओं के रूप में समाज में रहते हैं, वहाँ उन्होंने सत्य (truth) जैसे अमूर्त विचारों का भी विवेचन किया है। दर्शन को आधार बनाकर हम अपने सामने एक आदर्श समाज की कल्पना कर सकते हैं और तदनुसार समाज में सुधार कर सकते हैं। दुर्खीम ने अपने चिन्तन एवं व्यवहार में रहस्यवाद (mysticism), अतिप्रकृतिवाद (supernaturalism) एवं परम्परावाद (traditionalism) का विरोध किया एंव उन्हें तत्वज्ञान से असम्बन्धित माना, उन्होंने सदैव इस बात पर जोर दिया कि मूल्यों और नियमों (values and norms) एवं विचारधाराओं को सामाजिक जीवन का आधार माना जाना चाहिये, उनका जीवित वास्तविकताओं (realities) की तरह अध्ययन किया जाना चाहिये। ये विचार और मूल्य सामाजिक प्राणियों को नियन्त्रित करते हैं।

दुर्खीम ने सामाजिक समस्या को सुलझाने का उपाय दार्शनिक आधार बतलाया, परन्तु इसका अर्थ यह नहीं है कि उन्होंने समाज शास्त्र को पुनः दर्शन का अंग समझ दिया। दुर्खीम के शब्दों में "समाज शास्त्र को दार्शनिक पूर्व कल्पनाओं अथवा भावनाओं पर आधारित होने की आवश्यकता नहीं है, चाहे वे किसी भी रूप में हों, समाज शास्त्र को दर्शन शास्त्र से पूर्ण स्वतन्त्र रहना है।"[1] दुर्खीम ने दार्शनिक विचारों को मूल्यवान माना है, वे उनका प्रयोग सामाजिक समस्याओं में करने की सलाह देते हैं। इसी प्रकार मनोवैज्ञानिक नियमों का समाज में स्थान है। उनसे समाज शास्त्री सहायता लेता है। इसका अभिप्राय यह नहीं माना जायेगा कि समाज शास्त्र मनोविज्ञान का अंग हो गया। दुर्खीम का तो यहाँ तक दावा है कि सामाजिक घटनाओं, सामाजिक अन्तःक्रियाओं द्वारा व्यक्ति के मनोवैज्ञानिक व्यवहार को समझा जा सकता है। सामाजिक अन्तःक्रिया मनोवैज्ञानिक व्यवहार का कारण (cause) है। मनोविज्ञान और दर्शन शास्त्र दोनों का ही समाज में दखल हो सकता है, उनसे सहायता लेकर सामाजिक समस्या को सुलझाया जा सकता है। यह समाजशास्त्र का सैद्धान्तिक पक्ष नहीं बल्कि व्यावहारिक पक्ष है। समाज शास्त्र का उद्देश्य सामाजिक जीवन को श्रेष्ठतर बनाना है। एक स्थान पर दुर्खीम कहते हैं, "एक अच्छा दर्शन समाज शास्त्र द्वारा किये गये महत्वपूर्ण तत्वों का एकीकरण करता है एवं मूल सामूहिक प्रक्रियाओं को समझने में सहायक होता है।"[2] अतः हम कह सकते हैं कि दुर्खीम ने समाज शास्त्रीय सिद्धान्त में दार्शनिक दृष्टि का प्रयोग करके उसके विकास में योगदान दिया।

---

1. "Sociology need not rest on any philosophical presuppositions whatever, Sociology is to be completely independent of philosophy." ***-Durkheim.***

2. "An adequate philosophy will, of necessity, incorporate important elements contributed by sociology, especially in understanding of the basic process of association." ***-Durkheim.***

(2) दुर्खीम विज्ञान को मानव मस्तिष्क का सबसे बड़ा आविष्कार मानते थे। विज्ञानों में प्रयोग की जाने वाली वस्तुनिष्ठ वैज्ञानिक विधि में इनका पूर्ण विश्वास था। यही कारण था कि दुर्खीम ने सामाजिक तथ्यों के अध्ययन में भी वैज्ञानिक विधि के प्रयोग पर बल दिया। उनका कथन "सामाजिक तथ्यों को वस्तु मानो" इस बात की पुष्टि करता है कि वे समाज शास्त्र में वैज्ञानिक विधि का प्रयोग करना चाहते थे। अब तक यह समझा जाता था कि सामाजिक तथ्यों के अध्ययन में वैज्ञानिक विधि का प्रयोग नहीं हो सकता क्योंकि यह केवल भौतिक एवं प्राकृतिक विज्ञानों के लिये ही उपयुक्त है। दुर्खीम वह पहले व्यक्ति थे जिन्होंने इस अवधारणा को गलत सिद्ध कर दिया। उन्होंने जोरदार शब्दों में कहा कि समाज शास्त्र भी अन्य विज्ञानों की तरह एक स्वतन्त्र विज्ञान है, इसमें भी वैज्ञानिक विधि का उसी प्रकार प्रयोग हो सकता है जिस प्रकार अन्य प्राकृतिक विज्ञानों में। दुर्खीम ने इस बात पर जोर दिया कि हमें वस्तुपरक सूचकों (indexes) का प्रयोग करना चाहिये जिससे हम विषयपरक (subjective) मूल्यों, प्रतिमानों, भावनाओं, सम्बन्धों, आदर्शों एवं विचारों को अवलोकित कर सकें। दूसरे शब्दों में, दुर्खीम सूचकांकों को विषयपरक आन्तरिक तत्वों को मापने का एक सफल साधन समझते थे। इस दृष्टिकोण को हम उनका वैज्ञानिक अनुशासन (Scientific discipline) कह सकते हैं जिसका प्रयोग उन्होंने समाज शास्त्रीय पद्धति में किया। जार्ज डेवी (George Davy) के शब्दों में, "वैज्ञानिक प्रसंग दुर्खीम की समाजशास्त्रीय पद्धति की सर्वश्रेष्ठ विशेषता है।"[1] उन्होंने कहा कि वैज्ञानिक विधि का प्रयोग करके ही हम मानव के सामाजिक व्यवहार को उन्नत बना सकते हैं। इसके द्वारा ही हम बदलते हुए समय के अनुसार सामाजिक परिवेश में आवश्यक परिवर्तन ला सकते हैं।

(3) दुर्खीम समाजशास्त्री ही नहीं बल्कि एक महान् दार्शनिक भी थे, परन्तु फिर भी वह समाज शास्त्र की ओर बढ़े। उन्होंने अपने समकालीन समाज को देखा था, उसकी समस्याओं का अध्ययन किया था। उन्होंने यह निष्कर्ष निकाला कि वे समस्यायें सामाजिक थीं। फ्रांस के बौद्धिक विचारक 19वीं शताब्दी के महायुद्ध में उलझे हुये थे। सामाजिक एकता, सहयोग, पारस्परिक सहानुभूति नष्ट हो चुकी थी। उसी समय दुर्खीम के मस्तिष्क में यह विचार उठा कि समाज शास्त्र को एक स्वतन्त्र विज्ञान के रूप में माना जाना चाहिये। वे सामाजिक समस्याओं को सुलझाना चाहते थे, इसलिये उन्होंने समाज शास्त्र को ही अपने अध्ययन का विषय बनाया क्योंकि वह सैद्धान्तिक एवं व्यावहारिक दोनों ही था।

दुर्खीम की सामाजिक दृष्टि अनुपम (Unique) थी। इसे समाजशास्त्रीय सिद्धान्त में उनकी महान् देन के रूप में समझा जा सकता है। वे प्रत्यक्षवादी समाजशास्त्रवादी थे। सामाजिक जीवन की कोई भी छोटी से छोटी समस्या नहीं

---

1. "The theme of science is one of the paramount features of the Darkheimian system of sociology." *-George Davy.*

बची जिसका दुर्खीम ने हल न सोचा हो। इसलिये उन्होनें समाज को एक स्वयं सिद्ध सत्ता (Reality Suigeneris) बतलाया। उन्होंने कहा कि समाज आत्म-निर्भर एवं स्वयात्तशासी (Autonomous) है। समाज की उत्पत्ति केवल सामाजिक कारकों से होती है, जो समाज में ही विद्यमान रहते हैं। व्यक्ति की इच्छाओं अथवा योजनाओं से समाज की उत्पत्ति नहीं हुई। समाज व्यक्ति का सृष्टा है। सामाजिक अन्तः क्रिया व्यक्ति के सामाजिक व्यवहार की कारण (Cause) हैं। जिन कारकों से समाज की उत्पत्ति होती है उनका अध्ययन किया जाना चाहिये। समाजशास्त्री का कर्त्तव्य है कि वह प्रत्येक समाज में प्रचलित धर्मों, कानूनों, प्रथाओं, रूढ़ियों, मानों-प्रतिमानों, मूल्यों, आचार संहिताओं, संस्थाओं, आर्थिक जीवन, कला, भाषा, संवेगों, मानसिक अवस्थाओं आदि का समाजशास्त्रीय दृष्टिकोण से अध्ययन करे और प्रत्येक कारक के कारण (Cause) तथा कार्य (Effect) को ज्ञात करे। इन पहलूओं के अध्ययन के लिये हमें पहले सामाजिक संरचना, सामाजिक प्रक्रियाओं, सामाजिक उत्पत्ति, संस्थागत संगठनों एवं प्रकार्य तथा सामाजिक अन्तःक्रियाओं का अध्ययन करके उन्हें अपने अध्ययन का साधन बना लेना चाहिये। दुर्खीम ने एक सामाजिक तथ्य श्रम-विभाजन की सामाजिक कारक के रूप में व्याख्या की है। उन्होंने कहा कि समाज में एक तत्व उत्पन्न होता है जिसे हम "सामाजिक" की संज्ञा देते हैं। जब दुर्खीम ने यह बतलाया कि समाज अपने ही कारणों से उत्पन्न होता है, जिनकी स्वतन्त्र सत्ता है और यह कि वह दर्शन शास्त्र या मनोविज्ञान का अंग नहीं है, बल्कि सामाजिक नियमों के द्वारा ही मनोवैज्ञानिक नियमों की व्याख्या हो सकती है तो समकालीन विचारकों में भी समाज शास्त्र के प्रति रूचि उत्पन्न हो गई। दुर्खीम ने यहाँ तक कहा कि अन्य विज्ञान समाज शास्त्र के अध्ययन से सहायता ले सकते हैं क्योंकि प्रत्येक विज्ञान का किसी न किसी रूप में समाज से सम्बन्ध होता है। दुर्खीम ने समाज शास्त्र की विषय-वस्तु एवं क्षेत्र का सीमांकन कर दिया। उन्होंने कहा कि समाज शास्त्र सामाजिक तथ्यों, समाजिक अन्तः-क्रियाओं, सामाजिक संस्थाओं और सस्कृति का विज्ञान है। इसके अतिरिक्त दुर्खीम ने समाज शास्त्र की विषय-वस्तु के अध्ययन के लिए उसी वैज्ञानिक विधि को उपयुक्त बतलाया जिसका प्रयोग भौतिक एवं अन्य प्राकृतिक विज्ञान करते हैं। उन्होंने केवल कल्पना ही नहीं की, बल्कि प्रमाणों से अपने विचारों को सत्य सिद्ध कर दिखाया। श्रम-विभाजन के आधार पर दुर्खीम ने दो प्रकार की संरचनाओं की व्याख्या की यांत्रिक (Mechanical) और सावयविक (Organic) आधुनिक समाज में जो एकता हम देखते हैं वह दुर्खीम के अनुसार श्रम-विभाजन का एक आवश्यक परिणाम है।

हैरी एल्वर्ट (Harry Alvert) के विचारों से समाजशास्त्रीय सिद्धान्त जगत में दुर्खीम का महान योगदान स्पष्ट हो जाता है। वे लिखते हैं, "यदि दुर्खीम समाजशास्त्रीय सिद्धान्त जगत को दार्शनिक दृष्टिकोण, वैज्ञानिक दृष्टि एवं सामाजिक दृष्टि न देते तो समाज शास्त्र की वैज्ञानिक प्रगति धीमी रहती और मानवीय सामाजिक व्यवहार को समझने के लिए विचार

युक्त अथवा विवेकशील बौद्धिक पद्धतियों का व्यवस्थित रूप से प्रयोग सम्भव न होता।[1] अनेक विद्वानों ने दुर्खीम के समाज शास्त्रवादी विचारों से प्रेरणा ली और तदनुसार अपने विचारों को व्यावहारिक रूप दिया। इन विद्वानों में मौस (Mauss) को ले सकते हैं एल्बर्ट सालमन (Albert Solomon) ने लिखा है कि मौस ने दुर्खीम के विचारों से प्रेरित होकर ही समाजशास्त्रीय सिद्धान्त को और आगे बढ़ाया ।

## अभ्यास के लिये प्रश्न

1. समान में श्रम विभाजन के क्या उद्देश्य हैं।
2. संश्लिष्टता का क्या अर्थ है? यांत्रिक एवं सावयविक संश्लिष्टता में अन्तर करों।
3. दुर्खीम के आत्महत्या के सिद्धान्त की विवेचना करो।
4. दुर्खीम के अनुसार आत्महत्या के कारणों की विवेचना करो।
5. दुर्खीम के अनुसार आत्महत्या के प्रकारों की व्याख्या करो।

---

1. "Without Durkheim, without his philosophical orientation, scientific emphasis and identification of the social, social science would have made much slower progress in the systematic application of the method of rational intelligence to an understanding of human social behaviour. By his unique concept that social facts could be regarded as objective facts which were not mind-dependent, Durkheim paved the way for the development of a science of sociology. To sum up, his contributions fall into three general categories (1) he provided the essential principles of structural and functional analysis in sociology; (2) he furnished a highly pertinent critique of psychologistic methods in the study of society; and (3) He introduced such key concepts as anomie, social integration and organic solidarity." ***-Harry Alvert.***
-Francis Abraham and John Henry Morgan, *Sociological Thought*, p. 130.

# 6

# मैक्स वेबर
# (MAX WEBER)

मैक्स वेबर ने 'समाज शास्त्र' को अपने ढंग से परिभाषित किया। उसका कहना था कि सामाजिक विज्ञानों का अध्ययन भी उसी प्रकार का होना चाहिए जिस प्रकार प्राकृतिक विज्ञानों का होता है। इस उद्देश्य को लेकर उसने एक ऐसी अध्ययन पद्धति का आविष्कार किया जो समन्वित रूप से दोनों प्रकार के विज्ञानों का अध्ययन करती थी। उसने समाज शास्त्र की परिभाषा, विषय क्षेत्र, इकाई आदि को अपने ढंग से परिभाषित किया। समाज शास्त्र सम्बन्धी मुख्य तथ्यों का वेबर द्वारा विवरण निम्नलिखित है।

## समाज शास्त्र की परिभाषा

'समाज-शास्त्र' की परिभाषा वेबर की अंग्रेजी में अनुदित पुस्तक The Theory of Economic and Social Organization में मिलती है। इस पुस्तक के प्रथम पृष्ठ पर ही वेबर ने इन शब्दों में समाज शास्त्र को परिभाषित किया है, समाज शास्त्र एक विज्ञान है जो सामाजिक क्रियाओं के व्याख्यात्मक अवबोध का प्रयत्न करता है। ताकि इनके घटनाक्रम एवं परिणामों के कार्यकारणीय विश्लेषण तक पहुंचा जा सके।"[1] मैक्स वेबर द्वारा इस परिभाषा से तीन मुख्य बातें स्पष्ट होती हैं। सर्वप्रथम हम कह सकते हैं कि समाज शास्त्र का कार्य 'सामाजिक क्रिया' (Social action) को समझने का प्रयास करना है। दूसरा कार्य 'सामाजिक क्रिया' के कार्य-कारण सम्बन्ध को जानना है। इसके अतिरिक्त समाज शास्त्र का तीसरा कार्य 'सामाजिक क्रिया' के परिणाम को जानना है। मैक्स वेबर के समाज शास्त्र के इस विवेचन से स्पष्ट होता है कि समाज शास्त्र का 'सामाजिक क्रिया' से घनिष्ठ सम्बन्ध है।

---

1. "Sociology is the science which attempts the interpretative understanding of social action in order to arrive at a causal explanation of its course and results."
-Max Weber.

## सामाजिक क्रिया की विवेचना (Social Action)

मैक्स वेबर के समाज शास्त्र में 'सामाजिक क्रिया' का विशेष महत्व है। अन्य सामाजिक अवधारणाओं को समझने के लिए इस अवधारणा का समझना अनिवार्य है। वेबर ने उस क्रिया को सामाजिक क्रिया कहा है जिस क्रिया में करने वाला व्यक्ति अन्य व्यक्ति या व्यक्तियों की किसी क्रिया या व्यवहार से प्रभावित होकर अपनी क्रिया बदलता है अथवा उसकी क्रिया कोई अन्य व्यक्ति की क्रिया या व्यवहार से प्रभावित होती है। मैक्स वेबर ने 'सामाजिक क्रिया' की अवधारणा की सूक्ष्म ढंग से विवेचना की हैं। इस अवधारणा से सम्बन्धित कुछ तथ्य निम्नलिखित हैं-

**(1) सामाजिक क्रिया भूत, भविष्य अथवा वर्तमान की किसी क्रिया या व्यवहार से प्रभावित हो सकती है**–यह तो स्पष्ट ही हैं कि वास्तविक 'सामाजिक क्रिया' किसी न किसी सामाजिक व्यवहार से अवश्य प्रभावित अथवा सम्बन्धित रहती है। यहाँ यह भी स्पष्ट कर देना आवश्यक है कि 'सामाजिक क्रिया' पर यह प्रभाव भूत, भविष्य अथवा वर्तमान किसी भी काल की क्रिया का हो सकता है। यह आवश्यक नहीं है कि सामाजिक क्रिया अनिवार्य रूप से किसी वर्तमान व्यवहार से ही प्रभावित हो। इस तथ्य को विभिन्न दृष्टान्तों द्वारा स्पष्ट किया जा सकता है। यदि कोई व्यक्ति किसी व्यक्ति की सहायता करता है तथा वह कुछ समय बाद बदले में दूसरे व्यक्ति की सहायता कर देता है तो उसका यह व्यवहार भूत-कालीन क्रिया द्वारा प्रभावित माना जायेगा। दूसरा दृष्टान्त इस प्रकार का हो सकता है। एक व्यक्ति ने एक सन्यासी को भिक्षा दी तथा उस सन्यासी ने बदले में उस व्यक्ति को आशीर्वाद दे दिया। यह व्यवहार वर्तमान क्रिया द्वारा प्रभावित माना जायेगा। इसी प्रकार किसी क्रिया का सम्बन्ध भविष्य के प्रभाव से भी हो सकता हैं। इस विवेचन द्वारा स्पष्ट है कि सामाजिक क्रिया किसी न किसी काल के व्यवहार से अवश्य ही प्रभावित होनी चाहिए।

**(2) सामाजिक क्रिया सम्पन्न होने के लिए अन्य व्यक्ति आवश्यक है**– जैसा कि पहले कहा जा चुका है, 'सामाजिक क्रिया' अनिवार्य रूप से किसी अन्य के व्यवहार से प्रभावित होनी चाहिये। यह भी आवश्यक है कि सामाजिक क्रिया का सम्बन्ध किसी अन्य व्यक्ति से भी हो। किसी व्यक्ति की शून्य अथवा एकान्त में होने वाली कोई क्रिया 'सामाजिक क्रिया' नहीं कहला सकती। यहां यह कहना आवश्यक है कि जब तक किसी क्रिया का किसी अन्य चेतन व्यक्ति से सम्बन्ध न हो तब तक उसे 'सामाजिक क्रिया' नहीं कहा जा सकता। सामाजिक क्रिया के लिए अन्य व्यक्ति से प्रभावित होना अथवा अन्य व्यक्ति को प्रभावित करना आवश्यक है।

(3) **'आत्माभिप्राय' अनिवार्य है**– 'सामाजिक क्रिया' के लिए स्पष्ट रूप से व्यक्ति का 'आत्माभिप्राय' (Subjective Meaning) होना अनिवार्य है। बिना स्पष्ट अभिप्राय की गयी क्रिया 'सामाजिक क्रिया' नहीं कहला सकती। अचानक ही बिना अभिप्राय के यदि दो व्यक्ति आपस में टकरा जायें तो उनकी यह क्रिया 'सामाजिक क्रिया' नहीं होगी। हां, अचानक टकरा जाने के बाद ये दोनों यदि आपस में झगड़ा कर बैठें या आपस में क्षमा आदि का व्यवहार करें तो उनके इस व्यवहार को सामाजिक क्रिया कहा जायेगा। यहाँ यह स्पष्ट कर देना भी आवश्यक है कि किसी व्यक्ति अथवा समूह द्वारा किसी अन्य व्यक्ति अथवा समूह का अन्धानुकरण करना भी सामाजिक क्रिया नहीं है। अनुकरण केवल उस समय 'सामाजिक क्रिया' का रूप ले लेता है जब वह चेतन हो तथा उसका कोई निश्चित अभिप्राय हो उदाहरण के लिए किसी फिल्म अभिनेता के वस्त्रों के ढंग का अनुकरण करना एक सामाजिक क्रिया कहला सकता है यदि यह अनुकरण सामाजिक प्रतिष्ठा प्राप्त करने के लिए अथवा आकर्षक प्रतीत होने के अभिप्राय से किया गया हो।

उपरोक्त विवेचन द्वारा 'सामाजिक क्रिया' का अर्थ स्पष्ट हो जाता है। 'समाज शास्त्र' का कार्य मुख्य रूप से इसी 'सामाजिक क्रिया' का अध्ययन करना है। समाज शास्त्र 'सामाजिक क्रिया' के विभिन्न पहलुओं का अध्ययन करता है। वह व्यक्ति के व्यवहार का अध्ययन करता है। वह व्यवहार के अभिप्राय का अध्ययन करता है। सामाजिक क्रिया का विश्लेषण करके वह यह ज्ञात करता है कि उसके पीछे क्या कारण कार्य कर रहे हैं। इसके अतिरिक्त समाज शास्त्र 'सामाजिक क्रिया' के परिणामों को भी जानने का प्रयास करता है। इस प्रकार 'समाज शास्त्र' का सामाजिक क्रिया से घनिष्ठ सम्बन्ध है, वह उसका विश्लेषण करके उसकी दिशा, कारण तथा परिणामों को ज्ञात करता है।

## सामाजिक क्रिया की श्रेणियाँ

वेबर ने जहाँ एक ओर 'सामाजिक क्रिया' का अर्थ स्पष्ट किया है वहीं दूसरी ओर उसने 'सामाजिक क्रिया' की विभिन्न श्रेणियों का भी वर्णन किया है। सामाजिक क्रिया की ये श्रेणियाँ सामाजिक व्यवहार के स्वरूपों के अनुसार निर्धारित की गयी हैं। वेबर ने सामाजिक क्रिया की चार श्रेणियाँ स्वीकार की हैं–

(1) **परम्परात्मक** (Traditional) **श्रेणी**– इस श्रेणी का सम्बन्ध प्राचीन काल से चली आ रही प्रथाओं, परम्पराओं आदि से होता है। अर्थात् जो 'सामाजिक क्रिया' प्रचलित प्रथाओं आदि के प्रभाव से निर्देशित होती हो उसे परम्परात्मक सामाजिक क्रिया कहा जाता है।

(2) **भावात्मक** (Emotional) **श्रेणी**– यदि कोई व्यक्ति किसी अन्य व्यक्ति से व्यवाहर के फलस्वरूप भावनाओं अथवा संवेग के रूप में कोई क्रिया प्रगट करता है तो उसकी इस क्रिया को भावात्मक क्रिया कहा जायेगा। किसी व्यक्ति

के किसी विशिष्ट व्यवहार के फलस्वरूप प्रेम, घृणा, करुणा अथवा सहानुभूति को प्रकट करने की क्रिया को भावात्मक सामाजिक क्रिया कहा जायेगा।

(3) **मूल्यात्मक** (Valuational) **श्रेणी**- मूल्यों से सम्बन्धित क्रियाओं को मूल्यात्मक क्रिया कहा जाता है। धर्म एवं नैतिकता के प्रतिमानों द्वारा निर्देशित क्रियाएं मूल्यात्मक क्रियाएँ कहलाती हैं।

(4) **विवेकी-अर्थपूर्ण** (Rational-Purposeful) **श्रेणी**- इस प्रकार की सामाजिक क्रिया में विवेक तथा विशिष्ट उद्देश्य को महत्वपूर्ण माना जाता है। इस प्रकार की क्रियाओं में निश्चित योजना हुआ करती है।

## समाज शास्त्र की इकाई

समाज शास्त्र की परिभाषा एवं विषय वस्तु के विवेचन के बाद समाज शास्त्र की इकाई को भी जानना आवश्यक है। मैक्स वेबर समाज शास्त्र की इकाई 'व्यक्ति' (Individual) को मानता है। वह किसी सामाजिक समूह अथवा वर्ग को समाज शास्त्र की इकाई नहीं मानता। व्यक्ति को समाज शास्त्र की इकाई मानने का मुख्य कारण यह है कि वेबर के अनुसार इकाई लघुतम होनी चाहिये जिससे वह अधिकाधिक बोधगम्य हो सके। लघुतम इकाई के आधार पर विषय को सरलता से समझा जा सकता है। मैक्स वेबर ने सामाजिक इकाई को इस कथन के द्वारा स्पष्ट किया है, "व्याख्यात्मक समाज शास्त्र व्यक्ति एवं उसकी क्रिया को मूल इकाई के रूप में उसके अणु की तरह मानता है। इस पद्धति से भी व्यक्ति ही अर्थपूर्ण व्यवहार की अपर सीमा एवं पूर्ण आधार स्तम्भ हैं। सामान्य रूप से समाज शास्त्र के लिए 'राज्य', 'समिति', 'सामन्तवाद', एवं इसी तरह की अन्य अवधारणाएँ मानवीय अन्तः क्रिया की कुछ श्रेणियों को स्पष्ट करती हैं। इसलिए यह समाज शास्त्र का कार्य है कि वह इन अवधारणाओं को बोधगम्य क्रिया में अर्थात् बिना अपवाद के उनमें भाग लेने वाले व्यक्तिगत मनुष्य की क्रियाओं में सीमित अथवा घटित कर दे।"[1] इस कथन से स्पष्ट है कि समाजशास्त्रीय अध्ययन को सरल बनाने के लिए मूल इकाई 'व्यक्ति' को ही माना जाय। इससे अध्ययन की जटिलता कम होती है।

## सामाजिक तथा भौतिक विज्ञान

मैक्स वेबर सामाजिक विज्ञान तथा भौतिक विज्ञान में कोई मौलिक अन्तर नहीं मानता। वह इन दोनों को एक श्रेणी का बनाना चाहता था। परन्तु वेबर के

1 "' Interpretative sociology considers the individual and his action as the basic unit, as its atom.... In this approach, the individual is also the upper limit and carrier of meaningful conduct....in general, for sociology such concepts as the 'state', 'association','feudalism, and the like designate certain categories of human interaction. Hence it is the task of sociology to reduce these concepts to understandable action, that is, without exception to the actions of participating individual man." -Max Waber, *Essay in Sociology*, p.56

काल के अन्य विचारक इससे भिन्न विचार रखते थे। अतः वेबर के विचारों को जानने के लिए आवश्यक है कि हम पहले वेबर के समकालीन जर्मन विचारकों के मत को जान लें।

## अन्य जर्मन विचारकों के विचार

वेबर के काल में जर्मन विचारधारा पर काम्टे के विचारों का प्रभाव था। इस विचारधारा से भौतिक क्षेत्र तथा सामाजिक क्षेत्र को बिल्कुल पृथक् माना जाता था। भौतिक जगत के नियम सामाजिक जगत से भिन्न थे। एक क्षेत्र के नियम दूसरे क्षेत्र में लागू होने सम्भव नहीं थे। भौतिक जगत के नियम वस्तुनिष्ठतापूर्ण माने जाते थे। इसके विपरीत सामाजिक जगत में वस्तुनिष्ठ अध्ययन सम्भव नहीं माना जाता था। मनुष्य की स्वतन्त्र इच्छा इस विषय में बाधक मानी जाती थी। भौतिक विज्ञानों में सामान्य नियम निर्धारित किये जा सकते हैं परन्तु सामाजिक जगत में ऐसा सम्भव नहीं था। इस प्रकार सामान्य रूप से यह माना जाता था कि भौतिक विज्ञानों तथा सामाजिक विज्ञानों का क्षेत्र अलग है तथा सामाजिक विज्ञानों में कोई स्थायी नियमों का निर्माण नहीं किया जा सकता।

## वेबर के विचार

मैक्स वेबर भौतिक तथा सामाजिक विज्ञानों में कोई मौलिक अन्तर नहीं मानता था। उसका दावा था कि सामाजिक विज्ञानों के अध्ययन के लिए भी 'सामान्य नियमों' को प्राप्त किया जा सकता है और यदि सामाजिक विज्ञानों में सामान्य नियम निर्धारित कर लिये जायें तो निस्सन्देह सामाजिक विज्ञानों को भौतिक विज्ञानों की श्रेणी में रखा जा सकता है। सामान्य नियम ज्ञात हो जाने पर सामाजिक घटनाओं में कार्य–कारण सम्बन्ध को जान लेने पर निश्चित निष्कर्ष प्राप्त किये जा सकते हैं तथा सिद्धान्तों का निर्माण किया जा सकता है। इस प्रकार यदि सामाजिक विज्ञानों में कार्य कारण सम्बन्ध तथा सामान्य सिद्धान्त निर्धारित कर लिये जायें तो ये स्वतः ही शुद्ध विज्ञान बन जाते हैं। इसके लिए वेबर ने 'आदर्श प्ररूप'(Ideal Type) के सिद्धान्त का प्रतिपादन किया। इस सिद्धान्त के माध्यम से समाज शास्त्र के क्षेत्र में सामान्य नियम बनाये जा सकते हैं तथा वैज्ञानिक अध्ययन सम्भव हो सकता है।

## आदर्श प्ररूप
(Ideal Type)

मैक्स वेबर से पूर्व सामान्य रूप से 'समाज शास्त्र' को विज्ञान नहीं स्वीकार किया जाता था। अन्य विज्ञानों अर्थात् भौतिक शास्त्र, रसायन शास्त्र आदि तथा समाज शास्त्र में पर्याप्त अन्तर माना जाता था। इस अन्तर का मुख्य कारण समाज शास्त्र के अध्ययन में सामान्य नियमों (General Laws) का अभाव था। इसके साथ यह माना जाता था कि क्योंकि समाज शास्त्र का अध्ययन मनुष्यों के सम्बन्धों के विषय

में है। अतः मनुष्यों की स्वतन्त्र इच्छा के कारण कोई 'सामान्य नियम' बना पाना सम्भव नहीं है। मैक्स वेबर इस प्रचलित मत से सहमत नहीं था। वह समाज शास्त्र को अन्य विज्ञानों की श्रेणी में रखना चाहता था। इस उद्देश्य के लिये उसने समाज शास्त्र के क्षेत्र में 'प्रत्यय स्वरूप' अथवा 'आदर्श प्ररूप' (Ideal Type) का सिद्धान्त प्रतिपादित किया। वेबर के अनुसार समाज शास्त्र के क्षेत्र में इन्ही आदर्श प्रारूप स्वरूपों के माध्यम से विचार होना चाहिये। इस प्रक्रिया को उसने 'विचार पद्धति' (Methodology) कहा है।

मैक्स वेबर द्वारा प्रतिपादित 'आदर्श प्ररूप' का सिद्धान्त केवल समाज शास्त्र के लिये नवीन था। यही सिद्धान्त प्लेटो ने 'प्रत्ययवाद' (Theory of Ideas) के रूप में दर्शनशास्त्र के क्षेत्र में प्रतिपादित किया था। प्लेटो और वेबर के सिद्धान्तों के भाव एक ही हैं, केवल क्षेत्र का अन्तर है।

## आदर्श प्ररूप सिद्धान्त की व्याख्या

वेबर के अनुसार हमारे चिन्तन का सम्बन्ध 'सामाजिक क्रिया' तथा 'सामाजिक व्यवहार' से होता है। प्रत्येक सामाजिक क्रिया या व्यवहार का एक 'आदर्श' अथवा 'प्रत्यय' होता है। इस 'प्रत्यय' या 'आदर्श' का एक 'प्ररूप' (Type) होना भी आवश्यक है। यह हमारे मन में होता है। उदाहरण के लिये हम किसी व्यक्ति को 'भौतिकवादी' कहना चाहते हैं। अब प्रश्न उठता है कि हम उसे भौतिकवादी कैसे कह सकते हैं? 'भौतिकवादी' तो मात्र एक प्रत्यय है। भौतिकवादी को पूर्ण रूप से समझने के लिये मन में कोई 'प्ररूप' (Type) होना आवश्यक है। मन में स्थित इस प्ररूप के आधार पर ही हम किसी व्यक्ति को भौतिकवादी कह सकते हैं। इस प्रकार स्पष्ट है कि किसी वस्तु अथवा क्रिया को समझाने या जानने के लिये उसका आदर्श प्ररूप (Ideal Type) होना आवश्यक है। सम्पूर्ण मानव विचार अथवा चिन्तन इन्हीं प्ररूपों द्वारा होता है। वास्तव में व्याख्यानों में तथा लेखों मे भी केवल विभिन्न प्रत्ययों एवं प्ररूपों की व्याख्या मात्र ही हुआ करती है। सभी विचारक अपनी बुद्धि द्वारा आत्मगत (Subjective) रूप से विभिन्न प्रत्ययों या अपने मन में स्थित प्ररूप की व्याख्या किया करते हैं। इस प्रकार स्पष्ट है कि प्रत्ययों के प्ररूप मन में रहते हैं।

वेबर ने अपना समाज शास्त्र मुख्य रूप से 'आदर्श प्ररूपों' पर आधारित किया है। अतः उसने अपने ग्रन्थों में विभिन्न प्ररूपों की व्याख्या की है। वेबर ने 'आदर्श प्ररूप' की अवधारणा को समझाने के लिये निम्नलिखित तीन बातों को जानना आवश्यक माना है-

(1) **'आदर्श प्ररूप' आत्मगत होते हैं-** मैक्स वेबर के 'आदर्श प्ररूप' वास्तव में आत्मगत हैं। यहाँ इनका भौतिक विज्ञानों के नियमों से अन्तर स्पष्ट होता है। भौतिक विज्ञानों के नियम शुद्ध रूप से वस्तुनिष्ठ होते हैं। सामाजिक विज्ञान

के नियम शुद्ध रूप से वस्तुनिष्ठ नहीं हो सकते। इसका मुख्य कारण सामाजिक क्रिया के कर्त्ता अथवा दृष्टा का अपना निजी इरादा, अभिप्राय, लक्ष्य तथा संस्कार होते हैं। इन्हीं के कारण सामाजिक अध्ययन में वस्तुनिष्ठता को प्राप्त नहीं किया जा सकता। वास्तव में सामाजिक विज्ञानों का सम्बन्ध मानव व्यवहार से होता है और मानव-व्यवहार के साथ सदैव ही 'स्वतन्त्र इच्छा' जुड़ी रहती है। वेबर चाहता था कि समाज शास्त्र को भी अन्य भौतिक विज्ञानों की तरह ही वस्तुनिष्ठ बनाया जाए परन्तु प्रकृति का अन्तर होने के कारण पूर्ण वस्तुनिष्ठता प्राप्त नहीं की जा सकी। फिर भी समाज शास्त्रीय अध्ययन के लिये 'आदर्श प्ररूपों' को अधिक से अधिक वस्तुनिष्ठ एवं निरपेक्ष बनाने का प्रयास करना चाहिये।

(2) **'आदर्श प्ररूप' भावात्मक हैं**– 'आदर्श प्ररूप' भावात्मक होते हैं अर्थात् ये हमारे भाव में, कल्पना में रहते हैं। कहने का आशय यह है कि 'आदर्श प्ररूप' कोई स्थूल वस्तु नहीं होती, वे सूक्ष्म होते हैं। यहाँ हम 'आदर्श प्ररूप' तथा भौतिक नियमों की तुलना भी कर सकते हैं। भौतिकशास्त्र के नियम, गुरुत्वाकर्षण के नियम, गति के नियम, आदि भी भावात्मक होते हैं। उन्हें स्थूल रूप से नहीं देखा जा सकता। उदाहरण के लिये 'आर्थिक मनुष्य' अथवा 'धार्मिक मनुष्य' का प्रत्यय प्ररूप भावात्मक ही होता है, इसका हम वस्तुजगत में दर्शन नहीं कर सकते। वेबर ने जहाँ यह स्वीकार किया है कि 'आदर्श प्ररूप' भावात्मक होते हैं वहाँ उसका यह भी कहना है कि ये 'सार्थक' होते हैं। वास्तव में इनके द्वारा समाज शास्त्र के क्षेत्र में सार्थक तथा सोद्देश्य सामाजिक क्रियाओं का अध्ययन किया जाता है।

(3) **'आदर्श प्ररूप' परिवर्तनशील हैं**– वेबर के अनुसार 'आदर्श प्ररूपों' का निर्माण एक देश काल में समाज शास्त्रीय अध्ययन के लिये किसी मनुष्य अर्थात् विचारक द्वारा होता है। ये 'आदर्श प्ररूप' स्थाई नहीं होते, समय के साथ इनमें परिवर्तन होना सम्भव है। 'आदर्श प्ररूप' में परिवर्तन के दो कारण हैं– प्रथम तो यह कि इनका निर्माण किसी एक समय में होता है अर्थात् ये समय की उपज हैं। अतः समय बदलने पर इनमें भी परिवर्तन आ जाता है। दूसरा कारण यह है कि इन 'आदर्श प्ररूपों' का निर्माण मनुष्य ही करता है। मनुष्य की भावात्मक स्थिति परिवर्तित होने पर इनके रूप में परिवर्तन होना सम्भव है। इसीलिये 'आदर्श प्ररूपों' को स्थाई नहीं कहा जा सकता। वेबर के अनुसार 'आदर्श प्ररूप' समाजशास्त्रीय अध्ययन के लिये साधन मात्र हैं और समय के बदलने के साथ-साथ इन्हें भी बदलना आवश्यक है। समाजशास्त्री का कार्य 'आदर्श प्ररूपों' का केवल निर्माण करना नहीं है बल्कि समय-समय पर इनके परिवर्तित अर्थ की व्याख्या करना है जिससे सामाजिक क्रियाओं के अर्थ को समझा जा सके। उदाहरण के लिये 'धार्मिक व्यक्ति' का एक 'आदर्श प्ररूप' हो सकता है, परन्तु यह प्ररूप देश एवं काल के परिवर्तन के साथ-साथ बदलता भी रहता है।

## सामाजिक व्यवस्था का सिद्धान्त
## (Theory of Social Organization)

मैक्स वेबर ने 'सामाजिक व्यवस्था' की अवधारणा का अपने ढंग से विवेचन किया है। वह सामाजिक व्यवस्था एवं सामाजिक वर्ग की अवधारणा का साथ-साथ विवेचन करता है। वह सामाजिक व्यवस्था के विवेचन के लिये आर्थिक कारक को महत्वपूर्ण मानता है, परन्तु उसके अनुसार अन्य सामाजिक कारक भी अपना स्थान रखते हैं। अतः इनकी अवहेलना नहीं की जा सकती।

'सामाजिक व्यवस्था' की अवधारणा को स्पष्ट करने के लिये मैक्स वेबर ने सर्वप्रथम 'शक्ति' के अर्थ को स्पष्ट किया है। 'शक्ति' का अर्थ स्पष्ट करते हुए उसका कहना है कि, "शक्ति व्यक्ति या व्यक्तियों की उस स्थिति या अवसर को कहते हैं जिसमें वे अपने साध्य एवं लक्ष्यों का अनुभव कर उन्हें प्राप्त कर सकें।" कहने का आशय यह है कि 'शक्ति' के द्वारा व्यक्ति इच्छित लक्ष्यों को सरलता से प्राप्त कर सकता है। इसके विपरीत जिस व्यक्ति के पास 'शक्ति' का अभाव होता है वह अपने इच्छित लक्ष्य को सरलता से प्राप्त नहीं कर सकता। इस प्रकार 'शक्ति' एक प्रकार का साधन है। शक्ति के अर्थ को स्पष्ट करने के बाद वेबर शक्ति के प्रकारों का विवेचन करता है। उसके अनुसार यह 'शक्ति' दो प्रकार की होती है। प्रथम शक्ति को 'आर्थिक शक्ति' कहा जा सकता है तथा दूसरी प्रकार की शक्ति को 'सामान्य शक्ति' कहा जा सकता है। शक्ति का सम्बन्ध 'सामाजिक प्रतिष्ठा' से होता है। सामाजिक प्रतिष्ठा तथा सामाजिक शक्ति दोनों एक दूसरे को प्राप्त करने में सहायक होती हैं। किन्तु सामाजिक प्रतिष्ठा को अधिक महत्व दिया गया है। मैक्स वेबर के अनुसार, 'सामाजिक व्यवस्था' का निर्धारण 'सामाजिक प्रतिष्ठा' द्वारा ही होता है। प्रत्येक सामाजिक समूह में 'सामाजिक प्रतिष्ठा' का एक विशिष्ट प्रकार से विवेचन किया जाता हैं। सामाजिक प्रतिष्ठा के वितरण द्वारा ही 'सामाजिक व्यवस्था' बनती है। जिस प्रकार से सामाजिक प्रतिष्ठा का वितरण होगा उसी प्रकार की सामाजिक व्यवस्था होगी। इस प्रकार वेबर के विचारों से स्पष्ट है कि सामाजिक व्यवस्था को बनाने में दो बातें महत्वपूर्ण हैं। प्रथम है समूह में 'पद' का सोपान अथवा श्रेणियाँ अर्थात् किसी समूह में पदों की श्रेणियाँ किस प्रकार की हैं। दूसरा तत्व है समूह द्वारा इस संस्तरण की स्वीकृति अर्थात् समूह में पद या श्रेणियों को किस दृष्टि से देखा जाता है। इन दोनों तत्वों के द्वारा सामाजिक व्यवस्था निर्धारित होती है।

मैक्स वेबर ने सामाजिक व्यवस्था के अर्थ एवं प्रभावित करने वाले कारकों के विवेचन के बाद इसके प्रकारों का भी वर्णन किया है। वेबर के अनुसार सामाजिक व्यवस्था तीन प्रकार की होती है। ये प्रकार हैं- (अ) आर्थिक व्यवस्था, (ब) सामाजिक व्यवस्था, तथा (स) वैधानिक व्यवस्था।

सामाजिक व्यवस्था का विवेचन करने के बाद वेबर 'सामाजिक वर्ग' का वर्णन प्रस्तुत करता है। एक प्रकार की सामाजिक प्रतिष्ठा रखने वाले समूह का एक वर्ग बन जाता है। वेबर के अनुसार सामाजिक वर्गीकरण का मुख्य आधार आर्थिक कारक हैं। एक वर्ग के सदस्य वही व्यक्ति बनते हैं जिनके पास सामाजिक प्रतिष्ठा अथवा आर्थिक साधन समान होते हैं। एक वर्ग के सभी सदस्यों के पास समान आर्थिक सुविधायें होती हैं। इस प्रकार एक वर्ग के सभी सदस्यों की आय समान होती है। समाज में सम्पत्ति का नियन्त्रण भी इसी प्रकार से होता है। जिसके पास अधिकाधिक भौतिक सम्पत्ति होगी वही उत्पादन के साधनों पर अधिकार रखेगा। इसके विपरीत जो व्यक्ति भौतिक सम्पत्ति से रहित होंगे उनके नियन्त्रण में कुछ नहीं रहेगा। भौतिक सम्पत्ति से रहित व्यक्ति अपने श्रम पर निर्वाह करते हैं, वे अपना श्रम बेचते हैं। इसी आधार पर समाज में प्रायः दो वर्ग बन जाया करते हैं। एक वर्ग में वे लोग सम्मिलित होते हैं जिनके पास सम्पत्ति का स्वामित्व होता है तथा दूसरे वर्ग में वे लोग सम्मिलित होते हैं जिनके पास सम्पत्ति का स्वामित्व नहीं होता। इसी प्रकार पुनः इन्हीं आधारों के वर्गीकरण द्वारा उप-वर्ग निर्मित होते हैं। इस प्रकार स्पष्ट है कि जिस प्रकार की सामाजिक व्यवस्था होगी उसी प्रकार से वर्ग-विभाजन होगा तथा वर्ग-विभाजन एवं प्रतिष्ठा के वितरण द्वारा सामाजिक व्यवस्था प्रभावित होगी अर्थात् ये दोनों तथ्य एक दूसरे पर आश्रित हैं।

## नौकरशाही
## (BUREAUCRACY)

मैक्स वेबर ने 'नौकरशाही' की अवधारणा का विस्तृत विवेचन किया है। उसने यह विवेचन सामाजिक शक्ति तथा 'सत्ता' के विवेचन के सन्दर्भ में किया है। वास्तव में 'नौकरशाही एक प्रकार की प्रशासनिक व्यवस्था है जिसमें 'सत्ता' का वितरण, वर्गीकरण तथा 'संस्तरण' एक विशिष्ट प्रकार का होता है।

### नौकरशाही की संरचनात्मक विशेषतायें

मैक्स वेबर की नौकरशाही की विशेषताओं का संक्षिप्त वर्णन निम्नलिखित है-

(1) **अवैयक्तिक नियमों का महत्व**-नौकरशाही में सभी काम नियमों द्वारा होते हैं। ये नियम अवैयक्तिक तथा पक्षपात रहित होते हैं। इस प्रकार के प्रशासन में स्थायित्व एवं निरन्तरता रहती है। नौकरशाही में व्यक्ति विशेष को महत्व नहीं दिया जाता। सभी व्यक्तियों को निर्धारित नियमों का समान रूप से पालन करना पड़ता है। नौकरशाही के नियम तार्किक होते हैं; वे परम्परा पर आधारित नहीं होते।

(2) **स्पष्ट एवं निश्चित कार्य क्षेत्र** – नौकरशाही के अन्तर्गत प्रत्येक सदस्य का अपना कार्य-क्षेत्र निश्चित होता है चाहे वह उच्च अधिकारी हो अथवा साधारण कर्मचारी हो। कहने का आशय यह है कि नौकरशाही में श्रम-विभाजन की स्पष्ट व्यवस्था होती है। श्रम-विभाजन का आधार कुशलता एवं दक्षता ही होती

है। इसके साथ यह आवश्यक है कि व्यक्ति की सत्ता भी कुशलता के अनुरूप हो।

(3) **पदों का संस्तरण**- नौकरशाही के अन्तर्गत उच्च एवं निम्न पद होते हैं जो कि एक लम्बवत संगठन के रूप में संगठित रहते हैं। ये पद उच्च एवं निम्न होते हुए भी आपस में सम्बन्धित रहते हैं।

(4) **नियन्त्रणकारी नियम** -नौकरशाही में श्रमिकों के नियन्त्रण के लिये कुछ नियम होते हैं। ये नियम प्रायः तकनीकी ज्ञान पर आधारित होते हैं। उच्च पदाधिकारी अपने निम्न अधिकारों पर नियन्त्रण रखता है, परन्तु यह नियन्त्रण व्यक्तिगत नहीं होता। यह नियन्त्रण नियमों के आधार पर होता है। तकनीकी ज्ञान, योग्यता तथा प्रशिक्षण के आधार पर व्यक्ति को पद की सत्ता प्राप्त होती है तथा इसी सत्ता के माध्यम से नियन्त्रण होता है। वास्तविक नौकरशाही में योग्यता के अभाव में सत्ता नहीं चल सकती।

(5) **पदाधिकारियों और स्वामित्व में प्रथक्करण**-नौकरशाही में प्रशासनिक अधिकारियों और स्वामित्व में अन्तर होता है। यह व्यवस्था इसलिये होती है क्योंकि इसके अभाव में तार्किकता एवं निष्पक्षता को पूर्ण रूप से प्राप्त नहीं किया जा सकता।

(6) **भारी नियन्त्रण का अभाव**-नौकरशाही प्रशासन में प्रशासनिक संगठन ही सभी प्रकार के निर्णयों के लिये जिम्मेदार होता है। इस संगठन पर बाहरी दबाव अथवा अंकुश नहीं होना चाहिए।

(7) **एकाधिकार का अभाव**- नौकरशाही में किसी भी पद पर किसी व्यक्ति-विशेष का एकाधिकार नहीं होता। संगठन चाहे तो किसी भी व्यक्ति को स्थानान्तरित कर सकता है।

(8) **नियम, आदेश तथा निर्णयों का लिखित रूप**- नौकरशाही के अन्तर्गत सभी प्रकार के नियम, आदेश तथा निर्णय लिखित हुआ करते हैं। यह व्यवस्था प्रशासनिक कार्यवाहियों को सुचारू एवं पक्षपात रहित बनाने के लिये होती हैं। वेबर ने इस विशेषता को आवश्यक एवं लाभदायक माना है, परन्तु कुछ लोगों ने इसे मात्र 'कागजी कार्यवाही' कह कर निन्दित भी किया है।

## नौकरशाही के अन्तर्गत अधिकारियों की विशेषतायें

मैक्स वेबर ने जहाँ एक ओर नौकरशाही की विशेषताओं का वर्णन किया है वहीं दूसरी ओर उसने नौकरशाही के अधिकारियों की विशेषताओं का भी विवरण उपस्थित किया है। इन विशेषताओं का संक्षिप्त विवरण निम्नलिखित है-

(1) नौकरशाही के अन्तर्गत सभी अधिकारी व्यक्तिगत क्षेत्र में पूर्ण स्वतन्त्र रहते हैं, परन्तु प्रशासन सम्बन्धी अवैयक्तिक मामलों में सदैव उच्च अधिकारियों का नियन्त्रण रहता है।

(2) सभी अधिकारी नौकरशाही के पदों की संस्तरण व्यवस्था से सम्बद्ध रहते हैं।

(3) प्रत्येक अधिकारी का निश्चित एवं सुपरिभाषित कार्य-क्षेत्र होता है।

(4) अधिकारियों की नियुक्ति योग्यता के आधार पर होती है। वह योग्यता परीक्षा अथवा योग्यता प्रमाण-पत्र द्वारा जांची जाती है।

(5) प्रत्येक अधिकारी को पद के अनुसार वेतन दिया जाता है, पेन्शन आदि की भी व्यवस्था होती है। सामान्य रूप से नौकरी स्थायी होती है, परन्तु त्याग-पत्र देकर अवकाश प्राप्त करने की भी व्यवस्था होती है।

(6) प्रत्येक अधिकारी को अनुशासन में रहना आवश्यक है।

(7) सभी अधिकारी प्रशासन सम्बन्धी उत्पादन के साधनों के स्वामित्व से वंचित रहते हैं।

## वेबर के नौकरशाही सिद्धान्त की आलोचना

मैक्स वेबर ने नौकरशाही के विषय में विस्तृत सिद्धान्त प्रस्तुत किया था। उस सिद्धान्त का जहाँ एक ओर स्वागत किया गया तथा प्रशंसा की गयी वहीं दूसरी ओर उस सिद्धान्त की आलोचना भी की गयी। ऐडजियोनी ने वेबर के इस सिद्धान्त की निम्नलिखित प्रकार से आलोचना की है :

(1) **'सत्ता' का स्पष्ट विभाजन सम्भव नहीं है**—वेबर ने 'सत्ता' को स्पष्ट रूप से तीन विभागों में विभाजित किया है, परन्तु यह अवधारणा वास्तव में सही नहीं है। यथार्थ में सत्ता के ये तीनों प्रकार कई बार मिश्रित रूप में पाये जाते हैं। प्रायः कोई सत्ता शुद्ध रूप से परम्परात्मक अथवा अपूर्व अथवा बुद्धिसंगत नहीं हुआ करती। प्राचीन मिश्र में अनेक ऐसे प्रशासनिक संगठन थे जिनमें परम्परात्मक सत्ता तथा नौकरशाही सत्ता के तत्व एक साथ विद्यमान थे। प्राचीन काल में भी सत्ता के मिश्रित रूपों के दर्शन होते थे।

(2) **कोई भी 'सत्ता' निरन्तर नहीं रहती**- वेबर के अनुसार प्रत्येक सत्ता निरन्तर रहती है, परन्तु यह सत्य नहीं है। समय-समय पर सत्ता की निरन्तरता में परिवर्तन आ सकते हैं। उदाहरण के लिये सामान्यतया सैनिक संगठन में नौकरशाही प्रशासन की विशेषतायें हुआ करती हैं अर्थात् सभी आदेश, निर्णय आदि लिखित रूप में हुआ करते हैं परन्तु युद्ध-काल में यह नियम प्रायः भंग हो जाया करता है। युद्ध क्षेत्र में लड़ने वाली टुकड़ियों में कई बार 'अपूर्व सत्ता' की विशेषतायें भी आ जाया करती हैं। इस अवसर पर अनेक बार सेना का कोई अधिकारी अथवा सैनिक अपनी चमत्कारिक सत्ता से भी काम लेता है। इस प्रकार वेबर का सत्ता की निरन्तरता का सिद्धान्त गलत सिद्ध हो जाता है।

(3) वेबर का कहना है कि चमत्कारी अथवा अपूर्व सत्ता उच्चतम पद के व्यक्तियों के पास होती है परन्तु यथार्थ में यह सही नहीं है। अनेक बार निम्न

पद वाले विशेष व्यक्तियों में भी 'अपूर्व सत्ता' के दर्शन हो जाया करते हैं। यह सत्ता किसी भी व्यक्ति के असमान्य गुणों के कारण हो सकती है।

# सत्ता और उसके रूप
# (AUTHORITY AND ITS TYPES)

## सत्ता की वैधता का आधार

प्रत्येक समाज में शक्ति सम्बन्ध पाये जाते हैं। इन सम्बन्धों में राजनैतिक शक्ति का विशेष महत्व होता है। राजनैतिक शक्ति पर आधारित सम्बन्धों में अधिक स्थायित्व पाया जाता है। राजनैतिक संस्थाएं सामाजिक संघर्षों को दूर करने में महत्वपूर्ण कार्य भाग अदा करती हैं। इस प्रकार राजनीति समाज में एक स्थाई तत्व है। किन्तु राजनैतिक शक्ति का स्थायित्व केवल पाश्विक शक्ति से नहीं आता। उसका आधार मान्यताएं हैं। इन मान्यताओं के कारण ही वह वैध मानी जाती हैं। इन्हीं से उसे बल प्रयोग की मान्यता मिलती है। अस्तु, सत्ता केवल भय पर आधारित नहीं होती। सामाजिक अथवा नैतिक दृष्टि से भय पर आधारित सत्ता वैध (Valid) नहीं है। सत्ता के प्रति आत्म-समर्पण करने वाले व्यक्यिों की स्वतन्त्र सहमति सत्ता का वैध आधार है। यही सामाजिक नियन्त्रण को वैध बनाता है। अस्तु, राजनैतिक समाज शास्त्र सत्ता के प्रति समर्पण को समर्पित व्यक्तियों के इस विश्वास पर आधारित करता है कि समर्पण के कुछ वैध कारण हैं और समर्पण करना उचित है। अस्तु, राजनैतिक शक्ति का स्थायित्व और प्रभाव वैधता के कारण है। राबर्ट दहल के शब्दों में, "यह विश्वास कि सरकार की संरचना, विधियां, कार्य, निर्णय, नीतियाँ, अफसर अथवा नेता औचित्य का गुण रखते हैं अथवा नैतिक प्रभुत्व रखते हैं और इस गुण के कारण उन्हें मान्यता दी जानी चाहिए-विशिष्ट कार्य की मूर्त अन्तर्वस्तु चाहे कुछ भी हो, वही यह है जो कि हम वैधता से समझते हैं।"[1] स्पष्ट है कि वैधता का आधार सत्ता में जनता का विश्वास है। कोई भी शक्ति केवल तभी सत्ता बनती है जबकि उसे किसी न किसी प्रकार से वैधता प्रदान की जाती है। बरट्रेड डी. जोवेनल के शब्दों में "सत्ता स्वीकृति उत्पन्न करने वाली शक्ति है। सत्ता का अनुगमन एक वैकल्पिक कार्य है। जहाँ स्वतन्त्र सहमति समाप्त हो जाती है वहां सत्ता भी समाप्त हो जाती है।"[2]

---

1. "Belief that the structure, procedures, acts, decisions, policies, officials, or leaders of government possess the quality of 'rightness', propriety or moral goodness and should be accepted because of this quality-irrespective of the specific content of the particular act in question is what we mean by 'legitimacy."

-Robert A. Dahl, *Modern Political Analysis*, Prentice-Hall of India (Pvt) Ltd., New Delhi, 1965, p. 19.

2. "Authority is the faculty of inducing assent. To follow an authority is a voluntary act. Authority ends where voluntary assent ends."-Bertrand De Jouvenel, *Sovereignty*. Cambridge University Press, London, 1951, p.33.

## सामाजिक और राजनैतिक सत्ता में अन्तर

राजनैतिक क्षेत्र में सत्ता का अत्यधिक महत्व है क्योंकि वहीं राजनैतिक व्यवस्था का ठोस आधार है। अस्तु, राजनैतिक क्षेत्र में राजनैतिक शक्ति को राजनैतिक सत्ता में बदलना पड़ता है। किन्तु सत्ता केवल राजनैतिक नहीं होती, वह तो सामाजिक जीवन के प्रत्येक स्तर पर पाई जाती है। किन्तु, सामाजिक और राजनैतिक सत्ता में अन्तर होता है। यह अन्तर निम्नलिखित हैं-

1. राजनैतिक सत्ता समाज के सभी क्षेत्रों पर लागू होती है। दूसरी ओर सामाजिक सत्ता विशिष्ट क्षेत्रों में ही लागू होती है। उदाहरण कें लिए पिता की सत्ता पुत्र तक सीमित है, मौहल्ले में अन्य युवकों पर उसकी कोई सत्ता नहीं होती। दूसरी ओर राज्य की सत्ता सम्पूर्ण समाज पर होती है।

2. राजनैतिक सत्ता शक्ति के बिना नहीं होती जबकि सामाजिक क्षेत्र में शक्तिविहीन सत्ता भी पाई जाती है। पीछे दिये गये उदाहरण में उद्दण्ड पुत्र पर पिता की सत्ता तो है किन्तु शक्ति नहीं होती जबकि शक्तिविहीन राज्य सम्भव नहीं होता, वह समाप्त हो जाता है।

## सत्ता की परिभाषा

शक्ति किसी न किसी प्रकार की मान्यता(Sanction) के आधार पर दूसरों के व्यवहार को प्रभावित करने की सामर्थ्य है। उससे शक्ति के आलम्बन व्यक्ति के व्यवहार में शक्तिशाली व्यक्ति की इच्छाओं के अनुकूल परिवर्तन दिखलाई पड़ता है। किन्तु सभी प्रकार की शक्ति वैध नहीं होती। वैधता के अभाव में यह सम्भव नहीं है कि लोग शक्ति को मान्यता दें अथवा शक्तिशाली के सम्मुख समर्पण करें। अस्तु, शक्ति प्रयोग के सम्बन्ध बनाये रखने के लिये शक्तिशाली होना मात्र ही काफी नहीं है, उससे भी अधिक आवश्यक यह है कि शक्ति को प्रयोग करने का अधिकार प्राप्त किया जाए। कभी-कभी यह अधिकार बलपूर्वक भी प्राप्त किया जाता है। जैसा कि भारत में विदेशी आक्रमणकारी करते आये हैं। किन्तु इस प्रकार का अधिकार स्थाई नही होता और न इस प्रकार की शक्ति ही स्थाई होती है। शक्ति स्थाई तब होती है जबकि उसके प्रति समर्पण केवल भय के कारण न हो बल्कि उसे उचित मान कर हो। इस प्रकार की शक्ति में वैधता होती है। वैध शक्ति को यह अधिकार है कि दूसरों का समर्पण प्राप्त करे। इस प्रकार की वैध शक्ति को ही सत्ता कहते हैं। अस्तु, सत्ता की परिभाषा शक्ति प्रयोग के मान्य अधिकार के रूप में की जा सकती है भले ही शक्तिशाली व्यक्ति उसका प्रयोग करे या न करे।

## सत्ता के अनिवार्य तत्व

संक्षेप में, सत्ता के अनिवार्य तत्व अथवा मूलाधार निम्नलिखित हैं-

1. **शक्ति सम्बन्ध** – शक्ति सम्बन्ध से तात्पर्य एक ओर शक्तिशाली और दूसरी ओर शक्तिवाहक के सम्बन्ध से है जो कि शक्ति के वैध होने पर स्थाई रूप से स्थापित होता है।

**2. न्यूनतम साधनों का प्रयोग** – सत्ता की स्थापना के लिए शक्तिशाली के द्वारा न्यूनतम साधनों का प्रयोग आवश्यक है जैसे कि राज्य में होते हैं।

**3. मान्यतायें** –सत्ता का सबसे अधिक महत्वपूर्ण तत्व मान्यतायें हैं। ये मान्यतायें विधायक और निषेधात्मक दोनों प्रकार की होती हैं। विधायक मान्यताएँ पुरस्कार के रूप में होती हैं और निषेधात्मक मान्यताएँ दण्ड के रूप में होती हैं। शक्तिशाली व्यक्ति पुरस्कार और दण्ड दोनों के माध्यम से शासन करता है। यद्यपि प्राचीन काल में दण्ड को अधिक महत्वपूर्ण माना जाता था, वर्तमान दृष्टिकोण राबर्ट दहल के इस कथन से पता चलता है कि ,"सत्ता के द्वारा शासन करना बल प्रयोग के द्वारा शासन करने से अधिक मितव्ययी है।"[1]

**4. संगठित प्रयास** – किन्तु वैधता सदैव स्वाभाविक रूप से प्राप्त नहीं होती वह प्राप्त की जाती है। इसके लिए शक्तिशाली को संगठित प्रयास करने पड़ते हैं। इन प्रयासों में अनेक साधन प्रयोग किये जाते हैं जिनमें प्रचार का विशेष महत्व है। विभिन्न सरकारें अपने क्षेत्रों में अपने अनुकूल विचारों और मूल्यों को प्रसारित करती हैं जो कि स्पष्ट और संगठित होकर विचारधारा का रूप ग्रहण कर लेती हैं।

**5. विचार धारा** – अस्तु, आधुनिक काल में राजनैतिक सत्ता का सबसे सुदृढ़ भावात्मक आधार विचार-धारा (Ideology) है। राबर्ट ई. डाउस और जान ए. ह्यूगस के शब्दों में, "यदि यह मान लिया जाये कि मनुष्य अधिकतर परिस्थितियों में विवेकपूर्ण गणना करते हैं, तो भी विचार–धारा उनको संवेगात्मक रूप से प्रभावित करके इस तथ्य का अतिक्रमण करने का साधन हो सकती है ताकि वे अस्थाई रूप से अपने तात्कालिक आत्महित को भूल जायें और वैचारिक आन्दोलन में लीन हो जायें।"[2] इसका एक उदाहरण साम्यवादी विचार व्यवस्था के प्रभाव के रूप में देखा जा सकता है। उन क्षेत्रों में इसकी और भी अधिक आवश्यकता पड़ती है, जहाँ पर परिस्थितियाँ स्थाई हैं और सत्ता की वैधता अत्यन्त आवश्यक है। इस स्थायित्व से विचारधारा का संवेगात्मक प्रभाव शीघ्र उत्पन्न होता है। यही कारण है कि वैचारिक आन्दोलन सबसे अधिक विकासशील देशों में दिखलाई पड़ते हैं जबकि विकसित औद्योगिक समाजों में उनका प्रभाव लगभग समाप्त हो चुका है। यहाँ यह स्मरण रखना आवश्यक है कि जहाँ वैचारिक आन्दोलन सत्ता के पक्ष में होते हैं वहाँ विपक्ष

---

1. "It is far more economical to rule by means of authority than by means of coercion"

-Robert A Dahl, op cit, p.20

2. "That is to say. assuming that men are liable to be rational calculators in most situations, an ideology may be a device to transcend this fact by appealing to them so emotionally that they temporarily forget immediate self interest and become absorbed in the ideological movement "

-Robert E. Dowse & John A. Hughes, *Political Socioalogy*, John Wiley and Sons, London, 1972, p.246

में भी कम नहीं होते। वास्तव में कोई भी विचारधारा शक्ति और शक्तिवाहक दोनों के ही लिए नियामक व्यवस्था उत्पन्न करती है। जहाँ वह एक ओर शक्तिवाहक को आज्ञा पालन की ओर प्रेरित करती है वहाँ दूसरी ओर शक्तिशाली के लिए सत्ता का नियमानुकूल प्रयोग अनिवार्य ठहराती है। यदि कोई शक्तिशाली व्यक्ति उन मूल्यों की निरन्तर अवहेलना करता है जिन्होंने उसकी सत्ता को वैधता प्रदान की है तो यह स्वाभाविक है कि उसकी सत्ता खतरे में पड़ जाए और समाप्त हो जाये। पुनः कोई भी विचारधारा विरोधी विचारधारा का विकास सहन नहीं कर सकती जबकि विरोधी सब कहीं होते हैं। अस्तु, बहुधा एक विचार व्यवस्था के अन्तर्गत ही उसकी विरोधी विचार व्यवस्था के बीज विद्यमान रहते हैं जो कि कालान्तर में नवीन विचारधारा का रूप ले लेते हैं। यदि राजनैतिक सत्ता इन नवीन विचार व्यवस्थाओं के अनुकूल संशोधन करती है तो वह अपनी वैधता को बनाए रख सकती है, किन्तु यदि वह ऐसा नहीं करती तो उसके अस्तित्व को खतरा उत्पन्न हो जाता है। यदि किसी देश में एक ही विचार व्यवस्था बलवान है तो वहाँ सरकार स्थाई रहती है। किन्तु यदि परस्पर विरोधी विचार व्यवस्थाओं में किसी की भी शक्ति दूसरों से बहुत कम नहीं है तो राजनैतिक क्षेत्र में निरन्तर परिवर्तन देखा जा सकता है और कभी एक विचार धारा तथा कभी दूसरी विचारधारा के अनुरूप सत्ता की स्थापना होती है। आधुनिक काल में विश्व के राजनैतिक क्षेत्रों में साम्यवादी और पूंजीवादी विचारधाराओं का विशेष प्रभाव देखा जा सकता है। जिन देशों में साम्यवादी विचारधारा हावी है वहाँ पूँजीवाद को जड़ से उखाड़ दिया गया है और उसके पक्ष में कोई भी विचार पलने नहीं दिया जाता। दूसरी ओर पूंजीवादी विचारधारा वाले राज्य पूंजीवाद के पक्ष में प्रचार करते हैं और साम्यवाद को किसी भी शर्त पर स्वीकार नहीं करते। जिन देशों में इन दोनों परस्पर विरोधी विचारधाराओं से अलग कोई मध्यमार्गी विचारधारा पलती है वहाँ राजनैतिक सत्ता के द्वारा दमन की मात्रा कम हो जाती है और संघर्ष तीव्र नहीं होते। कुछ देशों में मुस्लिम धार्मिक विचारधारा ने राजनैतिक क्षेत्र में प्रभावी कार्यभार ले रखा है। इन देशों में इस्लाम विरोधी ही नहीं बल्कि इस्लाम से भिन्न सभी प्रकार के विचारों का कठोरता से दमन किया जाता है और समाज के सम्पूर्ण जीवन को शरीयत के अनुसार बलपूर्वक ढालने का प्रयास किया जाता है। वास्तव में यद्यपि एक राजनैतिक विचारधारा के हावी होने से सरकार का स्थायित्व बढ़ता है किन्तु विरोधी विचारधाराओं के दमन से अमानवीय परिस्थितियाँ उत्पन्न हो जाती हैं। इसीलिये जनतन्त्रीय राज्यों में परस्पर विरोधी विचारधाराओं को कुछ सीमाओं के अन्तर्गत प्रचार की स्वतन्त्रता दी जाती है। इसका एक उदाहरण भारतवर्ष में देखा जा सकता है। यद्यपि इस उदारता से सरकार के कामों में कुछ ढीलापन अवश्य उत्पन्न हो जाता है किन्तु फिर जनतन्त्रीय मूल्यों के लिये यह कीमत चुकाना तो आवश्यक ही है।

## मैक्स वेबर का मत

सत्ता की वैधता के विषय में मैक्स वेबर (Max Weber) ने तीन स्रोत (Sources) बतलाये हैं विवेकवादी स्रोत, परम्परागत स्रोत और करिश्मावादी स्रोत। सत्ता के इन तीन स्रोतों के अनुरूप सत्ता के तीन प्रकार होते हैं- बौद्धिक कानूनी सत्ता, परम्परागत सत्ता और करिश्मावादी सत्ता। इनका विवरण निम्नलिखित है–

(1) **बौद्धिक कानूनी सत्ता** (Rational-Legal Authority) – सत्ता के इस प्रकार में किसी पद की वैधता सोच विचार कर बनाये हुए अधिकार और कर्त्तव्य विषयक नियमों की व्यवस्था के अन्तर्गत होती है। जनता द्वारा आज्ञा पालन किसी अधिकारी व्यक्ति के प्रति नहीं होता बल्कि कानूनी रूप से स्थापित व्यवस्था के प्रति होता है। सत्ता के इस प्रकार की परिभाषा करते हुए मैक्स वेबर ने लिखा है; "वह पद की सत्ता का प्रयोग करने वाले व्यक्तियों पर उस सीमा तक लागू होती है जहाँ तक कि वे अपने आदेशों की औपचारिक वैधता और पद की सत्ता के क्षेत्र के अन्तर्गत काम करते हैं।"[1] उदाहरण के लिये किसी भी देश के प्रधानमन्त्री की सत्ता उसकी व्यक्तिगत शक्ति में नहीं बल्कि राजनैतिक पद में होती है। संविधान के द्वारा सरकार के विभिन्न पदों के अधिकार निर्धारित होते हैं। इन अधिकारों की सीमा में ही कोई भी पदाधिकारी अपनी सत्ता का प्रयोग कर सकता है। इस प्रकार सरकारी आदेश निर्वैयक्तिक होता है। उसका आधार देश के कानून होते हैं। सत्ता का यह रूप सर्वोत्तम माना जाता है। आधुनिक समाजों में सत्ता के लिये यह आवश्यक है कि वह विवेकपूर्ण और कानूनी हो, तभी उसे मान्यता प्रदान की जा सकती है। यह वैधानिक सत्ता (Constitutional Authority) कहलाती है। संविधान के नियम ही किसी भी पदाधिकारी के कार्य के उचित अनुचित की समीक्षा कर सकते हैं। आधुनिक काल में अधिकतर देशों में इसी प्रकार की सत्ता पाई जाती है। इनमें भी विकासशील देशों की तुलना में विकसित देशों में सत्ता का यह प्रकार आसानी से स्थापित होता है। भारतवर्ष में राजनैतिक सत्ता बहुत कुछ इसी प्रकार की रही है यद्यपि प्रधानमन्त्री इन्दिरा गांधी का नेतृत्व कानून से अधिक करिश्मावादी था। यही बात श्री जवाहरलाल नेहरू के प्रधानमन्त्री पद के विषय में कही जा सकती है।

(2) **परम्परागत सत्ता** (Traditional Authority)- सत्ता के इस प्रकार में, जैसा कि इसके नाम से स्पष्ट है, सत्ता का आधार परम्परागत नियम होते हैं। उदाहरण के लिये जनजाति में सरकार का राजनैतिक पद परम्पराओं से मान्यता प्राप्त करता है। सरकार की आज्ञा का पालन परम्पराओं के सम्मान के कारण होता

---

1. " It extends to the persons exercising the authority of office under it only by virtue of the formal legality of their commands and only within the scope of authority of the office ". Max Weber, The Theory of social and *Economic Organisation*, edited by Talcott Parsons, The Free Press, Paperback, New York 1966, p.328'

है। मैक्स वेबर के शब्दों में, "यहाँ आज्ञापालन की बाध्यता निर्वैयक्तिक आदेश पर नहीं बल्कि परम्परागत कर्त्तव्यों के क्षेत्र के अर्न्तगत व्यक्तिगत आधीनता के रूप में होती है।"[1] स्पष्ट है कि इस प्रकार की राजनैतिक सत्ता बहुत ही अविकसित समूहों में पाई जाती है। इसका एक उदाहरण कुछ राज्यों में राजाओं के शासन हैं। प्राचीन काल में सत्ता का यह प्रकार सबसे अधिक प्रचलित था परन्तु वर्तमान काल में किसी भी सभ्य देश में सत्ता का यह प्रकार प्रचलित नहीं है।

(3) **करिश्मावादी सत्ता** (Charismatic Authority)- जैसा कि पीछे बतलाया जा चुका है, भले ही आज संसार के विकसित देशों में संविधान ही नेतृत्व प्रदान करता हो किन्तु मानव समाजों में सब कहीं कुछ नेतागण अपने वैधानिक पद से भी अधिक अपने व्यक्तिगत गुणों के कारण लोगों में अनुगमन की प्रवृत्ति उत्पन्न करते हैं। यह करिश्मावादी सत्ता है। यह नेता के व्यक्तिगत गुणों पर आधारित हैं। मैक्स वेबर के शब्दों में, "करिश्मावादी गुण सम्पन्न नेता का सम्मान उसमें व्यक्तिगत आस्था और उसके द्वारा नायक के उदाहरण स्वरूप गुण की अभिव्यक्ति के कारण होता है जहाँ तक कि वे व्यक्ति के उसके करिश्मा में विश्वास के क्षेत्र के अन्तर्गत आते हैं।"[2] उदाहरण के लिये भारतवर्ष में पहले जवाहरलाल नेहरू और इन्दिरा गांधी के आदेशों का उनके अपने राजनैतिक दल में जो अनुशासित पालन दिखलाई पड़ता है और राजनैतिक क्षेत्र में उनके आदेश जैसे कानून की तरह मान लिये जाते हैं, उसका कारण उनके व्यक्तिगत गुण अथवा विशेषतायें हैं, उनका राजनैतिक पद नहीं। यही कारण है कि किसी भी देश में एक ही पद पर क्रमशः आसीन होने वाले विभिन्न व्यक्तियों के राजनीतिक प्रभाव में स्पष्ट अन्तर देखा जा सकता है। उदाहरण के लिये भारतीय जनतन्त्र के अध्यक्ष के रूप में डा. राजेन्द्र प्रसाद और वी० वी० गिरि के राजनैतिक महत्व में स्पष्ट अन्तर देखा जा सकता है। जबकि कोई प्रेजीडेंट प्रधानमन्त्री से भी अधिक शक्ति रखता है, अन्य केवल उसका रबर स्टाम्प होता है जैसा कि श्री फखरूद्दीन अली अहमद के विषय में देखा जा सकता है। पद वही रहता है, उसके अधिकार और कर्त्तव्य वही रहते हैं किन्तु इनका प्रयोग व्यक्तिगत करिश्मा के साथ बदल जाता है।

इस प्रकार करिश्मावादी सत्ता में बहुत कुछ व्यक्तिगत होती है। इस दृष्टि से सत्ता का यह प्रकार बौद्धिक कानूनी प्रकार की तुलना में परम्परागत प्रकार के अधिक निकट है। इसीलिये यह उचित नहीं माना जाता। जबकि बौद्धिक कानूनी प्रकार में किसी भी पद की शक्तियाँ सुनिश्चित होती हैं और उसके कार्य के विषय

---

1. " Here the obligation of obedience is not based on impersonal order, but is a matter of personal loyalty within the area of accustomed obligations."

-*Ibid.*, p. 328

2. "It is the charismatically qualified leader as such who is obeyed by virtue of personal trust in him and his revelation, his heroism or his exemplary qualities so far as they fall within the scope of the individual's belief in his charisma."

-*Ibid*, p. 328.

में भविष्यवाणी की जा सकती है, परम्परागत और करिश्मावादी नेता का व्यवहार सुनिश्चित नहीं होता, वह कब क्या करेगा यह पूर्व निर्धारित नहीं है। वह संविधान से बंधा हुआ नहीं होता। उसके अनेक कार्य स्वतन्त्र और व्यक्तिगत चुनाव पर आधारित होते हैं। करिश्मावादी सत्ता में तो ये लक्षण परम्परागत सत्ता से भी अधिक पाये जाते हैं। उसके अधिकारों की तो कोई सीमा ही नहीं होती, वह स्वयं ही अपनी सीमा निर्धारित करता है और यह निर्धारण उसकी अपनी आवश्यकताओं और अपने हितों के आधार पर होता है। स्पष्ट है कि करिश्मावादी सत्ता सत्ता के अन्य दोनों प्रकारों से अधिक अस्थिर होती है। अन्य दोनों प्रकारों में व्यक्तित्व और सत्ता के स्त्रोत अलग–अलग होते हैं जबकि करिश्मावादी प्रकार में ये एक ही होते हैं। जबकि बौद्धिक कानूनी सत्ता में शक्ति पद से मिलती है जो कि व्यक्ति से बाहर होता है, करिश्मावदी सत्ता में शक्ति पद से नहीं मिलती है बल्कि व्यक्ति में स्वयं होती है। इसका परिणाम यह होता है कि पहले प्रकार का शासन वैध और स्थाई होता है भले ही जनतन्त्रीय प्रणाली में उसका कितना भी विरोध क्यों न किया जाये। इसी प्रकार परम्परागत सत्ता के क्षेत्र में भी नेता और सत्ता अलग- अलग होने के कारण राजनैतिक अस्थायित्व का खतरा नहीं होता किन्तु करिश्मावादी सत्ता में नेता स्वयं ही सत्ता का स्त्रोत और सत्ता का वाहक होता है। डल्यू0 जी0 रून्सीमन के शब्दों में ''इसका अर्थ यह होता है कि शासन का स्थायित्व उसकी लगातार सफलता पर आधारित होता है, व्यवस्था को चलाने वाले व्यक्तियों की कोई भी असफलता स्वयं व्यवस्था की असफलता होती है क्योंकि नेता और उसके एजेन्टों पर ही व्यवस्था की वैधता आधारित है।"[1]

इस समस्या को हल करने के लिये मैक्स वेबर ने यह दिखलाया है कि स्थापित होने के बाद करिश्मावादी सत्ता क्रमशः सत्ता के अन्य दो प्रकारों में परिवर्तित हो जाती है। रूपान्तर की इस प्रक्रिया को पार्सन्स ने, "करिश्मा का दैनिकीकरण" कहा है। उसके अपने शब्दों में, ''दैनिकीकरण की प्रक्रिया में करिश्मावादी तत्व अनिवार्य रूप से अर्न्तध्यान नहीं होता। वह व्यक्तिगत नेता के व्यक्तित्व से विलग हो जाता है और एक वस्तुगत संस्थागत संरचना में बंध जाता है, ताकि सत्ता के नये स्वामी उसको एक संस्थागत वैध पद के कारण से इस्तेमाल करें।"[2]

---

1. "This means that the durability of the regime is conditional on its countinuing success: any failure by the agents of the system is a failure of the system itself, because the actions of the leader and is agents are all that legitimacy of the system rests on."

-W.G.Runciman, *Social Science and Political Theory*, Cambridge University Press, Paperback, London 1971, p.57.

2. "In the process of the routinisation the charismatic element does not necessarily disappear. It becomes, rather, dissociated from the person of the individual leader and embodied in an objective institutional structure so that the new holders of authority exercise it at second moves as it were, by virtue of an institutionally legitimised status or office."

-Talcott parsons, Introduction to Max Weber's, *The Theory of Social Economic oranisation* ,p.67

मैक्स वेबर के अनुसार सत्ता के उपरोक्त तीन प्रकार आदर्श प्रकार हैं और व्यवहार में बहुधा इनके मिश्रण ही उपलब्ध होते हैं। अस्तु, वेबर के अनुसार, "कानूनी सत्ता के मामले में वह कभी भी विशुद्ध रूप से कानूनी नहीं होती। कानूनी होने में विश्वास स्थापित हो जाता है और आदत बन जाती है और इसका अर्थ यह है कि वह आंशिक रूप से परम्परागत है। परम्परा का उल्लंघन इसके लिये घातक हो सकता है। पुन: उसमें एक करिश्मावादी तत्व होता है, कम से कम निषेधात्मक अर्थ में यह कि लगातार और स्पष्ट सफलता के अभाव में किसी भी सरकार का पतन होने के लिये, उसका सम्मान घटाने के लिये और करिश्मावादी क्रान्ति के लिये रास्ता तैयार करने के लिये पर्याप्त है।"[1]

## धर्म और आर्थिक विकास
## (RELIGION AND ECONOMIC DEVELOPMENT)

भारतवर्ष विभिन्न धर्मों, भाषाओं और संस्कृतियों का देश है। स्वतन्त्र भारत में जनतन्त्रीय राजनैतिक व्यवस्था की स्थापना हुई। भारतवर्ष में जनतन्त्र को बचाने के लिये आर्थिक क्षेत्र में उसका प्रभावशाली होना आवश्यक है। भारतवर्ष एक विकासमान देश है। वह आर्थिक विकास की कोशिश कर रहा है और जनता के जीवन स्तर को ऊँचा उठाना चाहता है। भारतीय संविधान में राज्य नीति के निर्देशक सिद्धान्तों में आर्थिक विकास का लक्ष्य निर्धारित किया गया है और इसके लिये स्वतन्त्र भारत में अधिक उत्पादन और सेवाओं तथा उत्पादनों के सम वितरण का आदर्श रखा गया है।

भारतवर्ष मुख्य रूप से कृषि प्रधान ग्रामों का देश है। अस्तु, भारतीय आर्थिक विकास मुख्य रूप से कृषि के क्षेत्र में वृद्धि पर आधारित है। परन्तु भारतीय समाज में एक आधारभूत विषमता जाति के आधार पर स्तरीकरण है। अस्तु, भूमि के क्षेत्र में निहित हितों को लेकर भूमि के वितरण में कठिनाई दिखलाई पड़ती है। प्रत्येक ग्राम में अधिकतर कृषि योग्य भूमि उच्च वर्ग और उच्च मध्य वर्ग की जातियों के सयुंक्त परिवारों के अधिकार में होती है। ये लोग भूमि के सम वितरण का विरोध करते हैं जिससे कि कृषि श्रमिकों को उत्पादन में अधिक हिस्सा मिलने की सम्भावना है। ये ही लोग कृषि के क्षेत्र में परम्परा को बनाये रखने के लिये वैज्ञानिक और प्राविधिक उत्पादन के साधनों के प्रचार का विरोध करते हैं। ये नव धनाढ्य किसान जातियाँ भूमि पर सीमा लगाने के कानूनों को अपने पक्ष में मोड़ने में सफल रही हैं और इन्होंने अपने प्रभाव को बनाये रखा है। सत्तारूढ़ दल में सहयोग देकर भी

1."In the case of legal authority, is never purely legal. The belief in legality comes to be established and habitual, and this means it is purely traditional, violation of the traditional may even be fatal to it. Further more, it has a charismatic element, at least in the negative sense that persistance and striking lack of success may be sufficient to ruin any government, to undergone its prestige, and to prepare the way for charismatic revolution."
-Max Weber, *Op.cit*, p. 382

ये अपने प्रभाव को बनाये हुए हैं। अस्तु, ये सरकार की कृषि नीति को प्रभावित करने में सफल हुए हैं जो कि इस प्रकार की बनायी हुई है जिससे इन जातियों के हितों की रक्षा होती है और स्वस्थ आर्थिक विकास सम्भव नहीं हो पाता। मैसूर और मान्डे जिलों में पिछले दिनों छेड़ा गया वरुण नहर आन्दोलन राजनैतिक लक्ष्यों को लिये हुए था और उससे सामान्य सामाजिक जीवन में बाधा उत्पन्न हुई है।

नगरीय क्षेत्रों में बड़े उद्योगपति राजनैतिक और आर्थिक नीतियों को प्रभावित करते हैं। बहुधा नये उद्योग किसी परिवार अथवा जाति समूह के आर्थिक हितों को बढ़ाने के लिये स्थापित किये जाते हैं और उनमें सामान्य जनता के आर्थिक स्तर को ऊँचा उठाने का लक्ष्य नहीं रहता। बहुधा ऐसी वस्तुओं का निर्माण करने वाले उद्योगों का विकास किया जाता है जो कि किसी क्षेत्र में कम कीमत पर अधिक लाभ उठाने में सहायक होता है। दूसरी ओर सार्वजनिक उपभोग की आवश्यक वस्तुओं के उत्पादन की ओर पर्याप्त ध्यान नहीं दिया जाता। जाति समूह में उच्च जातियाँ जैसे कि ब्राह्मण कुछ विशेष उद्योगों में अपने प्रभाव को बनाये रखने के लिये सरकार पर जोर डालते हैं। उदाहरण के लिये जहाँ गायें बहुधा पायी जाती हैं वहाँ पर धर्म के नाम पर मृतक और बूढ़ी गायों के खाने का निषेध करके गाय के गोश्त के कारखाने बनाने के लिये जोर दिया गया है। दूसरी ओर कपास और जूट के कारखानों में काम करने वाले श्रमिकों ने अपने व्यावसायिक संघ बना लिये हैं और हड़तालें और आन्दोलन उद्योगों के क्षेत्र में सामान्य आचरण बन गये हैं जिससे उत्पादन में बाधा पड़ती है। इस प्रकार उद्योगपति, जमींदार, किसान और श्रमिक सभी ओर से सरकार पर प्रभाव डालते हैं और सरकार समाज के विभिन्न वर्गों के हितों की ओर समान रूप से ध्यान नहीं दे पाती। अस्तु, भारतवर्ष में संगठित राजनैतिक समूहों ने आर्थिक क्षेत्र में विकास को प्रभावित किया है।

परम्परागत रूप से प्रभावशाली समूहों जैसे जातियों ने अपने को परिवर्तित और संशोधित किया है जिससे कि वे नई संस्थाओं को अपने विशेष हितों को आगे बढ़ाने के लिये इस्तेमाल कर सकें। उन्होंने शक्ति और सम्पत्ति के सभी स्त्रोतों पर एकाधिकार कर लिया है। दूसरी ओर नवजागृत समूह राष्ट्रीय सम्पति में अपने उचित भाग की माँग कर रहे हैं। भारतीय समाज में इस संघर्ष ने समकालीन भारतीय जनतन्त्र में भयंकर रूप धारण कर लिया है। भारतीय संविधान में कल्याणकारी राज्य का आदर्श इस संघर्ष का उन्मूलन करने के लिये स्थापित किया गया था जिससे प्रत्येक नागरिक को उपयुक्त जीवन स्तर प्राप्त हो सके ताकि वह आर्थिक विकास के कार्यक्रम में प्रसन्नतापूर्वक योगदान दें। किन्तु भारतीय समाज में उपरोक्त विषमता से यह आदर्श कटता गया है। अस्तु, समकालीन भारत में साधनों की भारी कमी दिखलायी पड़ती है। इसलिए विभिन्न संगठित समूह बराबर संघर्ष करते रहते हैं जो कि देश की राजनैतिक संरचना में दिखलायी पडता है। इस संघर्ष से सामान्य जीवन और स्वस्थ उत्पादन को आघात पहुंचा है और राजनैतिक भ्रष्टाचार बढ़ा है। इससे उत्पादन

की कुशलता कम हुयी है और श्रम जीवियों को हानि हुयी है। इससे भूमि की सीमा के विषय में उचित नियम नहीं बनाये जा सके हैं और उद्योगों की स्थापना के लिए सही सिद्धान्तों से काम नहीं लिया गया है। अस्तु, सब कहीं आर्थिक विकास पिछड़ गया है। वर्तमान भारतीय जनतन्त्र में विभिन्न दबाव गुटों के मध्य मतैक्य का अभाव और आर्थिक विकास का पिछड़ापन दिखलायी पडता हैं।

## धर्म और आर्थिक विकास

वेबर ने धर्म को परिवर्तक तत्व (Variant Element) कहा है। उसके अनुसार धर्म के परिवर्तन से अन्य सामाजिक एवं आर्थिक प्रणालियाँ बदलती हैं। दूसरा धर्म होने पर यदि किसी समाज की आर्थिक प्रणाली बदल जाये तो माना जा सकता है कि आर्थिक प्रणाली के परिवर्तन का कारण धर्म ही है। इसी तथ्य को एक अन्य तर्क द्वारा भी स्पष्ट किया गया है। दो अलग-अलग समाजों में यदि भिन्न-भिन्न धर्म हों और उनकी आर्थिक व्यवस्था भी भिन्न-भिन्न हो तो इस आर्थिक विभिन्नता का कारण धर्म ही माना जायेगा।

वेबर ने इस निर्णय को कोरे सैद्धान्तिक आधार पर नहीं माना। उसने विश्व के विभिन्न धर्मों के विश्लेषण द्वारा इस तथ्य को स्पष्ट किया है। उसने मुख्य रूप से प्रोटेस्टेन्ट धर्म और पूंजीवाद के निर्माण तथा हिन्दू धर्म और त्यागवाद का विश्लेषण करके पारस्परिक सम्बन्ध स्थापित किया है। उसने चीन के धर्म का भी विवेचन किया है। अब विभिन्न धर्मों का अलग-अलग पूंजीवाद से सम्बन्ध स्थापित किया जायेगा।

## प्रोटेस्टेन्ट धर्म एवं पूंजीवाद

वेबर यूरोप में प्रचलित होने वाले पूंजीवाद के लिये प्रोटेस्टेन्ट धर्म को कारण मानता है। उसके अनुसार प्रोटेस्टेन्ट धर्म में वे सब तत्व थे जो पूँजीवाद के निर्माण एवं प्रचार-प्रसार के लिए आवश्यक है। इन तत्वों का संक्षिप्त विवरण निम्नलिखित है-

(1) **परिश्रम को महत्व देना**-प्रोटेस्टेंट धर्म में परिश्रम को महत्व दिया गया है। इस धर्म के अनुसार परिश्रम करना मनुष्य का धर्म है तथा यह एक उत्तम कार्य है। यहाँ यह स्पष्ट कर देना आवश्यक है कि प्रोटेस्टेंट धर्म से पूर्व यूरोप में प्रचलित धर्म कैथोलिक था। इस धर्म में 'परिश्रम' को पाप के दण्ड स्वरूप में माना जाता था। परिश्रम करना अभिशाप था। प्रोटेस्टेंट धर्म में परिश्रम करना पुण्य माना गया। प्रोटेस्टेंट धर्म मनुष्य को कर्मण्य बनता है। यह अवधारणा पूँजीवाद के लिये वरदान है। पूँजी बनाने के लिए कर्मण्य एवं परिश्रमी होना आवश्यक है। इस प्रकार स्पष्ट है कि प्रोटेस्टेंट धर्म का परिश्रम सम्बन्धी उपदेश पूँजीवाद की स्थापना में सहायक तत्व है।

(2) **व्यवसाय या पेशे का महत्व**-प्रोटेस्टेंट धर्म ने मनुष्य को अपने

व्यवसाय को लगन एवं सफलता के साथ करने का उपदेश दिया है। प्रोटेस्टेंट धर्म के एक गुरु कैलविन ने घोषित किया था कि व्यक्ति को मरने के बाद स्वर्ग या नरक में जाना है और यह बात ज्ञात करने के लिए उसने व्यवसाय की सफलता को आधार बनाया था। उसके अनुसार जो व्यक्ति अपने परिश्रम द्वारा अपने व्यवसाय में सफल होता है उसे समझना चाहिये कि वह स्वर्ग में जायेगा। इसके विपरीत व्यवसाय में असफल होने वाला व्यक्ति नरक का भागी बनता है। इसके उपदेश से भी पूँजीवाद को पनपने में सहारा मिला। पूंजीवाद का प्रथम नियम ही परिश्रम द्वारा सफलता प्राप्त करना है।

**(3) ब्याज वसूल करना धर्म में उचित है**-अन्य अनेक धर्मों के विपरीत प्रोटेस्टेंट धर्म में 'मूल धन' पर ब्याज लेने की अनुमति है। इसी अनुमति के कारण व्यक्तियों की पूंजी में वृद्धि होने लगी। इसी के फलस्वरूप पूंजीवाद पनपने लगा।

इस प्रकार स्पष्ट है कि प्रोटेस्टेंट धर्म के उपदेश पूंजीवाद को प्रोत्साहन एवं सहायता देने वाले हैं। हम कह सकते हैं कि यूरोप में पूंजीवाद को प्रोत्साहित करने के लिए प्रोटेस्टेंट धर्म कारक के रूप में था।

## हिन्दू धर्म तथा पूंजीवाद

धर्म को आर्थिक घटनाओं का कारक सिद्ध करने के लिए वेबर ने हिन्दू धर्म का भी विश्लेषण किया था। उसने अपने अध्ययन के आधार पर बतलाया कि भारत में पूंजीवाद का बोलबाला नहीं है, इसका कारण यहाँ का धर्म ही है। भारतीय धर्म अर्थात् हिन्दू धर्म आध्यात्म प्रधान है। यहाँ संसार को मिथ्या तथा क्षणिक माना गया है। इसमें जाति-व्यवस्था का महत्व है, व्यवसाय जन्म पर आधारित है इसी प्रकार के अन्य अनेक ऐसे आदर्श हिन्दू धर्म में भरे पड़े हैं जो मनुष्य को व्यावहारिक एवं भौतिकवादी बनने में बाधक हैं। इसी कारण भारत में पूंजीवाद का अधिक बोल-बाला नहीं हुआ। हिन्दू धर्म एवं पूंजीवाद के विरोध के विश्लेषण के पीछे वेबर का मुख्य उद्देश्य यह सिद्ध करना था कि धर्म आर्थिक घटनाओं को प्रभावित करता है।

## चीनी धर्म तथा पूंजीवाद

चीनी धर्म का विश्लेषण करके भी मैक्स वेबर ने अपने सिद्धान्त की पुष्टि की है। उसके अनुसार चीन में पूंजीवाद नहीं पनपा क्योंकि वहाँ की धार्मिक परिस्थितियाँ पूंजीवाद के अनुकूल नहीं थीं। धर्म के अतिरिक्त अन्य सामाजिक स्थितियाँ चीन एवं यूरोप में समान थीं। चीन का धर्म कनफ्यूशियस की शिक्षाओं से प्रभावित न था। कन्फ्यूशियस का धर्म एवं शिक्षाएँ वास्तव में जीवन में शान्ति की साधना का प्रतिपादन करती थीं। ये अधिक भौतिक समृद्धि प्राप्त करने के लिये प्रोत्साहन नहीं देती थीं। इसीलिये चीन की आर्थिक व्यवस्था प्रोटेस्टेंट धर्म वाले देशों से भिन्न रहीं।

विभिन्न धर्मों के उपरोक्त विवेचन द्वारा वेबर के सिद्धान्त की पुष्टि होती है। वास्तव में वेबर यह सिद्ध करना चाहता था कि अन्य सामाजिक परिस्थितियाँ समान रहने पर धर्म में परिवर्तन होने पर सम्बन्धित अर्थ-व्यवस्था पर अवश्य प्रभाव पड़ता है।

## अभ्यास के लिये प्रश्न

1. मैक्स वेबर की सामाजिक क्रिया की अवधारणा को स्पष्ट करो।
2. वेबर के अनुसार नौकरशाही की विशेषताएँ बतलाओ।
3. वेबर के अनुसार सत्ता के विभिन्न प्रकार कौन से हैं?
4. वेबर के अनुसार करिश्मावादी और परम्परागत सत्ता में अन्तर बतलाओ।
5. धर्म और आर्थिक विकास में सम्बन्ध बतलाओ।
6. भारतवर्ष में हिन्दू धर्म और पूंजीवाद में सम्बन्ध बतलाओ।

# 7

# विल्फ्रेडो परेटो
# (VILFREDO PARETO)

परेटो के अनुसार सामाजिक व्यवस्था के विभिन्न स्वरूप होते हैं। संसार के विभिन्न स्थानों पर यह सामाजिक व्यवस्था भिन्न-भिन्न होती हैं। अब प्रश्न उठता है कि सामाजिक व्यवस्थाओं में यह अन्तर क्यों होता है? परेटों के अनुसार सामाजिक व्यवस्थाओं के अन्तर के लिए अनेक कारक जिम्मेदार होते हैं। ये विभिन्न कारक सामाजिक व्यवस्था को विभिन्न प्रकार से प्रभावित करते हैं। यहाँ यह भी स्पष्ट कर देना आवश्यक है कि जहाँ 'कारक' सामाजिक व्यवस्था को प्रभावित करते हैं वहीं सामाजिक व्यवस्था भी इन कारकों को प्रभावित करती है। इस प्रकार स्पष्ट है कि सामाजिक व्यवस्था तथा ये कारक अन्योन्याश्रित होते हैं। सामाजिक व्यवस्था स्वयं विभिन्न कारकों से निर्धारित होती है तथा ये कारक भी सामाजिक व्यवस्था से निर्धारित होते हैं।

## परेटो के कारकों का सिद्धान्त
## (Pareto's Theory of Factors)

परेटो ने कारकों एवं सामाजिक व्यवस्था की अन्योन्याश्रितता के वर्णन के बाद इन कारकों का वर्गीकरण भी किया है। उसके अनुसार ये कारक तीन प्रकार के होते हैं। इनके वर्ग इस प्रकार हैं- (अ) मिट्टी, जलवायु तथा अन्य भौगोलिक अवस्थाएँ (ब) बाहरी सामाजिक कारक जिनमें अन्य समाजों का प्रभाव तथा विभिन पूर्व कालीन अवस्थाएँ सम्मिलित होती हैं। (स) सामाजिक व्यवस्था के विभिन्न आन्तरिक कारक जिनमें मुख्य रूप से सम्बन्धित व्यक्तियों के प्रजातीय लक्षण संवेगावशेष (Residues), भावनाएँ, रूचियाँ तथा आदर्श आदि आते हैं।

परेटो ने जो यह कारक सिद्धान्त प्रतिपादित किया है उसकी प्रथम विशेषता यह है कि इसके अन्तर्गत कारण कार्य के एकतरफा सम्बन्ध को अधिक महत्व

नहीं दिया गया है। यह सिद्धान्त विभिन्न कारकों की अन्योन्याश्रितता में विश्वास रखता है। इस सिद्धान्त की दूसरी विशेषता यह है कि इसके अन्तर्गत किसी एक कारक को समस्त सामाजिक घटनाओं का कारण नहीं माना गया । इस प्रकार परेटो का यह सिद्धान्त निर्धारणवाद (Determinism) के आक्षेपों से मुक्त रह पाया है। इस स्थिति में परेटो के इस सिद्धान्त को बहुतत्ववादी (Pluralist) एवं कारण-कार्यवादी (Functionalist) कहा जा सकता है।

अपने सिद्धान्त के अन्तर्गत परेटो सामाजिक व्यवस्था को प्रभावित करने वाले सभी कारकों के गणनात्मक अध्ययन का पक्षपाती है। वह इन कारकों के प्रभावों, सहसम्बन्धों तथा मिश्रणों को भी जानने की राय देता है। समाज शास्त्र के लिए सभी कारकों का अध्ययन कर लेना सरल नहीं है। अत: परेटो का मत है कि परिस्थिति को यथासम्भव सरल रूप प्रदान करना चाहिए तथा केवल उन्हीं कारकों का मुख्य रूप से अध्ययन करना चाहिए जो सर्वाधिक महत्वपूर्ण हों। इसके अतिरिक्त कम महत्व वाले कारकों की कुछ समय के लिए अवहेलना भी की जा सकती है। विभिन्न कारकों के प्रभाव को अलग–अलग ज्ञात करना सम्भव होता है। इस प्रकार इन प्रभावों को ज्ञात करने के बाद उन्हें समन्वयात्मक रूप प्रदान किया जा सकता है। इस समन्वयात्मक निष्कर्ष द्वारा जटिल सामाजिक व्यवस्था की व्याख्या सम्भव हो सकती है।

अपने सिद्धान्त के अर्थ की व्याख्या करने के बाद परेटो मुख्य कारकों का भी उल्लेख करता है। उसके अनुसार मुख्य कारक निम्नलिखित हैं–

(1) संवेगावशेष (Residues), (2) प्रत्युत्पादन (Derivations), (3) आर्थिक कारक (Economic Factors), (4) सामाजिक विजातीयता (Social Heterogeneity), (5) अभिजातत्व (Elites)।

## विशिष्ट वर्ग (Elites)

अंग्रेजी भाषा का शब्द Elite शाब्दिक रूप में 'श्रेष्ठ' वस्तुओं के लिए प्रयोग होता है। समाज शास्त्र के क्षेत्र में इस शब्द का प्रयोग सर्व प्रथम परेटो ने किया था। Elite शब्द का हिन्दी अनुवाद 'श्रेष्ठ जन', 'विशिष्ट जन' तथा अभिजात वर्ग आदि रूप में किया गया है।

## अभिजात वर्ग का अर्थ

परेटो ने अभिजात वर्ग (Elites) की अवधारणा का मौलिक ढंग से विवेचन किया है। उसने मुख्य रूप से शासन सम्बन्धी अभिजात वर्ग का वर्णन किया है। परेटो का मत था कि सभी व्यक्ति समान नहीं होते। व्यक्तियों, क्षमताओं, योग्यताओं एवं कुशलताओं में अन्तर होता है। इस अन्तर के कारण समाज में स्तरीकरण हो जाता है। इस स्तरीकरण के कारण विभिन्न श्रेणियों का गठन हो जाता है। कुछ व्यक्ति उच्च और कुछ निम्न श्रेणी में रखे जाते हैं। सर्वोच्च योग्यता वाले व्यक्ति

अन्य सामान्य व्यक्तियों से भिन्न होते हैं तथा इनका वर्ग पृथक् ही होता है। इसी वर्ग को परेटो ने 'अभिजात वर्ग' कहा है। उसने इस अवधारणा की परिभाषा इस प्रकार की है, "किसी विशिष्ट कार्य क्षेत्र में सर्वोच्च योग्यता रखने वाले व्यक्तियों के वर्ग को हम 'अभिजात जन' की संज्ञा प्रदान कर सकते हैं।"[1] इस कथन से स्पष्ट है कि प्रत्येक सामाजिक क्षेत्र में एक वर्ग ऐसा होना सम्भव है जिसे अभिजात वर्ग कहा जा सके। परेटो ने हर क्षेत्र के अभिजात वर्ग का विस्तृत विवेचन नहीं किया। परेटो ने मुख्य रूप से केवल शासन के क्षेत्र से सम्बन्धित अभिजात वर्ग की व्याख्या की है। इस प्रकार स्पष्ट है कि शासक वर्ग वास्तव में अभिजात वर्ग भी होता है।

## अभिजात वर्ग के विभाग

परेटो ने अभिजात वर्ग को दो भागों में विभाजित किया है। ये भाग निम्नलिखित हैं–

(i) **शासक अभिजात वर्ग** (Governing elites)–इस वर्ग में केवल वे व्यक्ति सम्मिलित किये जाते हैं जो प्रत्यक्ष अथवा अप्रत्यक्ष रूप से शासन तन्त्र को चलाते हैं। इनका महत्व सबसे अधिक होता है।

(ii) **अशासक अभिजात वर्ग** (Nongoverning elites)– इस वर्ग में वे अभिजात व्यक्ति सम्मिलित रहते हैं जो शासन के अतिरिक्त अन्य क्षेत्रों में सर्वोच्च योग्यता वाले होते हैं। ये अभिजात व्यक्ति शासन तन्त्र में भाग तो नहीं लेते परन्तु ये किसी न किसी प्रकार से शासन तन्त्र को प्रभावित अवश्य ही करते हैं।

## अभिजात वर्ग के आधार

परेटो ने अभिजात वर्ग के विभाजन के अतिरिक्त उन आधारों का भी विवेचन किया है जिस पर यह अवधारणा आधारित है। ये आधार दो हैं :-

(i) **योग्यतायें**– परेटो का विचार है कि बुद्धि, योग्यता, गणित के प्रति रुचि, संगती तथा नैतिकता के स्तर आदि के आधारों पर किये गये विभाजन का यदि अवलोकन किया जाय तो वह धन के स्तर पर आधारित विभाजन के ही अनुकूल होता है अर्थात् वही व्यक्ति धनवान होते हैं जो अन्य योम्यताओं से भी युक्त होते हैं।

(ii) **धन**– राजनैतिक एवं सामाजिक शक्ति वाले धन की शक्ति से भी उसी अनुपात में युक्त होते हैं।

इस विषय में परेटो का यह कथन उचित ही है, "तथाकथित उच्च वर्ग एक अभिजात जन (Elite) का प्रतिनिधित्व करते हैं–।"[2]

---

1. "So let as us make a class of people who have the highest indices in their branch of activity, and to that class give the name of elite." -Pareto.

2. "The so-called upper classes are also usually the richest. The classes represent an elite....." -Pareto.

## अभिजात वर्ग के मुख्य लक्षण

(i) अभिजात वर्ग के दो प्रकार हैं, प्रथम शासक अभिजात वर्ग तथा द्वितीय अशासक अभिजात वर्ग, इन दोनों वर्गों के अतिरिक्त अन्य व्यक्ति अनभिजात वर्ग (Nonelite) कहलाते हैं।

(ii) अभिजात वर्ग के व्यक्ति राजनैतिक शक्ति को या तो खुलकर इस्तेमाल करते हैं या वे इस इस्तेमाल को प्रभावित करते हैं।

(iii) परेटो के अनुसार 'अभिजात वर्ग' सार्वभौम है। अर्थात् विश्व के प्रत्येक देश में यह वर्ग होता है। शासन प्रणाली चाहे किसी भी प्रकार की हो यह वर्ग सदैव सर्वोच्च शक्ति सम्पन्न रहा करता है। यही वर्ग अभिजात वर्ग हुआ करता है।

## अभिजात वर्ग का परिभ्रमण

परेटो ने 'अभिजात वर्ग' के परिभ्रमण की अवधारणा की भी व्याख्या की है। इस व्याख्या के अनुसार एक वर्ग से दूसरे वर्ग में व्यक्तियों का आना–जाना सम्भव है। अर्थात् एक समय में उच्च वर्ग किसी अन्य समय में निम्न वर्ग में परिवर्तित हो सकता है। शासक वर्ग शासित वर्ग बन सकता है तथा शासित वर्ग शासक वर्ग का रूप ले सकता है। वर्ग परिभ्रमण की यह प्रक्रिया परेटो के अनुसार निरन्तर रूप में तथा चक्रिक क्रम में चलती रहती है। परेटो का मत है कि उच्च वर्ग वाले सदैव इस बात का प्रयास करते रहते हैं कि निम्न वर्ग के व्यक्ति किसी भी प्रकार से उनके वर्ग में सम्मिलित न हों पायें। इस उद्देश्य के लिए वे कारावास, घूँस, भ्रष्टाचार, निष्कासन तथा निम्न वर्ग के नेताओं का निरसन आदि हथकण्डों को इस्तेमाल किया करते हैं। इसके अतिरिक्त उच्च वर्ग के व्यक्ति अपनी स्थिति को बनाये रखने के लिए कभी–कभी सहृदयता से भी काम लिया करते हैं।

परेटो के अनुसार अभिजात वर्ग के परिभ्रमण की प्रक्रिया दो प्रकार से चलती है। प्रथम प्रक्रिया के अन्तर्गत पूरा का पूरा अभिजात वर्ग परिवर्तित हो जाता है तथा दूसरा वर्ग उसका स्थान ले लेता है। इस प्रक्रिया में स्वाभाविक है कि अभिजात वर्ग ही अभिजात वर्ग का रूप ग्रहण करता है। दूसरी प्रक्रिया के अन्तर्गत अभिजात वर्ग के कुछ सदस्य अथवा सदस्यों के परिवार अनभिजात वर्ग में उतर आते हैं। यह उतार पतन के फलस्वरूप होता है। इसी प्रक्रिया के दूसरे पहलू के अनुसार कुछ अनभिजात वर्ग में सम्मिलित हो जाया करते हैं। वास्तव में अभिजातों के परिभ्रमण की ये दोनों प्रक्रियायें आपस में घनिष्ठ रूप से सम्बन्धित हैं तथा एक दूसरे की गति को प्रभावित करती है। इस तथ्य को परेटो ने इस कथन द्वारा स्पष्ट किया, "व्यक्तियों के चक्रिक आदान-प्रदान की गति मन्द हो जाने के फलस्वरूप शक्ति सम्पन्न वर्गों में अयोग्य तत्वों की संख्या में भी वृद्धि हो सकती है तथा दूसरी ओर उसके परिणाम स्वरूप आधीन वर्गों में योग्य तत्वों की संख्या में भी वृद्धि हो सकती है। ऐसी स्थिति में सामाजिक सन्तुलन अस्थिर बन जाता है. .... तथा तनिक सा आघात भी उस

सन्तुलन को नष्ट कर सकता है। विजय या क्रान्ति एक उथल-पुथल मचा देती है तथा वह एक नये अभिजात जन को शक्ति प्रदान कर देती है और इस प्रकार फिर से एक नया सन्तुलन स्थापित कर देती है।"[1]

परेटो के विचार से प्रभावित उसकी एक शिष्या मैरी कोलाबिन्साका ने अभिजातों के परिभ्रमण की प्रक्रिया को कुछ भिन्न प्रकार से स्पष्ट किया है। उसके अनुसार इस प्रक्रिया के तीन पहलू होते हैं। प्रथम, शासक अभिजात वर्ग के ही अन्दर विभिन्न वर्गों अथवा व्यक्तियों का पारस्परिक परिवर्तन होता है। द्वितीय, अभिजात वर्ग के व्यक्तियों का किसी प्रकार से अभिजात वर्ग में सम्मिलित हो जाना तथा तृतीय निम्न वर्ग के व्यक्तियों द्वारा एक नये अभिजात वर्ग का निर्माण तथा पहले से सत्ता सम्पन्न अभिजात वर्ग से शक्ति को छीन लेना। शक्ति छीनने के लिये संघर्ष अनिवार्य होता है।

परेटो ने अभिजातों में होने वाले इस चक्रीय परिभ्रमण की विवेचना मुख्य रूप से मनोवैज्ञानिक आधारों पर की थी। उसके अनुसार अभिजातों तथा अनभिजातों में होने वाले परिवर्तन वास्तव में कुछ मनोवैज्ञानिक लक्षणों के फलस्वरूप होते हैं। परेटो का कहना था, "अभिजात जन केवल संख्या में ही नहीं बल्कि गुणों में भी पतनोन्मुख होते हैं।" इस कथन का संकेत इस बात की ओर है कि अभिजात जन में उन गुणों की कमी हो जाती है अथवा अभाव हो जाता है जिनके कारण वे शक्ति सम्पन्न थे तथा अभिजात वर्ग के सदस्य बन पाये थे। इन्हीं गुणों के अभाव के कारण वे अभिजात स्तर से गिर जाते हैं। इसके विपरीत अनभिजात वर्ग के सदस्य जब कुछ अवश्यक गुण अर्जित कर लेते हैं तो वे क्रमशः अभिजात वर्ग में सम्मिलित हो जाते हैं। इस प्रकार निरन्तर आदान-प्रदान चलता रहता है।

परेटो ने उन गुणों का विवरण भी प्रस्तुत किया है जिन्हें प्राप्त करके कोई व्यक्ति अभिजात वर्ग का सदस्य बन जाता है तथा उन्हें खो कर निम्न वर्ग में सम्मिलित हो जाता है। इस प्रसंग में परेटो ने केवल शासक अभिजात वर्ग की ही विवेचना की है। शासक अभिजात वर्ग के लिये मुख्य रूप से कई गुण आवश्यक होते हैं। ये गुण हैं-धूर्तता तथा बल। कुछ शासन तन्त्र 'धूर्तता' पर आधारित होते हैं तथा कुछ 'बल' पर। इस स्थिति में इस गुणों को पाने और खोने के परिणामस्वरूप अभिजातों का चक्रीय परिभ्रमण होता रहता है।

---

1. "........a slowing down of this circulation (of individuals) may result in a considerable increase of the degenerate elements in the classes which still hold power, and on the other hand, in an increase of elements of superior quality in the subject classes. In such a case the social equilibrium becomes unstable.......and the slightest shock will destroy it. A conquest or a r evolution produces an upheaval which brings a new elite to power and establishes a new equilibrium........" ***-Pareto.***

## परेटो के सिद्धान्त की आलोचना

परेटो के सिद्धान्त की बोटोमोर ने कटु आलोचना की हैं, उसके द्वारा की गई आलोचना के मुख्य तर्क निम्नलिखित हैं:

(1) परेटो के अनुसार 'अभिजातों' के दो गुण 'पूर्णता' तथा 'बल' मुख्य एवं आवश्यक है। परन्तु परेटो ने इन दोनों गुणों की कोई वैज्ञानिक व्याख्या प्रस्तुत नहीं की। इससे अर्थ स्पष्ट नहीं हो पाता।

(2) परेटो के अनुसार अभिजातों का चक्रीय परिभ्रमण कुछ मनोवैज्ञानिक लक्षणों के परिवर्तन के साथ होता है। परन्तु इतना कहने से कोई अर्थ स्पष्ट नहीं होता। यहाँ यह भी बतलाना आवश्यक है कि इन मनोवैज्ञानिक लक्षणों में परिवर्तन क्यों और कैसे होता है। क्या इन परिवर्तनों का सामान्य सामाजिक परिवर्तन से कोई सम्बन्ध है ?

(3) परेटो द्वारा प्रस्तुत विवरण पर्याप्त उदाहरणों द्वारा सिद्ध नहीं होता। उसकी व्याख्या इटली की राजनीति तथा प्राचीन रोम के कुछ दृष्टान्तों तक ही सीमित है। इतने थोड़े दृष्टान्त पर्याप्त नहीं हैं।

(4) परेटो ने अभिजातों के चक्रीय परिभ्रमण के दो प्रकारों का वर्णन किया है परन्तु इन दोनों प्रकारों के पारस्परिक सम्बन्ध को स्पष्ट नहीं किया।

## परेटो के अनुसार सामाजिक विविधता
## (Social Heterogeneity According to Pareto)

परेटो के अनुसार सामाजिक संतुलन एवं सामाजिक व्यवस्था को बनाये रखने में सामाजिक विविधता (Social Heterogeneity) का भी विशेष महत्व है। यह भी एक महत्वपूर्ण कारक माना गया।

परेटो स्पष्ट रूप से कहता है कि समाज के सभी सदस्यों में विभिन्न प्रकार से भिन्नता पायी जाती हैं। समाज के सदस्य नैतिक, मानसिक तथा शारीरिक रूप से परस्पर भिन्न-भिन्न हुआ करते हैं। परेटो इस विविधता को बुरा नहीं मानता, वह इसका विरोध नहीं करता। उसके अनुसार इस विविधता का पर्याप्त महत्व है। इसी विविधता के फलस्वरूप समाज में सामाजिक असमानता (Social Inequality) तथा सामाजिक संस्तरण (Social Stratification) हुआ करता है। यहाँ यह भी स्पष्ट कर देना आवश्यक है कि परेटो सामाजिक असमानता का पक्षपाती है। वह सामाजिक समानता की अवधारणा की आलोचना करता है। वह सामाजिक व्यवस्था के लिये सामाजिक सन्तुलन, सामाजिक असमानता एवं सामाजिक संस्तरण को आवश्यक मानता है। परेटो इसीलिये स्वतन्त्रता, प्रजातन्त्र, आदि सामाजिक समानता द्वारा पोषित सिद्धान्तों की निन्दा करता है। वह ऐसी प्रत्येक व्यवस्था की निन्दा करता है जिसमें सामाजिक समानता को आवश्यक माना जाता है। उसका कहना है कि मानव में

सामाजिक असमानता उपस्थित रही है तथा इसी के साथ ही साथ सदैव ही सामाजिक संस्तरण भी रहा है। इस प्रकार स्पष्ट है कि परेटो सामाजिक असमानता को समाज के लिये अनिवार्य तथा उपयोगी भी मानता है।

## संवेगावशेष की धारणा

### संवेगावशेष क्या है?

परेटो ने सामाजिक व्यवस्था को प्रभावित करने वाले विभिन्न कारकों (Factors) का विवेचन किया है। इन कारकों में संवेगावशेषों (Residues) का भी विशेष स्थान है। ये संवेगावशेष कुछ स्थायी चालक हैं जो मानवीय क्रियाओं को निर्धारित करते हैं तथा सामाजिक व्यवस्था को सन्तुलित करते हैं।

पितरिम सोरोकिन ने परेटो की इन संवेगावशेषों की अवधारणा को इन शब्दों में स्पष्ट किया है "मानवीय क्रियायें बहुत अधिक सीमा तक उनके चालकों के लक्षणों पर निर्भर करती हैं। इन चालकों में विशेष महत्वपूर्ण वे हैं जो अपेक्षाकृत स्थायी होते हैं। परेटो उन्हें संवेगावशेष कहता है। उसका संवेगावशेष न तो मूल प्रवृत्ति (Instinct) है और न निश्चित रूप मे संवेग हैं।"[1] सोरोकिन के इस कथन से स्पष्ट होता है कि परेटो के संवेगावशेष वास्तव में एक प्रकार के चालक अथवा प्रेरक हैं जो प्रायः स्थायी होते हैं। इनका आधार मूल प्रवृति ही होता है। संवेगावशेष का मूल प्रवृति से घनिष्ठ सम्बन्ध होता है। वास्तव में ये संवेगावशेष मूल प्रवृत्तियों एवं संवेगों की अभिव्यक्ति होते हैं। परेटो ने स्वयं इसी तथ्य को इस प्रकार स्पष्ट किया है, "संवेगावशेष मूल प्रवृतियों एवं संवेगों की उसी प्रकार अभिव्यक्ति करते हैं जिस प्रकार तापमापक यन्त्र में पारे का चढ़ाव ताप की वृद्धि को प्रकट कर देता है।"[2] इस कथन से संवेगावशेषों का मूल प्रवृतियों एवं संवेगों से सम्बन्ध स्पष्ट हो जाता है। परन्तु परेटो के अनुसार यह अनिवार्य नहीं है कि संवेगों की अभिव्यक्ति सदैव एक ही प्रकार की हो। किन्हीं दशाओं में यह अभिव्यक्ति मूल प्रवृति के विपरीत भी हो सकती है। उदाहरण के लिये यौन प्रवृत्ति से सम्बन्धित संवेगावशेष के रूप में हो सकते है। यौन प्रवृत्ति की अभिव्यक्ति अर्थात् उसकी सन्तुष्टि किसी भी रूप में हो सकती है। कभी-कभी वह विकृत रूप में भी हुआ करती है। इस प्रवृत्ति का दमित, नियन्त्रित तथा अप्राकृतिक रूप भी प्रस्तुत हो सकता है। इस प्रकार स्पष्ट है कि मूल प्रवृति का संवेगावेशेष का रूप निश्चित नहीं होता।

---

1. "Human actions depend greatly on the character of their 'drives'. Among these 'drives' the especially important are those which are relatively constant. Pareto calles them 'residues'. His residue is not instinct, nor is it exactly a sentiment."
-P.A. Sorokin, Contemporary Sociological Theories. p. 48

2. "The residues are the manifestations of instincts and sentiments as the elevation of mercury in a thermometer is the manifestation of a rise in the temperature." -Pareto.

## संवेगावशेषों की विशेषतायें

उपरोक्त विवेचन द्वारा संवेगावशेषों के विषय में तीन मुख्य बातें स्पष्ट होती है। ये विशेषतायें इस प्रकार हैं- (i) संवेगावशेष मानवीय क्रियाओं के वे स्थायी चालक अथवा प्रेरक होते हैं जिनका पर्याप्त महत्व होता है। (ii) संवेगावशेष मूल प्रवृति या संवेग नहीं है परन्तु मूल प्रवृत्ति एवं संवेग इनके रूप में प्रगट होते हैं। (iii) संवेगावशेषों का कोई तर्क युक्त आधार नहीं होता है। इनकी अभिव्यक्ति का कोई निश्चित स्वरूप भी नहीं होता।

## संवेगाशेषों के प्रकार

उपरोक्त विवेचन द्वारा स्पष्ट है कि संवेगावशेष मूल प्रवृत्तियों के प्रकट रूप है। इसलिये अनेक संवेगावशेष होने संभव हैं। परन्तु परेटो ने केवल छः मुख्य संवेगावशेषों का वर्णन किया है। उसके अनुसार इन छः विशेष महत्व बतलाया है।

(1) **संयोजन सम्बन्धी संवेगावशेष** (Residues of Combination)–ये मानवीय व्यवहार के विशिष्ट चालक होते हैं। इनका कार्य विभिन्न वस्तुओं अथवा तथ्यों का मानसिक और भौतिक संयोजन करना होता है। यहाँ यह स्पष्ट कर देना आवश्यक है कि ये वस्तुयें अथवा तथ्य समरूप एवं प्रतिकूल दोनों प्रकार के हो सकते हैं। संयोजन के इस संवेगावशेष का प्राय: कोई तार्किक आधार नहीं हुआ करता। प्राय: इनका समर्थन विश्वास द्वारा हुआ करता है।

(2) **समूह–आग्रह के संवेगावशेष** (Residues of Persistence of Aggregates)– समूह-आग्रह के संवेगावशेष एक व्यक्ति एवं अन्य व्यक्तियों अथवा समूहों के सम्बन्धों के मध्य हुआ करते हैं। ये वे प्रेरक अथवा चालक होते हैं जो विभिन्न पीढ़ियों में निरन्तरता बनाये रखते हैं । इस प्रकार के संवेगावशेष रीति-रिवाजों, प्रथाओं और परम्पराओं के रूप में उपस्थिति होते हैं तथा सुरक्षित रहते हैं। ये संवेगावशेष भी विश्वासों पर आधारित होते हैं।

(3) **बाहरी क्रियाओं द्वारा संवेगों को अभिव्यक्त करने वाले संवेगावशेष** (Residues of Manifestation of Sentiments through exterior Acts)–इस प्रकार के संवेगावशेषों का सम्बन्ध मानवीय व्यवहार की बाहर की क्रियाओं से उत्पन्न होने वाले संवेगों से होता है। ये संवेगावशेष व्यक्ति की भावनाओं और संवेगों को बाहरी क्रियाओं द्वारा प्रकट करने को प्रेरित करते हैं। उदाहरण के लिये धार्मिक भावना पूजा–पाठ आदि बाह्य क्रियाओं द्वारा प्रकट होती हैं।

(4) **सामाजिकता के संवेगावशेष** (Residues of Sociability)– सामाजिकता के संवेगावशेषों का सम्बन्ध सामाजिक जीवन से होता है। ये संवेगावशेष सामान्यतया व्यक्तियों को समाज में व्यवस्था एवं शान्ति बनाये रखने के लिए प्रेरित करते हैं। इन संवेगावशेषों की अभिव्यक्ति दया, त्याग, क्रूरता, परोपकार, श्रेष्ठता

तथा हीनता आदि की भावनाओं के रूप में होती है। इन संवेगावशेषों के द्वारा समाज की संगठनकारी शक्ति विकसित होती है।

(5) **व्यक्तित्व एकीकरण के संवेगावशेष** (Residues of the Integrity of Personality)– ये संवेगावशेष भी एक विशिष्ट चालक की भूमिका निभाते हैं। इनका कार्य विभिन्न प्रकार के परिवर्तनों के दौरान व्यक्ति को अपने व्यक्तित्व की रक्षा के लिये प्रेरित करना होता है। ये व्यक्ति को व्यक्तित्व-गुणों (Personality Traits) को एकीकृत करने के लिए भी प्रेरित करते हैं। ये संवेगावशेष मुख्य रूप से उस समय प्रकट होते हैं जिस समय कोई व्यक्ति जानबूझ कर सामाजिक सन्तुलन को भंग करने के सामाजिक परिवर्तनों का विरोध करता है।

(6) **यौन सम्बन्धी संवेगावशेष** (Sexual Residues)-इन संवेगावशेषों का सम्बन्ध यौन इच्छा एवं यौन-प्रवृत्ति के विभिन्न रूपो से होता है। इनके विस्तृत विश्लेषण के लिये मनोविश्लेषणात्मक दृष्टिकोण अनिवार्य होता है।

## अभ्यास के लिये प्रश्न

1. संक्षिप्त टिप्पणी लिखो-परेटो का कारकों का सिद्धान्त।
2. परेटो के अभिजात वर्ग के परिभ्रमण का सिद्धान्त समझाइये।

# 8

# थार्स्टियन वैब्लैन
# (THORSTEIN VEBLEN)

थार्स्टियन वैब्लैन का जन्म सन् 1847 में विस्कोसिन नाम के नगर में अमरीका में हुआ था। उसका पिता किसान था। वह अपने पिता की छठी सन्तान था। नार्वे का रहने वाला होने के कारण वह अंग्रेजी बहुत कम जानता था। 17 साल की आयु में वह कार्लटन कालिज में भर्ती हुआ और 3 साल की शिक्षा के बाद स्नातक बना। यहीं पर वह जान बैट्स क्लार्क (John Bates Clark) के सम्पर्क में आया जिसके प्रभाव से उसे अर्थशास्त्र में रूचि उत्पन्न हुई। सन् 1880 में वह जान हापकिन्स विश्वविद्यालय में भर्ती हुआ। यहाँ उसे छात्रवृति नहीं मिली और उसने यैल विश्वविद्यालय में प्रवेश किया। सन् 1884 में उसने दर्शन शास्त्र में पी-एच. डी. की उपाधि प्राप्त की। 6 वर्ष तक उसने दर्शन शास्त्र, इतिहास, भाषा विज्ञान, मानव शास्त्र आदि का अध्ययन किया। सन् 1888 में उसने अपनी सहपाठिका से विवाह किया। सन् 1891 में वह कारनेल विश्वविद्यालय पहुंचा। यहां पर उसने प्रो. लारैन्स लाघलिन (Laurence Laughlin) को प्रभावित किया जो कि राजनीतिक अर्थशास्त्र के विभागाध्यक्ष थे। वैब्लन उनका सहायक नियुक्त हुआ। वह समाजवाद, कृषि, अर्थशास्त्र और आर्थिक विचारों का इतिहास पढ़ाने लगा। इस काल में वह दार्शनिक डिवी (Dewey), समाजशास्त्री स्माल (Small) और राजनीति शास्त्री जडसन (Judson) के प्रभाव में आया। सन् 1892 में उसने जरनल आफ पोलिटिकल इकानामी नामक पत्रिका निकाली और इसे 10 साल तक चलाया। सन् 1896 में वह प्रशिक्षक नियुक्त हुआ। सन् 1900 में उसे सहायक अध्यापक का पद मिला जो कि बाद में छीन लिया गया। सन् 1899 में उसकी पहली पुस्तक थ्यौरी आफ लेजर क्लास प्रकाशित हुई। सन् 1906 में वह फिर से स्टैनफोर्ड में सहायक प्राध्यापक नियुक्त हुआ यद्यपि उसे सफलता नहीं मिली। सन् 1911 में वह मिसौरी विश्वविद्यालय में नियुक्त हुआ और सन् 1918 तक वहीं रहा। इसके बाद वह न्यूयार्क आकर बस गया। यहां पर उसने द डायल (The Dial) नामक पत्रिका के सम्पादन में भाग लिया। सन् 1919

में उसने न्यू स्कूल आफ सोशल रिसर्च में काम करना आरम्भ किया। सन् 1922 में उसने यह स्कूल छोड़ दिया। सन् 1927 में वह कैलीफोर्निया चला गया। यहीं पर 3 अगस्त सन् 1929 को वैब्लैन की मृत्यु हुई।

वैब्लैन आत्म केन्द्रित व्यक्ति था। इसीलिये वह अध्यापन कार्य में कभी भी सफल नहीं हुआ। वैज्ञानिक अनुसन्धान के लिये वह संशयवादी प्रवृत्ति (Scepticism) आवश्यक मानता था। नार्वे का होने का कारण वह अमरीका से विशेष प्रभावित नहीं था और वहां के लोगों में कभी घुल मिल नहीं सका। उसकी अध्ययनशीलता, आत्म केन्द्रित स्वभाव और संशयवादी प्रवृत्ति ने उसके चिन्तन में सहायता दी।

## वैब्लैन का कृतित्व

वैबलन का कृतित्व बहुमुखी रहा है। स्थूल रूप से उसके द्वारा लिखे गये ग्रन्थों में प्रमुख निम्नलिखित हैं :-

1. सन् 1899 में प्रकाशित द थ्योरी आफ द लेजर क्लास (The Theory of Leisure Class)

2. सन् 1904 में प्रकाशित द थ्यौरी आफ बिजनेस एन्टरप्राईज (The Theory of Business Enterprise)

3. सन् 1904 में प्रकाशित द इंसटिंक्ट आफ वर्कमैनशिप एण्ड द स्टेट आफ द इन्डस्ट्रियल आर्टस (The Instinct of Workmanship and the State of the Industrial Arts)

4. सन् 1915 में प्रकाशित इम्पीरियल जर्मनी एण्ड द इन्डस्ट्रियल रिवोल्यूशन (Imperial Germany and the Industrial Revolution)

5. सन् 1918 में प्रकाशित एन इन्क्वायरी इन टु द नेचर आफ पीस एण्ड इट्स परपीचूएशन (An Inquiry into the nature of peace and its Perpetuation)

6. सन् 1919 में प्रकाशित द वैस्टेड इंटरैस्ट एण्ड द कामन मैन (The Vested Interest and the Common Man)

7. सन् 1919 में प्रकाशित द प्लेस आफ साईंस इन माडर्न सिविलाईजेशन एण्ड अदर एसेज (The place of science in Modern Civilization and other essays)

8. सन् 1921 में प्रकाशित द इन्जीनियर्स एण्ड द प्राईज सिस्टम (The engineers and the price system)

9. सन् 1938 में प्रकाशित एबसैन्टी औनरशिप एण्ड बिजनेस एन्टरप्राईज इन रीसैन्ट टाइम्स (Absentee ownership and business enterprise in recent times)

10. सन् 1923 में प्रकाशित एसेज इन आवर चैजिंग आर्डर (Essays in our changing order)

## कृतित्व पर प्रभाव

वैब्लैन के उपरोक्त कृतित्व पर जिन विद्वानों का विशेष प्रभाव पड़ा है उनकी चर्चा पीछे उसके जीवन चरित्र में की जा चुकी है। उसके सिद्धांतों पर हरबर्ट स्पेंसर (Herbert Spenser) का प्रभाव दिखलाई पड़ता है। वह स्पेन्सर के सामाजिक उद्‌विकास के सिद्धान्त को मानता था। उस पर समनर (Sumner) के समाज शास्त्र का भी प्रभाव था। उसे लेस्टर वार्ड (Lester Ward) से प्रेरणा मिली थी और उससे पत्रों का आदान प्रदान भी हुआ था। उसके विचारों पर मार्क्स के लेखों का भी प्रभाव है यद्यपि उसने अपने को मार्क्सवादी अथवा समाजवादी नहीं माना है।

## पद्धतिशास्त्र
## (Methodology)

वैब्लैन की कृतियों में वैज्ञानिक भावना पर विशेष जोर दिया गया है। वह शास्त्रीय विवेचन में वैषयिकता (objectivity) बनाये रखने पर विशेष जोर देता था। वह कल्पना की अपेक्षा मानव व्यवहार के तथ्यों के अध्ययन को आवश्यक मानता था। अपनी पुस्तक द थ्यौरी आफ द लेजर क्लास में उसने दैनिक जीवन से उदाहरण दिये हैं। सामाजिक जीवन के अवलोकन में उसका उद्‌देश्य सामाजिक घटनाओं का शुद्ध और सही अध्ययन करना, उनका विश्लेषण करना और व्याख्या करना था। इस व्याख्या में उसने यथार्थ व्यवहार के मूल में काम करने वाले सामाजिक और मनोवैज्ञानिक कारकों का पता लगाने का प्रयास किया है। उसकी मुख्य जिज्ञासा यह थी कि मनुष्य किसी विशेष प्रकार से व्यवहार क्यों करता है। स्वयं अनुभव किये बिना वह किसी भी तथ्य को मानने के लिये तैयार नहीं होता था। अपने विश्लेषण में उसने मूल प्रवृत्तियों (Instincts) और आदतों को मानवीय व्यवहार में विशेष महत्वपूर्ण माना है और सामाजिक परिवेश के सन्दर्भ में इनकी व्याख्या दी है। उपरोक्त विवेचन से यह स्पष्ट होता है कि वैब्लैन ने समाज शास्त्र में कौन सी पद्धति अपनायी है।

## संस्थावाद
## (Institutionalism)

अर्थशास्त्र में संस्थाओं, उनकी उत्पत्ति और विकास पर जोर देने के कारण वैब्लैन को संस्थावादी अर्थशास्त्री कहा जाता है। उसने संस्थात्मक उद्‌विकास की व्याख्या की है। उसके अनुसार अर्थशास्त्र मनुष्य की आदतों, मूल प्रवृत्तियों और संस्थाओं पर आधारित है। ये संस्थायें क्या हैं, इनकी व्याख्या करते हुए वैब्लैन ने लिखा है, "संस्थायें मनुष्यों की सामान्यता में पायी जाने वाली विचारों की निश्चित

आदतें हैं।"[1] सभी मनुष्यों में आदतें, विचार और मूल प्रवृत्तियां पायी जाती हैं। संस्थायें वे आदतें और मूल प्रवृत्तियां हैं जो किसी समूह के सभी सदस्यों में पायी जाती हैं और जिन्हें समूह द्वारा स्वीकृति प्रदान की जाती है। इस प्रकार संस्थायें सामाजिक आदतें है। अर्थशास्त्र को संस्थाओं की उत्पत्ति, विकास और प्रभाव का अध्ययन करना चाहिये। वैब्लैन के इस संस्थावाद पर समनर का प्रभाव दिखलाई पड़ता है। संस्थायें कालान्तर से चली आती हुई आदतें हैं। इस प्रकार वे व्यक्तिगत न होकर सामूहिक होती है। समाज की संस्कृति उन्हीं से बनती है। संस्था की इस अवधारणा से वैब्लैन ने यह दिखलाया है कि समाजिक परिवर्तन कैसे होता है। समाज में सामान्य आदतों के बदलने के साथ–साथ संस्थायें भी बदलती जाती है। इस प्रकार सामाजिक विकास होता है।

मनुष्य के व्यवहार पर बाह्य परिवेश का विशेष प्रभाव होता है। इस परिवेश से अनुकूलन करने के लिये ही मनुष्य आदतों, परम्पराओं और संस्थाओं का विकास करता है। इन्हीं संस्थाओं से मनुष्य का अनुकूलन होता है। इन्हीं से सामाजिक परिवर्तन होता है। इन्हीं के सुधार से समाज में सुधार होता है। संस्थाओं के सुधार का तात्पर्य यह है कि उनका बाहरी परिवेश से अधिक से अधिक अनुकूलन हो। जब कभी बाहरी परिवेश बदल जाने के साथ-साथ मनुष्यों की आदतें नहीं बदलतीं और इस प्रकार सामाजिक संस्थायें पिछड़ जाती हैं तो अनुकूलन में कठिनाई होती है। आधुनिक काल में प्रौद्योगिक विकास के परिणामस्वरूप संस्थाओं में परिवर्तन की आवश्यकता पड़ी। इस परिवर्तन में मनोविज्ञान, मानवशास्त्र, प्राणीशास्त्र और इतिहास, संक्षेप में, समस्त विज्ञानों का समन्वय सहायक है। इन सब की सहायता से संस्थाओं का बाहरी परिवेश से अनुकूलन हो सकता है। यही वैब्लैन का संस्थावाद है। समाजशास्त्रीय विश्लेषण पर आधारित होने के कारण वैब्लैन के विचारों को समाजशास्त्रीय संस्थावाद (Sociological Institutionalism) भी कहा जाता है।

## संस्थात्मक उद्विकास

संस्थावाद के अतिरिक्त वेबलन ने संस्थात्मक उद्विकास की भी व्याख्या की है। इसमें वह यह बतलाना चाहता था कि किसी संस्था की उत्पत्ति और उद्विकास कैसे होता है और इसका समाज और उसके परिवर्तनों पर क्या प्रभाव पड़ता है तथा यह स्वयं समाज से कैसे प्रभावित होता है। संस्थात्मक उद्विकास की व्याख्या करते हुये वैब्लैन ने यह दिखलाया है कि डार्विन के सिद्धान्त ही सबसे पहले विकासवादी सिद्धान्त हैं और उसके पहले के सभी सिद्धान्त अवैज्ञानिक हैं। संस्थाओं में उद्विकास सदैव होता रहता है और यह कल्पना नहीं की जा सकती कि यह परिवर्तन कभी भी रुक जायेगा। कोई भी संस्था परिवर्तन की प्रक्रिया से कभी भी मुक्त नहीं हो सकती। वैब्लैन ने मार्क्स के इस सिद्धान्त की आलोचना की है जिसमें इतिहास में

1. "Institutions are settled habits of thought common to the generality of men." – ***T. Veblen**, The Place of Science in ModernCivilization*, p.239.

सदा से परस्पर संघर्षरत दो संस्थायें मानी गयी हैं और यह कहा गया है कि भविष्य में एक ऐसा समय आयेगा जबकि इन संस्थाओं का संघर्ष समाप्त हो जायेगा और एक वर्गविहीन समाज की स्थापना होगी। वैब्लैन मार्क्स के इस विचार को नहीं मानता। उसका कहना है कि संस्थात्मक उद्विकास सदैव होता रहा है और सदैव होता रहेगा। इतिहास दिखलाता है कि यहाँ पर कार्ल मार्क्स की तुलना में वैब्लैन के विचार कहीं अधिक सही सिद्ध हुये हैं।

## सामाजिक उद्विकास की अवस्थायें

सामाजिक उद्विकास की व्याख्या करने में वैब्लैन ने समाज की आर्थिक दशा पर विशेष जोर दिया है और यह दिखलाने का प्रयास किया है कि समाज की किस-किस अवस्था में कौन-कौन सी संस्थायें प्रमुख थीं। संक्षेप में, उसने सामाजिक उद्विकास में निम्नलिखित चार अवस्थायें मानी हैं–

(1) **शान्तिपूर्ण जंगली अर्थव्यवस्था**–इस अवस्था में लोग जंगलों में शांतिपूर्वक रहते थे और उनमें किसी विशेष प्रकार की सामाजिक व्यवस्था का आरम्भ नहीं हुआ था। शक्ति के अन्तर से उनमें व्यक्तिगत संघर्ष होते थे। समाज की समस्त शक्ति उत्पादन में लगी हुई थी।

(2) **लुटेरी जंगली अर्थव्यवस्था**–समाज की इस अवस्था में शिकार मुख्य व्यवसाय था। पशु पालन बढ़ने के साथ-साथ स्त्री-पुरुष में अन्तर बढ़ने लगा और पुरुष स्त्रियों पर शासन करने लगे। योद्धाओं, नेताओं और गुलामों की उत्पत्ति हुई। भंयकर और आक्रामक व्यक्ति दूसरों के श्रम का शोषण करने लगे। जिसके पास अधिक संख्या में और शक्तिशाली व्यक्ति होते वह दूसरों पर आक्रमण करता और उनसे सामग्री को छीन लेता। कुछ लोग जबरदस्ती गुलाम बनाये जाते और उन्हें अन्य लोगों की सेवा करनी पड़ती । धीरे–धीरे मालिक लोग श्रम को बिल्कुल छोड़ते गये। इस प्रकार समाज व्यवस्था बदलती गयी।

(3) **पूर्व आधुनिक काल की दस्तकारी अर्थव्यवस्था**-इसमें लड़ाकू और शिकारी लोगों के अलावा समाज में पुजारी वर्ग भी दिखलायी दिये। ये लोग समूह के सदस्यों पर नैतिक और धार्मिक नियंत्रण रखते थे और धार्मिक क्रियाओं में लगे रहते थे। अभी दस्तकारी छोटे-छोटे समूहों में या व्यक्तिगत रूप से होती थी। यह आधुनिक काल से पूर्व की अवस्था थी।

(4) **यांत्रिक प्रौद्योगिकी**-यह आधुनिक स्थिति है। इसमें प्रौद्योगिकी में यंत्रों का प्रयोग बढ़ने लगा। अस्तु श्रम का महत्व घटने लगा। मनुष्यों से अधिक मशीनें शक्तिशाली हो गयीं। शोषण बढ़ने लगा और समाज में ऐसे वर्ग का निर्माण हुआ जो दूसरों के श्रम के उत्पादन पर आश्रित रहता है और स्वयं श्रम नहीं करता। यही विलासी वर्ग कहलाता है। यह विलासी वर्ग श्रमिकों पर शासन करता है। वर्तमान

सामाजिक व्यवस्था में इस विलासी वर्ग का विशेष महत्व है। इसकी व्याख्या करने के लिये वैब्लैन ने विलासी वर्ग का सिद्धान्त उपस्थित किया।

## विलासी वर्ग का सिद्धान्त

जैसा कि पीछे वैब्लैन के कृतित्व के प्रसंग में बतलाया गया है, वैब्लैन की प्रथम पुस्तक विलासी वर्ग के सिद्धान्त पर लिखी गयी थी। यह पुस्तक उसकी सबसे अधिक प्रसिद्ध कृतियों में से एक हैं, इसमें समाज के आर्थिक पहलू का समाज शास्त्रीय विश्लेषण करके सामाजिक वर्गों की उत्पत्ति और वर्ग संघर्ष के कारकों पर प्रकाश डाला गया है।

वैब्लैन के सिद्धान्त के अनुसार प्रत्येक समाज में दो प्रकार की संस्थायें पायी जाती हैं, एक तो वे जिनका लक्ष्य सम्पत्ति का संचय है और दूसरी वे जिनका उद्‌देश्य सम्पत्ति का अपहरण है। दूसरे वर्ग की संस्थायें अनुत्पादक हैं जबकि पहले वर्ग की संस्थायें उत्पादक हैं। अपहरण करने वाला वर्ग सदैव अपने स्वार्थ को महत्व देता है और दूसरों की उपेक्षा करता है। वह दूसरों को हानि पहुँचा कर भी अपना उल्लू सीधा करता है। वह अपनी पूँजी, बुद्धि, स्वामित्व आदि के बल पर समस्त उत्पादन व्यवस्था पर अधिकार जमा लेता है और स्वयं अनुत्पादक बनता जाता है। वह बिना कुछ किये विलासितापूर्ण जीवन व्यतीत करता है। इस विलासिता को बनाये रखने के लिये वह अधिक से अधिक औद्योगिक संस्थानों पर अधिकार जमाता है और इसमें उचित तथा अनुचित की कोई परवाह नहीं करता। वह वस्तुओं की पूर्ति और उनके मूल्य पर नियन्त्रण करता है। स्वाभाविक है कि विलासी वर्ग के इन कामों से श्रमिक वर्ग के हितों को चोट पहुँचती है और इन दोनों वर्गों में संघर्ष आरम्भ हो जाता है।

विलासी वर्ग शोषक वर्ग है। वह उत्पादक वर्ग अथवा व्यापारी वर्ग नहीं है। वाणिज्य में बड़े पैमाने पर उद्योग, वित्त और कोष आदि आता है। विलासी वर्ग उद्योगों का शोषक है और यह शोषण पूँजी, मुद्रा और स्वामित्व के द्वारा किया जाता है। जितनी ही अधिक सम्पत्ति किसी के पास होती है वह उतना ही अधिक शोषण कर पाता है। विलासी वर्ग अपनी सत्ता को बनाये रखने के लिये सदैव प्रयत्नशील रहता है। वैब्लैन ने समाज के किसी भी क्षेत्र में अनुत्पादक श्रम करने वाले व्यक्तियों को विलासी वर्ग में गाना है। इस प्रकार मानसिक श्रम करने वाले लोग भी इस वर्ग में आ जाते हैं। कहना न होगा कि विलासी वर्ग बेकार लोगों का नहीं है और न वह अकुशल लोगों का वर्ग है। इस वर्ग के लोगों में उच्च शिक्षा, शिष्ट व्यवहार और उत्सवों का आयोजन करने की योग्यता पायी जाती है। मध्यम वर्ग के लोग उनका अनुकरण करते हैं यद्यपि वे इनकी सभी वस्तुओं को नहीं अपना पाते। अपनी आवश्यकताओं की पूर्ति के लिये इनकी उपभोग्य वस्तुओं की कोई सीमा नहीं होती और इसमें आवश्यकता का कोई मानदण्ड नहीं होता। इस वर्ग में जन्म लेने वाले बालक भी विशिष्ट सुविधाओं का उपभोग करते हैं और इसलिये उनमें विलासी वर्ग

की आदतें बन जाती हैं। दूसरे शब्दों में, इनको विलासिता पूर्ण जीवन उत्तराधिकार में मिलता है। सामाजिक ढाँचे में विलासी वर्ग की स्थिति सर्वोच्च होती है। अपना यह स्थान बनाये रखने के लिये वे अपने आदर्शों, व्यवहार प्रतिमानों और जीवन की योजनाओं को विशिष्ट रूप में बनाये रखने का प्रयास करते हैं।

विलासी वर्ग में भी ऊँचे नीचे का सामाजिक संस्तरण पाया जाता है। इसमें शिखर पर उच्चतम विलासी वर्ग होता है। इसके नीचे सम्पत्ति और जन्म में कमजोर वर्ग होते हैं। प्रत्येक वर्ग के विलासी व्यक्ति अपने से ऊँचे वर्ग का अनुकरण करने का प्रयास करते हैं। समाज के आर्थिक पहलू के अन्तर्गत विलासी वर्ग प्राविधिक ज्ञान का अधिकाधिक प्रयोग करता है। इससे प्रौद्योगिक उन्नति होती है। एक ओर वाणिज्य तो दूसरी ओर उद्योग बढ़ता है। ये दोनों ही संस्थायें आधुनिक आर्थिक संस्कृति की महत्वपूर्ण विशेषतायें हैं। ये ही आर्थिक क्रियाओं का केन्द्र हैं। वर्तमान मानव संस्कृति का जन्म इन्हीं संस्थाओं के विकास से हुआ है।

## वैब्लैन के सिद्धान्त

समाज शास्त्र में वैब्लैन के विचार कुछ नियमों पर आधारित हैं जिनको उसने कैनन्स (Canons) कहा है। ये नियम निम्नलिखित हैं–

**(1) आर्थिक प्रतिस्पर्धा का सिद्धान्त (Canon of Pecuniary Emulation)**–इस नियम के अनुसार समाज के सदस्य पैसा जमा करने के लिये परस्पर प्रतिस्पर्धा करते हैं क्योंकि सम्मान पैसे से मिलता है। सम्पत्ति के स्वामित्व से सामाजिक स्थिति आंकी जाती है। इसलिये लोग एक दूसरे की अपेक्षा अधिक धनिक बनने की इच्छा रखते हैं। इससे आर्थिक प्रतिस्पर्धा का जन्म होता है।

**(2) आर्थिक सौन्दर्य का नियम (Canon of Pecuniary Beauty)**–इस नियम के अनुसार समाज में पैसे का मूल्य बढ़ने के साथ-साथ आर्थिक सौन्दर्य की अवधारणा प्रचलित हो जाती है। इस अवधारणा के अनुसार लोग यह मानने लगते हैं कि जो वस्तु जितनी ही अधिक मूल्य वाली होती है वह उतनी ही अधिक सौन्दर्य युक्त भी होती है। इस प्रकार मूल्य और सौन्दर्य में सहसम्बन्ध स्थापित हो जाता है और एक के बढ़ने से दूसरा भी बढ़ता है तथा दूसरी ओर एक के कम होने से दूसरा कम होता है। कहना न होगा कि आर्थिक सौन्दर्य की अवधारणा उपयुक्त नहीं है।

**(3) उत्कृष्ट उपभोग का नियम (Canon of Conspicuous Consumption)**– इस नियम के अनुसार समाज में विलासी वर्ग के लोग अपनी सम्पत्ति और वैभव का प्रदर्शन करने के लिये उत्कृष्ट उपभोग अर्थात् खान-पान, वेशभूषा इत्यादि में ऊँचे स्तर दिखाने का प्रयास करते हैं। समाज में इस प्रकार के उपभोग का सम्मान होता है और जो व्यक्ति जितना ही अधिक उत्कृष्ट उपभोग दिखलाता है वह उतना ही बड़ा आदमी समझा जाता है।

**(4) उत्कृष्ट अवकाश का नियम (Canon of Conspicuous leisure)** – धनिक व्यक्तियों को अन्य लोगों से अधिक अवकाश होता है। अधिक अवकाश दिखलाना भी धनी होने का एक चिन्ह माना जाता है। अस्तु, समृद्ध व्यक्ति उत्पादक श्रम नहीं करते और अपना अधिकांश समय विलासितापूर्ण कार्यों में व्यतीत करते हैं। ये विलासी और बेकार जीवन को ही आनन्दमय मानते हैं और ऐसा करने में अपनी आर्थिक क्षमता का प्रदर्शन मानते हैं। विलासी वर्ग के स्त्री-पुरुष अपने जीवन से सम्बन्धित कार्यों को भी स्वयं नहीं करते बल्कि नौकरों द्वारा कराते हैं। कहीं-कहीं तो जिस व्यक्ति के पास जितने ही अधिक नौकर होते हैं और इस प्रकार उसे जितना अधिक अवकाश होता है उसी से उसका सामाजिक स्तर ऊँचा माना जाता है।

**(5) विलासी वर्ग के अनुदारवाद का नियम (Canon of Leisure Class Conservatism)**-विलासी वर्ग सामाजिक परिवर्तन का विरोध करता है और यथास्थिति को बनाये रखना चाहता है क्योंकि इसी में उसका हित है। अस्तु, इस वर्ग के लोग अनुदार और रूढ़िवादी होते हैं। चूँकि परिवर्तनों का उनके आर्थिक हितों पर प्रतिकूल प्रभाव पड़ता है और उनकी सामाजिक स्थिति गिरने की आशंका हो जाती है इसलिए विलासी वर्ग में अनुदारता पायी जाती है।

**(6) आर्थिक कुशलता का नियम (Canon of Pecuniary Ability)**–इस नियम के अनुसार धन कमाने की क्षमता से व्यक्ति की कुशलता आंकी जाती हैं। जिस व्यक्ति को जितनी ही अधिक आय होती है वह उतना ही अधिक कुशल माना जाता हैं यह आर्थिक कुशलता का नियम है। अस्तु, सभी लोग कम से कम मेहनत करके अधिक से अधिक धन कमाना चाहते हैं।

**(7) आर्थिक शिक्षा का नियम (Canon of Pecuniary Education)**–इस नियम के अनुसार आर्थिक सफलता प्राप्त करने के लिए मनुष्य को इस प्रकार की शिक्षा प्राप्त करना आवश्यक है जो उसमें उपरोक्त गुण उत्पन्न करे। आर्थिक शिक्षा का उद्देश्य आर्थिक कुशलता बढ़ाना है। शिक्षा ऐसी होनी चाहिये जिससे शिक्षित व्यक्ति को धन कमाने में अधिक से अधिक सहायता मिले। यह व्यावहारिक शिक्षा है।

**(8) आर्थिक चिन्तन का नियम (Canon of Pecuniary Thinking)**–इस नियम के अनुसार मनुष्य को केवल आर्थिक मामलों पर ही चिन्तन करना चाहिये, क्योंकि ये ही एक मात्र महत्वपूर्ण विषय हैं। अस्तु, विलासी वर्ग के व्यक्ति केवल सम्पत्ति और धन सम्बन्धी मामलों का ही चिन्तन करते हैं।

**(9) आर्थिक यांत्रिक प्रक्रिया चिन्तन का नियम** (Canon of Machine Process Thinking)–इस नियम के अनुसार मनुष्य का चिन्तन यन्त्रवत होना चाहिये क्योंकि परिवर्तन अनावश्यक है। विलासी वर्ग का व्यक्ति मशीन के समान काम करता है। उसकी चिन्तन की प्रक्रियायें सदैव एक सी होती हैं। आर्थिक क्षेत्र में मशीनों

से अत्यधिक घिरा होने के कारण वह स्वयं मशीन बन जाता है। मशीन की एक विशेषता यह होती है कि वह नीति निरपेक्ष होती है अर्थात् उसके कामों पर उचित अनुचित का निर्णय नहीं दिया जाता है। इसी प्रकार विलासी वर्ग के व्यक्ति भी उचित-अनुचित, पाप–पुण्य का कोई अन्तर न करते हुये केवल आर्थिक लाभ के लिए यन्त्रवत चिन्तन करते हैं और यन्त्रवत जीवन व्यतीत करते हैं।

## युद्ध का समर्थन

अन्त में विलासी वर्ग अपने स्वार्थ सिद्ध करने के लिये युद्ध का समर्थन करता है। अपनी समृद्धि दिखाने के लिये वह आवश्यक वस्तुओं को नष्ट करने से नहीं हिचकता। आर्थिक लाभ के लिए वह हथियार बनाता और बेचता हैं।

उपरोक्त नियमों से वैब्लैन ने यह दिखलाया है कि पूँजीवादी व्यवस्था अथवा विलासी वर्ग कैसे बनता है और किन नियमों के अनुसार चलता है। वैब्लैन ने यह देखा कि पूँजीवादी व्यवस्था सर्वथा अमानवीय है। मनुष्य स्वाभाविक रूप से सृजन करना और निर्माण करना चाहता है। शिक्षा-दीक्षा, समाज व्यवस्था आदि ऐसी होनी चाहिये जिससे उसकी सृजनात्मक प्रवृत्ति को अभिव्यक्त होने का अधिक से अधिक अवसर मिले। इसी से उसमें मनुष्यता बढ़ेगी। इसी से वह पशु के स्तर से ऊँचा उठकर मनुष्य के स्तर पर पहुँचेगा। अस्तु, वैब्लैन ने उन समस्त नियमों का स्पष्टीकरण किया है जो विलासी वर्ग को बनाये रखते हैं। वह आर्थिक मनुष्य की अवधारणा के विरुद्ध था क्योंकि यह वास्तविक मनुष्य नहीं है। उसने विलासी वर्ग के उपरोक्त नियमों की कटु आलोचना की। वह समकालीन समाज में कभी भी प्रसिद्धि नहीं प्राप्त कर सका, किन्तु फिर भी उसके विचारों का बौद्धिक वर्ग पर प्रभाव पड़ा। पूँजीवादी व्यवस्था के विरोधाभासों को स्पष्ट करके उसने लोगों को नये सिरे से सोचने को विवश किया। यही उसकी सफलता दिखलाता है।

## प्रौद्योगिक निर्धारणवाद

सामाजिक परिवर्तन के क्षेत्र में वैब्लैन ने जो सिद्धान्त उपस्थित किया वह प्रौद्योगिक निर्धारणवाद (Technological Determinism) कहलाता है। जैसा कि इसके नाम से स्पष्ट है, इस सिद्धान्त के अनुसार प्रौद्योगिकी को सामाजिक परिवर्तन का एक मात्र निर्धारक कारक माना जाता है। मार्क्स के अनुसार सामाजिक परिवर्तन का एक मात्र कारण आर्थिक व्यवस्था है। इसलिए उसका सिद्धान्त आर्थिक निर्धारणवाद (Economic Determinism) कहलाता है। उसके अनुसार प्रौद्योगिक विकास की अवस्थायें आर्थिक सम्बन्धों को निर्धारित करती हैं और इन आर्थिक सम्बन्धों के द्वारा सामाजिक परिवर्तन प्रभावित और निर्धारित होते हैं परन्तु मार्क्स ने प्रौद्योगिकी के महत्व को नहीं माना है। दूसरी ओर वैब्लैन ने प्रौद्योगिकी कारकों को ही सामाजिक परिवर्तन का निर्धारक माना है। उसके अनुसार, "किसी भी समुदाय को एक औद्योगिक या आर्थिक यन्त्र के रूप में देखा जा सकता है, जिसकी रचना आर्थिक संस्थाओं से बनी होती है। ये संस्थायें समुदाय की जीवन प्रक्रिया को चलाने

वाली आदतन विधियाँ हैं जो कि उस भौतिक परिवेश से सम्पर्क में काम करती हैं जिसमें कि वह रहता है।"[1]

मनुष्य आदतों द्वारा संचालित होता है। उसकी क्रियायें उसकी आदतों का परिणाम हैं। सामाजिक संरचना बदली हुई परिस्थिति के अनुरूप परिवर्तित, विकसित और अनुकूलित होती है। यह सब समुदाय के अनेक वर्गों के चिन्तन की आदतों में परिवर्तन से होता है। अथवा यह समुदाय को बनाने वाले व्यक्तियों के चिन्तन की आदतों में परिवर्तन से होता है। समाज का विकास परिस्थितियों के दबाव के कारण व्यक्तियों के अनुकूलन की प्रक्रिया के माध्यम से होता है। इसमें पुरानी चिन्तन की आदतें बदलती हैं और नवीन परिस्थितियों के अनुसार चिन्तन के नये प्रतिमान जन्म लेते हैं। यह अनुकूलन अत्यन्त मन्द गति से होता है और इसमें परिस्थितियों का दबाव आवश्यक है। बाह्य दबाव के कारण ही संस्थाओं और चिन्तन की आदतों में परिवर्तन होता है। जो लोग जितना अधिक अनुकूलन कर पाते हैं उनमें सामाजिक विकास की उतनी ही अधिक शक्ति पायी जाती है। यह इस बात पर निर्भर है कि व्यक्ति परिवेश से कितना अधिक प्रभावित होते हैं। यदि समाज का कोई वर्ग परिवेश के प्रभाव से अछूता रहता है तो वह बदलती हुई परिस्थितियों के साथ नहीं बदलता और रूढ़िवादी हो जाता है तथा सामाजिक परिवर्तन को रोकता है। आर्थिक शक्तियों की छत्रछाया में विलासी वर्ग पर परिवेश का प्रभाव नहीं होता और इसलिए आधुनिक औद्योगिक समुदायों में विलासी वर्ग सामाजिक परिवर्तन को रोकता है।

इस प्रकार वैब्लैन ने यह सिद्ध करने का प्रयास किया है कि ज्यों-ज्यों भौतिक परिवेश अथवा प्रौद्योगिक परिस्थितियाँ बदलती जाती हैं त्यों-त्यों समाज में आदतें, विचार, संस्थायें और संस्कृति आदि में भी परिवर्तन होता है। सबसे पहले भौतिक परिवेश यह निर्णय करता है कि मानव जीवन के कार्य किस प्रकार से किये जायेंगे। इससे आदतें बदलती हैं और आदतों के बदलने से सामाजिक परिवर्तन होते हैं। वैब्लैन के शब्दों में, "मनुष्य वह है जो कि वह करता है। जैसा कि वह करता है, वैसा ही वह अनुभव करता और सोचता है।"[2] अस्तु, सामाजिक संगठन चिन्तन में परिवर्तन से परिवर्तित होता है इसी सिद्धान्त के आधार पर वैब्लैन ने सामाजिक उद्‌विकास की व्याख्या की है। भौतिक परिवेश अथवा प्रौद्योगिकी में यह परिवर्तन सदैव होता रहता है और इससे अनुकूलन की प्रक्रिया भी सदैव चलती रहती है तथा इस अनुकूलन के परिणामस्वरूप सामाजिक ढाँचे में सदैव परिवर्तन होता रहता है।

---

1. "Any community may be viewed as an industrial or economic mechanism, the structure of which is made up of what is called its economic institutions. These institutions are habitual methods of carrying on the life process of the community in contract with the material environment in which it lives."
*-Veblen, T., The Theory of Leisure Class,* pp. 192-193.
2. "Man is what he does. As he acts, so he feels and thinks."
*-Veblen., T., The Instinct of Workmanship,* p. 192

अपने उपरोक्त सिद्धान्तों के आधार पर वैब्लैन ने मानव समाज की स्थिति की व्याख्या की है और भविष्य का अनुमान किया है। अपनी पुस्तक आधुनिक संस्कृति में विज्ञान का स्थान में वैब्लैन ने यह दिखलाया है कि आधुनिक औद्योगिक समाज की रचना कैसे हुई। वैब्लैन के अनुसार जीवन का निर्णायक तत्व दैनिक जीवन में प्रयोग और अभ्यास है। हो सकता है कि भौतिक आवश्यकताओं के साथ अनुरूपता में कुछ विलम्ब लगे किन्तु अन्त में यह होना अनिवार्य है।

## वैब्लैन और मार्क्स की तुलना

वैब्लैन के प्रौद्योगिक निर्णायकवाद की उपरोक्त रूपरेखा से यह स्पष्ट होता है कि सामाजिक विकास की उसकी व्याख्या मार्क्स की व्याख्या से भिन्न है। संक्षेप में इन दोनों में निम्नलिखित अन्तर है–

(1) मार्क्स निर्णायकवादी के वेष में आदर्शवादी है, इसीलिये उसके विचारों ने अधिक लोगों को प्रभावित किया। वह ऊँचा लक्ष्य उपस्थित करता है और अन्तर्दृष्टि दिखलाता है। दूसरी ओर वैब्लैन के सिद्धान्त में न कोई ऊँचा लक्ष्य है और न कोई अन्तर्दृष्टि है। वह यथा तथ्य विवेचन करता है। उसके अनुसार संस्कृति का विकास आदतों की सच्ची परम्परा है। उसमें आदर्शवाद कहीं भी दिखलायी नहीं पड़ता।

(2) मार्क्स ने प्रौद्योगिकी को सामाजिक परिवर्तन का प्रत्यक्ष कारण नहीं माना है जबकि वैब्लैन उसे प्रत्यक्ष कारण मानता हैं। इस प्रकार मार्क्स का सिद्धान्त आर्थिक निर्णायकवाद है और वैब्लैन का सिद्धान्त प्रौद्योगिकी निर्णायकवाद है।

(3) मार्क्स का लक्ष्य इतिहास की व्याख्या करना है जबकि वैब्लैन वर्तमान जीवन की योजना की मुख्य विशेषताओं को स्पष्ट करना चाहता है। इन दोनों महान विचारकों की तुलना करते हुए गिसबर्ग ने लिखा है, "थोर्स्टियन वैब्लैन जो यद्यपि स्वयं अपने को मार्क्स विरोधी कहता है, सामाजिक कारणवाद का मार्क्स के बहुत कुछ समान सिद्धान्त उपस्थित करता है। उसके अनुसार मनुष्य जिस प्रकार का व्यवसाय करता है उससे विशिष्ट प्रकार की आदतें सम्बद्ध हैं जो कि मनुष्य के चिन्तन को और अन्त में उसके सामाजिक व्यवहार को निर्धारित करती हैं। आदतों का तरीका ही चिन्तन का तरीका है, उसके सिद्धान्त का सारांश है। वैब्लैन के प्रकार का निर्धारणवाद व्यावसायिक और प्रौद्योगिक है जबकि मार्क्स का आर्थिक है। हमारी राय में दोनों ही एकांगी हैं और भौतिकवाद है तथा समान कठिनाइयों को उत्पन्न करते हैं।"[1]

---

1. "Thorstein Veblen, who thought himself an avowed anti-Marxist, proposed a theory of social causation very similar to that of Marx. According to him the kind of occupation that man persues gives rise to a certain type of habituation which shapes the man's thought and, finally, his social behaviour. "The way of habituation is the way of thought," 'summarizes his system. Veblen's trend of determinism is occupational and technological while that of Marx is Economic. Both, in our opinion, are one sided and materialistic and fall into the same difficulties." *-Ginsbert.*

## वैब्लैन के सिद्धान्त की आलोचना

उपरोक्त कथन से वैब्लैन के सिद्धान्त के दोष स्पष्ट होते हैं। अनेक विद्वानों ने समाज शास्त्र में वैब्लैन के सिद्धान्त की आलोचना की है। संक्षेप में उसके सिद्धान्तों के विरुद्ध दी गयी मुख्य आलोचनायें निम्नलिखित हैं–

(1) **निर्धारणवाद की कठिनाईयाँ**–पीछे बतलाया जा चुका है कि वैब्लैन का सिद्धान्त आर्थिक निर्धारणवाद है। कोई भी निर्धारणवाद वैज्ञानिक सिद्धान्त नहीं है। मार्क्स के आर्थिक निधार्रणवाद के विरुद्ध जो आपत्तियाँ उठाई गई हैं वे वैब्लैन पर भी लागू होती हैं। वास्तव में आर्थिक अथवा प्रौद्योगिक कोई भी कारक समाज का एक मात्र निर्णायक नहीं माना जा सकता चाहे वह कितना भी महत्वपूर्ण क्यों न हो। मैकाइवर ने ठीक ही लिखा है, "एक बार फिर निर्धारणवादी सिद्धान्त अत्यधिक सामान्य और अत्यधिक निष्कर्षवादी प्रतीत होता है। यदि हमें सामाजिक परिवर्तन की समस्या को सही रूप में समझना है तो हमें इस अन्तर्क्रिया को प्रौद्योगिक अथवा उपयोगितावादी पहलू से कम सांस्कृतिक नहीं मानना चाहिये।"[1]

(2) **काम की प्रविधियों और विचारों की आदतों में कार्यकारण सम्बन्ध नहीं हैं**– वैब्लैन ने काम की प्रविधियों और विचार की आदतों में जो कार्यकारण सम्बन्ध स्थापित किया है वह अनुचित है। विचार और आदतें कार्य की विधियों के अतिरिक्त और भी कई कारकों पर निर्भर होती हैं। किसी भी समाज अथवा समूह में काम की प्रविधियाँ सामान्य होने के बावजूद सदस्यों के विचार और आदतें एक सी नहीं होतीं। यदि प्रौद्योगिकी और चिन्तन में प्रत्यक्ष सम्बन्ध होता तो समान प्रौद्योगिकी वाले समाजों में समान चिन्तन पाया जाना चाहिये था किन्तु वास्तव में ऐसा दिखलाई नहीं पड़ता।

(3) **समान प्रौद्योगिकी और भिन्न सामाजिक व्यवस्था**–वैब्लैन के सिद्धान्त से इस तथ्य की व्याख्या नहीं होती कि समान प्रौद्योगिकी वाले समाजों में भिन्न–भिन्न सामाजिक व्यवस्था कैसे पायी जाती है और दूसरी ओर भिन्न सामाजिक व्यवस्था वाले समाजों में समान प्रौद्योगिकी कैसे पायी जाती है। इस व्याख्या की कठिनाई वैब्लैन के सिद्धान्त की अपर्याप्तता में हैं।

(4) **सांस्कृतिक सम्पर्क का महत्व**–सामाजिक परिवर्तन में सांस्कृतिक कारक का अधिक महत्व है। देखा गया है कि मनुष्यों के विचारों, आदतों और सामाजिक संस्थाओं में अन्य संस्कृति के सम्पर्क से व्यापक परिवर्तन होता है। वैब्लैन के सिद्धान्त के आधार पर इस परिवर्तन की व्याख्या नहीं की जा सकती।

---

1. "Once more the determinist theory seems too simple, too sweeping, too conclusive... If we are adequately to understand the problem of social change, we must look on this interaction from the cultural no less than from the technological or utilitarian side."
*-Mac Iver*

(5) **प्रौद्योगिकी को प्रभावित करने वाले कारक**-वैबलन ने यह तो दिखलाया कि प्रौद्योगिकी किस प्रकार सामाजिक जीवन को प्रभावित करती है किन्तु वह यह भूल गया कि स्वयं प्रौद्योगिकी पर भी अनेक कारकों का प्रभाव पड़ता है जैसे विचार, संस्कृति, आर्थिक घटनायें, राजनैतिक आदर्श, इत्यादि। इन प्रभावों की व्याख्या किये बगैर केवल प्रौद्योगिकी मात्र को सामाजिक परिवर्तन का निर्णायक मान लेने में अत्यधिक सरलीकरण (over simplification) दोष है। वास्तव में प्रौद्योगिकी और सामाजिक घटनाओं में कार्यकारण सम्बन्ध नहीं है बल्कि अन्योन्याश्रय सम्बन्ध है।

(6) **जटिलता की सरल व्याख्या**-मानव समाज की रचना और उद्‌विकास एक जटिल प्रक्रिया है। वैब्लैन ने इस जटिलता को अत्यधिक सरलता से समझने का प्रयास किया है। स्वाभाविक है कि उसे सफलता नहीं मिली।

वैब्लैन के समाज शास्त्रीय विचारों के उपरोक्त विवेचन से यह स्पष्ट होता है कि उसके चिन्तन में मौलिकता, गहराई और बुद्धिमत्ता दिखलाई पड़ती है। सामाजिक उद्‌विकास को समझने में उससे निश्चय ही सहायता मिली है। वर्तमान अमरीकी समाज की व्याख्या करने में उसका सिद्धान्त विशेष रूप से महत्वपूर्ण है। उसके चिन्तन में मौलिकता की ओर संकेत करते हुये एक लेखक ने कहा है, "उसकी व्यक्तिगत रचना, उसका सांस्कृतिक उद्गम, उसका सामाजिक परिवेश और उसके वैज्ञानिक प्रशिक्षण ने उसे सामान्य मानव चिन्तन और विशेषतया अर्थशास्त्र में परम्परा के विरुद्ध तीव्र विन्यास प्रदान किया था।"[1] किन्तु जैसा कि पीछे वैब्लैन के सिद्धान्तों की आलोचना में दिखलाया गया है उसके अधिकतर सिद्धान्तों को विद्वानों में मान्यता नहीं प्राप्त हो सकी। वास्तव में सामाजिक उद्‌विकास में प्रौद्योगिक कारकों के महत्व को उसने इतने अधिक व्यापक और गहरे रूप में देखा कि वह यह भूल गया कि मानव समाज के निर्धारण में अन्य कारक भी काम करते हैं।

## अभ्यास के लिये प्रश्न

1. वैब्लैन का विलासी वर्ग का सिद्धान्त बतलाइये। उसकी आलोचना कीजिये।
2. संक्षिप्त टिप्पणी लिखिये-वैब्लैन का औद्योगिक निर्धारणवाद।

---

1. "His personal make up, his cultural origin, his social environment and his scientific training gave him a strong predisposition for the unorthodoxy in human thought in general, and in Economics in particular."
*-A.G. Gruchy*

# 9

# चार्ल्स एच० कूले

## (CHARLES H. COOLEY)

कूले के विचार सर्वांगीण थे। वह किसी भी विचार को एकमात्र सत्य नहीं मानता था। वह एकांगी विचारों के विरुद्ध था। वह समन्वय का हिमायती था। कूले के काल में अधिकांश विचारकों के सामने यह समस्या थी कि 'समाज' और 'व्यक्ति' में क्या सम्बन्ध है तथा इनमें से किस का महत्व अधिक है। कुछ विचारक 'समाज' को तथा कुछ विचारक 'व्यक्ति' को अधिक महत्व देते थे। कूले ने इस समस्या को अपने ढंग से सुलझाने का प्रयास किया। कूले का विचार था कि 'समाज' और 'व्यक्ति' की कोई पृथक्-पृथक् सत्ता नहीं है। इन दोनों में सावयव सम्बन्ध हैं। दोनों का बराबर महत्व हैं, किसी एक की भी अवहेलना नहीं की जा सकती। बिना व्यक्ति के समाज का कोई अस्तित्व नहीं तथा बिना समाज के व्यक्ति का कोई महत्व नहीं। वास्तव में समाज एवं व्यक्ति दोनों के पूर्ण समन्वय से ही एक सत्ता बनती है। समाज अवयवी है तथा व्यक्ति उसके अवयव हैं। अपने विचारों को कूले ने इन शब्दों में व्यक्त किया है, "एक पृथक् व्यक्ति एक अमूर्तकरण है जो अनुभव के बाहर की वस्तु हैं, एवं समाज के विषय में भी यही बात है जब व्यक्तियों से पृथक रखकर इसे कुछ समझा जाये। वास्तविक वस्तु मानवीय जीवन है, जो या तो एक व्यक्तिगत पहलू के रूप में अथवा एक सामाजिक पहलू के रूप में समझा जा सकता है जिसे सामान्य पहलू भी कह सकते हैं, लेकिन वास्तव में यह सदा व्यक्तिगत एवं सामान्य दोनों ही है। दूसरे शब्दों में, 'समाज' एंव 'व्यक्ति' पृथक वस्तुयें नहीं हैं, बल्कि एक ही वस्तु के केवलं सामूहिक एवं विभाजित पहलू हैं जिनके बीच सम्बन्ध दूसरे रूपों में इसी प्रकार है जैसा एक सम्पूर्ण समूह एवं समूह के अन्य

सदस्यों के बीच, जैसे सेना एवं सैनिकों, कक्षा एंव विद्यार्थियों आदि के बीच होता है।"[1] कूले के इस कथन से यह स्पष्ट होता है कि समाज एवं व्यक्ति में कोई मौलिक अन्तर नहीं है। दोनों का आपसी सम्बन्ध स्थायी एंव अविभाजनीय है। दोनों की सत्ता एक दूसरे पर निर्भर है । किसी भी एक पहलू को अधिक महत्व देना उचित नहीं है। कूले 'समाज' एवं 'व्यक्ति' के सम्बन्ध को सावयवी सिद्धान्त द्वारा स्पष्ट करता है। इस विषय में कूले का यह कथन पर्याप्त महत्वपूर्ण है, "हमारा यदि यह कहना है कि समाज एक सावयवी शरीर है तो हमारा अभिप्राय जहाँ तक मैं सोचता हूँ यह है कि वह स्वरूपों एवं प्रक्रियाओं का एक संकुल है जिसका प्रत्येक स्वरूप अन्यों के साथ अन्त:क्रिया के द्वारा जी रहा है एवं विकसित हो रहा है और सम्पूर्ण (Whole) इतना एकीकृत है कि जो कुछ एक भाग में होता है वह शेष को प्रभावित करता हैं"।[2]

कूले के इस कथन में 'समाज' एवं 'व्यक्ति' का आपसी सम्बन्ध स्पष्ट हो जाता है। जिस प्रकार शरीर एवं शरीर के विभिन्न अंगों का अलग-अलग कोई महत्व नहीं है, उसी प्रकार 'समाज' एवं 'व्यक्ति' का अलग-अलग कोई महत्व नहीं है। एक के प्रभावित होने से दूसरा भी प्रभावित होता है।

## कूले के सिद्धान्त की उपयोगिता

कूले ने 'समाज' एवं 'व्यक्ति' में अपृथकता स्थापित की थी। इस सिद्धान्त का केवल सैद्धान्तिक महत्व ही नहीं वरन् व्यावहारिक उपयोगिता भी है। 'समाज' अथवा 'व्यक्ति' को एकांकी महत्व देने वाले सभी सिद्धान्त किसी न किसी रूप में झगड़ा पैदा करने वाले होते हैं। यदि 'समाज' को अधिक महत्व दिया जाये तो 'व्यक्ति' की स्वतन्त्रता समाप्त होती है तथा कभी-कभी व्यक्ति का विकास नहीं होता। इससे भिन्न 'व्यक्ति' को अधिक महत्व देने पर समाज की अवहेलना हो जाती है तथा अव्यवस्था का बोल-बाला हो जाता है इससे स्वार्थवादी प्रवृत्तियाँ अधिक हो जाती हैं। कूले का सिद्धान्त इन दोनों प्रकार के झगड़ों को समाप्त करता है। कूले के सिद्धान्त में 'समाज' एंव 'व्यक्ति' दोनों का समान महत्व है, अत: किसी की भी अवहेलना नहीं की जा सकती। इस स्थिति में व्यक्ति एवं समाज दोनों का हित अभीष्ठ होगा। अत: किसी का भी बुरा नहीं होगा और

1. Cooley, C. H., *Human Nature and Social Order,* p.p. 36-37.
2. "If then we say that society is an organism, we mean, I suppose, that it is a complex of forms of processes, each of which is living and growing by interaction with the others, the whole being so unified that what takes place in one part affects all the rest." – Cooley C.H. *Social Process,* p. 28.

स्वार्थ-परार्थ का झगड़ा ही समाप्त हो जायेगा। इस प्रकार स्पष्ट है कि कूले का सिद्धान्त व्यावहारिक दृष्टि से महत्वपूर्ण एंव उपयोगी है।

## संस्था की अवधारणा

### (The Concept of Institution)

अन्य सामाजिक प्रत्ययों को स्पष्ट करने के लिये कूले ने 'संस्था' की अवधारणा को स्पष्ट रूप से परिभाषित किया है। कूले द्वारा निर्धारित 'संस्था' की परिभाषा समाज-शास्त्र के क्षेत्र में विशेष सम्मान के साथ स्वीकार की जाती है।

अपनी पुस्तक Social Organisation में कूले ने 'संस्था' का अर्थ स्पष्ट किया है। उसने संस्था को परिभाषित करने के लिए मनोविज्ञान का सहारा लिया हैं। उसके अनुसार, "एक संस्था सार्वजनिक मस्तिष्क का एक निश्चित एवं स्थापित स्वरूप है जो अपनी परम प्रकृति में जनमत से भिन्न होता है।"[1] इस कथन से स्पष्ट होता है कि एक 'संस्था' विभिन्न मस्तिष्कों के मिलन से बनती है तथा यह मिलन एक विशिष्ट प्रकार का होता है। इस मिलन और सामान्य जनमत में अन्तर होता है इस प्रकार विभिन्न सामाजिक, आर्थिक, धार्मिक एवं नैतिक संस्थाएँ अलग-अलग प्रकार के विचार एवं अवधारणाओं का विशिष्ट संगठन होती हैं, संस्थाओं की उत्पत्ति एकाएक नहीं हो जाती। काफी समय तक मानव मस्तिष्क में कुछ अवधारणायें विकसित होती रहती हैं जो समय आने पर संगठित रूप धारण कर लेती हैं।

## संस्थाओं का महत्व

कूले ने जहाँ एक ओर संस्था का अर्थ स्पष्ट किया है तथा उसकी उत्पत्ति की प्रक्रिया स्पष्ट की है वहीं दूसरी ओर उसने संस्थाओं के महत्व का भी विवेचन किया है। कूले के अनुसार व्यक्ति के व्यक्तित्व के विकास में सभी संस्थायें सहायक होती हैं। हमारी 'परिवार', 'राज्य', 'कानून' तथा 'धर्म' आदि की संस्थायें भिन्न-भिन्न प्रकार से व्यक्ति के व्यक्तित्व को विकसित करती हैं। प्रत्येक व्यक्ति जीवन भर किसी न किसी संस्था का सदस्य रहता है। ऐसे में निश्चित रूप से व्यक्ति पर संस्थाओं का प्रभाव पड़ता है। विभिन्न संस्थायें हमारी संस्कृति का प्रतिनिधित्व करती हैं तथा संस्कृति के प्रसार में सहायक होती हैं।

---

1. "An institution is simply a definite and established phase of the public mind different in its ultimate nature from public opinion...."
Cooley C.H., *Social Organization.* p. 313

संस्थाओं के महत्व के साथ ही साथ कूले ने इनमें होने वाले परिवर्तन के प्रभाव को भी स्पष्ट किया है। कूले के अनुसार संस्थाओं के स्वरूप में अधिक परिवर्तन होने से उस व्यक्ति के व्यक्तित्व पर अच्छा प्रभाव नहीं पड़ता। इससे व्यक्ति के जीवन में अनुशासन की कमी आ जाती है। अत: यह आवश्यक है कि संस्थाओं में कम परिवर्तन हो तथा उनका आवश्यक अनुशासन भी हो।

कूले के अनुसार व्यक्ति और समाज में कोई मौलिक अन्तर नहीं है। व्यक्ति का व्यक्तित्व समाज का ही प्रतिबिम्ब होता है। वास्तव में व्यक्ति के 'स्व' का निर्माण एवं विकास समाज द्वारा ही होता है। व्यक्ति की आदतें एंव स्वभाव समाज के प्रभाव का परिणाम होती हैं। इस प्रकार स्पष्ट है कि व्यक्ति और 'समाज' अभिन्न हैं। इस स्थिति में प्रश्न यह उठता है कि व्यक्ति का 'अहं' या 'स्व' (Self) क्या है? इस प्रश्न का उत्तर कूले ने मौलिक ढंग से दिया है। इससे सम्बन्धित सिद्धान्त को 'सामाजिक स्व' का सिद्धान्त कहा गया है। कूले ने इस सिद्धान्त का विश्लेषण मनोवैज्ञानिक ढंग से किया है।

'सामाजिक स्व' के सिद्धान्त का विवेचन करने के लिये कूले ने समाज में रहने वाले व्यक्ति के आत्म-चिन्तन की प्रक्रिया का विश्लेषण किया है। उसके अनुसार व्यक्ति समाज में रहकर समाज से प्रभावित होता है यह प्रभाव मुख्य रूप से प्राथमिक समूहों में होता है। प्राथमिक समूहों के प्रभाव के फलस्वरूप व्यक्ति अपने विषय में सोचने-विचारने को बाध्य हो जाता है। व्यक्ति के इस आत्म-चिन्तन की प्रक्रिया के तीन मुख्य पहलू होते हैं। ये निम्नलिखित हैं-

(1) सर्वप्रथम व्यक्ति कल्पना करता है कि अन्य व्यक्ति उसके विषय में क्या सोचते हैं?

(2) पुन: वह अन्य व्यक्तियों द्वारा उसका जो चित्र बनता है उसके विषय में सोचता है। वह उसे अच्छा या बुरा लगता है।

(3) इसके बाद यह उस अवधारणा से गर्व अथवा लज्जा का अनुभव करता है।

कूले के अनुसार आत्म-चिन्तन की इस प्रक्रिया के इन तीनों पहलुओं द्वारा व्यक्ति के 'स्व' का विकास होता है। परन्तु यह प्रक्रिया वास्तव में समाज के पर्यावरण द्वारा ही निर्देशित होती है। चिन्तन की इसी प्रक्रिया द्वारा ही व्यक्ति को कभी शर्म आती है, कभी वह दब्बू बन जाता है, कभी वह गर्व अनुभव करता है तथा कभी उत्साह अनुभव करता है।

'सामाजिक स्व' के इस सिद्धान्त का विवेचन करने के लिये कूले एक दृष्टान्त उपस्थित करता है। वह समाज को दर्पण मानता है। जिस प्रकार व्यक्ति आपने आपको दर्पण में देखता है तथा जैसा दर्पण में दिखाई देता है वैसा ही स्वीकार कर लेता है, इसी प्रकार 'सामाजिक स्व' भी समाज रूपी दर्पण द्वारा निर्धारित होता है। दूसरे व्यक्तियों का दृष्टिकोण महत्वपूर्ण होता है। व्यक्ति में दूसरों को महत्व देने की प्रवृत्ति होती है। यह प्रवृत्ति व्यक्ति के सामाजीकरण के फलस्वरूप विकसित होती है। नवजात शिशु अथवा असमाजीकृत व्यक्ति में 'सामाजिक स्व' विकसित नहीं होता। इसका कारण यह है कि उनकी यह 'आत्म-चिन्तन' की प्रवृत्ति विकसित नहीं होती है। इस प्रकार हम यह भी कह सकते हैं कि कोई व्यक्ति जैसे समाज में रहेगा उसका सामाजिक 'स्व' उसी प्रकार का होगा। कूले के अनुसार व्यक्ति के 'स्व' के लिये उसकी वैयक्तिकता महत्वपूर्ण नहीं है। वास्तव में व्यक्ति का 'स्व' कोई 'वैयक्तिक स्व' नहीं है। यह एक 'सामाजिक स्व' है जिसके लिये समाज जिम्मेदार है।

कूले द्वारा प्रतिपादित सामाजिक अवधारणाओं में 'प्राथमिक समूह' का विशेष महत्वपूर्ण स्थान है। कूले को स्वयं भी इस अवधारणा के प्रतिपादन के लिये गर्व था। आज समाज शास्त्र के क्षेत्र में जहाँ भी प्राथमिक समूह की बात चलती है वहाँ कूले का जिक्र अनिवार्य रूप से होता है।

## प्राथमिक समूह
### (Primary Groups)

कूले ने सीमित मानव समूह को प्राथमिक समूह की संज्ञा दी है। उसके अनुसार प्राथमिक समूह में सदस्यों के पारस्परिक सम्बन्ध घनिष्ठ हुआ करते हैं। उनके सम्बन्धों में अनौपचारिकता, प्रेम भावना, सहनशीलता तथा हम–भावना होती है। कूले ने इस अवधारणा का विवेचन सर्व–प्रथम सन् 1909 ई. में अपनी पुस्तक Social Organisation में किया था। इसी पुस्तक में उसने प्राथमिक समूह के अर्थ का स्पष्टीकरण इन शब्दों में किया है, "प्राथमिक समूहों से मेरा तात्पर्य उन समूहों से है जो घनिष्ठ आमने–सामने के सम्बन्ध एवं सहयोग द्वारा लक्षित होते हैं। वे कई दृष्टिकोणों से प्राथमिक हैं लेकिन मुख्यतया इस कारण से कि वे व्यक्ति की सामाजिक प्रकृति एंव आदर्शों के निर्माण करने में प्रभुख हैं। घनिष्ठ सम्बन्धों के परिणामस्वरूप विभिन्न वैयक्तिकताओं को एक 'सामान्य पूर्णता' में विलीन हो जाना है; जिसके कारण स्वयं व्यक्ति कम से कम कई कार्यों के लिये समूह का सामान्य जीवन और उद्देश्य हो जाता है। संभवतः इस पूर्णता के वर्णन करने

की अति सरल विधि यह कहना है कि यह 'हम' हैं; इसमें उस प्रकार की सहानुभूति एवं पारस्परिक अभिज्ञान सन्निहित होता है जिसके लिये 'हम' स्वाभाविक अभिव्यक्ति है।"[1] कूले के इस कथन में प्राथमिक समूह का अर्थ स्पष्ट हो जाता है। वास्तव में प्राथमिक समूह वह समूह है जिसमें सदस्यों के सम्बन्ध घनिष्ठ अत: आमने-सामने के होते हैं। आमने-सामने के सम्बन्ध के लिये स्थानिक दृष्टिकोण से सभी सदस्यों का निकट रहना आवश्यक है। प्राथमिक समूह के सदस्यों में औपचारिकता का अभाव होता है। उनमें 'हम भावना' प्रबल होती है। कुछ अर्थों में प्राथमिक समूह के सदस्यों में पृथक् व्यक्तित्व की भावना प्रबल नहीं होती। प्राथमिक समूह के सदस्य सामूहिक हित को अधिक महत्व देते हैं।

उपरोक्त वर्णित लक्षणों के अतिरिक्त कूले ने प्राथमिक समूह की दो अन्य मुख्य विशेषताएँ भी बतलाई हैं। प्रथम विशेषता यह है कि प्राथमिक समूह संसार के प्रत्येक भाग में पाये जाते हैं अर्थात् ये सार्वभौमिक होते हैं। प्राथमिक समूह की दूसरी विशेषता यह है कि इनके अन्तर्गत व्यक्ति के व्यक्तित्व का निर्माण एवं विकास होता है। वास्तव में प्रत्येक व्यक्ति बचपन से लेकर बुढ़ापे तक सदा ही किसी न किसी प्राथमिक समूह का सदस्य अवश्य रहता है। क्योंकि प्राथमिक समूह में औपचारिकता का अभाव होता है तथा पारस्परिक सम्बन्ध निकट एवं घनिष्ठ हुआ करते हैं, अत: इन सब बातों का व्यक्ति के व्यक्तित्व पर निश्चित रूप से प्रभाव पड़ता है। हम कह सकते हैं कि व्यक्ति का व्यक्तित्व सम्बन्धित प्राथमिक समूहों के प्रभाव के फलस्वरूप ही निर्मित होता है।

## मुख्य प्राथमिक समूह

यूं तो यदि किसी भी मानव समूह में प्राथमिक समूह की उपरोक्त वर्णित विशेषताएँ उपस्थित हों तो उसे प्राथमिक समूह कहा जा सकता है परन्तु कूले ने मुख्य रूप से तीन मानव समूहों को प्राथमिक समूह माना है। ये प्राथमिक समूह हैं- (1) परिवार, (2) क्रीड़ा स्थल, तथा (3) पड़ौस।

---

1. "By primary groups I mean those characterised by intimate face-to face association and co-operation. They are primary in several senses, but chiefly in that they are fundamental in forming the social nature and ideals of the individual. The result of intimate association is a certain fusion of individualities in a common whole, so that one's very self for many purposes atleast, is the common life and purpose of the group, perhaps the simplest way of describing this wholeness is by saying that it is a 'we', it involves the sort of sympathy and mutual identification for which 'we' is the natural expression". - Cooley, C. H., *Social Organisation,* p. 23

इन तीनों प्राथमिक समूहों का संक्षिप्त विवरण निम्नलिखित हैं:-

1. **परिवार**–कूले के अनुसार सबसे अधिक महत्वपूर्ण एवं स्थायी प्राथमिक समूह 'परिवार' है। यह एक सार्वभौमिक प्राथमिक समूह भी है। विश्व की प्रत्येक सभ्यता एवं संस्कृति में परिवार अवश्य पाया जाता है। परिवार का आकार एंव प्रकार भिन्न-भिन्न हो सकता है परन्तु कम से कम यह अनिवार्य है कि एक परिवार में माता-पिता तथा कुछ भाई-बहन हों। इन सभी सदस्यों में अत्यधिक घनिष्ठ सम्बन्ध होते हैं तथा हम भावना भी प्रबल होती है। 'परिवार' नामक प्राथमिक समूह में व्यक्ति के व्यक्तित्व का पर्याप्त विकास होता है।

(2) **क्रीड़ा स्थल**–परिवार के बाद क्रीड़ा स्थल का महत्व है। क्रीड़ा स्थल से किसी भी आयु के व्यक्तियों का सम्बन्ध हो सकता है। परन्तु एक क्रीड़ा स्थल सम्बन्धी प्राथमिक समूह के सभी सदस्य एक ही आयु के हुआ करते हैं। वैसे अधिकांश क्रीड़ा स्थल समूहों के सदस्य बच्चे हुआ करते हैं। इन समूहों में सम्बन्ध पूर्ण रूप से अनौपचारिक हुआ करते हैं। ये समूह भी व्यक्ति के विकास में सहायक हुआ करते हैं।

(3) **पड़ौस**–पास पड़ौस में रहने वालों का समूह भी प्राथमिक समूह होता है। सभ्य समाजों में इस समूह का पर्याप्त महत्व है। इस समूह में जहाँ एक ओर सहयोग, प्रेम, सहानुभूति आदि का बोल-बाला होता है, वहीं ये समूह सामाजिक नियन्त्रण के भी सबल केन्द्र हुआ करते हैं।

## प्राथमिक समूह तथा सामाजीकरण

सामाजीकरण एक सामाजिक प्रक्रिया है। व्यक्ति का समाज के अनुरूप बनना ही सामाजीकरण है। व्यक्ति का पूरा का पूरा सामाजीकरण जन्म के बाद समाज में रहकर होता है। समाज में यह सामाजीकरण प्राथमिक समूहों के माध्यम से होता है। प्राथमिक समूह सामाजिकता के प्रबल साधन हैं। सर्वप्रथम परिवार नामक प्राथमिक समूह में बालक का सामाजीकरण होता है। परिवार में जहाँ एक ओर बालक के पालन-पोषण द्वारा शारीरिक विकास होता है वहीं दूसरी ओर प्रेम एवं लाड़ द्वारा उसका मानसिक विकास भी होता है। परिवार में बालकों को समाज द्वारा मान्यता प्राप्त अच्छी आदतें सिखाई जाती हैं। इसके अतिरिक्त बालक को बुरी आदतों से रोका भी जाता है बालक के चरित्र में सद्‌गुणों की नींव परिवार में ही पड़ती है। परिवार में भाई-बहिनों का प्रेम तथा बड़ों का लाड़ तथा नियन्त्रण व्यक्ति के समाजीकरण में विशेष सहायक होता है। परिवार के बाद क्रीड़ा स्थल का स्थान है। इस प्राथमिक समूह में बालक प्रायः स्कूल में प्रवेश करता है। इस समूह में रह कर भी बालक

का विभिन्न प्रकार से सामाजीकरण होता है। खेल के दौरान जहाँ एक ओर सहयोग की भावना विकसित होती है वहीं दूसरी ओर प्रतिस्पर्धा तथा प्रगति करने की भावना भी विकसित होती है। इसी बीच बालक में अतिरिक्त घमण्ड की भावना भी कुण्ठित होती है जिससे सामाजिक अनुकूलन में सहायता मिलती है। समूह के लोगों के साथ वह खेल में नेतृत्व करना, आज्ञा पालन करना, सहयोग तथा अनुशासन आदि सीख जाता है। यहाँ यह स्पष्ट कर देना आवश्यक है कि बालक जैसे समूह में खेलेगा उस पर वैसा ही प्रभाव पड़ेगा। बुरे बालकों के समूह में खेलने पर अच्छे घर का बालक भी बुरी आदतें सीख सकता है। 'क्रीड़ा स्थल' प्राथमिक समूह केवल बालकों तक ही सीमित नहीं है। बड़े व्यक्ति भी इस प्रकार के समूहों के सदस्य हुआ करते हैं। वे इन समूहों में रह कर अपनी मनोरंजन की प्रवृत्ति को शान्त करते हैं। क्रीड़ा स्थल के बाद 'पड़ौस' प्राथमिक समूह का महत्व है। पास-पड़ौस अर्थात् एक स्थान पर निवास करने वालों में भी घनिष्ठ सम्बन्ध होते हैं। वे लोग भी परस्पर पूरक हुआ करते हैं। इस समूह में प्रायः स्त्रियाँ अधिक भाग लेती हैं क्योंकि वे अपेक्षाकृत अधिक समय घर पर रहा करती हैं। इस समूह में भी सहयोग, सहायता, सहानुभूति तथा आदान-प्रदान के सद्‌गुण विकसित होते हैं।

उपरोक्त विवेचन द्वारा प्राथमिक समूहों के अर्न्तगत होने वाले सामाजीकरण का परिचय प्राप्त होता है। प्राथमिक समूहों में सामाजीकरण की प्रक्रिया एक विशिष्ट रूप से चला करती है। समूह में रह कर व्यक्ति स्वभाव से ही कल्पना करने लगता है कि उसके आचरण एवं व्यक्तित्व के विषय में समूह के अन्य सदस्य अवश्य ही सोचते होंगे। इस कल्पना के बाद वह सोचता है कि अन्य लोग उसके विषय में क्या सोचते होंगे। इसके बाद वह अपने आप द्वारा सोचे गये दृष्टिकोण का मूल्याँकन करता है जिससे वह लज्जित होता है या भयभीत होता है। इससे वह अपना सम्मान अथवा अपमान अनुभव करता हैं, अन्त में वह अपने व्यक्तित्व में सुधार करने या परिवर्तन करने का प्रयास करता है। इस प्रकार उसकी सामाजीकरण की प्रक्रिया चलती है। अन्य व्यक्तियों द्वारा विभिन्न प्रकार के नियन्त्रणों द्वारा भी व्यक्ति का सामाजीकरण होता है। ये नियन्त्रण सामान्य निन्दा से लेकर अन्य दण्डों सहित समूह से बहिष्कृत करने तक के हो सकते हैं।

## अभ्यास के लिये प्रश्न

1. कूले के अनुसार व्यक्ति और समाज का क्या सम्बन्ध है? व्यक्ति के सामाजीकरण में प्राथमिक समूह ही भूमिका बतलाइये।

# 10

# ल्योनार्ड टेलाने हाबहाउस
# (L. T. HOBHOUSE)

प्रसिद्ध विकासवादी समाज शास्त्री हाबहाउस का जन्म सन् 1864 में इंगलैंड में हुआ। उन्होंने समाज और राज्य के विषय में अनेक पुस्तकें लिखीं जिनका समाज शास्त्र के क्षेत्र में व्यापक प्रभाव पड़ा। इनमें उल्लेखनीय पुस्तकें हैं– द थ्यौरी ऑफ नालिज (The Theory of Knowledge), माईंड इन ऐवोल्यूशन (Mind in Evolution), मोरल्स इन ऐवोल्यूशन (Morals in Evolution), डेवलपमेन्ट एण्ड परपज़ेज़ (Development and Purposes), मैटाफिजिकल थ्यौरी आफ द स्टेट (Metaphysical Theory of the State), द नेशनल गुड (The National good), एलीमेन्ट्स ऑफ सोशल जस्टिस (Elements of Social Justice), सोशल डेवलपमैन्ट : इट्स नेचर एण्ड कन्डीशन्स (Social Development: Its Nature and Conditions) इत्यादि।

## विकासवाद

हाबहाउस के विकास के सिद्धान्त में एक ओर हरबर्ट स्पेंसर के यांत्रिक और भौतिक विकासवाद तथा दूसरी ओर जर्मन दार्शनिक हीगल के आध्यात्मिक विकासवाद का सम्मिश्रण दिखलाई पड़ता है। उसके अनुसार आरम्भ में विकास को यांत्रिक कहा जा सकता है। आरम्भ में प्रकृत्ति का विकास नियतिवादी था। आगे चलकर जब जीव प्राणियों का विकास हुआ तो उनमें वह प्रकृति से कम यांत्रिक था। फिर भी निम्न कोटि के जीवों में विकास नियतिवादी ही था, उसे स्वत: संचालित कहा जा सकता है। किन्तु जब पृथ्वी पर मनुष्य का विकास हुआ जिसमें कि आत्म चेतना होती है तो उसे नियतिवादी नहीं कहा जा सकता था। मनुष्य के सामाजिक विकास की प्रक्रिया प्राकृतिक विकास से सर्वथा भिन्न है। प्राकृतिक विकास में हरबर्ट स्पेन्सर का सिद्धान्त लागू हो सकता है क्योंकि यह यांत्रिक विकास है। किन्तु मानव समाज के विकास को यांत्रिक नियमों से नहीं समझाया जा सकता, उसके लिए हीगल का आध्यात्मिक विकासवाद कहीं अधिक उपयुक्त है। संक्षेप में, हाबहाउस के विकासवाद के मुख्य तत्व निम्नलिखित हैं :–

(1) **प्राकृतिक तथा सामाजिक विकास में अन्तर**– जैसा कि पीछे कहा जा चुका है, हाबहाउस के अनुसार प्राकृतिक और सामाजिक विकास में अन्तर होता है। जबकि प्राकृतिक विकास यन्त्रवत होता है, सामाजिक विकास में आत्म चेतना होती है। प्रकृति ही मनुष्य को नहीं चलाती बल्कि मनुष्य भी प्रकृति को चलाता है। यह सामाजिक विकास की स्थिति है। हाबहाउस ने इस सामाजिक विकास को प्राकृतिक विकास से भिन्न दिखलाने के लिए इसे प्रगति (Progress) का नाम दिया है। इस अवस्था में विकास की प्रक्रिया चेतन मनुष्य के आधीन हो जाती है। मनुष्य की प्रकृति नियतिवादी(Deterministic) न होकर मानव बुद्धि द्वारा संचालित होने लगती है। पहले मनुष्य परिस्थितियों का दास था। अब क्रमश: अपनी बुद्धि के बल पर वह परिस्थितियों को अपने अनुरूप बदलने लगता है। इस प्रकार प्रकृति पर मानव नियन्त्रण की मात्रा बढ़ती जाती है और यह मात्रा जिस समाज में जितनी अधिक होगी वह प्रगति के क्षेत्र में उतना ही आगे बढ़ जाता है। मानव विकास को मापने का माप दण्ड प्रकृति पर बुद्धि का शासन है। यह शासन जितना ही बढ़ता जायेगा, मानव विकास भी उतना ही अधिक होगा।

(2) **सामाजिक विकास उद्देश्यपूर्ण है**– बुद्धि और चेतना की क्रिया के कारण सामाजिक विकास उद्देश्यपूर्ण बन जाता है, जबकि भौतिक विकास–निरूद्देश्य और यंत्रवत होता है। सामाजिक विकास में मनुष्य अपनी बुद्धि के द्वारा चारों ओर की परिस्थितियों को अपने अनुकूल बनाने का प्रयास करता है। यही उसकी उद्देश्य पूर्णता है। प्रकृति को अपने अनुकूल बनाना ही मानव विकास का उद्देश्य है।

## सामाजिक विकास और सामाजिक प्रगति

सामाजिक विकास की परिभाषा करते हुए हाबहाउस ने व्यक्तियों की पारस्परिक क्रिया और एक दूसरे के साथ सामाजिक सम्बन्ध को उसका आधारभूत तत्व बतलाया है। इन सामाजिक सम्बन्धों में मनोभावों का प्रभाव पड़ता है। सामाजिक सम्बन्धों के अभाव में सामाजिक विकास नहीं होता। सामाजिक विकास और सामाजिक प्रगति में अन्तर होता है। सामाजिक विकास में सामाजिक प्रगति और सामाजिक अवनति दोनों ही हो सकती हैं। प्रगति का अर्थ ऐसे गुणों का विकसित करना है जिन्हें हम मूल्यवान और महत्वपूर्ण समझते हैं। हाबहाउस के अनुसार प्रगति का सम्बन्ध प्रजाति से न होकर संस्कृति से होता है। प्रजातीय दृष्टि से हीन होते हुए भी कोई समाज सांस्कृतिक दृष्टि से प्रगतिशील कहा जा सकता है। समाज शास्त्र का विषय क्षेत्र सामाजिक विकास का नहीं बल्कि सामाजिक प्रगति का अध्ययन करना है। समाजशास्त्री को यह पता लगाना है कि सामाजिक प्रगति के मूल तत्व क्या हैं, इतिहास में समाज किस प्रकार प्रगति कर रहा है, प्रगति की कसौटी क्या है, किन परिस्थितियों में समाज प्रगति कर सकता है और किनमें उसकी प्रगति रुक जाती है तथा सामाजिक प्रगति का भविष्य क्या है इत्यादि।

सामाजिक प्रगति का स्वरूप बतलाते हुए हाबहाउस ने सप्रयोजनता, बुद्धि पुर्वकता और परिस्थिति पर आधिपत्य को उसके मूल तत्व बतलाया है। बुद्धि पूर्वकता का अर्थ सामंजस्य बढ़ाना और असामंजस्य को दूर करना माना है। इस प्रकार किसी भी समाज में मनुष्यों में सामंजस्य तथा समूहों में सामंजस्य जितना अधिक होगा उसको उतना ही अधिक प्रगतिशील कहा जाना चाहिये। सामंजस्य बढ़ने से एकता, सहयोग, परस्पर मेल मिलाप बढ़ते हैं और सामाजिक दूरी तथा संघर्ष कम होते हैं। सामाजिक प्रगति अपने आप नहीं होती, उसके लिए प्रयास करना पड़ता है। इसमें प्राकृतिक शक्ति का स्थान सामाजिक शक्ति ले लेती है। जबकि प्राकृतिक जगत के विषय में यह कहा जा सकता है कि वह स्वत: चालित है, मानव समाज के विषय में ऐसा नहीं कहा जा सकता। सामाजिक प्रगति का संचालन मनुष्य करता है। उसमें उसकी बुद्धि और मानसिक बल काम करते हैं। अस्तु, मनुष्य अपनी बुद्धि के द्वारा सामाजिक प्रगति करता है जबकि विकास अपने आप होता है।

## सामाजिक प्रगति और मानव प्रयास

उपरोक्त विवेचन से स्पष्ट है कि सामाजिक प्रगति मानव के चेतन प्रयास पर निर्भर है। हाबहाउस ने विकास के दो क्षेत्र माने हैं–प्राणी जगत जिसमें जैविक विकास होता है और मानव जगत जिसमें सामाजिक विकास होता है। जैविक विकास का आधार प्राकृतिक नियम हैं जो निरन्तर, अखण्ड और स्वत: चालित हैं। डार्विन के सिद्धान्त इसी प्रकार के नियम बतलाते हैं। सामाजिक विकास अविकल्प और अखण्ड नहीं है। उसके नियम स्वत: चालित नहीं हैं। उसमें मनुष्य ने विकास की प्रक्रिया को अपने हाथ में ले लिया है। विज्ञान की सहायता से और अपने प्रयास से आज मानव समाज के विकास की गति अत्यन्त तीव्र हो गई है। जैसे-जैसे मानव बुद्धि का विस्तार होता जायेगा वैसे-वैसे सामाजिक विकास भी तीव्र होता जायेगा।

## राजनैतिक और सामाजिक विचार

हाबहाउस के विचारों में समाज, राज्य, सरकार, राष्ट्र आदि प्रत्ययों को भिन्न–भिन्न अर्थों में प्रयोग किया गया है। यहाँ पर इन अर्थों का स्पष्टीकरण करना आवश्यक है।

(1) **समाज**-समाज मानवों का सबसे बड़ा समूह है जिसमें व्यक्तियों में संख्या की दृष्टि से अनेकता होती है और उनमें पारस्परिक क्रिया में पारस्परिक स्वार्थ और रूचि पाये जाते हैं। समाज का विकास होने से राज्य, सरकार अथवा राष्ट्र का विकास होना आवश्यक नहीं है।

(2) **राज्य**-राज्य वह मानव समूह है जिसमें दमन शक्ति होती है। इसीलिए मनुष्य राज्य को छोड़ नहीं सकता है। राज्य को छोड़ने के लिए उसे राज्य के क्षेत्र को ही छोड़ना पड़ता है। दूसरे शब्दों में, राज्य के क्षेत्र में रहने वाले लोगों पर राज्य

का नियन्त्रण रहता है। यहाँ पर हाबहाउस ने हीगल के सर्वाधिकारी राज्य की अवधारणा की आलोचना की है। हाबहाउस के अनुसार राज्य स्वयं साध्य नहीं है बल्कि मानव कल्याण का साधन है। इस प्रकार वह जनतन्त्र का समर्थक है।

(3) **सरकार**–राज्य अपने कार्यों के संचालन के लिए जिन व्यक्तियों को अपना प्रतिनिधि नियुक्त करता है वे प्रतिनिधि अथवा एजेंन्ट सरकार बनाते हैं। इस प्रकार सरकार और राज्य में अन्तर है।

(4) **राष्ट्र**–जबकि राज्य में राजनैतिक एकता की भावना रहती है, राष्ट्र में सांस्कृतिक एकता की भावना रहती है। राष्ट्रीयता का मूल आधार नातेदारी है। प्रत्येक कुटुम्ब की अपनी संस्कृति होती है जो सभी सदस्यों में समान रूप में पायी जाती है। धीरे-धीरे कुटुम्ब या नातेदारी का विचार कम होता जाता है और सांस्कृतिक एकता का विचार बढ़ता जाता है। क्रमश: एक संस्कृति के लोग एक राष्ट्रीयता के माने जाने लगते हैं। राष्ट्रीयता और प्रजातीय भावना अलग-अलग हैं यद्यपि बहुधा प्रजातीय भावना विकसित होकर राष्ट्रीय भावना बन जाती है। विकास की प्रक्रिया में मानव समाज, कुटुम्ब, नातेदारी अथवा प्रजाति के छोटे दायरे से निकल कर क्रमश: राष्ट्र बन जाता है यद्यपि राष्ट्रों के मध्य संघर्ष आज भी बना हुआ है और इसलिए राष्ट्रीयता का स्थान मानवता को लेना चाहिये। आधुनिक काल में एक राज्य में कई राष्ट्र पाये जा सकते हैं। यदि किसी राज्य में एक ही राष्ट्र होता है तो उसमें समस्यायें कम होती हैं। जिस राज्य में अनेक राष्ट्र होते हैं उसमें समस्यायें भी अनेक होती हैं।

## सामाजिक और राजनैतिक संस्थाओं का विकास

सामाजिक समूह के निर्माण के इतिहास पर विचार करते हुए हाबहाउस ने गिडिंग्स से मिलते-जुलते विचार उपस्थित किये हैं। उसके अनुसार सहानुभूति, सहायता, सहयोग और परार्थ भावना, मानव समाज के निर्माण के आधार हैं। दूसरे शब्दों में, सामाजिक समूह का निर्माण उन तत्वों से होता है जो मनुष्यों को एक दूसरे से बांधते हैं। साधारणतया ये तत्व तीन प्रकार के हैं–सजातीयता, अधिसत्ता और नागरिकता। इन तीनों का विवरण निम्नलिखित हैं–

(1) **सजातीयता (Kinship)**–समाज का विकास आरम्भ होने पर उसके मूल में सजातीय भावना होती है। सजातीय लोग अन्तर्विवाही होते हैं। परिवार सजातीय समूह है। आरम्भ में सजातीयता के आधार पर सामाजिक संस्था का विकास हुआ जिसमें परिवार प्रमुख था। परिवार दो प्रकार के थे– मातृसत्ताक और पितृसत्ताक। पहले प्रकार के परिवारों में माता की सत्ता और दूसरे प्रकार के परिवारों में पिता की सत्ता प्रमुख मानी जाती थी।

(2) **अधिसत्ता (Authority)**– जैसा कि पीछे बतलाया जा चुका है,

परिवार में माता या पिता की अधिसत्ता होती है किन्तु कोई भी समाज केवल परिवार तक सीमित नहीं होता। परिवार से आगे बढ़ने पर समाज में अधिसत्ता की आवश्यकता होती है। उदाहरण के लिए विजेता समाज विजित समाज पर अधिसत्ता रखता है। क्रमशः समाज में किसी न किसी प्रकार की राजसत्ता का विकास हुआ। इस अधिसत्ता को धर्म से समर्थन मिला। अधिसत्ता का आधार दमन शक्ति है। यह दमन आरम्भ में पाश्विक होता है किन्तु क्रमशः इसमें बल प्रदर्शन कम होता जाता है और जनतन्त्रीय रूप में अधिसत्ता का प्रयोग होता है।

(3) **नागरिकता (Citizenship)**-एक ओर अधिसत्ता शासक के कर्त्तव्य बतलाती है तो दूसरी ओर अधिसत्ता के प्रति नागरिक के कर्त्तव्य होते हैं। ये दोनों परस्पर निर्भर हैं। समाज का विकास होने से प्रजा के कर्त्तव्यों के साथ-साथ उसके अधिकारों की और राजा के अधिकारों के साथ उसके कर्त्तव्यों की मांगें उठती हैं, यह नागरिकता की अवस्था है। नागरिकता में अधिकार और कर्तव्य दोंनों ही निहित हैं। जहाँ अधिसत्ता के आदेश का पालन नागरिक का कर्त्तव्य है वहाँ उसे यह अधिकार भी दिया जाता है कि वह धर्म के मामलों में विचारों तथा अन्य अनेक मामलों में अधिसत्ता से स्वतन्त्र होता है। नागरिक को यह अधिकार देना राजा का कर्त्तव्य माना जाता है। संसार में सब कहीं समाजों का विकास होने के साथ-साथ यह अवधारणा फैली है कि अधिसत्ता को जनता की भलाई के लिए कार्य करना चाहिये। सामाजिक विकास की यह स्थिति राजनैतिक दृष्टि से जनतन्त्र कहलाती है। इस प्रकार जनतन्त्र नागरिकता के विकास का परिणाम है। दूसरी ओर सजातीयता का विकास राष्ट्र के रूप में दिखलायी पड़ता है। हाबहाउस के अनुसार विजातियों के आक्रमण से सजातीयता की धारणा दृढ़ होती है और इससे राष्ट्र बनते हैं। इस प्रकार राष्ट्र सजातीय व्यक्तियों से बनता है। इस सजातीयता की भावना के कारण ही राष्ट्रीयता का विकास होता है। इसी से एक राष्ट्र दूसरे राष्ट्र पर आक्रमण करता है। हाबहाउस के अनुसार राष्ट्रीयता की भावना से संघर्ष की सम्भावना बनी रहती है जब तक कि विश्व में अन्तर्राष्ट्रीयता की भावना दृढ़ न हो जाये।

## प्रजातंत्र विषयक विचार

शासन व्यवस्था के रूपों को लेकर हाबहाउस ने प्रजातंत्र पर विचार किया है। प्रजातंत्र के दो रूप हो सकते हैं- एक तो वह जिसमें यूनान के नगर राज्य के समान सब लोग शासन में सीधा भाग लेते हैं। यह केवल छोटे राज्यों में चल सकता है। प्रजातन्त्र के दूसरे रूप में राज्य की अन्तिम सत्ता जनता द्वारा चुने हुए प्रतिनिधियों में होती है। जनता ही विधान को अन्तिम स्वीकृति देती है। उसी के प्रतिनिधि सरकार बनाते हैं।

### प्रजातंत्र में कठिनाइयाँ

प्रजातंत्र स्वशासन है, उसमें प्रजा के अधिकारों पर सबसे अधिक जोर दिया जाता है। उसमें व्यक्ति को अपने व्यक्तित्व को स्वतंत्र रूप से विकसित करने का

अवसर मिलता है। इस प्रकार मानव कल्याण की दृष्टि से वह सर्वश्रेष्ठ है । प्रजातंत्र की सबसे बड़ी विशेषता यह है कि उसमें प्रजा के अधिकारों और राजा के कर्तव्यों के विषय में विचार किया जाता है किन्तु अन्य शासन व्यवस्थाओं की तुलना में प्रजातंत्र में कुछ कठिनाइयाँ भी हैं। हाबहाउस के अनुसार ये कठिनाइयाँ निम्नलिखित हैं-

1. **मतदान में व्यवधान**-प्रत्येक प्रजातंत्र में कुछ व्यवधान देकर मतदान होता है। इस व्यवधान में जो नई समस्यायें उत्पन्न होती हैं उन पर अगले मतदान तक कोई ध्यान नहीं दिया जाता और इसलिये वे सुलझ नहीं पातीं।

2. **व्यक्ति का कम मूल्य**-जनतंत्र में प्रत्येक व्यक्ति का एक ही मत होता है चाहें वह कितना भी योग्य और पढ़ा लिखा क्यों न हो। यह स्थिति उचित नहीं मानी जा सकती।

3. **उच्च कोटि के व्यक्तियों का निराकरण**-जनतंत्रीय प्रणाली की सफलता इस बात पर निर्भर है कि उसे चलाने के लिये उच्च कोटि के व्यक्ति उपलब्ध हों किन्तु जनतंत्रीय प्रणाली में उच्च कोटि के व्यक्तियों का आगे आना सबसे कम सम्भव होता है। यह एक ऐसी व्यवस्था है जिसमें वे ही लोग आगे आ पाते हैं जो नेतृत्व की कला को जानते हों भले ही उनमें अन्य गुणों का कितना भी अभाव क्यों न हो।

4. **अल्प मत द्वारा शासन**-यद्यपि जनतंत्र को जनता का राज्य कहा जाता है किन्तु वास्तव में इसमें एक अल्पमत विशाल बहुमत पर शासन करता है और शासन सत्ता के बल पर उनसे अपनी बात मनवाता है।

## जनतंत्र के दोषों का निराकरण

उपरोक्त कठिनाइयों का संकेत करने के पश्चात् भी हाबहाउस यह निष्कर्ष निकालता है कि इन दोषों के बावजूद जनतंत्र सभी शासन व्यवस्थाओं में सर्वश्रेष्ठ है। अन्य व्यवस्थाओं में व्यक्तित्व का विकास सम्भव नहीं हो पाता और यही सबसे आवश्यक बात है। जनतंत्र के दोषों को दूर करने के लिये हाबहाउस ने निम्नलिखित उपाय बतलाये हैं-

1. **स्थानीय स्वशासन (Local Self Government)**-चूँकि जनतंत्र में हर समय मतदान नहीं हो सकता इसलिये सब कहीं शासन सत्ता स्थानीय संस्थाओं जैसे नगर में नगरपालिकाओं और गांव में ग्राम पंचायतों के हाथों में सौंपी जानी चाहिये। इससे शक्ति का विकेन्द्रीकरण होता है।

2. **अन्तरिम मतग्रहण (Referendum)**-बहुमत अल्पमत पर अत्याचार न करे इसके लिये अपनाये जाने वाले अनेक उपायों में से एक उपाय अन्तरिम मतग्रहण है। जब कभी किसी महत्वपूर्ण प्रश्न पर विधान सभाओं में विचार हो तो उस समय उस प्रश्न पर जनता का विचार जानने के लिये अन्तरिम मत ग्रहण किया जाता है।

उपरोक्त उपायों से जनतंत्र की सभी कठिनाइयाँ दूर नहीं हो जातीं फिर भी कुछ न कुछ सुधार अवश्य हो पाता है।

## राज्य सम्बन्धी विचार

जनतंत्र के अतिरिक्त हाबहाउस ने राज्य संस्था में आने वाले निम्नलिखित तत्वों पर भी विचार प्रकट किये हैं–

1. **प्रभुसत्ता (Sovereignty)**–डायसी के अनुसार प्रभुसत्ता के दो प्रकार हैं एक तो वह जो कानून बनाती है और उसे प्रयोग में लाती है और दूसरी वह जो संविधान के पीछे अन्तिम शक्ति है। पहले प्रकार की प्रभुसत्ता कानूनी प्रभुसत्ता है और दूसरे प्रकार की प्रभुसत्ता राजनैतिक प्रभुसत्ता कहलाती है। हाबहाउस निरपेक्ष प्रभुसत्ता का खण्डन करता है क्योंकि यह जनतंत्र के विरुद्ध है। आधुनिक काल में किसी भी समाज में राज्य के पास निरपेक्ष प्रभुसत्ता नहीं है। जनतंत्र के पास अन्तिम प्रभुसत्ता होती है किन्तु वहाँ भी निरपेक्ष प्रभुसत्ता नहीं होती।

2. **स्वतन्त्रता और संयम (Freedom and Restraint)**– मनुष्य सब कहीं स्वतंत्रता चाहता है किन्तु राज्य के कानून उसे संयम में बांधते हैं। इस प्रकार स्वतंत्रता और संयम का घनिष्ठ सम्बन्ध है। निरपेक्ष स्वतंत्रता कहीं नहीं है और न कहीं पूर्ण संयम है। स्वतंत्रता के लिए संयम आवश्यक है और संयम की सीमा में ही स्वतंत्रता होती है।

3. **प्राकृतिक अधिकार (Natural Rights)**–हाबहाउस के अनुसार प्राकृतिक अधिकार का अर्थ वह कार्य है जिससे समाज का कल्याण होता हो। इसके अतिरिक्त कोई भी अधिकार प्राकृतिक अधिकार नहीं है। वास्तव में अधिकार समाज और सरकार पर आश्रित होता है। जिससे समाज का भला हो वही करना व्यक्ति का अधिकार है। प्राकृतिक अधिकार नहीं बल्कि समाज कल्याण की भावना ही स्वतंत्रता और संयम के मध्य की कड़ी है।

4. **राज्य का कार्य क्षेत्र (Field of the State)**–हाबहाउस ने राज्य के कार्यक्षेत्र की विवेचना की है। सम्पत्ति के विषय में वह न तो निजी सम्पत्ति का समर्थक है और न उसको पूरी तरह निकालना चाहता है। उसकी विचारधारा मध्य मार्गी है। वास्तव में सम्पत्ति का निर्माण सामाजिक परिस्थितियों के कारण होता है। इस प्रकार समाज के बिना सम्पत्ति का कोई अर्थ नहीं है। दूसरी ओर निजी सम्पत्ति की स्वतंत्रता न होने पर व्यक्ति सम्पत्ति उत्पन्न करने और उसे बनाये रखने के लिये प्रयत्न नहीं करेंगे। पूंजीवादी व्यवस्था में निजी सम्पत्ति का अनियन्त्रित अधिकार होता है। समाजवादी व्यवस्था में व्यक्ति को सम्पत्ति उत्पन्न करने के लिये कोई प्रोत्साहन नहीं मिलता। वास्तव में ये दोनों ही अनुचित दशायें हैं। व्यक्ति को निजी सम्पत्ति का अधिकार दिया जाना चाहिये किन्तु उस पर नाना प्रकार के कर लगाकर समाज का हिस्सा समाज को मिलना चाहिये। निजी सम्पत्ति शोषण पर

आधारित नहीं होनी चाहिये।

**5. श्रम (Labour)**-सम्पत्ति श्रम से उत्पन्न होती है। पूंजीवादी व्यवस्था में रोक-टोक न होने के कारण पूंजीपति श्रमिकों का शोषण करके मोटे होते चले जाते हैं। अस्तु, आधुनिक राज्यों में श्रम कानून का क्षेत्र बढ़ता जा रहा है और राज्य श्रम की सौदेबाजी में हस्तक्षेप करता है। यह इसलिये किया जाता है ताकि श्रम करने वालों को उनके श्रम का समुचित लाभ मिल सके और पूंजीपति उसे हड़प न जायें।

**6. साम्राज्यवाद (Imperialism)**-हाबहाउस ने अन्तर्राष्ट्रीय सम्बन्धों पर विचार करते समय साम्राज्यवाद और अन्तर्राष्ट्रीयवाद पर विचार किया है। उसके अनुसार साम्राज्यवाद के मूल में राष्ट्रवाद है। उग्र राष्ट्रवाद (Aggressive Nationalism) साम्राज्यवाद को जन्म देता है क्योंकि इससे राष्ट्र यह सोचने लगता है कि उसे अन्य देशों पर शासन करने का अधिकार है। इस प्रकार राष्ट्रवाद से साम्राज्यवाद बढ़ता है। साम्राज्यवादी यह दलील देते हैं कि वे अन्य देशों के लाभ के लिये ही उन पर अधिकार जमाते हैं। हाबहाउस ने इस स्थिति की आलोचना की है। उसने अंग्रेजी साम्राज्यवाद का खण्डन किया है। साम्राज्यवाद जनतंत्र के विरुद्ध है। जबकि जनतंत्र में आन्तरिक विकास राज्य का प्रमुख लक्ष्य होता है, साम्राज्यवादी साम्राज्य विस्तार पर ही ध्यान लगाये रहते हैं। इस प्रकार साम्राज्यवाद किसी भी देश के विकास में बाधक बन जाता है।

7. अन्तर्राष्ट्रीयवाद **(Internationalism)**-हाबहाउस के अनुसार राष्ट्रों के परस्पर सम्बन्धों में वे ही नियम अपनाये जाने चाहिये जिनका पालन व्यक्तियों के सम्बन्धों में किया जाता है। यह ही अन्तर्राष्ट्रीयवाद है। अन्तर्राष्ट्रीयवाद राष्ट्रवाद की सभी बुराइयों का हल है। इसी से विश्व में शान्ति हो सकती है। इससे विभिन्न राष्ट्र सच्चाई और ईमानदारी के सूत्र में बंध सकते हैं। अन्तर्राष्ट्रीयवाद शक्तिशाली न होने पर भी अन्तर्राष्ट्रीयवाद की प्रथा डाली जा सकती है और साम्राज्यवादी राष्ट्रों का बहिष्कार किया जा सकता है। इससे संसार विश्व युद्ध से बचा रहेगा।

हाबहाउस के सामाजिक विचारों की उपरोक्त संक्षिप्त रूपरेखा से यह स्पष्ट होता है कि आधुनिक सामाजिक और राजनैतिक विचारकों में हाबहाउस को प्रमुख स्थान दिया जाना चाहिये। उसने जो विचार उपस्थित किये उन्हीं के प्रकाश में आधुनिक विचारक अन्तर्राष्ट्रीयता और मानववाद की अवधारणा प्रस्तुत करते हैं।

## अभ्यास के लिये प्रश्न

1. हाबहाउस का सामाजिक विकास का सिद्धान्त बतलाइये।
2. जनतंत्र और राज्य के विषय में हाबहाउस के विचार बतलाइये।

# 11

# फ्रैंकलिन हेनरी गिडिंग्स
## (F. H. GIDDINGS)

फ्रैंकलिन हेनरी गिडिंग्स का जन्म सन् 1855 में कनैक्टिकट में शर्मन नामक स्थान पर हुआ था। कट्टरपंथी पिता के कारण उसमें युवावस्था में ही कट्टरपंथियों के विरुद्ध प्रतिक्रिया थी। आरम्भ में उसने यूनियन कालिज में इन्जीनियरिंग की शिक्षा ली। इसके बाद उसने 10 वर्ष तक पत्रकारिता का काम किया। सन् 1888 में वह ब्रायन मोर कालिज में राजशास्त्र का प्राध्यापक नियुक्त हुआ सन् 1894 में वह कोलम्बिया विश्वविद्यालय में समाजशास्त्र का प्राध्यापक नियुक्त हुआ। और अन्त तक इसी पद पर बना रहा । उसकी मृत्यु सन् 1931 में हुई। गिडिंग्स ने समाज शास्त्र और राजशास्त्र के क्षेत्र में अनेक प्रसिद्ध पुस्तकें उपस्थित की हैं। उसकी सबसे पहली प्रसिद्ध पुस्तक सन् 1896 में प्रकाशित प्रिंसिपल्स ऑफ सोशियोलौजी (Principles of Sociology) थी। इसके दो वर्ष बाद ऐलीमैन्ट्स ऑफ सोशियोलौजी (elements of sociology) प्रकाशित हुई। सन् 1900 में डैमोक्रैसी एण्ड एम्पायर (Democracy and Empire) का प्रकाशन हुआ। इसके एक वर्ष बाद इन्डक्टिव सोशियोलौजी (Inductive Sociology) और तीन वर्ष बाद डैसक्रिप्टिव एण्ड हिस्टोरिकल सोशियोलौजी (Descriptive and Historical sociology) का प्रकाशन हुआ। सन् 1918 में द रेसपांसिबिल स्टेट (The Responsible State) का प्रकाशन हुआ। इसके 4 वर्ष बाद स्टडीज इन द थ्यौरी ऑफ ह्यूमन सोसायटी (Studies in the Theory of Human Society) का प्रकाशन हुआ। सन् 1924 में स्टडी ऑफ ह्यूमन सोसायटी (Study of Human Society) प्रकाशित हुई। गिडिंग्स की मृत्यु के बाद सन् 1932 में सिविलाइजेशन एण्ड सोसायटी (Civilization and Society) प्रकाशित हुई।

गिडिंग्स की विचारधारा पर आगस्ट काम्टे का प्रभाव था। इस प्रभाव के कारण ही गिडिंग्स के विचारों में प्रत्यक्षवाद, प्रमाणवाद तथा परीक्षणवाद दिखलाई पड़ते हैं। गिडिंग्स के विचारों पर डार्विन और स्पेंसर ने भी प्रभाव डाला। इसके प्रभाव

से उसमें विकासवादी सिद्धान्त दिखलायी पड़ता है। गिडिंग्स का सबसे प्रमुख सिद्धान्त सजातीयता की अनुभूति (Consciousness of Kind) का सिद्धान्त है।

## सजातीयता की अनुभूति और मानव समाज का विकास

समाज में क्रमशः विकास में गिडिंग्स ने निम्नलिखित अवस्थायें मानी हैं-

**(1) रेवड़ की अवस्था (Herd State)**- भेड़ बकरियों आदि पशुओं के रेवड़ में सजातीयता की अनुभूति अत्यन्त अविकसित दशा में होती हैं। यह मानव समाज की पहली अवस्था कही जा सकती है।

**(2) सजातीयता की अनुभूति (Consciousness of Kind)**-रेवड़ के बाद जब मनुष्यों में सजातीयता की अनुभूति उत्पन्न होती है तो यह समाज का जन्म है। समाज में व्यक्तियों में समानता के साथ-साथ भिन्नता भी होती है किन्तु फिर भी उनमें सजातीयता की अनुभूति पायी जाती है। यह सजातीयता की अनुभूति प्रकृति के विरुद्ध मनुष्यों के मिल-जुलकर संकल्प करने से होती है। बाह्य परिस्थिति को बदलने के लिये मनुष्य को मिल-जुलकर प्रयास करना पड़ता है। सामाजिक परिस्थिति में समाज के व्यक्ति उत्तेजक (Stimulus) और अनुक्रिया (Response) दोनों काम करते हैं। इस उत्तेजना और अनुक्रिया से ही सजातीयता की अनुभूति उत्पन्न होती है। इसी से यह पता चलता है कि हमारे विश्वास, प्रथायें, रुचियाँ, तौर तरीके इत्यादि दूसरों से मिलते-जुलते होते हैं। इससे सजातीयता की भावना जागृत होती है मनुष्य अपने को अन्य मनुष्यों के समान अनुभव करने लगता है। इसी से मानव समाज का विकास होता है।

**(3) सजातीयता की अनुभूति के आधार पर समाज का वर्गीकरण**-उपरोक्त सजातीयता की अनुभूति को कसौटी मानकर गिडिंग्स ने मानव समाजों को निम्नलिखित वर्गों में बाँटा हैं-

**(i) सजातीय भावनाहीन (Non-Social Class)** सजातीय भावनाहीन समाज रेवड़ के समान होता है और मानव विकास में अत्यन्त निम्न स्तर पर होता है।

**(ii) सजातीय भावना विरोधी वर्ग (Anti Social Class)**-सजातीय भावना विरोधी समाज में प्रेम और सहानुभूति का अभाव होता है तथा संघर्ष और अपराध बढ़ते रहते हैं।

**(iii) अर्धसजातीय भावनायुक्त वर्ग (Pseudo-Social Class)**-समाज के इस वर्ग में सजातीय भावना प्रसुप्तावस्था में पायी जाती है।

**(iv) सजातीय भावनायुक्त वर्ग (Social Class)**-अन्त में सजातीय भावनायुक्त समाज को ही सही रूप में समाज कहा जा सकता हैं यही मानव समाजों का वर्तमान रूप है। इसमें लोग एक दूसरे के सुख-दुःख में भाग लेते हैं और व्यक्ति कल्याणकारी राज्य की रचना में भाग लेते हैं।

गिडिंग्स के अनुसार यह सजातीयता की अनुभूति ही सामूहिक व्यवहार को जन्म देती है। इससे समान मनस्कता (Like mindedness) उत्पन्न होती है। समान मनस्कता से तात्पर्य यह है कि सब लोग मिल-जुलकर एक मन रहें। इससे लोग एक दूसरे के समान अनुभव करते हैं और सहज भाव से समान प्रतिक्रिया करते हैं। समान भाषा समानमनस्कता को बढ़ाती है क्योंकि उससे विचारों का आदान-प्रदान करने में सहायता मिलती है। इसी प्रकार संचार के साधन, भ्रमण और आवागमन से भी समान मनस्कता बढ़ती है। यह एक दूसरे के अनुकरण से भी पुष्ट होती है किन्तु मनुष्यों में एकता के साथ-साथ भिन्नता भी पाई जाती है। जहाँ लोग एक दूसरे के समान व्यवहार करते हैं वहाँ भिन्न व्यवहार भी दिखलायी पड़ता है। अस्तु, जहाँ समान मनस्कता से मानव व्यवहार परिचालित होता है वहाँ भिन्न मनस्कता (Unlike mindedness) का भी प्रभाव पड़ता है। यदि मनुष्य में प्रेम और सहानुभूति है तो द्वेष और  घृणा भी है। यह व्यक्तिगत प्रेम और घृणा सामूहिक व्यवहार में भी प्रकट होती हैं। अपने समान व्यवहार करने वाले लोगों को हम अपने समूह का और अपने से भिन्न व्यवहार करने वाले लोगों को भिन्न समूह का मानने लगते हैं। मानव समाज में ये दोनों ही प्रक्रियायें चलती हैं।

गिडिंग्स के अनुसार सामूहिक व्यवहार का परिणाम सहिष्णुता के सन्तुलन (Equilibrium of toleration) में होता है। सामूहिक व्यवहार में व्यक्ति भिन्न-भिन्न प्रतिक्रिया करते हैं। गिडिंग्स इसे बहुतत्ववादी व्यवहार (Pluralistic Behaviour) अथवा भिन्न व्यावहारिकता कहता है। प्रत्येक व्यक्ति अपनी-अपनी प्रकृति के अनुसार व्यवहार करता है। कुछ व्यवहार दूसरों जैसे होते हैं तो कुछ उनसे भिन्न होते हैं। समान व्यवहार वालों से मेल-जोल होता है तो भिन्न व्यवहार वालों से संघर्ष होता है। इस प्रकार विविध व्यवहार अथवा भिन्न व्यावहारिकता से समाज में संघर्ष होता हैं किन्तु इसकी भी एक सीमा है क्योंकि प्रत्येक व्यक्ति सुरक्षा चाहता है। जब हम दूसरे से भिन्न व्यवहार करेंगे तो वह भी हमसे वैसा ही करेगा और इससे दोनों को ही कष्ट होगा। अस्तु, साभूहिक व्यवहार का परिणाम सहिष्णुता के संतुलन में दिखलायी पड़ता है। यदि हम चाहते हैं कि दूसरे हमें सहन करें तो हमें भी दूसरों को सहन करना पड़ता है और इस प्रकार भिन्न व्यवहार को छोड़कर सहिष्णुता का मार्ग अपनाना पड़ता है। व्यक्तियों के समान समूहों में भी भिन्न व्यावहारिकता के कारण संघर्ष होते हैं किन्तु जब वे भी जियो ओर जीने दो के सिद्धान्त को जान जाते हैं तो उन्हें भी सहिष्णुता का सिद्धान्त अपनाना पड़ता है। इस प्रकार बलशाली और बलहीन समाजों में संघर्ष भी कभी-कभी समान शत्रु की तुलना में सहयोग में बदल जाता है। इस समस्त प्रक्रिया से व्यक्ति और समूह यह समझ जाते हैं कि सहिष्णुता अत्यन्त आवश्यक है। इस प्रकार अन्त में सजातीयता की अनुभूति ही व्यक्ति और समूह का सही दिशा में विकास करती है।

## सभ्यता के विकास का आधार

गिडिंग्स ने सजातीयता की अनुभूति को ही सभ्यता के विकास का आधार माना है। सजातीयता की अनुभूति से सामूहिक व्यवहार उत्पन्न होता हैं। यह सामूहिक व्यवहार ही समाज का आधार है। व्यक्ति मिल-जुलकर जो कुछ करते हैं वही सामूहिक व्यवहार है। मानव समूह में थोड़े से व्यक्ति ही सोच समझकर प्रतिक्रिया करते हैं। किन्तु अन्य लोग इन्हीं अल्पसंख्यकों का अनुकरण करने लगते हैं। बुद्धि तथा अन्य गुणों के बल पर ये सबके पथ-प्रदर्शक बन जाते हैं। यह नियन्त्रण और पथ प्रदर्शन ही शासन व्यवस्था का आधार बिन्दु है। गिडिंग्स इसे आदि शासन (Protocracy) कहता है। यह आदिशासन अल्पमत का शासन है। अन्य लोग इस अल्पमत की योग्यता के कारण इसे शासन का अधिकार देते हैं, जो इनके साथ सहयोग करते हैं। उनके अतिरिक्त जो विरोध करते हैं उन्हें ये नाना प्रकार से अपने पक्ष में करने का प्रयास करते हैं। किसी को काम देकर, किसी को सम्पत्ति अथवा शक्ति में भाग देकर और किसी को परास्त करके आधीन किया जाता है।

अल्पमत के आरम्भ में होने वाली यह शासन व्यवस्था क्रमशः समाज में सामूहिक संकल्प का निर्माण करती है। इस सामूहिक संकल्प का आधार सजातीयता की अनुभूति ही है। यह सामूहिक संकल्प अनेक लोगों के सामूहिक चिन्तन का परिणाम है। इसमें सब अपनी-अपनी योग्यता के अनुसार भाग लेते हैं। किन्तु सामूहिक निर्णयों का बौद्धिक स्तर बढ़ने के साथ-साथ इसमें भाग लेने वाले व्यक्तियों की संख्या कम होती जाती है क्योंकि समाज के अधिकतर व्यक्तियों में उच्च बौद्धिक स्तर नहीं होता। अधिकतर व्यक्ति अल्पसंख्यकों के निर्णय को मान लेते हैं और इस प्रकार यह निर्णय सामूहिक संकल्प का रूप ले लेता है। यह अल्पमत विशेषाधिकारी वर्ग (Privileged group) बन जाता है। पहले-पहले यह वर्ग सजातीयता की अनुभूति को अपने ही प्रजातीय वर्ग तक सीमित रखता है। गिडिंग्स ने इसे प्रजातीय एकता (Ethnic unity) की अवस्था कहा है। यह अवस्था बन्द समूह (Closed group) की अवस्था है, उन्मुक्त समूह (Open group) की अवस्था नहीं है। किन्तु सामाजिक विकास में क्रमशः इस अवस्था का स्थान नागरिक एकता (Civil unity) की अवस्था ले लेती है जिसमें अन्य प्रजातियों के लोगों से भी सजातीय भावना की अनुभूति होती है। नागरिक एकता की अवस्था में प्रत्येक नागरिक को विकास का समान अवसर मिलता है और समूह खुले रहते हैं। यह सभ्यता के विकास का प्रारम्भ है। जब तक सजातीयता की भावना सजातीय एकता तक सीमित रहती है तब तक सभ्यता का विकास नहीं होता किन्तु जब यह भावना बढ़कर नागरिक एकता का रूप ले लेती है तो सभ्यता आगे बढ़ती है।

## राजनैतिक शक्ति
## (Political Power)

पीछे बतलाया जा चुका है कि मानव समाज में आदि शासन अल्पसंख्यक चिन्तनशील व्यक्तियों द्वारा आरम्भ होता है। इनमें पहले प्रजातीय एकता पायी जाती है किन्तु बाद में उसका स्थान नागरिक एकता ले लेती है और मुक्त समूह की व्यवस्था दिखलायी पड़ती है। इस प्रकार सहयोग करने वाले लोगों का वर्ग राजनीतिक शक्ति अपने हाथों में ले लेता है। इसका केन्द्र कोई व्यक्ति, अल्पवर्ग अथवा बहुसंख्यक गिरोह हो सकता है। अन्य लोग इस केन्द्र की आज्ञा का पालन करते हैं। जब व्यक्ति राजनीतिक शक्ति का केन्द्र होता है तो जब तक लोग उसका रौब मानते हैं तभी तक उसकी सत्ता बनी रहती है। जब कोई वर्ग राजनैतिक शक्ति का केन्द्र होता है तो उसकी श्रेष्ठता के बने रहते उसकी सत्ता बनी रहती है जैसा कि कुलीन वर्ग के शासन में दिखलाई पड़ता है। किन्तु ये सब अस्थिर शासन हैं। स्थिर शासन वही होगा जो बुद्धिमान, सक्रिय और नागरिक एकता की भावना वाले समूह के हाथ में होगा। गिडिंग्स के अनुसार राजनीतिक सत्ता के विकास में अल्पमत का महत्वपूर्ण स्थान होता है। समाज में आज्ञा पालन दो प्रकार से होता है एक तो सीमित अल्पमत शासन (Limited minority rule) होता है जब समाज में सजातीयता की अनुभूति के साथ-साथ विजातीयता की भी अनुभूति होती है जो कि किन्हीं कारणों से दबी रहती है। सीमित बहुमत शासन वह कहलाता है जब समाज में सजातीयता की अनुभूति लगातार बनी रहती है। इसको सीमित इसलिए कहा जाता है क्योंकि यह दो सीमाओं से बँधा रहता है। पहली सीमा यह है कि अल्पमत तभी तक बहुमत के शासन को मानता है जब तक कि वह उसके साथ सजातीयता की अनुभूति रखता है और जब तक बहुमत उसे कुछ निश्चित अधिकारों को बनाये रखने की गारंटी देता है। ये अधिकार संविधान में घोषित कर दिये जाते हैं। सभी जनतन्त्रीय व्यवस्थाओं में राज्य के संविधानों में अल्पसंख्यक समूहों के अधिकारों का उल्लेख किया जाता है। सीमित बहुमत शासन (Limited majority rule) की दूसरी सीमा यह है कि उसमें अल्पमत को भाषणों और लेखों के द्वारा स्वयं को बहुमत में परिणित करने का अधिकार होता है। यदि उचित और उपयुक्त साधनों से यह अधिकार नहीं दिया जाता तो कभी-कभी अल्पमत अनुचित उपायों का सहारा लेता है। इससे शासन व्यवस्था छिन्न-भिन्न हो जाती है और सजातीयता की अनुभूति नहीं रहती। अस्तु, सामाजिक रचना में सजातीयता की अनुभूति को बनाये रखने के लिए यह आवश्यक है कि राजनीतिक सत्ता के विकास में अल्पमत को समुचित स्थान दिया जाए। इससे सजातीयता की भावना

बनी रहती है जिसके परिणामस्वरूप समाज और सभ्यता के विकास की प्रक्रिया आगे बढ़ती रहती है।

## अभ्यास के लिये प्रश्न

1. गिडिंग्स के अनुसार मानव समाज के विकास में सजातीयता की अनुभूति का स्थान बतलाइये।

2. गिडिंग्स के अनुसार सभ्यता के विकास का आधार क्या है? इसमें राजनैतिक शक्ति का स्थान बतलाइये।

# 12

# पितरिम ए॰ सोरोकिन
# (PITRIM A. SOROKIN)

पितरिम ए. सोरोकिन समाज शास्त्र की पारस्परिक व्याख्या से सहमत नहीं था। वह समाज शास्त्र का एक विशिष्ट अर्थ करना चाहता था। इस उद्देश्य के लिए उसने अन्य समाज शास्त्रियों द्वारा की गई समाज शास्त्र की विभिन्न व्याख्याओं की आलोचना की तथा समाज शास्त्र को नए रूप में परिभाषित किया। सोरोकिन ने न केवल समाज शास्त्र की नवीन परिभाषा ही प्रस्तुत की बल्कि उसने समाज शास्त्र के अध्यन की विषय–सामग्री भी निर्धारित की। सोरोकिन द्वारा प्रस्तुत की गई समाज शास्त्र की व्यसवस्था के मुख्य तथ्य निम्नलिखित हैं।

## समाज शास्त्र की परिभाषा

सोरोकिन समाज शास्त्र को एक व्यवस्थित विज्ञान मानता है, वह समाज शास्त्र को पूर्ण विकसित विज्ञान मानता है। उसका विचार है कि वे समाजशास्त्री भ्रम में है जो समाज शास्त्र को स्पष्ट विज्ञान नहीं मानते। इस भ्रम का कारण आस्थाहीन एंव तथ्यहीन काल्पनिक चिन्तन ही है। सोरोकिन समाज शास्त्र को इस भ्रमात्मक स्थिति से निकालना चाहता है। इस उद्देश्य के लिए वह समाज शास्त्र को स्पष्ट रूप से परिभाषित करता है। उसके अनुसार "समाज शास्त्र सामाजिक, सांस्कृतिक घटनाओं का एक सामान्यीकृत विज्ञान है।"[1] सोरोकिन की इस परिभाषा से स्पष्ट होता है कि समाज शास्त्र एक सामान्य विज्ञान है। यह कोई विशिष्ट विज्ञान नहीं है। सोरोकिन ने स्वंय भी इस तथ्य को स्वीकार किया है। उसका कहना है कि "ऐसा प्रतीत होता है कि यह सामाजिक घटनाओं के समस्त वर्गों में सामान्य रूप से पाई जाने वाली सामान्य विशेषताओं का अध्ययन है।"[2] वास्तव में समस्त सामाजिक

1. "Sociology is a generalizing science of socio-cultural phenomena....."
-Sorokin. P. A. *Society Culture and Personality*, p. 16.
2. "It seems to be....the study of the general characteristics common to all classes of social phenomena."- Sorokin P.A. *Contemporary Sociological Theories*, pp. 760-761

घटनाओं में कुछ बातें तो विशिष्ट हुआ करती हैं जो अलग–अलग घटना में अलग– अलग होती हैं। इन विशिष्ट घटनाओं अथवा तथ्यों का अध्ययन अलग–अलग शास्त्रों के अन्तर्गत होता है। इसके अतिरिक्त प्रत्येक सामाजिक घटना में कुछ ऐसे तथ्य अथवा विशेषताएँ भी होती हैं जो सबमें समान होती हैं। सोरोकिन के अनुसार इन समान घटनाओं अथवा तथ्यों का अध्ययन करना ही समाज शास्त्र का कार्य है। सोरोकिन ने इस तथ्य को निम्न प्रकार से स्पष्ट किया है।[1]

| सामाजिक घटनाओं के विभिन्न वर्ग | वर्ग के लक्षण अथवा विशेषताएँ |
|---|---|
| 1. आर्थिक | अ, ब, स, द, य, र |
| 2. राजनैतिक | अ, ब, स, क, ख, ग |
| 3. धार्मिक | अ, ब, स, त, थ, द |
| 4. वैधानिक | अ, ब, स, ल, व, स |
| 5. नैतिक | अ, ब, स, न, द, थ |

इस प्रकार स्पष्ट है कि प्रत्येक प्रकार की सामाजिक घटना के अध्ययन के लिए एक विशिष्ट विज्ञान की आवश्यकता है। ये विज्ञान अर्थशास्त्र, राजशास्त्र धर्मशास्त्र आदि कुछ भी हो सकते हैं। परन्तु एक तथ्य यह भी है कि इन सभी सामाजिक घटनाओं में कुछ बातें समान भी होती हैं। ऊपरी निर्देशन में अ, ब, स, सभी समान हैं। इन समान विशेषताओं का अध्ययन एक विज्ञान द्वारा होगा। वह विज्ञान समाज शास्त्र है। इसी तथ्य को सोरोकिन ने एक अन्य फार्मूले द्वारा भी स्पष्ट किया है। उसके अनुसार, "जहाँ हमें घटनाओं के 'न' वर्गों का अध्ययन करना है वहाँ तार्किक रूप से विज्ञानों के 'न × 1' वर्ग होने चाहियें। प्रत्येक (न) वर्ग का विशिष्ट विज्ञान घटनाओं के अपने विशिष्ट वर्ग की विशेषताओं का अध्ययन करता है और जीवन से जुड़ा हुआ 'न + 1' विज्ञान समस्त 'न' वर्गों में पाई जाने वाली सामान्य विशेषताओं का अध्ययन करेगा।"[2]

इस प्रकार स्पष्ट है कि समाज शास्त्र का सम्बन्ध केवल समान सामाजिक घटनाओं से है। इसी आधार पर सोरोकिन समाजशास्त्र को एक सामान्य विज्ञान घोषित करता है समाज शास्त्र की विशेषता को स्पष्ट करते हुये सोरोकिन का कहना है कि, "समाज शास्त्र सामाजिक घटनाओं के

---

1. Sorokin, *Contemporary Sociological Theories.*
2. "Where we have to study N classes of phenomena there logically should be N×1 classes of Science. Each of N special science studies the characteristics of its special class of phenomena, the additional N+1 Science would study the characteristics common to all N classes." -Sorokin

समस्त वर्गों की सामान्य विशेषताओं एवं इनके बीच सम्बन्धों का विज्ञान रहा है, और रहेगा। अन्यथा कोई समाज शास्त्र नहीं होगा।"[1]

## समाज शास्त्र की विषय सामग्री

जहाँ एक ओर सोरोकिन ने समाज शास्त्र का अर्थ एवं परिभाषा निधारित की है वहीं उसने समाज शास्त्र की विषय सामग्री भी निर्धारित की है।

सोरोकिन से पूर्व विभिन्न समाज शास्त्रियों ने समाज शास्त्र की विषय सामग्री अपने ढंग से निर्धारित की परन्तु सोरोकिन इनकी व्याख्याओं से सहमत नहीं है उसके अनुसार वे सभी व्याख्याएँ काल्पनिक एवं अपर्याप्त हैं। सोरोकिन के अनुसार समाज शास्त्र की विषय–सामग्री सम्बन्धी कुछ व्याख्याएँ परस्पर विरोधी भी हैं। इस स्थिति में समाज शास्त्र की विषय–सामग्री की एक निश्चित व्याख्या प्रस्तुत करना आवश्यक है। समाज शास्त्र की विषय–सामग्री को स्पष्ट करते हुए सोरोकिन का कहना है कि, "यह प्रथम विभिन्न सामाजिक घटनाओं (आर्थिक तथा धार्मिक, परिवार एवं नैतिकता, न्यायिक तथा आर्थिक, गतिशीलता एवं राजनैतिक घटना आदि के बीच) के सम्बन्धों एवं गैर सामाजिक घटनाओं (भौगोलिक, जीवशास्त्रीय) के तथा तृतीय सामाजिक घटनाओं के सभी वर्गों की सामान्य विशेषताओं का अध्ययन हैं।"[2] सोरोकिन की इस व्याख्या से तीन बातें स्पष्ट होती हैं।

(i) समाज शास्त्र की विषय–सामग्री विभिन्न सामाजिक घटनाओं का अध्ययन है।

(ii) सामाजिक एवं गैर–सामाजिक घटनाओं के आपसी सम्बन्धों का अध्ययन है।

(iii) सभी सामाजिक घटनाओं की सामान्य विशेषताओं का अध्ययन है।

सोरोकिन का विचार है कि समाज शास्त्र की विषय–सामग्री के ये तीन पहलू हैं तथा धीरे–धीरे समाज शास्त्र के सभी सम्प्रदायों को इसी निष्कर्ष पर पहुँचना है।

सोरोकिन ने एक अन्य प्रकार से भी समाज शास्त्र की विषय–सामग्री को स्पष्ट किया है अपनी पुस्तक Society, culture and personality में सोरोकिन ने लिखा है कि "समाज शास्त्र कम अथवा अधिक मानव प्राणियों की अर्थपूर्ण अन्तःक्रियाओं

---

1. "Sociology has been, is and either will be a science of the general characteristics of all classes of social phenomena, with the relationship and correlations between them, or there will be no sociology."
-Sorokin, P. A.

2. "It seems to be a study, first, of the relationship and correlations betwen various classes of social phenomena, (correlations between economic and religious; family and moral; juridical and economic, mobility and political phenomena and so on); Second, that between the social and the non social (geographic, biological) phenomena; third the study of the general characteristics common to all classes of social phenomena."
-Sorokin P.A.

का अध्ययन है।" इस प्रकार सोरोकिन के अनुसार समाजशास्त्र की विषय–सामग्री मानवीय व्यवहार, सामाजिक संगठन, सामाजिक प्रक्रियाएँ, सामाजिक मूल्य, प्रयोजन तथा आचार आदि का अध्ययन करना है।

## व्यक्तित्व एवं समाज
## (Personality and Society)

प्रत्येक विचारक यह स्वीकार करता है कि व्यक्ति एवं 'समाज' में घनिष्ठ सम्बन्ध होता है। सोरोकिन ने भी इस विषय पर प्रकाश डाला है । उसने इस विषय का विवेचन अपनी पुस्तक Society, Culture and Personality किया है । सोरोकिन व्यक्तित्व का समाज से घनिष्ठ सम्बन्ध मानता है। उसके अनुसार व्यक्तित्व वास्तव में सम्बन्धित समाज का एक अभिन्न अंग ही होता है अर्थात् व्यक्तित्व का समाज से अलग कोई महत्व नहीं होता। यही नहीं समाज भी व्यक्ति से अलग महत्व रहित होता है। वास्तव में ये दोनों अन्योन्याश्रित होते हैं। सोरोकिन समाज एवं व्यक्ति में से किसी एक को भी अधिक महत्वपूर्ण नहीं मानता।

सोरोकिन ने व्यक्ति एंव समाज के पारस्परिक सम्बन्ध को इन शब्दों में स्पष्ट किया है, "जब कि व्यक्ति समस्त सामाजिक एवं सांस्कृतिक व्यवस्था के अभिन्न अंग हैं, उनके व्यक्तित्व स्पष्ट रूप से सामाजिक एवं सांस्कृतिक प्रतिमानों के ढाँचे को प्रभावित करते हैं .... दूसरी ओर, जैसा कि हम देख चुके हैं, व्यक्तित्व का सामाजिक–सांस्कृतिक पहलू प्राणी शास्त्रीय वंशानुक्रमण द्वारा निर्धारित अथवा इससे अर्जित नहीं किया जाता है। सामाजिक एवं सांस्कृतिक ढाँचे द्वारा ही परिवर्तित किया जाता हैं .... व्यक्ति के सामाजिक एवं सांस्कृतिक मूल्यों का अन्य कोई स्त्रोत नहीं है।"[1] इस कथन से स्पष्ट होता है कि समाज एवं व्यक्ति दोनों एक दूसरे पर आश्रित हैं। समाज व्यक्ति को तथा व्यक्ति समाज को प्रभावित करता है।

जहाँ एक ओर सोरोकिन व्यक्ति को समाज का अभिन्न अंग मानता है वहीं दूसरी ओर वह व्यक्तित्व को बहुपक्षीय भी मानता है। उसके अनुसार व्यक्ति का घनिष्ठ सम्बन्ध उन समूहों से होता है जिनका वह सदस्य होता है। एक व्यक्ति एक से अधिक सामाजिक समूहों का सदस्य हो सकता है। इस स्थिति में व्यक्ति के कार्य भी भिन्न–भिन्न होते हैं। इस तथ्य को सोरोकिन इन शब्दों में स्पष्ट करता है, "मेरा दावा यह है कि व्यक्ति के पास एक ही प्रयोग सिद्ध 'जीव' या 'आत्मा'

---

1. "Since individuals are the indispensable components of all social and cultural systems, their personalities obviously influence the framework of the social and cultural patterns...on the other hand, as we have seen, the superorganic aspect of personality is not determined by or acquired from biological heredity. It is molded by the social and cultural melieu...There is no other source for the social and cultural properties of the individual."

-Sorokin, *Society, Culture and Personality*, p. 342.

या 'अहं' नहीं है बल्कि अनेक हैं, प्रथम जैविक एवं द्वितीय सामाजिक अहं। व्यक्ति के उतने ही विभिन्न सामाजिक समूह एंव वर्ग हैं, जिनके साथ वह सम्बन्धित है।"[1] इस कथन से स्पष्ट है कि व्यक्ति का जैविक अहं एक तथा अपरिवर्तनशील होता है परन्तु व्यक्ति के सामाजिक अहं अनेक होते हैं। इस प्रकार व्यक्ति के व्यक्तित्व के भी अनेक पहलू होते हैं। इस प्रकार सोरोकिन व्यक्तित्व के बहुतत्ववादी (Pluralist) सिद्धान्त का प्रतिपादन करता है।

## क्रान्ति का समाज शास्त्र

### (Sociology of Revolution)

पितरिम सोरोकिन रूसी क्रान्ति की परिस्थितियों, कारणों एवं परिणामों से भली-भाँति परिचित था। इसीलिये सोरोकिन ने क्रान्ति के समाज शास्त्र का पर्याप्त विश्लेषण किया है। उसने अपने विभिन्न ग्रन्थों में क्रान्ति की अवधारणाा को स्पष्ट करने का प्रयास किया है। मुख्य रूप से The sociology of Revolution, societly Culture and Personality आदि ग्रन्थों में उसने क्रान्ति का विवेचन किया है। सोरोकिन द्वारा इस विश्लेषण के कुछ मुख्य तथ्य निम्नलिखित हैं।

### क्रान्ति क्या है?

सोरोकिन क्रान्ति को स्पष्ट रूप से अपराध कहता है। राजनैतिक क्रान्ति एक बड़े पैमाने पर होने वाले अपराध हैं। वास्तव में सामान्य अपराध एवं क्रान्ति नामक अपराध में केवल मात्रा का अथवा अंशों का अन्तर हैं। इन दोनों में स्वरूप का अथवा गुणात्मक अन्तर नहीं है। यदि क्रान्ति का स्तर एवं क्षेत्र छोटा है तो उसे सामान्यतया अपराध कहा जाता है। इसके विपरीत यदि सामान्य अपराध का क्षेत्र एवं स्तर बढ़ा दिया जाये तो उसे क्रान्ति की संज्ञा दे दी जाती है। इस प्रकार स्पष्ट है कि क्रान्ति अपराध है। सोरोकिन एक अन्य प्रकार से भी क्रान्ति का अर्थ स्पष्ट करता है। वह क्रान्ति को दैवी प्रकोप मानता है। इसलिए वह इसकी गणना अन्य प्रकोपों अर्थात् अकाल, महामारी एवं युद्ध की श्रेणी में भी करता है। इस प्रकार यह स्पष्ट होता है कि क्रान्ति समाज के लिए अहितकर है।

### क्रान्ति के कारण

सोरोकिन ने क्रान्ति के कारणों का विभिन्न प्रकार से विस्तृत विवेचन किया है। उन्होंने क्रान्ति के कारणों को मुख्य रूप से समाज मनोविज्ञान के विश्लेषण द्वारा स्पष्ट किया है। उनका कहना है कि मानव समाज में सदैव विभिन्न प्रकार की विरोधी प्रवृत्तियाँ उपस्थित रहा करती हैं। इन विरोधी प्रवृत्तियों में प्राय: संघर्ष होता रहता है। यदि कभी इन विरोधी प्रवृत्तियों में सामंजस्य समाप्त हो जाता है तो अकस्मात

1. "My thesis is that the individual has not one empirical soul, or self, or ego, but several: first, biological and second, social ego's. The individual has as many different social groups and strata with which he is connected."

-Sorokin, *Society Culture and Personality*, p. 235.

ही क्रान्ति उत्पन्न हो जाती है। पुनः सोरोकिन यह भी स्पष्ट करता है कि यह सांमजस्य क्यों समाप्त हो जाता है तथा क्यों आपसी संघर्ष बढ़ जाता है। कुछ अन्य मनोवैज्ञानिकों और चिन्तकों के ही समान सोरोकिन यह मानता है कि मनुष्य का व्यवहार मूल प्रवृत्ति (Instinct) द्वारा परिचालित होता है। उसके जीवन में भावुकता का महत्व अधिक है। मनुष्य के व्यवहार को परिचालित करने में तर्क एवं बुद्धि का स्थान गौण है। इस दशा में कभी-कभी स्वाभाविक प्रवृत्ति के विचलित हो जाने पर वह दूषित हो जाती है तथा अपराध की ओर अग्रसर हो जाती है। इस दशा में सामाजिक सामंजस्य समाप्त हो जाता है। इस सामंजस्य के समाप्त होते ही सामान्य व्यवस्था समाप्त हो जाती है तथा क्रान्ति का बोल-बाला हो जाता है। क्रान्ति के प्रारम्भ होते ही समाज में पूर्व प्रचलित नैतिक नियम, सामाजिक प्रथायें एवं कानूनों की मान्यता समाप्त हो जाती है। अराजकता एवं अव्यवस्था का राज्य हो जाता है। मनुष्य में मानवीय प्रवृत्ति के स्थान पर पाशविकता अधिक प्रबल हो जाती है। सोरोकिन ने क्रान्ति के कारणों सम्बन्धी अपने विचारों की पुष्टि विश्व की विभिन्न क्रान्तियों के उदाहरणों द्वारा की है।

## क्रान्ति एवं राज्य का नियन्त्रण

क्रान्ति का सीधा सम्बन्ध राज्य के नियन्त्रण से है। राज्य के पर्याप्त नियन्त्रण के अभाव में ही क्रान्ति उत्पन्न होती है। प्रारम्भ में प्रायः राज्य क्रान्ति की उत्पत्ति के प्रति लापरवाह रहता है। राज्य का रवैया ढीला रहता है। राज्य के ढीले रवैये से अवसर का लाभ उठाकर क्रान्ति की प्रवृत्ति तीव्र हो जाती है तथा अपनी जड़ें सशक्त कर लेती हैं। कुछ समय गुजरने के बाद राज्य पुनः जागृत होता है तथा उत्पन्न हुई क्रान्ति की ज्वाला को समाप्त करने का प्रयास करता है। इस स्थिति में खुलकर संघर्ष होता है तथा क्रान्ति भी उग्र रूप धारण कर लेती है। अब निर्णय संघर्ष द्वारा होता है। यदि राज्य प्रबल हो जाता है तो क्रान्ति को दबा दिया जाता है। इसके विपरीत यदि राज्य कुछ ढीला एवं कमजोर पड़ता है तो क्रान्ति अर्थात् क्रान्तिकारियों को विजय होती है और प्रचलित अवस्था एंव राज्य सत्ता को समाप्त कर दिया जाता है।

## क्रान्ति के प्रभाव

जैसा कि उपरोक्त विवेचन द्वारा स्पष्ट है, क्रान्ति के अवसर पर सब प्रकार की प्रचलित व्यवस्था एवं संगठन समाप्त हो जाते हैं। इस स्थिति में मान्यतायें, जीवन की सामान्य प्रक्रिया, मानवीय व्यवहार के स्वरूप तथा मानवीय चिन्तन की प्रवृत्तियाँ बिल्कुल परिवर्तित हो जाती हैं। इन परिवर्तनों एवं प्रभावों के साथ ही साथ क्रान्ति के द्वारा विभिन्न राजनैतिक परिवर्तन भी उत्पन्न हो जाते हैं। प्रायः क्रान्ति के फलस्वरूप इन व्यक्तियों को समाज में अपमानित किया जाता है तथा लूटा-मारा जाता है जो पूर्व-प्रचलित शासक वर्ग से सम्बन्ध रखते हैं। इसके विपरीत सामान्य स्थिति में उपद्रवी एवं समाज-विरोधी व्यक्ति इस अवसर पर हर प्रकार से लाभ

उठाते हैं। वे लूट-पाट करने के साथ ही साथ राज्य-सत्ता भी अपने हाथ में ले लेते हैं। क्रान्ति के काल में साहसी परन्तु विनाशकारी प्रवृत्ति वाले व्यक्ति विशेष लाभ उठाते हैं। इसके विपरीत शान्त एवं सन्तुलित मनोवृत्ति वाले व्यक्ति नुकसान उठाते हैं। इन्हें न तो सम्मान मिलता है और न ही कोई विशेष स्थान। ये व्यक्ति स्वयं ही पीछे हट जाते हैं। इस प्रकार स्पष्ट है कि क्रान्ति के काल में सामाजिक व्यवस्था पलट जाती है तथा हर प्रकार की अव्यवस्था का राज्य हो जाता है।

### क्रान्ति को रोकने के उपाय

जहाँ एक ओर सोरोकिन ने क्रान्ति के विभिन्न प्रकारों, कारणों एवं प्रभावों का विश्लेषण किया है वहीं उसने दूसरी ओर क्रान्ति को रोकने के लिए कुछ उपाय भी बतलायें हैं। सोरोकिन के अनुसार क्रान्ति की ज्वाला को सुलगने से रोकने के लिये मानव की प्रवृत्ति को परिवर्तित करना होता है। सामान्य रूप से व्यक्ति में 'स्वार्थ-प्रवृत्ति' प्रधान होती है। सोरोकिन के अनुसार क्रान्ति को रोकने के लिये इस 'स्वार्थ-प्रवृत्ति' के स्थान पर 'परार्थ-प्रवृत्ति' को प्रोत्साहन देना होगा। यदि मनुष्य में 'परार्थ-प्रवृत्ति' प्रबल हो जाती है तो निःसन्देह क्रान्ति की ज्वाला समाप्त होकर रहती है। इस प्रकार सोरोकिन का स्पष्ट विचार है कि क्रान्ति केवल भावात्मक उपायों द्वारा समाप्त की जा सकती है अन्य सभी उपाय अर्थात् राजनैतिक दमन या प्रतिबन्ध केवल सामयिक एवं अपर्याप्त साधन हैं। इनसे क्रान्ति को स्थायी रूप से समाप्त नहीं किया जा सकता है।

## संस्कृति का विश्लेषण
**(Analysis of Culture)**

सोरोकिन ने संस्कृति की अवधारणा का विस्तृत विश्लेषण एवं विवेचन किया है। उन्होंने संस्कृति के विकास, प्रकार एवं परिवर्तन का वैज्ञानिक विश्लेषण किया है। इसके अतिरिक्त सोरोकिन ने संस्कृति के क्षेत्र में चलने वाली विभिन्न प्रक्रियाओं का भी विवरण प्रस्तुत किया है। उन्होंने सामाजिक तथा सांस्कृतिक क्षेत्र में कार्य करने वाले एक सिद्धान्त का भी प्रतिपादन किया है, जिसे उन्होंने "सांस्कृतिक एकीकरण (Cultural integration) का सिद्धान्त" कहा है। सोरोकिन के सांस्कृतिक विश्लेषण को समझने के लिये सर्वप्रथम संस्कृति के विभिन्न रूपों अथवा प्रकारों को जानना आवश्यक है। उन्होंने संस्कृति के निम्नलिखित तीन प्रकार माने हैं–

(अ) इन्द्रियात्मक अथवा प्रत्याक्षात्मक संस्कृति (Sensate Culture)
(ब) विचारात्मक अथवा परोक्षवादी संस्कृति (Ideational Culture)
(स) आदर्शात्मक संस्कृति (Idealist Culture)

**(अ) इन्द्रियात्मक संस्कृति (Sensate Culture)**–इस संस्कृति में इन्द्रियगत अनुभवो को महत्व दिया जाता है तथा इन्द्रियों द्वारा भोगे गये यथार्थों

को सत्य माना जाता है। इन्द्रियात्मक संस्कृति से सम्बन्धित समाज में समाज का लक्ष्य अथवा उद्देश्य भौतिक सुखों को उपलब्ध करना तथा मानव की स्थूल इच्छाओं की तृप्ति करना ही होता है। ऐसे समाज में भोग–विलास को प्राथमिकता दी जाती है और सूक्ष्म आदर्शों की नितान्त अवहेलना की जाती है। इन्द्रियात्मक संस्कृति के विकास के फलस्वरूप भौतिक विज्ञानों की प्रगति होती है। इसके विपरीत ललित कलाओं को किसी प्रकार की प्राथमिकता नहीं दी जाती। यदि कभी अपवाद के रूप में कलाओं का प्रचलन भी हो जाता है तो वह कला पूर्ण रूप में यथार्थवादी होती है। इस कला में आदर्शों के लिए कोई स्थान नहीं होता। कला के अतिरिक्त साहित्य एवं दर्शन का भी महत्व कम होता है तथा केवल यथार्थवादी साहित्य एवं यथार्थवादी दर्शन का थोड़ा-बहुत प्रचलन हुआ करता है। किन्ही अर्थों में आधुनिक अमरीका की संस्कृति को इस वर्ग में रखा जा सकता है।

**(ब) विचारात्मक संस्कृति (Ideational Culture)**-सोरोकिन ने दूसरी प्रकार की संस्कृति को विचारात्मक अथवा परोक्षवादी संस्कृति कहा है। इस संस्कृति की विशेषतायें इन्द्रियात्मक संस्कृति के विपरीत होती हैं। विचारात्मक संस्कृति वाले समाज में इन्द्रियों से सम्बन्धित अनुभवों एवं सुखों को प्राथमिकता नहीं दी जाती। इस संस्कृति को आध्यात्म प्रधान भी कहा जा सकता है। इसका लक्ष्य अत्यधिक आनन्द प्राप्त करना होता है। विचारात्मक संस्कृति का सत्य का मापदंड भिन्न होता है। सत्य की जाँच आत्मा द्वारा हो सकती है तथा सत्य की प्राप्ति ईश्वरीय अथवा दैवी कृपा द्वारा ही सम्भव है। सत्य को इन्द्रियातीत माना जाता है। इस संस्कृति में धर्म को भी महत्वपूर्ण माना जाता है। इन्द्रियात्मक संस्कृति में जो महत्व विज्ञान को दिया जाता है वह महत्व इस संस्कृति में धर्म को दिया जाता है। विचारात्मक संस्कृति में चरम सत्य को प्राप्त करने के लिए ललित कलाओं को साधन माना जा सकता है अर्थात् कलाओं को विशेष महत्व दिया जाता है। विचारात्मक संस्कृति वाले समाजों में विभिन्न माप–दण्ड भौतिक न होकर आध्यात्मिक हुआ करते हैं। साहित्य, संगीत आदि कलाओं को आध्यात्म का पोषक माना जाता है। सोरोकिन इस संस्कृति को श्रेष्ठ मानते हैं। उदाहरण स्वरूप यह कहा जा सकता है कि प्राचीन भारतीय संस्कृति विचारात्मक संस्कृति थी।

**(स) आदर्शात्मक संस्कृति (Idealistic Culture)**–तीसरे प्रकार की संस्कृति को आदर्शात्मक संस्कृति का नाम दिया गया है। सोरोकिन के अनुसार प्रत्येक समाज में सांस्कृतिक विकास अथवा परिवर्तन होता रहता है। इस परिवर्तन अथवा विकास के क्रम में एक मध्य स्थिति आती है। इस स्थिति में विचारात्मक संस्कृति क्रमशः इन्द्रियात्मक संस्कृति में परिवर्तित होती है। यह स्थिति संक्रमणकालीन स्थिति होती है। कहने का आशय यह है कि इस संस्कृति में 'इन्द्रियात्मक संस्कृति' तथा 'विचारात्मक संस्कृति' दोनों के लक्षण पाये जाते हैं। यह संस्कृति स्पष्ट रूप से किसी एक संस्कृति का प्रतिनिधित्व नहीं कर सकती। आधुनिक भारत की संस्कृति को

इस संस्कृति का उदाहरण माना जा सकता है। आज के भारतीय समाज में विचारात्मक संस्कृति क्रमशः भौतिकता अर्थात् इन्द्रियात्मक संस्कृति की ओर अग्रसर हो रही है।

## सांस्कृतिक उतार-चढ़ाव

**(Culture Fluctuation)**

पितरिम ए० सोरोकिन ने जहाँ संस्कृति के विभिन्न रूपों का वर्णन किया है वहीं उसने विभिन्न संस्कृतियों के आन्तरिक परिवर्तन का भी विश्लेषण किया है। कुछ अन्य समाजशास्त्री सांस्कृतिक परिवर्तन की प्रक्रिया को एकदैशिक एवं चक्रिक मानते हैं परन्तु सोरोकिन को ये दोनों मत स्वीकार नहीं हैं। सांस्कृतिक परिवर्तन की प्रक्रिया को सोरोकिन उतराव एवं चढ़ाव युक्त मानता है। उसका कहना है कि सांस्कृतिक परिवर्तन के लिये पहले एक प्रकार की संस्कृति का चरम विकास होता है, उसके बाद उसका चरम पतन हो जाता है तथा दूसरी संस्कृति का चरम विकास हो जाता है । हम कह सकते हैं कि यदि किसी समाज में इन्द्रियात्मक संस्कृति हो तो पहले वह संस्कृति चरम सीमा तक विकसित होती है। उसके बाद उसका विकास इस दिशा में मुड़ जाता है। तब संस्कृति विचारात्मक दिशा में आगे बढ़ती है। इस प्रकार समय-समय पर एक-एक संस्कृति चरम सीमा की ओर अग्रसर होती रहती है। बीच में कुछ अस्पष्ट काल भी आया करता है। इस काल को संक्रमण काल कहा जा सकता है। संक्रमण काल में स्थिति कुछ भिन्न होती है। इस संक्रमण कालीन संस्कृति को आदर्शात्मक कहा गया है।

उपरोक्त विवरण द्वारा स्पष्ट होता है कि समाज में क्रमशः इन्द्रियात्मक एवं विचारात्मक संस्कृतियों का विकास एवं पतन होता रहता है अब प्रश्न उठता है कि यह परिवर्तन किस प्रकार होता है अर्थात् इस परिवर्तन के पीछे कौन-कौन से कारक कार्य करते हैं? सोरोकिन इन प्रक्रिया को अपने ढंग से स्पष्ट करता है। उसका कहना है कि यह प्रक्रिया स्वाभाविक है। इसके लिये संस्कृति की अभ्यन्तर प्रकृति ही जिम्मेदार है। उसने अनार के बीज से अनार के पौधे के पैदा होने वाले उदाहरण को प्रस्तुत किया है। जिस प्रकार प्रकृति के कारण अनार के बीज से अनार पैदा हो जाता है, उसी प्रकार एक संस्कृति से दूसरी संस्कृति विकसित होती रहती है। सोरोकिन सांस्कृतिक-परिवर्तन के लिये किसी बाहरी कारक को महत्व नहीं देता। सांस्कृतिक परिवर्तन की प्रक्रिया को स्वाभाविक मानते हुए सोरोकिन कहता है कि इस प्रक्रिया में 'अन्तर्व्यापी-परिवर्तन का नियम' (Principle of Immanent Change) कार्य करता है। कुछ समाजशास्त्री सांस्कृतिक परिवर्तन की प्रक्रिया में बाह्य कारकों एवं परिस्थितियों को महत्व देते हैं। परन्तु सोरोकिन ऐसा नहीं मानता। उसके अनुसार बाह्य कारक केवल परिवर्तन की प्रक्रिया की गति को परिवर्तित कर सकते हैं। वैसे यह सत्य है कि परिवर्तन की शक्ति एवं गुण संस्कृति में स्वभावतया ही निहित हैं। उनका कहना है कि अनार के बीज को बढ़ने और फलने-फूलने में बाह्य कारक अर्थात् खाद-पानी आदि प्रभावित अथवा समाप्त नहीं कर सकता। इस प्रकार स्पष्ट

है कि सांस्कृतिक परिवर्तन एवं विकास समाज की प्रकृति में निहित है और स्वाभाविक है।

## सांस्कृतिक एकीकरण का सिद्धान्त
**(Theory of Cultural Integration)**

पितरिम ए. सोरोकिन ने अपने सांस्कृतिक विश्लेषण के अन्तर्गत संस्कृति सम्बन्धी एक सिद्धान्त का विवेचन किया है। इस सिद्धान्त को 'सांस्कृतिक एकीकरण' (Cultural Integration) का सिद्धान्त कहा गया है। सोरोकिन ने यह सिद्धान्त एक विशिष्ट प्रकार के समाज शास्त्र के प्रतिपादन के संदर्भ में प्रस्तुत किया है।

अब प्रश्न उठता है कि 'सांस्कृतिक एकीकरण के सिद्धान्त का अर्थ क्या है? जैसा कि हम पहले कह चुके हैं, सोरोकिन के अनुसार संस्कृति मुख्य रूप से दो प्रकार की होती है– एक 'इन्द्रियात्मक संस्कृति' तथा दूसरी 'विचारात्मक संस्कृति'। सांस्कृतिक वर्गीकरण के अन्तर्गत ये दोनों संस्कृतियाँ भिन्न–भिन्न विशेषताओं से युक्त होती हैं। परन्तु इसके अतिरिक्त एक और सत्य यह है कि ये दोनों संस्कृतियां अपने आप में पृथक–पृथक रूप में पूर्ण एवं एकीकृत होती है। 'एकीकृत' का आशय यह है कि वे अपने आप में विशिष्ट होती हैं। एक संस्कृति के सभी पहलुओं में तार–तम्यता, एकरूपता तथा एकीकरण होते हैं। इस प्रकार एक ही संस्कृति के विभिन्न पहलुओं में आपसी मेल होता है तथा वे परस्पर पूरक होते हैं, उनमें आपसी विरोध नहीं होता। उदाहरण के लिए विचारात्मक संस्कृति से सम्बन्धित समाज, परिवार, उद्योग, राज्य एवं अन्य सभी संस्थाएँ आध्यात्म की ही पक्षपाती होंगी। इस समान दृष्टिकोण को ही 'एकीकरण' कहा जाता है। इससे भिन्न यदि किसी विचारात्मक संस्कृति वाले समाज में परिवार तो आध्यात्म की बात करे और राज्य भौतिकता की बात करें तब उस स्थिति में हम संस्कृति को 'एकीकृत' नहीं कह सकते। ऐसी संस्कृति असमान संस्कृति कहलाती है। इसके अतिरिक्त यदि किसी समूह की सम्पूर्ण संस्कृति पर भारतीयता की छाप हो, उसमें कोई भी तत्व 'पाश्चात्य संस्कृति' के न हों तो उस संस्कृति को 'एकीकृत संस्कृति' कह सकते हैं।

## सांस्कृतिक एकीकरण के प्रकार

सांस्कृतिक एकीकरण का अर्थ स्पष्ट करने के साथ ही साथ सोरोकिन ने इसके विभिन्न प्रकारों का भी विश्लेषण किया है। उनके अनुसार सांस्कृतिक एकीकरण के चार प्रकार होते हें। ये प्रकार निम्नलिखित हैं–

(1) स्थानिक समीपता के कारण एकीकरण (Integration due to Spatial Adjacency)

(2) बाह्य कारक के कारण एकीकरण (Integration due to External Factor)

(3) कार्य-कारण के नियम के कारण एकीकरण (Causal Integration)

(4) तर्क एवं सार्थकता के कारण एकीकरण (Logico-Meaningful Integration)

अब इन विभिन्न प्रकार के एकीकरणों का संक्षिप्त विवेचन किया जायेगा।

**(1) स्थानिक समीपता के कारण एकीकरण (Integration due to Spatial Adjacency)-** संस्कृति के स्थानिक एकीकरण का सम्बन्ध एक स्थान पर एकत्रित सांस्कृतिक तत्वों से है। यदि किसी स्थान पर किसी कारणवश किसी एक संस्कृति के विभिन्न तत्व अथवा प्रतीक एकत्रित हो जायें तो उस एकीकरण को स्थानिक समीपता के कारण हुआ एकीकरण कहेंगे। उदाहरण के लिये यदि किसी पुरातत्व विभाग के संग्रहालय में किसी एक प्राचीन संस्कृति के विभिन्न प्रतीकों को एकत्रित कर दिया जाये तो उस स्थान पर सम्बन्धित संस्कृति के एकीकृत रूप के दर्शन होंगे।

**(2) बाह्य कारक के कारण एकीकरण (Integration due to External Factor)-** यदि किसी स्थान पर बिना किसी आन्तरिक एकता एवं समानता के कोई एकीकरण पाया जाता है तो उसे किसी बाह्य कारक के कारण एकीकरण माना जाता है। इस प्रकार के एकीकरण में कोई बाहरी कारक जिम्मेदार हुआ करता है। ऐसा बाहरी कारक पर्यावरण अथवा जलवायु भी हो सकता है।

**(3) कार्य–कारण के नियम के कारण एकीकरण (Causal Integration)-** किसी भी क्षेत्र में किन्हीं दो तत्वों का कार्य-कारण सम्बन्ध स्थापित हो जाना एक स्वभाविक तथ्य है। कार्य–कारण के स्थायी सम्बन्ध द्वारा एक विशेष प्रकार का 'एकीकरण' या 'साकल्यता' उत्पन्न हो जाती है। इस एकीकरण में सम्बन्धित कार्य–कारण का नियम महत्वपूर्ण होता है। इस प्रकार के एकीकरण को समझने के लिये किसी विभिन्न पुर्जों वाली मशीन का उदाहरण प्रस्तुत किया जा सकता है। ऐसी मशीन में एक विशिष्ट प्रकार का एकीकरण होता है। यह एकीकरण विभिन्न पुर्जों में कार्य करने वाले 'कार्य-कारण नियम' के कारण होता है। ऐसे में यदि पुर्जों का कार्य–कारण नियम विच्छिन्न हो जाये तो पूरी मशीन का एकीकरण समाप्त हो जाता है। यही तथ्य सांस्कृतिक मशीनरी पर लागू होता है।

**(4) तर्क एवं सार्थकता के कारण एकीकरण (Logico Meaningful Integration)-** सोरोकिन के अनुसार वास्तविक सांस्कृतिक एकीकरण का आधार तर्क एवं सार्थकता होना चाहिये। यह एकीकरण आन्तरिक होता है। सोरोकिन द्वारा ऊपर बतलाये गये तीन प्रकार के एकीकरण वास्तव में एकीकरण न होकर मात्र 'संकलन' है। 'संकलन' और 'एकीकरण' में अन्तर है। इस अन्तर को स्पष्ट करने के लिए किसी मशीन के विभिन्न पुर्जे एक स्थान पर एकत्रित कर दिये जायें तो

उसे पुर्जों का 'संकलन' कहा जायेगा। इससे भिन्न यदि उन्हीं पुर्जों को एक विशिष्ट नियम अथवा क्रम में जोड़ दिया जाये तो वे एक मशीन के रूप में कार्य करने लगेंगे। इस सार्थक मिलन को 'एकीकरण' कहा जायेगा। सोरोकिन ने 'संकलन' एवं 'एकीकरण' का यह अन्तर विभिन्न उदाहरणों द्वारा स्पष्ट किया है। सांस्कृतिक एकीकरण में भी सार्थकता, नियमबद्धता तथा क्रमबद्धता होनी आवश्यक है। वास्तविक सांस्कृतिक एकीकरण के अन्तर्गत संस्कृति के विभिन्न तत्व आपस में एक तर्क एवं अर्थ द्वारा सम्बन्ध रखते हैं। इस प्रकार के एकीकरण में कोई भी तत्व अजनबी सा प्रतीत नहीं होता। सभी तत्व संश्लिष्ट रूप में रहते हैं। यदि किसी संस्कृति में कोई एक तत्व ऐसा हो जिसका अन्य तत्वों से अनुकूलन न हो तो उस संस्कृति को सार्थक एकीकृत नहीं कह सकते। उदाहरण के लिये यदि ब्रह्मचर्य आश्रम में कुछ लोगों को यौन–सम्बन्धों की छूट दे दी जाय तो उस आश्रम की संस्कृति सार्थक एकीकृत नहीं मानी जायेगी। सार्थक एकीकृत संस्कृति वाले समाज में सभी तत्व फिट बैठते हैं, वे अपने–अपने स्थान पर जँचते हैं।

## सामाजिक गतिशीलता
## (Social Mobility)

पितरिम ए० सोरोकिन ने 'सामाजिक गतिशीलता' की अवधारणा का मौलिक ढंग से विवेचन किया है। इस अवधारणा का विवेचन मुख्य रूप से उन्होंने अपनी पुस्तक Social Mobility में किया है। सामाजिक गतिशीलता का विवेचन 'सामाजिक स्तरीकरण' के संदर्भ में किया गया है। अन्य अनेक विचार से भिन्न सोरोकिन समाज को निरन्तर परिवर्तनशील मानते हैं। उनके अनुसार समाज में सदा ही किसी न किसी दिशा में गति होती रहती है।

### सामाजिक गतिशीलता का अर्थ

सोरोकिन ने सामाजिक गतिशीलता का अर्थ इन शब्दों में स्पष्ट किया है, "सामाजिक गतिशीलता से मेरा अभिप्राय एक व्यक्ति अथवा सामाजिक वस्तु अथवा मूल्य कोई भी वस्तु जो मानवीय क्रिया द्वारा उत्पन्न अथवा रूपान्तरित की गई हो उसका एक सामाजिक स्थिति से दूसरी में परिवर्तन से है।"[1] सोरोकिन द्वारा प्रस्तुत की गई इस परिभाषा से सामाजिक गतिशीलता का अर्थ स्पष्ट हो जाता है। इस परिभाषा द्वारा ज्ञात होता है कि सामाजिक गतिशीलता का सम्बन्ध केवल व्यक्ति से नहीं अपितु सामाजिक वस्तुओं एवं मूल्यों से भी है। इसके अतिरिक्त यह भी स्पष्ट होता है कि सामाजिक गतिशीलता की कोई निश्चित दिशा नहीं होती। वह किसी भी दिशा में हो सकती है अर्थात् किसी भी प्रकार का सामाजिक परिवर्तन

---

1. "By social mobility I understand any transition of an individual or social object or value–any thing that has been created or modified by human activity from one social position to another."

–Sorokin, P. A.

सामाजिक गतिशीलता कहला सकता है।

## सामाजिक गतिशीलता के प्रकार

सामाजिक गतिशीलता का अर्थ स्पष्ट करने के बाद सोरोकिन ने इसके विभिन्न प्रकारों का भी विवेचन किया है। सोरोकिन के अनुसार सामाजिक गतिशीलता मुख्य रूप से निम्नलिखित दो प्रकार की होती है।

(1) उर्ध्वोन्मुखी गतिशीलता (Vertical Mobility)

(2) क्षैतिज गतिशीलता (Horizontal Mobility)

अब इन दोनों प्रकारों की गतिशीलताओं का विवेचन किया जायेगा।

**(1) उर्ध्वोन्मुखी गतिशीलता (Vertical Mobility)**- उर्ध्वोन्मुखी अथवा खड़ी गतिशीलता के अन्तर्गत नीचे स्तर से उच्च स्तर अथवा उच्च स्तर से निम्न स्तर की ओर गति होती है। इस गतिशीलता के द्वारा व्यक्ति अथवा समूह का स्तर परिवर्तित हो जाता है। उर्ध्वोन्मुखी गतिशीलता में वर्ग परिवर्तित हो जाता है। खड़ी सामाजिक गतिशीलता को सोरोकिन ने इन शब्दों में स्पष्ट किया है "खड़ी सामाजिक गतिशीलता से मेरा अभिप्राय एक सामाजिक सतह या स्थिति से दूसरी में एक व्यक्ति (अथवा सामाजिक वस्तु) के परिवर्तन में निहित सम्बन्धों से है।"[1]

इस परिभाषा से स्पष्ट होता है कि खड़ी गतिशीलता में स्तर का परिवर्तन होता है। उदाहरण के लिये एक चपरासी का क्लर्क बन जाना, अध्यापक का प्रधानाचार्य बन जाना, सामान्य कर्मचारी से अधिकारी बन जाना आदि खड़ी गतिशीलता के कुछ उदाहरण हैं। इससे भिन्न विशेष पदाधिकारी का सामान्य कर्मचारी बन जाना, क्लर्क का चपरासी बन जाना तथा प्रधानाचार्य का सामान्य अध्यापक बन जाना खड़ी गतिशीलता के उदाहरण हैं। इन दोनों प्रकार के उदाहरणों में स्तर का परिवर्तन है परन्तु दोनों की दिशा में अन्तर है। इस अन्तर के आधार पर खड़ी गतिशीलता को पुनः दो उप-विभागों में बाँटा गया है। ये उपविभाग हैं- (अ) आरोही खड़ी गतिशीलता (Ascending vertical mobility) तथा (ब) अवरोही खड़ी गतिशीलता (descending vertical mobility)। आरोही गतिशीलता के अन्तर्गत व्यक्ति अथवा समूह का स्तर ऊँचा होता है। व्यक्ति के आर्थिक, राजनैतिक अथवा सामाजिक स्तर में उन्नति होना आरोही गतिशीलता कहलाता है। इससे भिन्न अवरोही गतिशीलता के अन्तर्गत व्यक्ति अथवा समूह के स्तर में गिरावट आ जाती है अर्थात इस गतिशीलता के फलस्वरूप

---

1. "By vertical social mobility I mean the relations involved in a transition of an individual (or a social object) from one socials tratum to another."
-Sorokin, *Contemporary Sociological Theories*, p. 749.

व्यक्ति एवं समूह उच्च समाजिक स्तर को छोड़कर निम्न सामाजिक स्तर पर आ जाता है। उदाहरण के लिए एक क्लर्क का गतिशील होकर चपरासी बन जाना अवरोही गतिशीलता कहलाता है।

**(2) क्षैतिज गतिशीलता (Horizontal Mobility)**–सोरोकिन के अनुसार दूसरे प्रकार की गतिशीलता क्षैतिज गतिशीलता है। इस गतिशीलता के अन्तर्गत व्यक्ति अथवा समूह का स्तर परिवर्तन नहीं होता। क्षैतिज गतिशीलता के फलस्वरूप व्यक्ति अथवा समूह का स्तर बदले बिना स्थान परिवर्तन हो जाता है। सोरोकिन ने इस गतिशीलता को इन शब्दों में स्पष्ट किया है, "क्षैतिज सामाजिक गतिशीलता या स्थिति परिवर्तन से मेरा अभिप्राय एक व्यक्ति अथवा सामाजिक वस्तु की एक सामाजिक समूह से समान स्तर पर स्थिति का दूसरे समूह में परिवर्तन से है।" इस परिचय से स्पष्ट है कि क्षैतिज गतिशीलता के अन्तर्गत केवल स्थान परिवर्तन होता है स्तर परिवर्तन नहीं। उदाहरण के लियें एक अध्यापक का एक विद्यालय छोड़कर दूसरे में जाना अथवा एक कारखाने के कारीगर का दूसरे कारखाने में जाना क्षैतिज गतिशीलता कहलाता है। क्षैतिज गतिशीलता के फलस्वरूप व्यक्ति की सामाजिक प्रतिष्ठा अथवा आर्थिक स्थिति में कोई परिवर्तन नहीं होता।

## अभ्यास के लिये प्रश्न

1. सोरोकिन के अनुसार समाज शास्त्र की परिभाषा दीजिए और उसकी विषय सामग्री बतलाइये।
2. सोरोकिन के अनुसार क्रांति के समाज शास्त्र की विवेचना कीजिये।
3. सोरोकिन की सामाजिक गतिशीलता की अवधारणा स्पष्ट कीजिए।

# 13

# ए० जे० टायनबी
# (ARNOLD JOSEPH TOYNBEE)

आरनोल्ड टायनबी का जन्म सन् 1889 में इंग्लैण्ड में हुआ। इनकी शिक्षा विनचैस्टर और आक्सफोर्ड में हुई। सन् 1914 के बाद ये विदेश मंत्रालय में काम करने लगे। सन् 1914 में इन्होंने वारसाई संधि परिषद् में परामर्शदाता का कार्य किया। सन् 1929 में रायल इस्टीट्यूट आफ इन्टरनेशनल अफेयर्स के निदेशक नियुक्त हुये। टायनबी के अनेक ग्रन्थों में सबसे प्रसिद्ध ग्रन्थ ए स्टडी आफ हिस्ट्री है। यह पुस्तक 12 खण्डों में प्रकाशित हुई। पहले तीन खण्ड 1934 में तथा अगले तीन खण्ड 1939 में प्रकाशित हुये। सन् 1954 में इसके बाद के 4 खण्ड प्रकाशित हुये। सन् 1927 के बाद अलग ग्रन्थ लिखने शुरू किये इस विशाल ग्रन्थ को सोमरविल ने संक्षेप में दो खण्डों में प्रकाशित किया है। सोरोकिन के समान टायनबी ने समाजशास्त्र की दृष्टि मे संसार के इतिहास, सभ्यता और संस्कृति को समझने का प्रयास किया। वास्तव में इनकी उपरोक्त प्रसिद्ध पुस्तक इतिहास नहीं बल्कि इतिहास दर्शन है। समाजशास्त्र में भी इसका अत्यन्त उच्च स्थान है। टायनबी के अनुसार इतिहास के अध्ययन में भौतिक पद्धति को अपनाया जाना चाहिये। अपनी उपरोक्त पुस्तक में उन्होंने इतिहास के मूल में काम करने वाले नियमों का पता लगाया है।

## सभ्यता और संस्कृति की उत्पत्ति और विकास

उपरोक्त प्रसिद्ध पुस्तक में मानव सभ्यता और संस्कृति की उत्पत्ति तथा विकास और पतन के नियमों का पता लगाया गया है। संक्षेप में ये नियम निम्नलिखित हैं-

**(1) सभ्यता का प्रजातीय अथवा जैवकीय सिद्धान्त (Racial or Biological Theory of Civilization)**- इस सिद्धान्त के अनुसार संसार में उच्च प्रजाति के लोग ही सभ्यता का निर्माण करते हैं। विश्व की प्रजातियों में नार्डिक प्रजाति सर्वश्रेष्ठ है, उसमें संसार के सर्वश्रेष्ठ व्यक्तियों ने जन्म लिया है। यही प्रजाति

ही संसार में अब तक शासन करती रही है और करती रहेगी। सभ्यता की उत्पत्ति के इस सिद्धान्त का संसार में सब कहीं खण्डन किया गया है और आजकल विचारक इसको नहीं मानते हैं।

**(2) सभ्यता की उत्पत्ति का भौगोलिक परिवेश का सिद्धान्त** (Theory of Geographical Environment of Environmental Determinism)–यह सिद्धान्त परिवेशगत निर्णायक सिद्धान्त भी कहलाता है। इसके अनुसार मानव सभ्यता भौगोलिक परिस्थितियों में जन्म लेती है। और उन्हीं पर निर्भर करती है। जैसा परिवेश होता है वैसी ही सभ्यता का विकास होता है। मनुष्य परिस्थिति को नहीं बनाता, परिवेश मनुष्य को बनाता है। इसीलिये गर्म और ठण्डे देशों में सभ्यता में अन्तर देखा जा सकता है। सभ्यता की उत्पत्ति के विषय में यह सिद्धान्त मानव सभ्यता के आरम्भ में भले ही बहुत कुंछ ठीक हो किन्तु आजकल इसका कोई महत्व नहीं है क्योंकि विज्ञान की सहायता से संसार में सब कहीं मनुष्य परिवेश को नियन्त्रित करने में सफल हुआ है।

**(3 ) चुनौती और प्रत्युत्तर का सिद्धान्त (Theory of Challenge and Response)**– उपरोक्त सिद्धान्तों के विरुद्ध यह टायनबी का अपना सिद्धान्त है। इसके अनुसार प्रत्येक सभ्यता और संस्कृति किसी चुनौती के प्रत्युत्तर के रूप में जन्म लेती हैं। यह चुनौती परिवेश में आती है। यह परिवेश भौतिक अथवा सामाजिक कोई भी हो सकता हैं। व्यक्तिगत या सामूहिक रूप से मनुष्यों के किसी परिस्थिति में घिर जाने पर उनमें समस्या को हल करने की असाधारण क्रिया-शक्ति आ जाती है जिससे नये सांस्कृतिक प्रतिमान जन्म लेते हैं जो कि इस परिस्थिति को सुलझाने में सहायक सिद्ध होते हैं। सभ्यता के विकास को समझने के लिये इस सिद्धान्त का अधिक विस्तृत विवेचन उपयुक्त होगा।

## चुनौती और प्रत्युत्तर का सिद्धान्त
### (Theory of Challenge and Response)

मनोवैज्ञानिकों के अनुसार जब कभी परिवेश में कोई उत्तेजना होती है तो जीव उसके प्रति प्रतिक्रिया करती है। टायनबी का चुनौती और प्रत्युत्तर का सिद्धान्त इसी प्रकार का है। जैसे प्रतिक्रिया (Response) के लिये उत्तेजना (Stimulus) भौतिक अथवा सामाजिक किसी भी प्रकार की हो सकती है वैसा ही चुनौती और प्रत्युत्तर के विषय में भी समझा जाना चाहिये। इनका विवेचन निम्नलिखित है–

**(1) भौतिक परिवेश से चुनौती (Challenge from Physical Environment)**–यह चुनौती, जैसा कि इसके नाम से स्पष्ट है, भौतिक परिवेश से आती है। भौतिक परिवेश की चुनौती दो प्रकार की होती है। एक भौतिक परिवेश वह है जो हमारे चारों ओर फैला हुआ है जैसे पृथ्वी, नदियाँ, पहाड़, जंगल इत्यादि। इस चारों ओर के परिवेश की कठोरतायें मनुष्यों के लिये चुनौती का काम करती है और ये कठोर परिश्रम करके उन पर विजय प्राप्त करने का प्रयास करते हैं।

टायनबी इसको कठोर देशों की उत्तेजना (Stimulus of Hard Countries) कहते हैं। इस उत्तेजना के कारण ही मनुष्य नदियों पर बांध बनाता है, बन्जर जमीन को उपजाऊ बनाता है, जंगलों को साफ करता है और पहाड़ों में रास्ते निकालता है। जहाँ इस प्रकार की कोई चुनौती नहीं होती वहाँ लोग परिश्रम नहीं करते और इसलिये वहाँ सभ्यता का विकास नहीं होता। दूसरे प्रकार का भौतिक परिवेश वह है जिसमें भूमि उपजाऊ है किन्तु उस तक पहुँचने के लिये नदियाँ और समुद्र, जंगल और पहाड़ पार करने पड़ते हैं। टायनबी इस परिवेश को नई भूमियों की उत्तेजना (Stimulus of New Grounds) कहता है। इस उत्तेजना की प्रतिक्रिया के कारण ही यूरोप में सोलहवीं और सत्रहवीं शताब्दी में नये-नये देशों की खोज की गई और अज्ञात देशों में सभ्यता का प्रसार हुआ।

**2. सामाजिक परिवेश से चुनौती (Challenge from Social Environment)**– टायनबी ने सामाजिक परिवेश से चुनौती के निम्नलिखित तीन प्रकार माने हैं।

**(अ) प्रहार की उत्तेजना (Stimulus of Blows)**– जब कभी सामाजिक परिस्थिति में किसी व्यक्ति या समूह की अन्य व्यक्तियों या समूहों से टक्कर होती है तो इस टक्कर में हारने वाला अपनी दुर्बलताओं के कारण खोजता है ओर उनको दूर करने के लिये कठोर परिश्रम करता है। इससे सभ्यता का विकास होता है और आगे चलकर ऐसे लोगों की विजय होती है।

**(ब) दबावों की उत्तेजना (Stimulus of Pressures)**– कुछ देशों में लोगों को हर समय बाहर के शत्रुओं के आक्रमणों का खतरा बना रहता है। इस खतरे का मुकाबला करने के लिये वे अधिक मजबूत, सक्रिय और कुशल बनने का प्रयास करते हैं जिससे उनमें सभ्यता का विकास होता है। इसका उदाहरण सीमा प्रदेशों में देखा जा सकता है। यहाँ के लोग साहसी और मजबूत होते हैं तथा हर प्रकार के दबाव का डटकर मुकाबला करते हैं।

**(स) दण्डों की उत्तेजना (Stimulus of Penelizations)**–इस सामाजिक परिस्थिति में समाज का कोई वर्ग दूसरे वर्ग के अधिकारों को छीन कर मानो उसकी अयोग्यता का दण्ड देता है। उदाहरण के लिये दुर्बल देश गुलाम बना लिये जाते हैं। इस प्रकार के दण्डों की उत्तेजनाओं के प्रत्युत्तर में मनुष्य विकास के लिये सब प्रकार के प्रयास करते हैं।

उपरोक्त विवेचन से स्पष्ट है कि टायनबी के अनुसार उत्तेजना जितनी कठोर होगी वह सभ्यता के विकास के लिये उतनी ही अधिक उपयुक्त है क्योंकि उसके लिये तीव्र प्रतिक्रिया करनी पड़ेगी। चुनौती जितनी ही बड़ी होगी उसका प्रत्युत्तर देने के लिये उतना ही प्रयास करना पड़ेगा। किन्तु फिर इस प्रयास की भी एक सीमा है। जब कभी परिस्थिति अत्यधिक कठोर और विषम हो जाती है तो कभी-कभी उसका प्रत्युत्तर नहीं बन पड़ता जिसके परिणामस्वरूप सभ्यताओं का विकास अवरुद्ध

हो जाता है। टायनबी ने इन्हें अनुत्पन्न सभ्यता (Abortive Civilization) या अवरूद्ध सभ्यता (Arrested Civilization) कहा है। एस्किमों और पौलीनिशयन सभ्यताओं को इसी वर्ग में गिना जा सकता है।

## चुनौती और प्रतयुत्तर का स्वरूप
## (Form of Challenge and Response)

टायनबी के विश्लेषण में चुनौती और प्रत्युत्तर के स्वरूप का सूक्ष्म विवेचन किया गया है। इसके मुख्य तत्व निम्नलिखित हैं-

**1. चुनौती का अवसर बार-बार आता है**–इतिहास दिखलाता है कि जब कोई मानव समाज किसी एक चुनौती पर विजय प्राप्त कर लेता है तो उसके सामने और भी बड़ी चुनौतियां आती हैं और उनका प्रत्युत्तर देने के लिये उसे और अधिक प्रयास करना पड़ता है। इसी से कुछ समाजों में सभ्यता का लगातार विकास हुआ है। किन्तु फिर कुछ समाज ऐसे भी हैं जो पहली ही चुनौती का सफल प्रत्युत्तर नहीं दे पाते। ये हार जाते हैं और इनमें सभ्यता का विकास अवरुद्ध हो जाता है।

**2. चुनौती के प्रति प्रत्युत्तर से शक्ति का श्रोत फूटता है**–जब कोई मानव समूह किसी चूनौती को ग्रहण करके पूरी शक्ति से उसकी प्रतिक्रिया करता है तो उसमें शक्ति का अभूतपूर्व श्रोत फूट पड़ता है। परिस्थिति पर नियन्त्रण पाने से सभ्यता का अभूतपूर्व विकास होता है। जब कोई मानव समूह किसी परिस्थिति का मुकाबला करके उस पर विजय प्राप्त करता है तो उसमें अवरुद्ध शक्ति का श्रोत उमड़ पड़ता है जिसके सामने छोटी-छोटी बाधाओं का कोई महत्व नहीं होता। टायनबी के अनुसार वह शक्ति आध्यात्मिक होती है और यह आन्तरिक और बाहरी दोनों प्रकार की बाधाओं का मुकाबला करती हैं। टायनबी ने इसे आत्मीकरण की प्रक्रिया (Etherialization) कहा है। इस प्रक्रिया में मनुष्यों में आन्तरिक और बाहरी बाधाओं से टक्कर लेने के लिए सूक्ष्म आत्म शक्ति उत्पन्न होती है।

## रचनात्मक व्यक्ति अथवा समाज के नेता
## (Creative Individuals or Leaders of Society)

किसी भी मानव समाज में चुनौती और प्रत्युत्तर की यह प्रक्रिया कुछ रचनात्मक व्यक्तियों के माध्यम से चलती हैं। ये ही सामाजिक विकास के नेता होते हैं। इनके विषय में निम्नलिखित बातें महत्वपूर्ण हैं-

**1. रचनात्मक अल्पसंख्यक (Creative Minority)**–टायनबी के अनुसार किसी भी समाज में केवल 5 प्रतिशत व्यक्ति रचनात्मक होते हैं और शेष उनका अनुकरण करते हैं। ये 5 प्रतिशत व्यक्ति रचनात्मक अल्पसंख्यक हैं। ये ही समाज का नियंत्रण करते हैं। ये समाज के सन्मुख मौलिक विचार उपस्थित करते हैं। इन के मौलिक विचार ही अन्य व्यक्तियों में भाव संचार (Mimesis) उत्पन्न करते हैं ये जो चिन्तन करते हैं उसी से अन्य लोगों का निर्देशन होता है। इन्हीं के रचनात्मक

चिन्तन से समाज का विकास आगे बढ़ता है।

**2. मौलिक विचारकों की साधना**–मौलिकता को बनाए रखने का उपाय साधना हैं। साधना ही रचनात्मक व्यक्तियों की शक्ति का श्रोत हैं यही उनकी रचनात्मकता का रहस्य है यह साधना क्या है, इसे स्पष्ट करते हुए टायनबी ने लिखा है कि ये रचनात्मक व्यक्ति समाज के संघर्ष में रहते हुए भी समय-समय पर उससे अलग हटकर एकान्त में आत्म शक्ति को जागृत करते हैं और जब यह जागृत हो जाती है तब फिर से संघर्ष में प्रवेश करते है। हटने की प्रवृत्ति को निवृत्ति (Withdrawal) और वापस आने की प्रक्रिया को प्रवृत्ति (Return) कहा गया है। ये दोनों प्रक्रियायें संसार के सभी महापुरूषों जैसे ईसा मसीह, हजरत मौहम्मद, महात्मा बुद्ध, दयानन्द और महात्मा गांधी आदि के जीवन में देखी जा सकती हैं। इस साधना के बल पर ही ये नेता अपनी मौलिकता को बनाये रखते हैं और चुनौतियों के लिए प्रत्युत्तर जुटाते हैं।

## सभ्यता का ह्रास
## (Distintegration of Civilization)

टायनबी ने सभ्यता के विकास के साथ-साथ उसके ह्रास के कारणों का भी विवेचन दिया है। स्थूल रूप से जब कोई सभ्यता किसी चुनौती की प्रतिक्रिया नहीं दे पाती तो उसका ह्रास आरम्भ होता है। संक्षेप में इसके कारण निम्नलिखित हैं-

**1. भाव संचार का यंत्रवत होना (Mechanicalness of Mimesis)**–पीछे कहा जा चुका है कि प्रगतिशील समाज में जन समुदाय में समाज के मौलिक व्यक्तियों के विचारों के प्रति भाव संचार होता है। इस भाव संचार से मौलिकता नेताओं से अनुयायियों में चली जाती है। यह प्रक्रिया यांत्रिक नहीं है। इससे नेता जनता के हृदय के शासक होते हैं, जनता अन्धानुकरण नहीं करती। किन्तु जब यह भाव संचार यंत्रवत हो जाता है अथवा रचनात्मक अल्पसंख्यक प्रबल अल्पसंख्यक हो जाते हैं तो सभ्यता का ह्रास होने लगता है क्योंकि न तो नेताओं में मौलिकता और नवीनता रहती है और न अनुयायियों पर उनका प्रभाव रहता है तथा नेता और अनुयायियों के मध्य की अन्तर्क्रिया निर्जीव हो जाती हैं। टायनबी के अनुसार ऐसे ही कठिन समय में ईसा मसी का जन्म हुआ था। इसी प्रकार का विचार गीता में प्रस्तुत किया गया है। अस्तु, इस विचार के अनुसार भाव संचार की प्रक्रिया के यंत्रवत हो जाने पर समाज को उससे निकालने के लिये महापुरुषों का जन्म होता है।

**2. पुरानी बोतलों में नई शराब (New Wine in Old Bottles)**–प्रत्येक मानव समाज परिवर्तनशील होता है। उसके सामने नई-नई परिस्थितियाँ और कठिनाइयाँ उपस्थित होती रहती है जिनसे निपटने के लिये वह नये-नये साधन अपनाता है। इस प्रक्रिया में यदि नये विचारों को सदैव पुराने साधनों में बांधने का प्रयास किया जाता है और परिवर्तन के साथ सामाजिक संस्थायें नहीं बदलतीं तो

समाज और सभ्यता का पतन होता है। कभी-कभी स्थित में क्रान्ति होती है जिससे पुराने साधन नष्ट होकर नये साधन अपनाये जाते हैं। अस्तु, स्पष्ट है कि नई परिस्थितियों के अनुरूप नई संस्थाओं का निर्माण न करके संस्थाओं के प्राचीन रूपों से ही बंधे चलने का आग्रह सभ्यता के पतन की ओर ले जाता है।

**3. रचनात्मकता का अभाव का बदला (Nemesis of Creativity)**–जब तक किसी समाज में नेताओं में रचनात्मकता बनी रहती है तभी तक वह आगे बढ़ता है किन्तु जब नेताओं में रचनात्मकता नहीं रहती और वे केवल बल प्रयोग द्वारा अपने प्रभाव बनाये रखना चाहते हैं तो सभ्यता का पतन होता है। इस प्रकार के नेताओं में स्वयं को आदर्श समझना, कुछ न करते हुये संस्था पर भरोसा रखना और आदर्शों के स्थान पर तकनीक को ही सब कुछ समझना इत्यादि प्रवृत्तियां देखी जाती हैं। इन प्रवृत्तियों से जनता में उनका सम्मान नहीं रहता भले ही वे अपने को कुछ भी समझते रहें। अस्तु सभ्यता और समाज का ह्रास होता है।

**4. सैन्यवाद और विजय का बदला (Nemesis of Militarism and Victory)**–जब कभी किसी समाज को चुनौती का प्रत्युत्तर देने में अत्यधिक सफलता मिलती है तो कभी-कभी वह इसे पराकाष्ठा पर ले जाना चाहता है। इस प्रकार सफल सेनाधिकारियों ने राज्य पैदा करने के बाद चक्रवर्ती राज्य बनाने चाहे हैं। इस प्रकार सैन्यवाद उत्पन्न होता है किन्तु अन्त में इस प्रकार के व्यक्ति और समूह किसी न किसी सीमा पर पहुँच कर हार जाते हैं और उनका पतन होता है। यह प्रक्रिया विश्व के इतिहास में सब कहीं देखी जा सकती है।

## सभ्यताओं का उत्थान और पतन

पिछले 6 हजार वर्षों में मानव सभ्यता का अध्ययन करके टायनबी ने संसार की सभ्यताओं के उत्थान और पतन के विषय में कुछ नियम निकाले हैं जिनमें मुख्य निम्नलिखित हैं–

**1. सभ्यताओं के जन्म, वृद्धि, ह्रास और विघटन के चक्र (Cycles of Genesis, Growth, Breakdown and Disintegration of Civilizations)**–सभ्यताओं के अध्ययन में टायनबी ने दिखलाया है कि मानव समाज में अब तक 20 सभ्यतायें जन्म ले चुकी हैं और चुनौतियों का प्रत्युत्तर न दे सकने के कारण बाद में सबका पतन हुआ है। ग्रीक सभ्यता समय की मांग को पूरा न कर सकी। इसीलिये उसका पतन हुआ। यही बात मिश्री, ईरानी तथा अन्य सभ्यताओं के विषय में कही जा सकती है। आधुनिक युग में पाश्चात्य जगत की सभ्यता के सम्मुख अनेक चुनौतियां उपस्थित हैं। यदि इन चुनौतियों का प्रत्युत्तर दिया जायेगा तो यह सभ्यता आगे बढ़गी अन्यथा यह नष्ट हो जायेंगी। इस प्रत्युत्तर के लिये यह आवश्यक है कि इस सभ्यता के नेताओं में रचनात्मकता उत्पन्न हो।

**2. यह रचनात्मकता ईसाइयत या आध्यात्मिकता से उत्पन्न होगी**–टायनबी ने नेताओं में रचनात्मकता उत्पन्न करने के लिये ईसाइयत अथवा आध्यात्मिकता को उपाय माना है। उसके अनुसार रचनात्मकता का आधार आध्यात्मिक चिन्तन और आध्यात्मिक जीवन है। समाज, सभ्यता और संस्कृति के विकास में ईश्वर का हाथ रहता है। वह समाज को जिस ओर ले जाना चाहता है यदि समाज उस ओर नहीं जाता तो ईश्वर उसकी सहायता नहीं करता। टायनबी के अनुसार आज विश्व एक चुनौती के सामने खड़ा है। ईसाइयत और ईसा की मनुष्य के लिये कुर्बानी इस चुनौती का प्रत्युत्तर है। यदि इस प्रत्युत्तर को मानव समाज ने अपनाया तो यह संकट टल जायेगा और यदि ऐसा नहीं हुआ तो जिस प्रकार अब तक 20 संस्कृतियाँ नष्ट हो चुकी हैं वैसे ही यह इक्कीसवीं संस्कृति, पाश्चात्य संस्कृति भी नष्ट हो जायेगी।

## राष्ट्रीयता का अन्धकारमय भविष्य

टायनबी के अनुसार मानव समाज के लिये सबसे बड़ी चुनौती मानव-मानव के बीच की दूरी को हटाना है। दूसरे शब्दों में, मनुष्यों में भ्रातृत्व भावना बढ़ाना मनुष्य के लिये सबसे बड़ी चुनौती है। इसी चुनौती का प्रत्युत्तर देने के लिये हिन्दु, बौद्ध, ईसाई और इस्लाम धर्मों का जन्म हुआ था किन्तु आज इन धर्मों के अनुयायी भ्रातृत्व भावना नहीं फैलाते क्योंकि इनका स्थान राष्ट्रीयता की भावना ने ले लिया है। मानव समाज भिन्न-भिन्न राष्ट्रों के दायरों में बंट गया है जिनमें से प्रत्येक दूसरे से जूझ रहा है। कोई भी ऐसा प्रयत्न नहीं करता कि राष्ट्रों के मध्य का अन्तर कम हो। धर्म का स्थान राष्ट्रीयता ने ले लिया है। यह अनुचित है क्योंकि धर्म मिलाता था, राष्ट्रीयता विभाजित करती है। साम्यवाद भी भ्रातृत्व बढ़ाना चाहता है किन्तु इसको अनुयायियों ने छोटे-छोटे समूहों में बंटकर अपने दायरे को सीमित कर लिया। उदाहरण के लिये ट्राटस्की विश्व भर में साम्यवाद का प्रचार करना चाहता था किन्तु स्टालिन ने उसे रूस तक सीमित कर दिया। आज साम्यवादी और गैर साम्यवादी देशों में बड़ा भारी भेदभाव है। यह भेद राष्ट्रीयता से नहीं मिटेगा, इसे केवल धर्म मिटा सकता है। धर्म का मूल तत्व मनुष्यों को एक दूसरे के निकट लाना है। किन्तु समकालीन धर्म यह कार्य नहीं कर पा रहे हैं। यदि विभिन्न धर्मों के नेतागण परिस्थितियों की चुनौती को समझकर उसके प्रत्युत्तर में धर्म के वास्तविक कार्य को आगे ले आयें और मनुष्यों में भ्रातृत्व उत्पन्न करें तो भविष्य सुरक्षित हैं। इस प्रकार राष्ट्रीयता का भविष्य अन्धकारमय है, उसके स्थान पर अन्तर्राष्ट्रीयता और भ्रातृत्व का प्रचार होना चाहिये।

## टायनबी के विचारों की आलोचना

टायनबी के विचारों के उपरोक्त संक्षिप्त विवचेन से उसमें कुछ शंकायें उत्पन्न होती हैं इस सम्बन्ध में मुख्य आलोचनायें निम्नलिखित हैं–

**1. ईसाइयत पर अत्यधिक जोर**–ईसाई धर्म के अनुयायी होने के कारण

टायनबी ने अपने विश्लेषण में आरम्भ से अन्त तक उसके महत्व पर जोर दिया है। वे ईसाइयत से ऊपर नहीं उठ पातें। अस्तु, उनके विचारों से सभी लोग सहमत नहीं होते। उनका यह कहना कि संसार में केवल ईसाइयत से ही विकास हो सकेगा सबको मान्य नहीं है।

**2. राष्ट्रीयता का उन्मूलन आवश्यक नहीं है**–टायनबी ने यह माना है कि राष्ट्रीयता की भावना मनुष्यों को एक दूसरे से दूर ले जाती हैं किन्तु यह आवश्यक नहीं हैं। आज संसार में सयुंक्त राष्ट्र संघ के रूप में विभिन्न राष्ट्र एक स्थान पर एकत्रित होकर विश्व शान्ति के विषय में विचार करते हैं और यह आवश्यक नहीं है कि यह प्रयत्न असफल ही हो जाये। वास्तव में असली हानि राष्ट्रीयता के उग्र रूप से होती है किन्तु इसके लिये राष्ट्रीयता को दोषी नहीं कहा जा सकता। उग्र रूप तो सब कहीं हानिकारक होता है चाहे वह राष्ट्रीयता का उग्र रूप हो या ध र्म का उग्र रूप। यदि राष्ट्रीयता के नाम पर भयंकर रक्तपात हुआ है तो धर्म के नाम पर भी कम रक्तपात नहीं हुआ।

**3. अर्वाचीन के साथ प्राचीन की तुलना असंगत है**–सभ्यताओं के उत्थान और पतन के नियमों के विश्लेषण में टायनबी के अर्वाचीन और प्राचीन में अन्तर नहीं किया है। यह अनुचित है क्योंकि आज से 6 हजार वर्ष पहले मनुष्य की परिस्थितियाँ आज की परिस्थितियों से नितान्त भिन्न थीं। अस्तु, इन दोनों के विवेचन में अन्तर किया जाना चाहिये। आधुनिक मनुष्य विज्ञान की सहायता से परिवेश पर नियंत्रण करता है। इस नई परिस्थिति को ध्यान में रखना आवश्यक है।

**4. सभ्यताओं के पतन के स्थान पर उनका परिचालन हुआ है**–ऐलफोन्स डोपस के अनुसार टायनबी का यह कहना गलत है कि पिछली सभी सभ्यताओं का पतन हुआ है, वास्तव में उनका एक देश से दूसरे देश में परिचालन हुआ है। बारनेज ने टायनबी के इस कथन को एक अंग्रेज की अंहकार भरी उक्ति माना है कि पूर्व की सभ्यतायें नष्ट हो चुकी हैं।

## अभ्यास के लिये प्रश्न

1. टायनबी के अनुसार सभ्यता की उत्पति और विकास की व्याख्या कीजिये। क्या आप उससे सहमत है? सकारण बताइये।

# 14

# टालकोट पार्सन्स
# (TALCOTT PARSONS)

समाज शास्त्र में टालकोट पार्सन्स के सामाजिक क्रिया के सिद्धान्त (Theory of Social Action) का विशेष महत्व है। उसके समाजशास्त्रीय विचारों का आधार इसी सिद्धान्त में है। पार्सन्स के इस सिद्धान्त का व्यवहारवाद (Behaviourism) से निकट सम्बन्ध है। अत: सामाजिक क्रिया के इस सिद्धान्त के स्वरूप को समझने के लिए सर्वप्रथम इसका व्यवहारवाद से अन्तर समझना आवश्यक है।

## सामाजिक क्रिया सिद्धान्त एवं व्यवहारवाद में अन्तर

व्यवहारवाद का प्रतिपादन वाटसन ने किया था। उसने सभी प्राणियो के व्यवहार को 'उत्तेजना-प्रतिक्रिया' के रूप में प्रतिपादित किया है। उदाहरण के लिए धमाका होते ही व्यक्ति डर जाता है। उसका यह डरने का व्यवहार धमाके की उत्तेजना का परिणाम होता है। इस प्रकार वाटसन का मत है कि सभी सामाजिक क्रियाएँ किसी उत्तेजना की प्रतिक्रिया होती हैं। व्यवहारवाद में सभी क्रियाओं की व्याख्या इसी आधार पर की जाती है। पार्सन्स का मत इस सिद्धान्त से भिन्न है। उसके अनुसार उत्तेजना-प्रतिक्रिया का सिद्धान्त पशुओं के विषय में सही है। मानव-व्यवहार की व्याख्या इस सिद्धान्त द्वारा नहीं हो सकती। पार्सन्स के अनुसार मानव व्यवहार में अनेक मनोवैज्ञानिक तत्व भी अपनी भूमिका अदा करते हैं। विभिन्न मनोवैज्ञानिक परिस्थितियों में व्यक्ति भिन्न–भिन्न प्रकार का व्यवहार करता है। एक ही बाह्य उत्तेजना का एक ही समय में दो अलग–अलग व्यक्तियों पर अलग–अलग प्रभाव होता है। उनका व्यवहार भिन्न–भिन्न होता है। इस प्रकार स्पष्ट है कि पार्सन्स का 'सामाजिक क्रिया' का सिद्धान्त व्यवहारवाद से भिन्न है। 'सामाजिक क्रिया' के सिद्धान्त में बाहरी उत्तेजना के साथ ही साथ मनोवैज्ञानिक तत्व तथा अन्य परिस्थितियों का भी महत्व है।

## सामाजिक क्रिया में 'कर्त्ता' और 'परिस्थिति'

सामाजिक सन्दर्भ में व्यक्ति अथवा समाज द्वारा किया गया व्यवहार 'सामाजिक क्रिया' कहलाता है। 'सामाजिक क्रिया' में मुख्य रूप से दो तत्व होते हैं, प्रथम है 'सामाजिक क्रिया' का 'कर्त्ता' तथा द्वितीय है 'सामाजिक क्रिया' की 'परिस्थिति'। किसी भी सामाजिक क्रिया के सम्पन्न होने में इन दोनों तत्वों का उपस्थित होना अनिवार्य है। कर्त्ता के द्वारा क्रिया सम्पन्न होती है अर्थात् 'सामाजिक क्रिया' को करने वाला कर्त्ता कहलाता है। परन्तु कर्त्ता द्वारा यह क्रिया शून्य में नहीं होती, यह क्रिया किसी न किसी परिस्थिति में अवश्य होती है। यह परिस्थिति किसी भी प्रकार की हो सकती है। इसी परिस्थिति को 'सामाजिक क्रिया' की 'परिस्थिति' कहा जाता है। यहाँ यह स्पष्ट कर देना आवश्यक है कि 'कर्त्ता' तथा 'परिस्थिति' दोनों एक दूसरे को प्रभावित करते हैं। 'परिस्थितियाँ' व्यक्ति को कर्म करने के लिये प्रेरित करती हैं। कर्त्ता की क्रिया सम्बन्धित परिस्थितियों के प्रति प्रतिक्रिया होती है। यहाँ यह भी स्पष्ट कर देना आवश्यक है कि ये परिस्थितियाँ बाहरी भी हो सकती हैं तथा आन्तरिक अर्थात् मनोवैज्ञानिक भी हो सकती हैं।

**'सामाजिक क्रिया सद्धान्त में कार्यभाग (Role) तथा कार्य (Function) का महत्व**–पार्सन्स के अनुसार समाज शास्त्र का मुख्य कार्य 'सामाजिक क्रिया' को समझाना है। विभिन्न व्यक्तियों के आपस में मिलने पर सामाजिक क्रिया सम्पन्न होती है। सामाजिक क्रिया सम्पन्न होने के लिये व्यक्तियों को एक निश्चित कार्यभाग अदा करना पड़ता है। किसी भी 'सामाजिक क्रिया' के विश्लेषण के लिये यह जानना महत्व की बात है कि व्यक्ति का कार्य भाग क्या है। प्रत्येक व्यक्ति की समाज में एक स्थिति होती है। इसी स्थिति के अनुकूल उसे एक कार्यभाग अदा करना पड़ता है। इस तथ्य को हम इस प्रकार भी कह सकते हैं कि व्यक्ति की सामाजिक स्थिति उसके सामाजिक कार्यभाग के अनुकूल होती है। इस प्रकार स्पष्ट है कि 'सामाजिक क्रिया' को समझने के लिये सम्बन्धित कार्यभाग के कार्य (Function) को समझना अनिवार्य है तथा उसका विशेष महत्व है।

## सामाजिक क्रिया के प्रकार

'सामाजिक क्रिया' के अर्थ का विश्लेषण करने के बाद पार्सन्स 'सामाजिक क्रिया' के प्रकारों की विवचेना करता है। मुख्य रूप से उसने 'सामाजिक क्रिया' के तीन प्रकारों का वर्णन किया है। 'सामाजिक क्रिया' के इस वर्गीकरण में पार्सन्स ने सोद्देश्यता (Motivation or Orientation) को आधार माना है। पार्सन्स ने इस सोद्देश्यता को तीन भागों में बाँटा है। ये भाग तथा उनसे सम्बन्धित सामाजिक क्रिया का विवरण निम्नलिखित है–

**(1) भावात्मक सोद्देश्यता (Cognitive Orientation)**–सामाजिक क्रिया के निर्धारण में सोद्देश्यता का विशेष महत्व है। इसी सोद्देश्यता के परिवर्तन से सामाजिक क्रिया के प्रकार का निर्धारण होता है। जब यह सोद्देश्यता

ज्ञान प्रधान होती है तब इसे ज्ञानात्मक सोद्देश्यता कहा जाता है। इससे सम्बन्धित क्रिया तार्किक ज्ञान पर आधारित होती है। इसमें भावना या विश्वास से किसी प्रकार की प्रेरणा नहीं मिलती। संक्षेप में, हम कह सकते हैं कि सोच विचार कर की गयी क्रिया इसी वर्ग में आती है।

**(2) भावनात्मक सोद्देश्यता (Cathectic or Emotional Orientation)**- कुछ सामाजिक क्रियाएँ मुख्य रूप से भावना प्रधान अथवा भावना से प्रेरित होती हैं। इनकी सोद्देश्यता भावनात्मक कहलाती है। इस क्रिया के कर्त्ता का मन भावना से अभिभूत होता है। इस प्रकार के कर्त्ता की भावना तर्क से अधिक प्रबल हो जाती है। एक ही व्यक्ति किसी समय कोई क्रिया भावनावश तथा किसी समय कोई अन्य क्रिया ज्ञानवश कर सकता है। उदाहरण के लिए प्रेम-भावना के वशीभूत होकर कोई व्यक्ति अपना सब कुछ गंवा देना पसन्द करता हैं। उस व्यक्ति की इस क्रिया को भावनात्मक सोद्देश्यता वाली सामाजिक क्रिया कहा जा सकता है।

**(3) मूल्यात्मक सोद्देश्यता (Evaluative Orientation)**–समाज में मूल्यों का भी विशेष महत्व होता है। विभिन्न मूल्य व्यक्ति को विभिन्न क्रियाएँ करने को प्रेरित करते हैं। इस प्रकार मूल्यों द्वारा प्रेरित क्रियाओं को मूल्यात्मक सोद्देश्यता वाली सामाजिक क्रिया कहा जा सकता है।

## समाज व्यवस्था का प्रत्यय
## (Concept of Social System)

टालकोट पार्सन्स के सभी समाजशास्त्रीय सिद्धान्त किसी न किसी रूप में 'सामाजिक क्रिया' के सिद्धान्त पर आधारित हैं। सामाजिक क्रिया का प्रत्यक्ष रूप कार्यभाग (role) या कार्य (Function) के रूप में प्रकट होता है। यह कार्यभाग या भूमिका विभिन्न प्रकार से प्रस्तुत हुआ करती है। जब यह भूमिका किसी व्यक्ति विशेष द्वारा अदा होती है तब सम्बन्धित सामाजिक क्रिया को व्यक्तित्व व्यवस्था (Personality System) कहा जाता है। इससे भिन्न जब कोई संस्कृति कोई भूमिका अदा करती है तब सम्बन्धित सामाजिक क्रिया द्वारा 'सांस्कृतिक व्यवस्था' (Cultural System) स्थापित होती है। जब कोई समाज किसी भूमिका को पूरा करता है तब सामाजिक व्यवस्था (Social System) बनती है। इसी अन्तर के कारण तीन प्रकार की व्यवस्थाएँ प्रत्येक समाज में पायी जाती हैं। इन विभिन्न व्यवस्थाओं को समझने के पूर्व 'व्यवस्था' के अर्थ को समझना आवश्यक है।

## व्यवस्था का अर्थ

पार्सन्स ने व्यक्तित्व व्यवस्था, सांस्कृतिक व्यवस्था तथा सामाजिक व्यवस्था का वर्णन किया है। व्यवस्था का अर्थ समझाने के लिए उसका कहना है कि प्रत्येक व्यक्ति एवं समाज का एक स्वभाव तथा प्रकृति होती है। सामान्य रूप से यह माना

जाता है कि व्यक्ति को अपने स्वभाव के अनुरूप व्यवहार करना चाहिये। प्रत्येक प्रकार के स्वभाव के साथ एक विशिष्ट प्रकार के व्यवहार की आशा की जाती है। प्रत्येक व्यक्ति के सम्बन्ध में उसके व्यवहार का एक प्रतिमान निर्धारित होता है। सामान्यतया व्यक्ति का व्यवहार इसी प्रतिमान के अनुरूप होता है। इस प्रकार निर्धारित प्रतिमान के अनुरूप व्यवहार करने को ही व्यवस्था कहा जाता है। यदि व्यक्ति अपेक्षित व्यवहार (Expected Behaviour) के विरुद्ध क्रिया करता है तो उसके व्यक्तित्व की अव्यवस्था मानी जायेगी। उदाहरण के लिए यदि ब्रह्मचर्य आश्रम के किसी सदस्य द्वारा लम्पटता के कार्य होने लगें तो उस व्यक्ति के व्यक्तित्व को अव्यवस्थित माना जायेगा, क्योंकि उसका यह व्यवहार अपेक्षित नहीं था। यह तथ्य केवल व्यक्ति के विषय में ही सत्य नहीं है अपितु संस्कृति एवं समाज के विषय में भी पूर्ण सत्य है। प्रत्येक संस्कृति एवं समाज से भी एक निश्चित प्रतिमान के व्यवहार की आशा की जाती है। इस व्यवहार के विपरीत व्यवहार होने पर अव्यवस्था का बोल-बाला माना जाता है। इस प्रकार स्पष्ट है कि व्यक्ति, संस्कृति एवं समाज द्वारा अपेक्षित (Expected) कार्यभाग, भूमिका अथवा फंक्शन अदा होने की स्थिति को व्यवस्था कहा जाता है। अब व्यक्तित्व व्यवस्था, सांस्कृतिक-व्यवस्था तथा सामाजिक-व्यवस्था का अलग-अलग विवेचन किया जायेगा।

## व्यक्तित्व व्यवस्था (Personality System)

व्यक्तित्व व्यवस्था का सम्बन्ध विशेष व्यक्ति द्वारा की गई सामाजिक क्रिया से होता है। व्यक्ति द्वारा की गयी सामाजिक-क्रिया का मूल्यांकन दो दृष्टियों से किया जा सकता है। प्रथम दृष्टिकोण तो उस व्यक्ति का अपना स्वयं के प्रति होता है, जो यह क्रिया करता है। वह अपनी क्रिया को अपने स्वभाव या प्रकृति की कसौटी पर जांचता है। दूसरी दृष्टि अन्य व्यक्तियों की होती है जो उसकी क्रिया का मूल्याँकन करते हैं। उस विशेष व्यक्ति के स्वभाव का एक प्रतिमान अन्य व्यक्तियों के मन में होता है। वे उसके स्वभाव के अनुकुल व्यवहार की आशा बनाये रहते हैं। वे लोग उसी कसौटी पर व्यक्ति के व्यवहार की जाँच करते हैं। इस स्थिति में व्यक्ति विशेष अपनी निजी इच्छाओं की किसी रूप में तृप्ति या त्याग करना चाहता है। इसी के लिए वह कुछ व्यवहार करता है। वह व्यवहार या क्रिया यदि उसकी अपने प्रति पूर्व धारणा तथा अन्य व्यक्तियों की उसके प्रति धारणा के अनुकूल होती है तो यह माना जाता है कि उसका व्यक्तित्व व्यवस्थित है। इसके विपरीत यदि वह व्यवहार अपेक्षित व्यवहार के प्रतिकूल या भिन्न होता है तो यह माना जाता है कि उसका व्यक्तित्व व्यवस्थित नहीं है। इसी तथ्य को एक मूल उदाहरण द्वारा प्रस्तुत किया जा सकता है। एक व्यक्ति सेवा भाव को महत्वपूर्ण मानता है तथा अन्य व्यक्ति भी उसे स्वयं सेवक स्वीकार करते हैं। इसी अवसर पर बाढ़ का प्रकोप हो जाता है। अब यदि वह व्यक्ति अपने पूर्व स्वभाव के अनुकूल बाढ़ पीढ़ितों की सेवा करता है तब तो उसके व्यक्तित्व को व्यवस्थित कहा जायेगा और यदि वह अपेक्षित

व्यवहार के विरुद्ध बाढ़ पीढ़ितों की सेवा न करके किसी बाढ़ पीड़ित युवती के साथ अभद्र व्यवहार करने लगता है तो हम उसके व्यवहार को व्यवस्थित नहीं कह पायेंगे। यह विवेचना व्यक्तिगत एवं मनोवैज्ञानिक दृष्टिकोण से की गई है। इससे भिन्न पार्सन्स ने इसी अवधारणा की समाजशास्त्रीय दृष्टिकोण से भी व्याख्या की है। समाजशास्त्रीय व्याख्या के अन्र्तगत ऐसा माना जाता है कि समाज में रहने वाले प्रत्येक व्यक्ति को कुछ सार्वजनिक रूप से स्वीकृत व्यवहार के प्रतिमानों के अनुसार व्यवहार करना चाहिये। यहाँ व्यक्ति विशेष के स्वभाव को कोई महत्व नहीं दिया जाता। उदाहरण के लिये प्राय: प्रत्येक समाज में सच्चाई तथा ईमानदारी का प्रतिमान निर्धारित रहता है तथा प्रत्येक व्यक्ति से यह अपेक्षा की जाती है कि वह अपना व्यवहार इस प्रतिमान के अनुकूल रखे। इस स्थिति में व्यक्तिगत स्वभाव का विचार न करते हुए जो व्यक्ति अपने व्यवहार को इस सार्वजनिक प्रतिमान के अनुकूल बना लेता है, उसके व्यक्तित्व को व्यवस्थित कहा जाता है। विपरीत प्रकार का व्यवहार करने वाले व्यक्ति का व्यक्तित्व अव्यवस्थित माना जाता है। पार्सन्स ने इसी व्यवस्था को व्यक्तित्व व्यवस्था का नाम दिया है।

## सांस्कृतिक व्यवस्था (Cultural System)

व्यक्तित्व व्यवस्था वाली अवधारणा जब व्यक्ति के स्तर से उठ कर संस्कृति के स्तर पर आ जाती है तब उससे सम्बन्धित व्यवस्था को सांस्कृतिक व्यवस्था कहा जाता है। व्यक्ति एवं समाज सांस्कृतिक तथ्यों को सीखते हैं। संस्कृति कुछ 'चिन्हों एवं 'उपलक्षणों' के माध्यम से प्रतिपादित होती है। जब समाज में संस्कृति के इन 'चिन्हों एवं उपलक्षणों' को समझ कर सामाजिक क्रिया का व्यवहार किया जाता है तब सम्बन्धित व्यवस्था को पार्सन्स ने सांस्कृतिक व्यवस्था कहा है। उदाहरण के लिए किसी समाज में रस्मों-रिवाज यदि समझ बूझ कर सम्पन्न हों तो समझना चाहिये कि सांस्कृतिक व्यवस्था स्थापित है। जिस समाज में सांस्कृतिक चिन्ह एवं उपलक्षण स्थिर रहें अर्थात् एक ही अर्थ का निरन्तर रूप से प्रतिपादन करें तथा परिवर्तित न हों तो उस संस्कृति को व्यवस्थित कहा जायेगा। इसके विपरीत यदि किसी समाज में वहाँ की संस्कृति का व्यक्तियों के जीवन से सम्बन्ध न रहे तो समझना चाहिये कि सांस्कृतिक अव्यवस्था है। इस प्रकार स्पष्ट है कि किसी समाज में उस समय तक सांस्कृतिक व्यवस्था बनी रहती है जब कि संस्कृति अपेक्षित सामाजिक क्रिया सम्पन्न करती हैं अर्थात् अभीष्ठ भूमिका कार्य पूरा करती रहती है।

## सामाजिक व्यवस्था (Social System)

समाज व्यक्तियों से बनता है। एक समाज में रहने वाले अनेक व्यक्ति होते हैं। इन व्यक्तियों की संस्कृति एक भी हो सकती है तथा भिन्न-भिन्न भी हो सकती है। पार्सन्स के अनुसार यदि किसी समाज के सभी व्यक्तियों की संस्कृति एक समान हो तो उस समाज में सामाजिक व्यवस्था (Social System) मानी जाती है। ऐसे समाज में सभी सदस्यों के लिए सांस्कृतिक चिन्हों एंव लक्षणों का एक समान

अर्थ होता है। उदाहरण के लिए किसी समाज में एक पर्व के अवसर पर दिये जलाये जाते हैं। इस दिये जलाने वाले 'चिन्ह' का अर्थ यदि सभी व्यक्तियों के लिए रामायण की गाथा से सम्बन्ध हो तो मानना चाहिये कि उस समाज में सामाजिक व्यवस्था है। यह तो रही सांस्कृतिक समानता की बात। इसके अतिरिक्त प्रत्येक समाज में सभी सदस्य अलग अलग सामाजिक क्रियाएँ करते हैं। सामाजिक व्यवस्था वाले समाज में ये सामाजिक क्रियाएँ अलग अलग होते हुए भी समन्वित रूप में रहती हैं। ऐसे समाज में विभिन्न सामाजिक क्रियाएँ भिन्न भिन्न हो सकती हैं परन्तु ये परस्पर विरोधी नहीं हो सकतीं। विकसित समाजों में ऐसी व्यवस्था बनाये रखने के लिए विभिन्न सामाजिक संस्थाओं का निर्माण किया जाता है। ये संस्थाएँ समाज में व्यवस्थीकरण तथा संस्थाकरण (Systematization and Institutionaliation) का कार्य करती हैं। इसी प्रक्रिया द्वारा सब सदस्य परस्पर रूप से बंधे रहते हैं तथा अपना-अपना कार्यभाग या भूमिका निभाते रहते हैं। अपना–अपना कार्यभाग अदा करने की इस प्रकृति के फलस्वरूप ही समाज में सामाजिक व्यवस्था बनी रहती है। इस प्रकृति के विघटित होने पर समाज में अव्यवस्था फैल जाती है।

## अभ्यास के लिये प्रश्न

1. टालकोट पार्सन्स का सामाजिक क्रिया का सिद्धान्त बतलाइये।
2. टालकोट के अनुसार सामाजिक व्यवस्था की अवधारणा की व्याख्या कीजिये।